国家林业和草原局普通高等教育"十四五"规划教材

物业环境管理

(第2版)

宁艳杰　主编

中国林业出版社
China Forestry Publishing House

内 容 简 介

本教材作为践行新时代习近平生态文明思想的特色教材,深入贯彻党的二十大倡导的"绿色生活"理念,以"生态文明物业管理"为主线,经历多年教学中不断优化、反复打磨完成。此次教材修订,作者在原有知识体系优化的基础上,将全书分为三部分,共9章。主要介绍物业环境管理基本理论,"碳达峰""碳中和"相关概念内涵以及国内外环境管理理论研究基础知识;阐述物业环境管理运行机制的建立,物业环境管理具体措施实施及环境管理体系ISO 14000在物业服务企业中应用运行案例;论述物业环境管理质量评价,我国人居环境评价的发展历程及经典案例分析。本教材结合当前物业环境管理前沿问题进行综合分析,具有较强的针对性、可操作性和应用性。

本教材适用于物业管理、城市管理、公共管理、城乡规划等本科专业教学使用,亦可作为研究生及其他层次教学参考,作为物业管理、城市服务领域企业培训教学和工作参考。

图书在版编目(CIP)数据

物业环境管理 / 宁艳杰主编. — 2版. — 北京:中国林业出版社,2024.12. — (国家林业和草原局普通高等教育"十四五"规划教材). — ISBN 978-7-5219-2924-9

I. F293.33;X322

中国国家版本馆CIP数据核字第20245GF227号

策划编辑:丰 帆
责任编辑:丰 帆
责任校对:苏 梅
封面设计:时代澄宇

出版发行:中国林业出版社
(100009,北京市西城区刘海胡同7号,电话83223120)
电子邮箱:jiaocaipublic@163.com
网　　址:https://www.cfph.net
印　　刷:北京中科印刷有限公司
版　　次:2013年1月第1版
　　　　　2024年12月第2版
印　　次:2024年12月第1次印刷
开　　本:787mm×1092mm　1/16
印　　张:18
字　　数:438千字
定　　价:59.00元

《物业环境管理》(第2版)编写人员

主　　编：宁艳杰
副 主 编：张　洋　赵　宏　矫春言
编　　委：(按姓氏拼音排序)
　　　　　陈叶秀(北京林业大学)
　　　　　蒋盛兰(北京林业大学)
　　　　　矫春言(济南科技学校)
　　　　　廖月华(中国物业管理协会产学研专业委员会)
　　　　　宁艳杰(北京林业大学)
　　　　　吴志红(长城物业集团股份有限公司北京物业
　　　　　　　　管理分公司)
　　　　　徐　欣(长城物业集团股份有限公司北京物业
　　　　　　　　管理分公司)
　　　　　张　洋(北京林业大学)
　　　　　赵　宏(北京林业大学)

第 2 版前言

　　2013年1月，在北京林业大学及中国林业出版社的大力支持下，依托北京林业大学物业管理系多年办学积累，在大量吸收物业管理行业前辈们的研究成果基础上，我们编辑出版了《物业环境管理》。编写《物业环境管理》教材目的在于向读者介绍物业环境与城乡生态系统之间相辅相成的共生关系，运用环境管理基本理论、方法，对物业区域环境进行规划，建立生态化管理机制，实施物业环境管理主要措施和方法，掌握ISO 14000环境管理体系在物业服务企业中的应用，熟悉人居环境质量评价的基本程序和方法，使读者全面理解物业环境管理符合建设生态文明社会的需要，与提高人居环境质量紧密相关，增强人们环境保护意识，倡导物业环境管理体系构建，切实提高人居环境质量。本教材出版满足了当时高等教育物业管理专业对提高人居环境质量的社会需求，发行后受到各高校物业管理专业广泛应用，行业好评。教材使用中承蒙众多学者和行业专家的关心支持，并提出许多宝贵意见，综合各方建议和物业管理行业发展态势，我们进行这次修订工作。

　　修订《物业环境管理》教材，继续加强物业管理专业环境特色课程教学体系建设，培养启迪学生树立生态文明观念，对物业管理行业推进"美丽中国""绿色人居""绿色物业""美丽家园""和谐社区"具有重要指导作用。《物业环境管理》教材具有突出环境教育、适应行业发展、专业教学需要，对培养学生树立生态文明观念具有启迪意义，对物业管理行业推进"绿色物业"具有积极推动作用。

　　本次修订在章节上基本延续了第1版的结构框架，部分章节内容做了调整。

　　第一部分考虑到新时代中国高质量发展对物业管理行业的服务要求，推动物业服务向高品质和多样化升级，满足人民群众不断增长的美好生活需要，中国物业管理协会倡导全行业树立生态文明观念，切实提高人居环境质量，本次修订将"碳达峰""碳中和"国家战略理念丰富进来，引导读者深入理解中国要在2030年"碳达峰"、2060年实现"碳中和"目标的重要意义。

　　第二部分在第四章经典案例中增加长城物业集团丰富多彩的社区文化建设活动，体现党的二十大报告提出学习"枫桥经验"，共建"和美社区"的社区治理理念。

　　第三部分在第八章物业环境质量评价中加入物业环境质量对社区居民环境心理需求分析，增强了物业环境质量对居民生活细节的关注，第九章加强了人居环境质量评价方法应用研究设计，加深读者对人居环境质量评价的理解。

　　本教材由国家林业与草原局院校建设办公室和北京林业大学共同发起编写，北京林业大学教材建设资助，作为国家林业和草原局普通高等教育"十四五"规划教材。编写人员分工如下：第一、二、三、七章，由宁艳杰负责编写，第四章由赵宏、吴志红、廖月华负责编写，第五章由赵宏、张洋负责编写，第六章由张洋、徐欣、黎家河负责编写，第八章由矫春言、蒋盛兰负责编写，第九章由宁艳杰、陈叶秀负责编写，全书由宁艳杰、赵宏、矫春言统稿、修改及定稿。我们竭尽全力投入教材修订工作，由于物业环境管理是一项应用性很强、各学科理论交叉的研究领域，物业管理行业一些重大问题还需要进行不懈地探索，在我国全面开启中国式现代化，全面提升城乡人居环境质量的进程中，需要我们继续担当新时代赋予的生态环境保护重任，认识到自身水平和能力所限，致使本书存在诸多不足之处。恳请专家学者和广大读者不吝赐教，更好地满足广大读者的需要，共同推进我国物业管理行业在提升城乡人居环境质量中发挥更大的作用。

本书编撰期间，得到了中国物业管理协会产学研专业委员会同行专家的大力支持，上海城建职业学院、石家庄学院、佳木斯大学等开办物业管理专业教师提出宝贵意见，中国林业出版社给予大力支持。在此，谨对所有给予本书帮助支持的单位和同志表示衷心感谢。

本书可作为高等教育物业管理专业必修课程教材，城市管理专业及公共管理专业等选修课程教材，也可以作为物业管理行业学习生态文明思想参考书。

由于水平有限，书中难免有疏漏和错误之处，敬请广大读者对本书提出宝贵意见。

编　者

2024年6月

第1版前言

物业管理是随着我国房地产业的发展，特别是住房制度的改革而出现的一个新兴行业。行业的迅速发展迫切需要一大批具有较高科学文化素养的专业人才，为了满足专业教学的需要，我们编写了高等学校物业管理专业课程系列教材。

为了培养物业管理专业人才，满足物业管理专业高等教育的需求，北京林业大学于1996年申办、筹建物业管理专业，进行物业管理专业的教学与研究工作。积极与原建设部、北京市房屋土地管理局等有关部门保持着密切的联系与沟通，总结深圳、广州等高校办学经验，为专业主要课程的开设收集资料，组织编写教学计划，制订教学大纲。1997年，开始积极开展国际学术交流，邀请新加坡国立大学物业管理相关专业教师及部分优秀学生到我校进行学术与教学等方面的交流活动，将新加坡物业管理成功理念引入到我校专业建设及教学中，成功举办"北京林业大学社科系和新加坡国立大学建筑与房地产系联合举办物业管理高级人才培训班"，为我校物业管理专业发展建立了国际平台。在进行大量的调研和国内外教学研讨与论证的基础上，深入上海、深圳、北京等地企业，上海房地产科学研究所，深圳、杭州、厦门等地高校教学、科研机构进行调查研究。

2000年在物业管理行业、中国林业出版社的大力支持和帮助下，出版了高等院校物业管理本科专业系列教材，《物业环境管理》在物业管理专业系列教材基础上，以绿色物业管理为主线，针对当前物业服务企业经营活动中环境管理直接影响人居环境质量的特点和绿色管理要求，结合中国物业管理协会提出"物业管理呼唤绿色"主题宣言，倡导物业管理行业大力推进ISO 14000环境管理体系，全行业树立生态文明观念，切实提高人居环境质量。全书分三部分，共9章。第一部分一至三章，介绍了物业环境管理基本理论，相关概念内涵以及国内外环境管理理论研究基础知识；第二部分四至六章，主要阐述了物业环境管理运行机制的建立，物业环境管理具体措施实施及环境管理体系ISO 14000在物业服务企业中应用运行案例；第三部分七至九章，主要介绍了物业环境管理质量评价及我国人居环境评价的发展历程。第一、二、三章由宁艳杰编写，第四章由宁艳杰、王秀龙、黎家河、赵俊杰、康云编写，第五章由张志红、陈叶秀编写，第六章由廖月华、王爱华编写，第七、八章由宁艳杰、陈叶秀编写，第九章由廖月华、蒋盛兰编写，全书由宁艳杰、陈叶秀、蒋盛兰统稿。

本书特点是比较全面、系统地对物业环境管理体系建设，机制建立，环境管理理念等相关知识进行诠释，满足物业管理行业在"生态文明社会"背景下，建设"绿色物业"

方面的迫切需要。运用系统论方法，将物业区域环境看作是一个相对完整的生态系统，运用环境学、管理学、城市生态学、建筑学、城市规划等社会科学及自然科学理论，结合生态环境工程等学科理论与方法，突出多学科领域"融合地综合研究"的特色；对增强学生环境意识，培养学生树立生态文明观念具有启迪意义，对于我国物业管理行业在"绿色物业"建设中具有重要指导作用；符合建设生态文明社会的需要。本书既可作为高等院校物业管理专业教材，也可作为物业服务企业人员自学教材。

  本书编写过程中，得到了广州保利、北京亿展、北京德成永信、重庆鑫龙等许多物业服务企业的帮助，同时参考了近年来许多专家、学者的论著，吸取了他们许多重要论断和材料；华中师范大学经济管理学院高炳华教授对全书编写大纲进行了审阅并提出了许多宝贵意见，北京林业大学经济管理学院韩朝教授给予指导和支持；在出版过程中，得到了中国林业出版社的大力支持和帮助，在这里向他们表示衷心的感谢。由于我们的水平有限，可能存在许多不足之处，希望批评指正。

编著者
2012 年 8 月

目 录

第 2 版前言

第 1 版前言

第一部分　物业环境管理的新时代特征

第一章　绪　论 ………………………………………………………………… 2

第一节　生态文明建设需要物业环境管理 …………………………………… 2
一、新时代要求我们提升人居环境质量 ……………………………………… 2
二、生态文明社会的物业环境管理 …………………………………………… 4
三、实现"碳达峰""碳中和"的迫切要求 ………………………………… 5

第二节　物业环境管理的研究对象与职责 …………………………………… 6
一、物业环境管理的研究对象 ………………………………………………… 7
二、物业环境管理的主要职责 ………………………………………………… 8

第三节　物业环境管理原则和目标 …………………………………………… 9
一、物业环境管理的基本原则 ………………………………………………… 9
二、物业环境的特点 …………………………………………………………… 10
三、物业环境管理的目标 ……………………………………………………… 11

第四节　双碳战略背景下的物业环境管理 …………………………………… 12
一、目前物业环境管理的难点 ………………………………………………… 12
二、物业环境管理的发展趋势 ………………………………………………… 14

第二章　物业环境管理内涵及方法 …………………………………………… 18

第一节　物业管理与环境 ……………………………………………………… 18
一、环境与物业环境 …………………………………………………………… 18
二、物业环境的影响因素 ……………………………………………………… 21
三、物业环境管理与"碳达峰""碳中和" ………………………………… 22

第二节　物业环境管理基本概念 ……………………………………………… 25
一、环境管理的内涵 …………………………………………………………… 25
二、物业环境管理的范围 ……………………………………………………… 26
三、物业环境管理的职能 ……………………………………………………… 28

第三节　物业环境管理程序和方法 …………………………………………… 31
一、管理的一般程序 …………………………………………………………… 31

二、物业环境管理预测方法 ·· 32
　　三、物业环境管理的评价决策方法 ·· 34

第三章　物业环境管理理论探究 ·· 42

第一节　环境管理思想 ·· 42
　　一、环境管理思想回溯 ··· 42
　　二、现代环境管理思想 ··· 44
　　三、新时代生态文明思想 ·· 45

第二节　物业环境管理相关理论 ·· 47
　　一、人类生态学 ·· 47
　　二、城市生态系统理论 ··· 48
　　三、环境心理学理论 ·· 50
　　四、"人类聚居学"与人类住区战略 ······································· 57
　　五、吴良镛与人居环境科学 ··· 60

第三节　物业环境管理理论体系 ·· 61
　　一、环境管理的理论基础 ·· 61
　　二、健康社区理论 ··· 64
　　三、城市生态住区建设理论 ··· 67
　　四、物业环境管理与低碳社区 ·· 69

第二部分　物业环境管理实施运行

第四章　物业环境管理运行机制 ·· 74

第一节　物业环境管理机制建立 ·· 74
　　一、物业环境管理机制 ··· 74
　　二、物业环境管理体系构成 ··· 75
　　三、物业环境管理系统 ··· 77

第二节　物业环境文化管理机制运行 ··· 78
　　一、物业管理与社区文化 ·· 79
　　二、物业环境文化的内容及功能 ··· 81
　　三、建立物业环境文化管理制度 ··· 83
　　四、物业环境文化设施管理 ··· 86

第三节　物业环境管理经典案例 ·· 89
　　一、长城物业集团绿色社区环境管理 ····································· 90
　　二、保利广州物业环境管理 ··· 95

第五章　物业环境管理实施 ·· 100

第一节　物业环境卫生管理 ··· 100

一、环境卫生管理的范围和制度建设 …………………………………… 100
　　二、清洁管理的具体措施 ………………………………………………… 101
　　三、保洁器械和保洁剂 …………………………………………………… 102
　　四、物业环境卫生管理机构设置及职责划分 …………………………… 105
　　五、物业环境卫生清洁工作检验标准和方法 …………………………… 108
　第二节　物业环境安全管理 ………………………………………………… 113
　　一、物业环境安全管理的范围 …………………………………………… 114
　　二、物业环境安全管理的具体措施 ……………………………………… 115
　　三、物业环境安全管理机构的设置及职责划分 ………………………… 116
　　四、物业环境安全常规管理 ……………………………………………… 119
　　五、物业环境安全管理案例 ……………………………………………… 122
　第三节　物业环境污染管理 ………………………………………………… 124
　　一、物业环境污染 ………………………………………………………… 124
　　二、物业环境污染对人体的危害 ………………………………………… 125
　　三、物业环境污染及其防治 ……………………………………………… 126
　第四节　物业环境绿化管理 ………………………………………………… 131
　　一、物业环境绿化管理的范围 …………………………………………… 131
　　二、机构编制与岗位职责 ………………………………………………… 132
　　三、物业环境绿化管理的内容 …………………………………………… 135
　　四、园林绿化灾害预防 …………………………………………………… 136
　　五、物业绿化美化养护管理 ……………………………………………… 138
　第五节　物业环境设备管理 ………………………………………………… 139
　　一、物业环境设备 ………………………………………………………… 139
　　二、物业设备管理的规章制度 …………………………………………… 141
　　三、物业环境设备机构设置及岗位职责 ………………………………… 141
　　四、物业环境设备日常管理 ……………………………………………… 144

第六章　物业管理中 ISO 14000 环境管理体系的应用 …………………………… 149
　第一节　ISO 14000 环境管理体系概述 …………………………………… 149
　　一、ISO 14000 环境管理体系的产生 …………………………………… 149
　　二、ISO 14000 环境管理体系运行要素 ………………………………… 150
　　三、ISO 14000 环境管理体系运行特征 ………………………………… 154
　第二节　物业管理行业对 ISO 14000 环境管理体系的选择 ……………… 157
　　一、物业服务企业实施 ISO 14000 的意义 ……………………………… 157
　　二、物业服务企业推行 ISO 14000 的必然性 …………………………… 160
　　三、物业服务企业推行 ISO 14000 的主要目标 ………………………… 162
　第三节　物业服务企业 ISO 14000 环境管理体系的建立和实施 ………… 164
　　一、物业服务企业建立环境管理体系的步骤 …………………………… 164
　　二、环境管理体系文件的结构与注意问题 ……………………………… 165

三、ISO 14000 环境因素的识别与评价 …………………………………………… 169
　第四节　ISO 14000 环境管理体系的应用案例 ………………………………………… 176
　　一、长城物业集团股份有限公司简介 ……………………………………………… 176
　　二、ISO 14000 在长城物业服务企业的实际应用 ………………………………… 178

第三部分　物业环境质量评价

第七章　物业环境质量管理 …………………………………………………………… 186
　第一节　物业环境质量管理概述 ………………………………………………………… 186
　　一、物业环境质量的理念 …………………………………………………………… 186
　　二、物业环境质量管理理论基础 …………………………………………………… 190
　　三、物业环境质量管理内容 ………………………………………………………… 193
　第二节　物业环境质量管理程序 ………………………………………………………… 195
　　一、物业环境质量管理的组织准备 ………………………………………………… 195
　　二、物业环境的质量策划与控制 …………………………………………………… 197

第八章　物业环境质量评价 …………………………………………………………… 201
　第一节　物业环境质量评价概述 ………………………………………………………… 201
　　一、物业环境质量评价的对象 ……………………………………………………… 201
　　二、物业环境质量评价基本流程 …………………………………………………… 201
　　三、物业环境质量评价的基本理念和指标 ………………………………………… 202
　　四、物业环境质量评价因子 ………………………………………………………… 204
　　五、物业环境质量评价方法 ………………………………………………………… 206
　第二节　物业环境质量评价程序 ………………………………………………………… 210
　　一、物业环境评价指标选择原则 …………………………………………………… 210
　　二、物业环境质量评价指标确立 …………………………………………………… 210
　　三、物业环境质量监测 ……………………………………………………………… 217
　　四、物业环境质量评价报告书 ……………………………………………………… 218
　第三节　物业环境质量对社区居民心理需求影响分析 ………………………………… 220
　　一、调查社区介绍 …………………………………………………………………… 220
　　二、研究设计 ………………………………………………………………………… 220
　　三、社区环境满意度调查结果分析 ………………………………………………… 222
　　四、研究结论 ………………………………………………………………………… 225

第九章　人居环境质量评价分析 ……………………………………………………… 227
　第一节　人居环境质量评价概述 ………………………………………………………… 227
　　一、人居环境质量评价的发起 ……………………………………………………… 227
　　二、人居环境质量评价的内涵 ……………………………………………………… 229

三、人居环境理论研究 231
第二节　人居环境质量评价研究 234
　　一、人居环境质量评价研究基础 234
　　二、人居环境质量评价指标 235
　　三、人居环境质量评价方法 239
第三节　人居环境评价案例分析 241
　　一、规模住区人居环境评价 241
　　二、北京规模住区——回龙观文化居住区环境质量评价分析 244
　　三、典型社区人居环境评价设计分析 250

参考文献 260

附　录 262

第一部分
物业环境管理的新时代特征

第一章 绪 论

伴随快速增长的城镇化进程，我国正转向高质量发展阶段，进入以生态文明为主导思想的新时代，生态环境的支撑作用越来越明显，党和政府重视生态环境保护，着力推进区域低碳化治理，促进生态与经济实现良性循环，推动经济绿色高质量发展，建立健全绿色低碳循环发展的经济体系，正努力走向社会主义生态文明新时代。党的二十大进一步深化对"美丽中国""促进人与自然和谐共生"现代化目标的认识，提出未来五年的目标任务"城乡人居环境明显改善，美丽中国建设成效显著"，有力推进各项事业绿色发展。

第一节 生态文明建设需要物业环境管理

新型城镇化需要稳步推进，其发展方式发生了深刻变革，生态文明建设融入社会生产、生活的各个方面，高质量发展对新型城镇化建设提出更高要求。人们对住区环境质量的重视程度不断增强，近年来，我国每年基本建设中房屋建筑竣工面积都在数十亿平方米以上。根据国家统计局的统计公报显示，1978年，全国城镇居民人均建筑面积是$6.7m^2$，1978—2018年的40年，全国常住人口城镇化率由17.92%增长到59.58%；2019年，全国常住人口城镇化率突破60%；2020年，全国城市居民人均住房建筑面积达到$38.6m^2$，是1978年的5.8倍。2023年，我国常住人口城镇化率达到66.16%。城乡建设速度之快、规模之大、涉及面之广，不仅仅是在盖房子，而是在塑造未来的社会生活，与人类生存、发展、社会文明紧密相关的人居环境呼唤着人们进一步提高认识；作为城乡环境的主要组成部分，人居环境问题也引起了人们充分关注，关于"生态社区""绿色社区""生态住区"的宣传广告到处都是，不论对房地产开发商、购房者还是房屋使用者、物业管理者，物业环境问题都是倍受关注的焦点。

一、新时代要求我们提升人居环境质量

新时代人们期盼享有更加优美的人居环境，对美好生活的向往成为当前社区建设的宗旨与目标。党的十八大强调要坚持走中国特色新型城镇化道路，党的十九大特别强调精细城镇化；二十大提出加快推进社会治理现代化，六部委联合发布《绿色社区创建行动方案》，"绿色社区"示范创建标志着社区建设的理念和目标朝向生态文明社会迈进。

早在1972年，联合国在斯德哥尔摩召开人类环境大会。这是人类历史上第一次将人类环境问题纳入世界各国政府和国际政治议程，发表了《人类环境宣言》。在1976年温哥华召开的人类聚居会议上，对人类住区问题提出了"可持续发展是有关人居环境建设的一件大事"。1992年联合国环境与发展大会所通过的《21世纪议程》中专门设有"人类住区"（Habitat）章节，指出"人类住区工作的总目标是改善人类住区的社会、经济、环境质量和所有人，特别是贫民的生活和工作环境"（吴良镛，2002），为此列出八个发展目标，包括：向所有人

提供适当的住房；改善人类住区的管理；促进可持续土地利用规划和管理；促进综合提供环境基础设施和加强对水、卫生、排水和固体废弃物的管理；促进人类住区可持续的能源和运输系统；促进灾害易发地区的人类住区规划和管理；促进可持续发展的建筑业活动；促进人力资源开发和能力建设；以促进人类住区的发展。人类住区环境问题已从专业范围的学术界讨论，上升为世界首脑的普遍关注议题，成为全球性的奋斗纲领。1993年芝加哥大会以"处于十字路口的建筑——建设可持续发展的未来"为主题，发表《芝加哥宣言》，指出："我们今天的社会正在严重地破坏环境，这样是不能持久的；因此需要改变思想，以探求自然生态作为设计的重要依据（吴良镛，2001）。"1996年，伊斯坦布尔召开第二届联合国人类住区（人居二）会议，出版了《全球人类住区报告》，提出"世界城市化进程中可持续发展的人居环境"。

1999年北京召开国际建协第20次世界建筑师大会指出"走可持续发展之路必将带来新的建筑运动，促进建筑科学的进步和建筑艺术的创造"（吴良镛，1999），并通过《北京宪章》。2000年，柏林城市未来全球会议，以"人居、自然、技术"为主要内容，进一步证实人居环境既是科学、技术、艺术的综合，又是文化教育以及文明的延续。内罗毕联合国人居中心继续进行一系列课题研究，如2000年全球住房建设、住区基础设施建设、社区发展计划、市政管理教育计划与能力培养战略等。2001年在纽约召开"伊斯坦布尔+5"会议，检阅1996年"人居二"会议5年后《人居议程》执行的情况，并讨论未来优先考虑的问题，目前，人居环境的可持续发展成为一个世界性的行动。中国政府已制定《中国21世纪议程》，将人类住区的可持续发展作为基本国策之一，并涉及该《议程》的方方面面。2012年6月，世界环境与发展委员会在1992年召开具有里程碑意义的地球首脑会议20年后，世界各国领导人再次聚集在里约热内卢，各成员国在已经达成了共识的基础上，确定了本次大会的两个主题：第一个主题是绿色经济，是基于致力于消除贫困的可持续发展之上的绿色经济；第二个主题是可持续发展的制度框架；阐明"里约+20"峰会是人类社会向绿色经济转变的一个机会。

我国关注城乡环境问题从20世纪80年代初，吴良镛《住房·环境·城乡建设》的报告开始，到1995年成立了"人居环境研究中心"，从事人居环境研究的组织与活动逐步增多，"人居环境"一词被普遍接受和沿用，住区环境的研究工作逐步受到人们的支持和重视，我国与联合国人居中心的联系进一步加强，积极地推进人居环境建设，一些城市频频获得"世界人居奖"。人居环境科学的探索研究工作也在向前推进，并为城市住区环境建设事业的发展发挥着巨大作用，正如1996年6月《伊斯坦布尔人居宣言》指出："在我们迈向21世纪的时候，我们憧憬着可持续的人类住区，期盼着我们共同的未来。我们倡议正视这个真正不可多得的、非常具有吸引力的挑战。让我们共同来建设这个世界，使每个人有个安全的家，能过上有尊严、身体健康、安全、幸福和充满希望的美好生活。"（吴良镛，2001）2006年住房和城乡建设部正式推出国家基础标准《绿色建筑评价标准》《绿色建筑评价技术细则》和《绿色建筑评价技术细则补充说明》（规划设计部分）系列，为我国绿色建筑的有效管理做了积极的准备。2011年，住建部课题"中美绿色建筑评估标准比较研究"顺利通过专家验收并获得高度评价，该课题重要研究成果——《可持续发展绿色住区建设导则》受到了验收专家委员会的一致肯定和赞誉。此项成果结合中国的实际，制订出一套较为完整并具有行业引领性和国际相应要素的绿色住区评估指标体系，填补了我国绿色住区建设体系的空白，对指导我国城镇绿色住区发展提供了理论依据。

2015年国家发展和改革委发布《低碳社区试点建设指南》侧重社区低碳规划、建设和运营管理；环保部门制定的《绿色社区考核指标与评价标准》；中国标准化研究院组织开展了国家标准《生态社区评价导则》的研制，2021年发布实施《生态社区评价指南》。随着国家标准的颁布，全国各地逐步开始建立符合本土特色的地方性居住环境评价体系，居住区环境规划已经跨上新的台阶，使我国的"绿色社区""生态住区"实践走上了有章可循的发展轨道，提升物业环境质量已经成为21世纪人类生态文明共同关注的研究课题。

二、生态文明社会的物业环境管理

20世纪90年代以来，大规模的城市规划和住宅建设，在加快城市现代化的同时，改善城市居民住房条件。然而，原来毗邻的居民各自搬到城市边缘千篇一律的住宅，原有的街坊邻里关系消失了，新建住宅的公共建筑配套设施，在市场经济冲击下明显滞后。随着城市老龄化、家庭小型化、住房私有化、生活现代化进程的加快，许多问题要依赖于居住地域服务团体、社区组织、物业服务企业等基层单位解决。一些城市管理部门纷纷提出要加强"居住社区建设"的问题，推出了"绿色社区""社区文化""社区服务""生态社区"等一系列概念；国际上开展"可持续发展的社区规划""可持续发展的人类住区"等改善人居环境问题研究。当今世界可持续发展已成为各国的基本战略，作为城市基本单元的街区建设逐步转移到承接管理的物业服务公司，物业环境管理优劣无疑成为提高人居环境质量，促进社会可持续发展的重要体现。

为了更好地促进物业环境建设健康发展，开展与其相关住区生态建设、建筑技术规范、住区环境设计的研究需要一个共同的切入点。由于"生态住区"深刻地反映时代要求的内涵，在"生态住区"概念的提出和发展过程中，"社区"概念紧密地与其联系在一起。"社区"概念最早源于拉丁语，本意是共有与互助的关系。德国社会学家滕尼斯（Frdinand Tonneies，1859—1936）在19世纪末提出社区概念主要是基于社会学研究的视角，首先将社区作为一个社会学的范畴来研究，并认为是富有人情味，有共同价值观、关系亲密的聚居于某一区域的社会共同体（王彦辉，2004）。伴随城市的发展社区已不再是抽象的社会学名词，成为具有明确地域，以居住为中心的生活、经济和公共活动的环境整体。当今社会对人居环境的宽度与深度方面的发展特别关注，社区的概念和理论已被逐步引鉴到城乡规划设计之中。物业环境管理探讨的城乡住区是指居住在某一特定区域，具有共同利益关系、社会互动并拥有相应的服务体系的社会群体，是一个人文和地域复合单元，即居住社区的概念范畴。"生态社区"把与城市人居环境建设相关的诸多物业环境问题融合起来，采取多学科交叉进行综合研究物业环境问题尤为重要。

党的十八大报告中提出在未来全面建设小康社会的过程中，要坚持走中国特色新型城镇化道路；党的十九大报告中特别强调精细城镇化，坚持人与自然和谐共生，生态社区建设将生态文明作为社区建设的主要目标，强调经济建设与生态环境、社会环境与人文环境的协调发展，生态社区也被称为"绿色社区""环境友好型社区"，生态社区示范创建标志着社区建设的理念、目标、模式和体制朝向生态文明发展。

新时代人们对"美丽家园"的向往，已经成为各级政府的重要职责，中央政府和国家领导人多次提出了社区建设、提升人居环境质量的相关建议，社区是广大人民群众居住和生活的场所，作为落实生态文明建设的基本单位，依托社区这个基础平台，加强生态社区建设，打造优良的社区环境，倡导绿色健康的生活方式和消费方式，构建人与环境和谐共生的可持续发展的社会形态，生态文明建设才能得以实现。《绿色生活创建行动总体方案》(2019)，要求将绿色发展理念贯穿社区设计、建设、管理和服务等活动的全过程，以简约适度、绿色低碳的方式，推进社区人居环境建设，住房和城乡建设部出台《关于在城乡人居环境建设和整治中开展美好环境与幸福生活共同缔造活动的指导意见》，指导我们探索提升城乡人居环境质量。党的十九大强调，顺应人民群众对美好家园与幸福生活的新期待，提升人民群众的获得感、幸福感、安全感。住房和城乡建设部把城乡社区作为人居环境建设和整治基本空间单元，打造宜居的社区空间环境，营造持久稳定的社区归属感、认同感，增强社区凝聚力；提出到2022年，基本实现城乡社区人居环境"整洁、舒适、安全、美丽"目标，初步建立"共同缔造"的长效机制，全力推进生态社区建设。

物业环境管理是解决物业环境问题的关键所在，既可以促进城市居住区的可持续发展，又可以解决居住水平提高与环境保护之间的矛盾，尽量在当代与未来间取得平衡，期望通过各方业主的共同努力，在尽量不破坏基本生态环境的前提下，达到人与自然的和谐共生。在全面贯彻、践行党的二十大报告精神，以生态文明为主导思想的新时代，城乡发展必然要研究物业环境问题，建设城乡社区、发展社区文化是城市走向生态文明的深层体现，这对于丰富更新规划技术手段，改革以往单一的住宅建造加公共建筑配套观念，塑造未来城市人居环境提出了新的要求；物业环境管理应成为建设生态文明城市，构建和谐社会的有力保障。

三、实现"碳达峰""碳中和"的迫切要求

城市作为现代社会人们工作、居住、生活、休憩的中心，随着居民对环境污染认识的提高，越来越多的人开始重视自身利益和居住质量，改善和维护物业环境，重视物业区域环境管理已成为非常重要的课题。2020年9月22日，国家主席习近平在第七十五届联合国大会上宣布，中国力争2030年前二氧化碳排放达到峰值，努力争取2060年前实现碳中和目标。实现"碳达峰""碳中和"即"双碳"目标是以习近平同志为核心的党中央经过深思熟虑做出的重大战略决策，是事关中华民族永续发展和构建人类命运共同体的庄严承诺。城市是人为温室气体排放的主角，以城市为主体开展城市"碳达峰""碳中和"战略，倡导绿色、环保、低碳的生活方式，加快降低碳排放步伐，有利于引导绿色技术创新。大力发展可再生能源，努力兼顾经济发展和绿色转型同步进行，绿色建筑将成为当今城乡建设发展目标，结合我国当前绿色建筑发展趋势，绿色建筑不仅能够在全生命周期内实现节能、节地、节水、节材，与自然和谐共生，并且在已有的可再生能源技术支撑下，建筑及由建筑组成的城市社区，可由单纯的能源消耗者转变为可再生能源的提供者，将在城市碳中和路径中扮演不可或缺的重要角色。绿色建筑的理念还仅仅局限在建筑物的规划、设计、施工、运行、维护、拆除或再使用的建造过程中，而对于入住后物业管理阶段涉及的环境管理，各方面的重视还十分的不够，着力推行物业环境管理，加强物业环境的完善和物业设施节能改造成为当前物业服务企业发展的一个必不可少的因素。当前住宅物业建设一般侧重于居住环境，对其物质设施及可视内容较有研究和积累，但对社会环境还认识不足，因此在注重居住环境的同时还要兼顾对非物质环境及内心感受的内容的研究，如住宅物业环境管理效率，安全防范，节能环保等，把提高生活质量、营造健康生活氛围作为最高价值目标，才能全面提升住宅环境品质，营造出健康的物业环境。

2022年8月,科技部、国家发展和改革委等9部门印发《科技支撑碳达峰碳中和实施方案(2022—2030年)》,统筹提出支撑2030年前实现碳达峰目标的科技创新行动和保障举措,并为2060年前实现碳中和目标做好技术研发储备。物业服务企业作为各类型(建筑及构筑物)物业的主要管理者,需要高效切实地将所管辖区域的环境提高到更高水准,其从业人员需要注重对环境管理思想体系的研究和学习,使维护环境形象成为工作习惯,构建牢固的环境保护意识和强大的环境管理理论体系。物业环境管理是构成物业管理的重要质量因素,物业环境管理工作进行的好坏直接影响到物业管理的整体质量。良好的物业环境管理可以满足业主对住区物业环境的要求,甚至可以使业主陶冶情操,放松心情,增进邻里间的互动和关系,得到业主的肯定,增强物业服务企业的市场认知度,对物业服务企业能否在市场经济中站稳脚跟,赢得更大的机遇起着举足轻重的作用。物业管理全行业应该共同行动起来,把高效率的物业环境管理落实到百姓生活工作的方方面面,中国要在2030年实现"碳达峰",2060年实现"碳中和",只有30年的时间,不仅要靠各级政府正确的行政倡导,还要靠各行业的企业主体和国民共同参与,才能达成碳中和目标,物业环境管理参与促进社区环境建设的快速发展,应当以实际行动为建设节能型社会实现"双碳"目标做出应有的贡献。

新时代党中央、国务院将绿色发展、生态文明建设提到了国家战略层面,党的二十大报告更加明确生态文明建设的重要战略意义。面对环境污染严重、生态系统退化、资源约束趋紧的严峻形势,必须把生态文明建设放在突出地位,努力建设美丽中国,实现中华民族永续发展。全国各地都在积极探索符合自身特点的循环经济发展模式,建设生态文明试验、示范区,是构建和谐社会战略中不可缺失的重要内容,是构建和谐社会的重要基石。生态社区建设工作正在进入一个全新的时代,全国各地相继涌现出一批特色鲜明、多种形态的生态示范社区、绿色社区。物业管理作为社区服务的重要力量,物业管理既要达到绿色、环保、健康住宅的管理要求,同时完善的物业服务发挥生态社区的应有功能,已经成为当前物业管理及服务研究的重要课题。

第二节 物业环境管理的研究对象与职责

物业环境管理是围绕为业主服务而展开的,在经济持续、快速、健康发展的今天,创建一个清洁、安静、优美舒适的居住环境和工作环境,通过科学研究与管理改善和提高物业环境的质量,是物业管理者义不容辞的责任。对物业环境管理的服务对象来说,最能直接感受到物业管理成效和服务水平的是物业区域环境,如物业管理区域环境是否整齐、洁净,居住区是否存在环境污染,公共场所绿化面积大小和绿化效果如何,治安是否安全,区域交通是否顺畅等,这些都是物业区域环境管理的重要内容。物业管理区域是城市发展的重要组成单元,物业环境管理的好坏,既关系到城市环境,关系到城市形象的树立,又关系到城市能否可持续发展。为了维护生态环境和区域社会经济的可持续发展,构建物业区域环境管理体系,做好物业区域环境管理,对于推进宜居城市建设,改善社区面貌,促进社会安定团结,建设和谐城市环境,加速现代化国际性的城市建设具有十分重要的意义和作用。

一、物业环境管理的研究对象

物业环境管理是从物业管理行业的实践中产生,在物业环境维护的实践中发展起来。它既是环境管理学科的一门分支学科,又是环境科学与管理科学交叉渗透的产物,同时也是物业管理行业的工作领域,是区域环境保护实践的重要组成部分。其研究对象主要有以下几个方面:

(一)物业区域环境

物业管理作为一种新型的房屋管理模式随着城市建设的发展,成长为现代新兴服务行业,通过建立专业的服务机构,先进的科学管理方式,依靠相关专业技术,依据国家有关法律、条例,对城市住宅、商场、行政办公大楼、产业基地、物流园区等建筑物和设施、设备实施保安、保洁、绿化、维修、维护、保养等系统服务,同时业主提供代收、代缴、代订、委托代办等工作生活事务及电子商务系统性服务。物业环境管理提高城市居民生活质量,为城市居民提供舒适清洁的居住和工作环境,政府高度重视环境保护和可持续发展,把构建生态文明社会作为直接关系中华民族伟大复兴和可持续发展战略实施的基本国策,作为经济结构战略性调整的重要组成部分和改善人民生活质量的重要内容。保护物业环境、治理物业环境污染是物业管理工作的一项主要内容,是物业管理部门、业主和使用人及全体公民的共同任务,是建设"美丽家园"的有力保障。作为物业管理人员,必须了解和掌握有关环境保护和环境污染等方面的基本知识,构建物业区域环境管理体系,以便采取各种切实可行的措施和加强物业环境管理,防治物业环境污染,创建人们需要的清洁、舒适、安静、优美的生活和工作环境。

(二)物业环境管理理论

环境管理从20世纪70年代初开始受到重视,并逐渐发展成为一门学科。"环境管理"概念1974年在墨西哥召开的"资源利用、环境与发展战略方针"专题研讨会上首次被正式提出。此次会议形成三点共识:①全人类的一切基本需要应当得到满足;②要进行发展以满足基本需要,但不能超出生物圈的容许极限;③协调这两个目标的方法是环境管理。1975年休埃尔指出:"环境管理是对损害人类自然环境质量的人类活动施加影响。"特别说明"施加影响"是指"多人协同的活动,以求创造一种美学上会令人愉快、经济上可以生存发展、身体上有益于健康的环境所做出的自觉的、系统的努力"。环境管理理论是以可持续发展理论为基础,涉及循环经济学、管理学、生态经济学、统计学等相关相邻学科;物业环境管理紧密结合习近平新时代生态文明思想理论,在此基础上融入建筑学、人居环境科学、环境心理学、法学、生态学等理论知识,其理论伴随物业管理行业发展和提高人居环境质量过程中日益成长和不断完善。

(三)物业环境管理机制

人在管理活动中扮演着管理者和被管理者的双重角色,具有决定性的作用,环境管理的核心是对人的管理。物业环境状况与业主的切身利益和生活质量密切相关,业主对物业区域环境的高度关切,促使其对参与物业环境管理具有积极性和主动性,构建环境治理职责配置,通过建立和完善物业环境管理机制,提高物业使用人对环境保护的关心和参与,保障物业环境管理制度、政策的实施和执行。切实贯彻"碳达峰""碳中和"目标,减少污染物的排放量,最大程度降低能源消耗,倡导绿色低碳发展理念,借助科技手段监控商业运营行为模式，降低持有型物业的能源消耗，以实现绿色运营，确保企业的健康绿色发展。

(四)物业环境管理的技术方法

环境管理的基础工作方法就是获取环境信息，物业环境信息的取得主要有历史资料收集、环境现状资料调查、环境监测，环境管理数据通常采用环境统计分析方法(相对数分析法，动态分析法，平衡分析法，参数分析法，层次分析法，聚类分析法，抽样推断法等)。具有代表性的有英国建筑研究所(BRE)开发的BREEAM方法；加拿大不列颠哥伦比亚大学(UBC)开发的BEPAC方法；美国绿色大楼协会(US-GBC)开发的LEED Green Building Rating System方法和1998年由加拿大倡导的世界14个国家共同开发的GBTool方法等。这些方法均反映了各国的实际情况，包括地球环境、城市环境、建筑和室内环境等各种评价项目内容。

(五)物业环境质量评价

环境质量评价的对象是环境质量的价值，即环境质量与人类生存发展需要之间的关系。为了能对环境质量的价值做出正确的判断或者评价，必须要评价一个具体的环境和人类需要之间的关系。首先要了解这一环境的结构、所属区域和特点等，对环境本身进行调查，然后考虑该环境是否能满足或者在多大程度上满足人类对该环境的需要；环境状态能否满足需要或满足的程度如何，是环境质量价值的体现。

物业环境质量与人类生存发展需要之间的关系即为物业环境质量评价的对象。人是物业的主体，物业环境对居民健康和生活质量有很大影响，物业环境建设应以人为本，环境质量指标应能反映居民的需求。当前，人们比任何时候都更加关注自己的生存行为和生活质量，迫切需要了解和认知生存环境质量的好坏。物业环境是人类生活居住的第一环境，近年来国内对于物业环境质量评价的研究日益重视，有很多地方都需要借鉴研究成果，结合当前实际，制订出一系列物业环境质量评价方法。

二、物业环境管理的主要职责

物业环境管理主要是调控业主或使用人与环境保护的关系，组织并管理业主或使用人的生活和生产活动，限制业主或使用人损害和破坏物业环境的行为。物业环境管理主要职责包括以下几方面：

(一)物业区域环境保护工作

物业区域环境保护是指通过执法检查、履行监督、制度建设和宣传教育等工作。防止和控制可能发生的物业区域环境污染(如大气污染、水体污染、固体废弃物污染、噪声污染等)，从观念上、制度上和日常管理上影响业主和使用人，使他们树立高度的环境保护意识，提高其素质，使其与环境质量达到高度的协调统一，共同创建一个整洁、舒适、优美、文明的工作和生活环境。

(二)建立健全物业环境管理制度

物业环境管理制度是物业服务企业组织内全面管理体系的组成部分，它包括为制定、实施、实现、评审和保持环境方针所需的组织机构、规划活动、机构职责、惯例、程序、过程和资源。通过有明确职责、义务的组织结构来贯彻落实，目的在于防止对环境的不利影响，帮助组织实现自身设定的环境表现水平，并不断改进环境行为，不断达到理想的高度，改善组织管理质量、提升管理效率、创新组织活力，开拓管理思维创新，实现企业管理制度变革与更新。

（三）落实物业环境管理具体工作

物业环境管理具体工作包括管辖区域内卫生管理、绿化美化、治安消防、社区防灾等。卫生管理是物业管理中一项经常性的服务工作，目的是净化环境，给业主和使用人提供一个清洁宜人的工作和生活环境。良好的环境卫生不但可以保持物业区域容貌的整洁和环境的优雅，而且对于减少疾病、促进身心健康十分有益。绿化美化是通过组织、协调、督导和宣传，以及建绿、养绿等活动。环境绿化工作要营造与防护相结合，使用与美化相结合，家庭住宅、楼宇立体绿化与室外环境绿化相结合，环境绿化包括绿地的设计和营造、绿地的养护管理、绿地的改进及环境小区的建设等，加强绿化管理，创造清洁、安静、舒适、优美的生态小区，尽可能地提高环境效益。物业区域内的治安管理工作是物业服务企业为防盗、防破坏、防流氓活动、防意外及突发事故而对所管辖物业区域内进行的一系列活动。治安管理防治的对象主要是人为造成的事故与损失，目的是保障物业服务企业所管辖物业区域内的财物不受损失，人身不受伤害，维护正常的工作、生活秩序。治安管理在整个物业管理中占有举足轻重的地位，是整个社区及社会安定的基础。社区防灾，主要是防止自然灾害对物业环境的不利影响，保障业主生命、财产安全。物业治安及防灾管理要与公安、市政、人防等相关部门密切协作，接受当地公安等相关部门的业务指导。

第三节 物业环境管理原则和目标

我国物业管理行业的发展伴随住房经济迅猛发展，城镇化水平急速提高，使得构建现代物业区域环境管理成为社会发展的客观要求。作为城市环境一部分的物业区域环境，受到人们的普遍重视，国家环保、城市管理及有关部门，正在逐渐加大对物业环境保护的研究和治理力度，强化对物业环境的管理，提高物业环境质量。随着社会经济的发展和市场机制的完善，人们对如何完善和强化物业环境管理，为业主营造和保持一个安全、舒适、文明、和谐的生活及工作环境，使物业保值和增值，提升人居环境质量尤为重要。

一、物业环境管理的基本原则

（一）环境具有价值原则

环境管理属于经济管理，具有经济属性，所以在物业环境管理过程中，要利用价值规律来搞好物业环境管理，通过有效的经济核算，调节生产效益和生态环境效益，从经济利益上使人们珍惜资源、保护资源、节约资源、保护环境。

（二）全局和整体效益最优原则

全局和整体效益最优的原则是物业环境管理应遵循的基本原则，表明了物业环境管理的生态属性，必须遵循生态规律。绿色物业管理能够充分利用科学的管理方法和先进的管理工具，在实现优质管理的同时，建立在互惠互利的基础上的管理服务，才能够使社会接受这种服务思想，绿色物业管理的管理效益才能可持续发展下去，有效地开展各项管理服务活动。

（三）环境与经济综合平衡原则

综合平衡原则就是在环境管理中必须遵循生态规律，力求保护生态和发展经济的协调与平衡，即把物业区域内的生态保护和环境管理纳入城市经济和社会发展规划，协调和平衡城市建设与环境保护的关系，在整个城市乃至社会发展的基础上，做好物业区域内的环境管理。

(四) 政府干预和公众参与相结合原则

物业环境管理要依据政府制定的环境保护相关法律、政策和方针进行。由于环境管理上存在"政策失灵"的情况，即执行政策的效果取决于人们对政策的反应程度。在物业环境管理中，把政府干预和公众参与结合起来，通过开发环境教育，增强公众对环境价值的认识和对开展环境保护工作的紧迫感，激发人们自发保护环境的热情，才能有效地监督政府避免决策失灵。

(五) 可持续发展原则

可持续发展是指既满足人们需求，又不损害人类后代满足其自身需求条件的发展。人类住区是一个复杂系统，建设可持续发展的人类住区是一项系统工程。它需要人们系统地做出努力，包括环境、政治、经济、文化、科技等方面的综合探索，才可能实现建设可持续发展的人类住区的目标。在人类住区可持续发展历程中，1976年5月联合国在加拿大温哥华召开的第一届人类住区大会，通过了《温哥华人类住区宣言》；1992年7月联合国巴西里约热内卢环境与发展大会通过《21世纪议程》，对建设可持续发展的人类住区提出八个专题*。1994年中国政府发表的《中国21世纪议程》《中国21世纪人口环境与发展白皮书》对上述内容加以引用，并结合中国情况作了一些变动，充分表明我国政府对建设可持续发展人类住区这一战略思想的重视。

(六) 生态文明引领原则

弘扬生态文明主流价值观，把生态文明纳入社会主义核心价值体系，形成人人、事事、时时崇尚生态文明的社会新风尚，为生态文明建设奠定坚实的社会、群众基础。推动生产方式绿色化，构建科技含量高、资源消耗低、环境污染少的产业结构和生产方式，大幅提高经济绿色化程度，推动生活方式绿色化，实现生活方式和消费模式向绿色低碳、文明健康的方向转变，力戒奢侈浪费和不合理消费。按照国家治理体系和治理能力现代化的要求，把绿色发展转化为新优势，使青山常在、空气常新，让人们在良好生态环境中生产、生活。

二、物业环境的特点

(一) 物业环境是内部居住环境与外部居住环境的统一体

内部居住环境和外部居住环境，虽然它们是各自独立、自成系统的，但它们又是相互影响、相互作用的。内部居住环境离不开外部居住环境，外部居住环境的好坏也离不开内部居住环境。

(二) 物业环境是硬环境与软环境的统一体

硬环境是指与业主和使用人有关或所处的外部物质要素的总和，是生活和工作必要的物质条件，即房屋建筑、附属设备、公共设施和相关场地。软环境是指与业主和使用人有关或所处的外部精神要素的总和。它是无形的、人际的、文化的，能对人们的生活和工作施加一

---

* ①向所有人提倡适当住房；②改善人类住区管理；③促进可持续土地利用规划和管理；④促进综合提供环境基础设施水、卫生、排水和固体废物的管理；⑤促进人类住区可持续的能源和运输系统；⑥促进灾害易发区的人类住区规划和管理；⑦促进可持续的建筑业活动；⑧促进人力资源开发和能力建设，以促进人类住区发展。

定的影响，这两种环境是相互影响、相互作用的。硬环境的建设离不开软环境的支持，软环境的建设也离不开硬环境的物质基础。

(三) 物业环境是自然环境与社会环境的统一体

物业环境不仅包括自然物质要素，如空气、水、树木花草等，同时也包括社会物质要素，如环境管理、宣传教育、执法监督等。自然环境离不开社会的经济、政治和文化的发展，离不开社会的环境管理、宣传教育、执法监督；社会环境的发展要以自然环境为基础。

三、物业环境管理的目标

物业环境管理的实质是遵循社会经济发展规律和自然规律，采取有效的手段来影响和限制业主、使用人和受益人的行为，以使其活动与环境质量达到较佳的平衡，保证物业正常良好的工作、生活秩序与创造优美舒适的工作、生活环境，确保物业经济价值的实现，最终达到物业经济效益、社会效益和环境效益的统一。按照这个总目标，物业环境管理的具体目标，主要有以下几个方面。

(一) 建立良性物业区域生态平衡系统

合理开发和利用物业区域的自然资源，维护物业区域的生态平衡，防止物业区域的自然环境和社会环境受到破坏和污染，使之更好地适合于人类劳动、生活和自然界生物的生存和发展。要达到这一目标，需要把物业环境的管理与治理有机地结合起来，即合理利用资源，防止环境污染；在产生环境污染后，做好综合治理的补救性工作；是防止环境污染和生态破坏的两个重要方面。在实际工作中，我们更应该注意以防为主，把环境管理放在首位，通过管理促进治理，为业主、使用人、受益人创造一个有利于进行生产和生活的优良环境；一个既能保证技术的合理发展，又能防止污染的健康、舒适、优美的物业环境，以达到物业的经济效益、社会效益和环境效益的统一。

(二) 正确处理物业区域社会、经济与环境协调关系

有效贯彻国家关于物业环境保护的政策、法规、条例、规划等，具体制定物业环境管理的方案和措施，选择切实可行的能够保护和改善物业环境的途径，正确处理好社会和经济可持续发展与环境保护的关系。由于不同的物业区域，其环境保护的要求或标准有所不同，有的物业在某些方面要求高一些，有的要求则会低一些，这就需要物业服务企业根据物业的不同和物业区域的不同，客观地拟定所管物业的环保标准与规范。同时，物业服务企业还应配合组织有关部门定时进行物业环境监测，掌握所管物业区域的环境状况和发展趋势；有条件的还应该会同有关部门开展对所管物业区域的环境问题进行科学研究。

(三) 建立健全绿色物业环境管理机制

伴随房地产业发展，绿色建筑得到了国家的大力提倡，一批物业服务企业在节能环保等方面进行了积极的探索，启动绿色物业管理与建设绿色社区理念，并辅以 ISO 14000 国际环境认证体系为实践的标准，绿色物业管理的理念正在被全行业所认识，切实地感受到物业管理所承载的社会责任感。绿色物业管理就是运用安全、健康、环保理念，物业经营内容和管理体系全面考虑环境因素，坚持保护生态和合理使用资源、节能降耗，引导业主健康生活方式，倡导绿色消费模式，确保物业区域环境安全、健康的新型物业经营与服务模式。建立物业环境的日常管理机构，做好物业环境的日常管理工作，如物业区域内的卫生保洁、绿化、治安、消防、车辆交通等方面的维护和监督工作，使物业区域内的环境得到净化、美化、绿化，保证正常的工作和生活秩序。绿色物业管理的基础就是物业服务企业经济利益与环境利益的统一，建立推进"绿色物业环境管理"机制代表着物业管理发展的趋势。

（四）开展保护环境的宣传教育构建物业环境文化

人们一直在研究环境对人类的影响，很少研究人类对环境的破坏作用。如果沿着人统治自然的方向发展，必然会产生对人类生存和发展的自然环境的严重破坏。环境科学和其他环境学科，如物业环境管理的提出与发展，孕育了一种新型环境文化，这种环境文化代表了人与自然关系的新的价值取向，认为人与自然本质上是一个整体，人与自然应当和谐相处。这种新型的环境文化，标志着人类在现代社会中高文化水平的意识觉醒，提高和普及公众的环境意识，是现代文明进步的标志和尺度。这种环境意识，使传统的伦理学、道德标准都会发生变化。现代环境伦理学认为，人的正当行为必须扩大对自然的关心，道德标准必须扩大到人类维护环境质量的实体和过程，必须以维护基本生态过程和完善生命维持系统为标准，保护遗传的多样性和保证人类对环境资源的持续利用，由此人类发展途径只能选择社会、经济、环境全面综合发展的途径。

物业环境是一个局部区域的环境，直接影响着一个城市乃至整个国家的整体环境，最终涉及人类自身的切身利益。现代工业文明的发展，大量消耗资源，不仅使环境日益恶化，威胁人类生存，而且为争夺自然资源，也给人类和平带来威胁。2018年5月习近平总书记在全国生态环境保护大会上的讲话指出："生态环境安全是国家安全的重要组成部分，是经济社会持续健康发展的重要保障。"由此可见，普及环境意识，引导人们自觉遵守和维护有关保护物业环境的政策、法律，唤起人们关心物业环境、社会公共利益与长远利益，把物业环境管理方面的要求和标准变成人们自觉遵守的行为准则和道德规范，是实施物业环境管理的根本和基础。物业服务企业以此来激励公众将环保意识上升到更高层面，从内心深处认识到环境管理的重要性，以实际行动来维护和创建我们共同生存的家园。

第四节　双碳战略背景下的物业环境管理

环境是人类赖以生存和发展的各种因素的总和，在当今社会发展的过程中，人们都渴望能在优美、舒适的环境当中工作和生活，然而环境问题总是与人类社会发展过程矛盾重重。由于我国物业环境管理在政策、法规及管理制度等方面有待完善，认真领会党的二十大报告精神，人们对人居环境品质的认识不断提高；无论是住宅物业、写字楼物业、酒店物业，还是各类开发区物业，要求物业环境管理应该拥有一批训练有素、技术过硬的管理队伍，不断满足人们对"美丽家园"的渴望。

一、目前物业环境管理的难点

（一）物业环境管理规范化不够

1. 物业环境管理相关法律法规执行能力需要加强

国家颁布实施了《物业管理条例》《中华人民共和国民法典》（2021），各地相继出台地方性物业管理及服务法规、制度，但实际执行效果参差不齐，主要原因是政出多门，缺乏有效的监督管理；特别是在物业管理市场培育方面监管不力，物业管理招（投）标制没有严格监督推行，市场无序竞争恶劣，资源浪费严重，物业环境管理难以有效实施。

2. 政府对物业环境管理工作指导监督有待提升

近年新冠防疫实践已充分证实，离开基层街道、社区组织的管理，物业管理工作难以落到实处。随着政府行政体制改革的不断深入，基层政府的工作重心逐渐下移，作为区政府的派出机构——街道办事处，主要精力逐步转移到社区的管理与服务方面的力量和精力明显不足。对物业管理工作的指导、协调和监督远远不够，对物业管理中存在的综合性问题不能及时进行协调，不能督促物业服务企业认真履行环境管理服务职责，指导和监督工作没有做到严格履行。

(二)物业服务企业环境管理水平有待提高

1. 物业前期建设与后期管理脱节

物业前期建设与后期管理脱节主要表现在：一是建设规划缺陷，住宅小区开放分散，配套设施不全；二是少数小区存在住宅建筑质量问题；三是物业公共设施陈旧、破损、共用部位没有及时维修更新；四是开放式小区格局和配套设施的不足，物业服务企业难于实施有效的管理，从而影响业主的正常生活而引起业主不满。物业前期建设与后期管理脱节造成资源浪费，物业区域环境管理将难以进行。

2. 管理手段亟待完善

物业管理的社会专业化及其业务的复杂性，要求物业服务企业必须具备较高的管理服务水平。绝大多数物业服务企业缺乏现代化的管理硬件设备和软件技术，大多停留在传统的人工管理阶段，不能有效地提高管理质量和效率，不能适应城乡社区治理现代化的发展要求，一定程度上制约了自身发展，提高解决区域环境管理上的问题效果，需要硬件设备和软件技术相结合。

3. 管理机制运作不协调

由于物业服务企业有一部分是开发公司下属企业，对物业环境的验收难以规范，环境管理费用难以预测，环境质量难以保障。物业服务企业须为业主提供日常、专项、特约三方面的配套服务，才能满足不同类型物业环境管理的需求，管理机制必须和环境保护同步进行，保护区域环境，提高物业服务企业的环境管理水平。

(三)对物业环境管理认识偏差

1. 自身行为认识偏差

从自然生态的角度看，房屋建造其实是一个将自然资源经人工机器变为居住空间、工作场所的生产过程。建成的住宅单位供人们居住，工作场所为人们提供劳动空间，在此过程中会耗用能源，同时产生能量，排出废物如污水及垃圾等。人们乐于把自己当成环境破坏的无辜受害者，却没有想过我们所选择的生活方式对现在和将来的环境会造成怎样的危害；要保护环境，使城市、乡村以至整个地球能持续发展，需要注重房屋建造及使用过程中的环保问题。

2. 责任意识偏差

人们在消费和享用资源时，并没有深刻地认识到在环境管理方面负有的重大责任；事实上许多业主(住户)一方面希望拥有优美、安全、文明、舒适的生活和工作环境，另一方面却为了贪图方便，将废弃的东西直接从高楼抛下，造成人身伤害事故。另外，当这种行为发生在低密度小区时，自然有保洁人员及时清理掉；若是发生在人群比较密集复杂的小区，没有保洁人员及时打扫时，这种不当习惯行为，将会使住宅周围变成垃圾场。我们大多数人在渴望享受舒适环境的权利时，往往忽略履行保护环境的责任。

（四）ISO 14000 环境质量认证标准的普及有待落实

ISO/TC176 技术委员会认为："所有组织都会从质量管理和外部质量保证相结合的总体利益中获得好处。"然而，在物业管理中实施 ISO 14000 环境质量认证的企业还不够，从已获得 ISO 14000 环境质量认证的物业服务企业经验与感受来看，最敏感的就是成本费用问题；在物业管理中实施 ISO 14000 环境管理与质量认证，不但质量认证的成本费用高，更重要的是实现 ISO 14000 标准所述状态以及维护、保持、改善这一状态所需支付的费用更高。如住宅区物业环境质量管理中的绿化问题，我国大多数物业管理小区环境质量与 ISO 14000 所述标准的状态相距甚远，而要达到标准要求的绿化率水平的费用又是相当高，物业管理的收费水平以及业主（住户）对物业管理费用的承担能力，是物业服务企业不敢生硬追求 ISO 14000 的关键原因。目前环境保护的呼声中，推行物业管理 ISO 14000 的环境质量难度还是很大，除了普遍的、显而易见的环境意识的问题之外，更具体的难题表现在：经费来源难以落实、实施管理的难度较大、现行理念差异较大、系统界定难、老旧小区基础设施条件差。

二、物业环境管理的发展趋势

物业环境管理的中心目标是维护和提高物业服务区域的整体环境质量，物业服务企业一方面要自主开展有益于辖区自然环境质量保护，同时要积极配合国家及本地政府关于城市环境和社区环境建设任务要求做好落实工作，应用环境科学、管理科学及可持续发展理论指导实践活动，认清环境管理和环境质量对全社会及业主生存空间的重要作用，不断完善，持续改进物业区域环境，积极有效实施改善人居环境计划，创建绿色物业必将成为物业环境管理发展的主流趋势。

（一）建立完善物业环境管理体系运行机制

构建物业服务公司环境管理体系是一个组织有计划、协调动作的管理活动，其中有规范的动作程序，文件化的控制机制。

1. 推行 ISO 14000 环境管理体系

物业服务公司实施 ISO 14000，建立环境管理体系，强调全过程的环境管理和控制，实施这样一个标准，可以加速产业结构的调整，鼓励物业服务企业积极使用无毒、无污染的产品，节约服务中的消耗材料和积极的使用新能源、新工艺，为实施社区全过程的控制污染和清洁运行提供程序上的保障。实施 ISO 14000，要求企业的领导层要对遵守国家环境法律法规和其他要求做出承诺，要首先达到国家法律法规标准的要求，有利于规范企业的环境行为，为改进环境保护工作、提高企业的环境管理水平起到非常积极的、重要的推进作用。不仅可以促进物业服务企业节能降耗、降低成本，还可以降低社区污染物的排放量，减少污染事件的发生、减少环境的风险和环境费用开支，为社区人人主动保护环境创造条件。要求物业服务公司的全体员工进行系统的环境方面的培训，并要求员工在观念、行为方式和思考过程等方面有所改变，需要指导社区面临的环境问题，以及改善社区的环境行为，更多的物业服务企业能够实施 ISO 14000，建立环境管理体系，会使物业服务从业人员和社区的业主，了解环境工作的重要，重视环境保护的工作，使全民的环境保护意识有一个更大的提高。房产企业纷纷推进绿色住宅建设，响应增强社会、组织、公民的环境意识，促进减少污染、节能降耗、提高社区健康、绿色环保生活品质的倡议，通过启动 ISO 14000 系列标准，致力于绿色物业管理的推进。

2. 建立房地产项目物业环境管理前期介入机制

目前很多物业管理纠纷是由于前期介入不到位产生的必然结果。物业环境管理前期介入在后期管理中节能降耗所能发挥的作用是不可替代的，实施绿色物业管理，需要物业服务企业从建筑物的设计、施工及其对原材料、设施设备的选择，招标、施工、验收提出环保合理化建议，进行早期介入，对施工环境进行监督验收，及时规避在项目销售后的物业管理阶段，出现难以解决的建筑物设计、施工、原材料和设施设备方面硬件问题。注重建立物业环境管理前期介入机制，有利于为后续的绿色物业管理打下坚实基础。

(二) 建立物业区域环境质量管理评价系统

环境质量评价的对象是环境质量的价值，即环境质量与人类生存发展需要之间的关系。物业环境质量与人类生存发展需要之间的关系即为物业环境质量评价的对象。人是物业的主体，物业环境对居民健康和生活质量有很大影响，因此物业环境建设应以人为本，环境质量指标应能反映居民的需求。为了能对环境质量的价值做出正确的判断或者评价，必须要评价一个具体的环境和人类需要之间的关系。首先要了解这一环境的结构、所属区域和特点等，进一步考虑该环境是否能满足或者在多大程度上满足人类对该环境的需要。环境状态能否满足这一需要或满足的程度如何，是环境质量价值的体现。物业环境质量正越来越受到人们的关注，只有对物业环境质量做出恰当的评价，才能为环境管理工作提供决策的科学依据；只有弄清了环境质量的价值，即它与社会发展需要之间的关系，才有可能制定出恰当的管理决策，选用合适的管理技术，进而营造一个和谐的物业环境。从评价对象、评价因子、评价标准、现状监测、评价指数等方面对物业环境质量展开评价研究；结合国情，把物业区域环境与经济、社会复合关系进行量化评价，以指导物业环境管理的持续改进，对于我国物业环境管理的发展大为有益。

(三) 创造环境安全舒适生态化管理模式

提倡绿色物业管理就是合理引导人们保护环境、绿色生活的意识，生态化的生产方式源于生态化的生活方式，而生态化的生活方式的核心内容是生态消费方式。物业管理行业服务理念是满足业主不断增长的需求，引导业主生态消费，在满足业主的基本生存和发展需要的基础上，建立适度、节能、可持续的管理模式。

1. 运用生态文明理论建立绿色物业管理新思维

运用生态文明的经济学理论指导人们建立起绿色物业管理的新思维，从生态经济学理论角度分析，物业管理活动实质是在由生态系统和经济系统有机结合形成的"生态经济系统"中进行的。在该系统中，自然要素以绿色植物的光合作用为基础，与人类活动能量传递共同组成生态系统的"食物链"，不停地进行着物质循环和能量转换运动，维持着系统的平衡稳定和资源再生，人工要素(物业区域社会服务系统)不断地向人们提供生活、工作等发展经济需要的各种原材料和生产生活条件，使经济社会能够持续发展。如果物业区域环境中生态系统和生态平衡遭到破坏，和谐的物业区域环境就不能持续；进行物业管理的正确着眼点应该注重发展绿色物业生态经济系统，同时绿色物业管理必须受企业经营利润和提高业主对环境满意度双因素影响,受经济规律和生态平衡自然规律两种客观规律的制约。

2. 从源头入手,发展绿色住宅体系

"绿色住宅"的实质是生态经济系统的认识给人们以启示,在实际工作中,按照生态经济系统的特点,指导绿色住宅建设的进行,是实现协调、高效的有效途径。建设绿色住宅应当立足于建设整个系统,物业项目开发商建设绿色住宅应该因地制宜、因时制宜和因具体条件制宜,或借山造势、借水造势、借景造势增加物业的生态文化特点,在开发中同时获得经济、生态和社会效益;如天津万科在开发东丽湖生态居住区的建设中,提出营造一个生态系统思路,不是简单地局限在挖一个湖,而是做一块湿地,发展芦苇、水禽等野生动物、植物,模拟湿地自然环境,逐步实现该系统的良性循环。在开发东丽湖生态住宅规划中,不但考虑房屋内部建设,还要考虑外部环境,以至整个小区的建设等因素;整个项目开发建设的各个环节,包括从选地到设计,施工,装修装饰,直到验收入住,都要符合绿色环保标准;强调建筑装饰材料和产品的绿色标准化、家具产品的绿色标准化,以及施工过程的绿色标准化等。把生态经济系统的各种自然优势和人文特色变成了市场优势,从而实现居民、开发商、国家和社会的共赢。

3. 建立全行业推行绿色环保日常监督指导制度

随着建筑节能型社会在全国范围的展开,物业管理行业应着手建立推行绿色节能降耗指导制度,有条件的物业服务企业,可以在企业内部建立专职的节能环保监督员,要求全体员工重视节能降耗工作、查找薄弱环节、研究解决对策,把节能降耗、环境保护工作列入对各部门的考核内容,落实到具体工作中,如合理的调整噪声功率和供暖的温度,利用回收的中水进行绿化;避免在物业管理中对绿化进行维护的时候使用一些杀虫剂、除草剂、化肥、农药,避免对土地环境的污染。合理的调节设施设备的方式和运行参数,实行大厦多部电梯改为联动,大大降低了电梯的空驶,既达到了节约用电的目的,延长了电梯的使用寿命,降低了管理费;提倡的垃圾分类收集,使垃圾分类收集器的设计更加通俗和人性化,做好对业主进行劝导和引导工作等;同时以各种形式的宣传,调动业主积极参与到节能环保降低能耗当中来。

(四)建立绿色物业管理服务品牌营销机制

房地产追求绿色、生态品牌后,人们对房地产的消费也进入了绿色品牌消费时期,品牌在营销中起到了催化剂的作用。在物业管理市场,购买高端物业的消费者,许多人在买房时不仅注重房子及小区环境本身,更有一种强烈的品牌意识,即精神享受;他们之所以愿意支付高于市场的价格享受品牌物业服务,是对绿色品牌的消费,是因为优秀品牌背后所凝聚的管理、品质保证、文化认同。绿色消费是一种以"绿色、自然、和谐、健康"为宗旨的消费,倡导消费者的循环再利用,引领生态化的生产方式,从而最大限度地减少对能源的消耗和对环境的破坏。绿色物业管理品牌的树立需要企业通过自身工作引导消费者对高端物业服务的绿色消费意识,对绿色环保经营品牌的认同感,促进物业服务绿色品牌消费市场的形成;企业实施绿色物业服务品牌营销战略,提高业主对绿色物业服务观念的广泛认可,促使更多有能力的人加入绿色物业服务消费者行列,让没有认识到绿色物业服务品牌真正价值的客户重新加入绿色品牌消费行列。

思考题

一、填空题

1. 1972年,联合国在斯德哥尔摩召开人类环境大会。这是人类历史上第一次将人类环境问题纳入世界各国政府和国际政治议程,发表了《_____》。
2. 物业环境管理的研究对象的代表观点主要有物业区域环境、_____、物业环境管理机制、_____、_____。
3. 物业环境管理应该遵循的基本原则包括:环境具有价值原则、_____、_____、政府干预和公众参与相结合原则、_____。

二、综合分析题

1. 结合实际,简述当前物业环境管理的迫切性。
2. 简述物业环境管理的主要职责。
3. 简述物业环境管理的特点。
4. 简述物业环境管理的目标。
5. 结合实际,简述物业环境管理的难点表现及物业环境管理的发展趋势。
6. 简述物业环境管理对实现"碳达峰""碳中和"的影响。

第二章 物业环境管理内涵及方法

第一节 物业管理与环境

习近平总书记指出"人们对美好生活的向往就是我们的奋斗目标"。近年来,一批物业服务企业在加强物业环境管理,营造优美、清洁、健康环境,在节能环保等方面进行了积极的探索,做出很多有益的尝试,并取得了可喜的成绩。在物业城市管理快速发展及其取得成绩的背后,不得不承认还存在着牺牲环境、透支资源等问题。要解决现存物业环境管理中的这些问题,并在理论层面上有更加清晰和科学的认识,需要认真细致地研究环境管理与物业管理关系,剖析其理论体系构成并联系到物业环境管理的实践中去,以引导物业管理从业者更加科学有效地进行物业环境管理,创建出一个更加舒适、和谐、健康的物业环境。

一、环境与物业环境

(一)环境概念

环境,通常是指以人类为主体的外部世界,主要是地球表面与人类发生相互作用的自然要素及其总体。《中华人民共和国环境保护法》明确指出:"环境,是指影响人类生存和发展的各种天然的和经过人工改造的自然因素的总体。"这个定义把环境分成两大类:一类是"天然的自然因素总体",即自然环境;另一类是"经过人工改造的自然因素总体",即在自然因素基础上,人类经过有意识地劳动而构造出的有别于原有自然因素的人工环境。以人类为主体的环境有广义与狭义之分。广义的环境含义包括以下4个层次。

第一环境,自然环境或原生环境,既含有对人类有用的自然资源,如土地、森林、矿产、水、大气、动物、植物等,也含有对人类不利的自然灾害,如地震、火山、洪水、泥石流、海啸等。

第二环境,次生环境,是指被人类活动改变或污染的自然环境;如城市上空被污染的大气,城市周围被污染的水域和水体,城市郊区(农业用地、蔬菜用地等)被污染的土壤,城区内部被破坏的林木、花卉、草地或被绿化的土地等。

第三环境,是指由人工建造的房屋、道路和各项设施等组成的人工环境;是人类生存和发展的基础。房屋是供人们生产、工作、休息等各类活动的场所,也是人类发展所离不开的基本要素,而宽广、通畅的道路和各项配套完善的设施是促进人类进步和社会发展所不可缺少的条件。因此,创造美好的人工环境是促进社会进步、人类发展的基本保证。

第四环境,是指由政治、经济、文化等各种社会因素所构成的人与人之间的社会环境;属于"软"环境。政治稳定、经济健康快速发展、文化素质水平高,人与人之间团结、诚实,必然会导致生产、工作效率高,人们的幸福感会增强,人生价值就会得到充分体现,人类社会就会不断向前发展。

狭义的环境就是仅指广义环境含义中的第二环境,即被人类活动改变或污染的自然环境——次生环境。

(二)物业环境的内涵

物业环境是针对主体"物业"而言周围的地方及其情况和条件;是能对物业的存在和状况起到影响作用的所有相关事物及相互关系的总和。物业环境对人的行为、精神和健康有着直接或间接影响,这种影响决定着人们对物业管理价值的评判态度。物业环境是城市环境的一部分。一般说来,物业环境包括广义环境的第二环境、第三环境和第四环境。城市环境是指城市范围内的情况和条件;物业环境则是指某宗物业,如居住小区、写字楼、购物中心、宾馆等其所在区域内的情况和条件;物业环境按物业用途的不同,可分为生活居住环境、生产环境、商业环境和办公环境等;在新时代数字城市建设中智慧城市离不开智慧物业数字化支撑作用。

1. 生活居住环境

生活居住环境是指提供给人们居住的物业环境,包括内部居住环境和外部居住环境两个方面。

(1)内部居住环境

内部居住环境是指居住物业住宅建筑的内部环境。影响住宅建筑内部环境的因素主要有以下几个方面。

①住宅标准　住宅标准主要有面积标准和质量标准。面积标准一般是指平均每套或每户建筑面积和平均每人居住面积的大小;而质量标准是指设备的完善程度,如卫生设备、供水、供电、供气、供热、电视、电话等设施的完善程度。

②住宅类型　住宅类型涉及住宅的高度和层高。住宅有低层、多层和高层之分。一般来说,低层或多层住宅居住的方便性优点比较突出,而高层住宅因室内容量大、室外视觉效果好,居住起来舒适性特点较突出。

③隔声　住宅建筑的居室上下或前后左右要有良好的隔声效果,对电梯或楼梯、管道及外部噪声要有良好的防护效果。

④隔热与保温　住宅建筑在夏天具有良好的隔热效果,在冬天具有良好的保温功能。这是改善居住环境的重要条件。

⑤光照　居住建筑室内必须具有适宜的光照时间和强度,包括自然采光和人工照明两种情形。

⑥日照　居住建筑室内必须能够获得适时与适量的太阳光的直接照射。日照有自然状态下的日照和受到人为因素影响下的日照两种情形。

⑦通风、风向、风力　通风一般是指自然通风。居室应具有良好的通风条件,特别是在炎热地区而没有空调的情况下,居室更应具有良好的通风条件。另外,风向与风力也是影响居室环境的重要因素。

⑧室内小气候　住宅建筑室内要具有适宜的气温、相对湿度和空气对流速度,确保室内居住环境空气清新,温度、湿度适宜,不损害人身健康,保持居室内环境的舒适性。

⑨室内空气量和二氧化碳含量　居住建筑室内要保持足够的新鲜空气量,尽量降低对人身心健康有害的二氧化碳及其他有害、有毒的气体含量,使人们居住在一个安全、舒适的室内环境之中。

(2)外部居住环境

外部居住环境是指居住物业所在区域内，与居民生活居住密切相关的各类公共建筑、公共设施、绿化、院落和室外场地等设施与设备的情况和条件。外部居住环境与内部居住环境的有机组合，构成了居住物业的生活居住环境。影响住宅建筑外部环境的因素主要有以下几个方面。

①居住密度　居住密度是指单位用地面积上居民和建筑的密集程度，通常用单位用地面积所容纳的居民人数和单位用地面积所建造的住宅建筑面积两个指标来衡量。从居住的舒适性角度考虑，居住密度以低为优。

②公共建筑　居住物业的公共建筑是指为居民生活服务的各类公共建筑，包括中小学、幼儿园、托儿所、医院、电影院、商店、邮局、银行等文教、卫生、商业服务、公安、行政管理等方面的公共建筑。居住物业的公共建筑能够配套、完善，是保证居住物业具有良好外部环境的基本物质条件。

③市政公共设施　市政公共设施是指居住物业的居民生活服务的设施，如道路、各种工程管线、公共交通等。完善、便利的市政公共设施能够给居住物业提供一个良好的外部居住环境。

④绿化　绿化是指居住物业的室外公共绿化面积和绿化种植。绿化不仅有利于调节小气候，而且还能美化居住环境，有利于人们的身心健康。

⑤室外庭院和各类活动场所　室外庭院主要是指住户独用的室外庭院和公用的生活用地。居住物业的活动场所主要包括儿童游乐和成年人、老年人休息活动的场所，是居民生活居住不可缺少的组成部分。

⑥室外环境小品　室外环境小品主要包括建筑小品、装饰型公共标志、公共小设施、公共游憩设施以及地面铺砌等。

⑦大气环境　居住物业区域内，空气中有害气体和有害物质的浓度与气味，直接影响着居民的身心健康。因此要保持良好的室外大气环境，应消除空气中的有害、有毒气体与气味，或者最大限度地降低其浓度，确保居民人身安全和身心健康。

⑧声环境和视觉环境　为了确保一个良好的居住环境，应尽可能降低噪声强度和住户相互间视线的干扰程度。

⑨小气候环境　应做好居住区内的气温、日照、防晒、通风或防风等状况的维护工作，确保居住区内优雅、舒适的小气候环境。

⑩邻里和社会环境　居住区内的社会风尚、治安状况、邻里关系、居民的文化水平和艺术修养等，会直接影响居住环境。

⑪环境卫生状况　居住区的卫生状况好，能够净化环境，给居民提供一个清洁宜人的生活环境。

2. 生产环境

生产环境是指生产型物业提供给企业及其生产者从事产品生产的相关设施与条件，通常包括生产用房、生产设备、厂区设施及周围与生产相关的交通、供电、能源基础设施等。物业用途及类型厂区室内外大气、水、声、光、卫生、美化、安全等环境是否与使用该物业生产的产品相一致，是影响生产环境的首要问题。

生产型企业通常需要大量运进原材料及燃料，运出产品，因此必须有便捷的交通条件。

如邻近公路交通干线或者符合运输条件的道路与公路干线相连、有铁路专用线进入厂区、临近通航河道(或海岸)且有专用码头。以上公路、铁路和水运交通条件若能同时满足两项及以上者，则该物业的生产环境的交通条件达到较好程度。

3. 商业环境

商业物业环境是指用于商业目的的物业室内及所在区域外部条件的总和。包括商务写字楼(商场、购物中心、商铺、市场等)、旅馆(宾馆、饭店、酒店、招待所、旅店等)、餐馆(饭庄、酒楼、酒家、茶楼等)、游艺场馆(娱乐城、歌舞厅等)，室内空气要具有足够的含氧量，最大限度地降低有毒、有害、有异味的气体或物质，确保使用人的人身安全和身心健康。室外环境整洁、舒适，适合物业使用氛围，为物业使用者提供便捷、周到、充满美感的环境空间。

4. 办公环境

办公环境是指用于业主工作及企业经营场所相关区域室内、室外及周围条件的总和，同时包括办公设备、办公区域治安状况、办公人员的文化素质、艺术修养及相互关系等。影响办公环境的因素主要有以下几个方面：①办公室标准与类型：办公室面积较大、室内净空高度较高，则办公的空间环境优越，无压抑感。②隔声：良好的隔声效果，既起到了保密作用，又不干扰他人和外界。③隔热和保温。④光照与日照。⑤通风。⑥室内小气候。⑦室内空气含氧量和二氧化碳含量。⑧室内景观：办公室的盆景、小饰物、壁画、雕塑等小景观的合理布置，构成了一个优美的办公室内环境。⑨声环境和视环境：没有外界的噪声干扰和良好的视觉环境，是办公条件的要求。⑩环境卫生状况。

二、物业环境的影响因素

影响物业环境条件的因素很多，归纳起来主要包括自然环境和人为影响两大因素。自然环境因素主要指光照、通风、风向风力、大气环境、二氧化碳与氧气的平衡、隔热、保温、声视环境，周边的小气候环境。人为影响因素主要指市政公共设施、活动场所、绿化环境、交通条件、行政服务条件等。

(一)物业环境因素

不同的物业环境，对环境的影响因素不同。如生活居住环境主要包括内部与外部的居住环境，内部与外部的居住环境的影响因素就不同。

内部居住环境主要受住宅标准、住宅类型、住宅隔热、保温条件、隔声、光照、日照、室内小气候(室内气温、通风、风向、风力、空气流动情况)、室内二氧化碳和氧气含量等因素的影响。

外部居住环境主要与居住密度、公共建筑、市政公共设施、绿环美化、各类活动场所、室外大气、声视环境、邻里社会环境、卫生状况有关。

生产环境、商业环境、办公环境等除了具有居住物业共同性的影响因素外，它们的室内条件和外部条件的侧重点与居住物业环境影响因素的要求侧重点有所不同。如商业环境的交通条件很重要，要考虑顾客公共交通的通达性，即附近公交线路的条数，车辆时间间隔以及主公交线路联结的居民区人数，距离飞机场、火车站、码头等的远近，自行车、摩托车和汽车停车场的问题等，也要考虑进货和缺货的交通便利的程度。办公环境除交通条件外，还要考虑室内面积、空间的大小、办公设备的配套完善情况以及办公人员的基本素质与办公区域的治安状况等。此外，商业环境还要考虑档次的高低、服务的态度和服务水平，除了硬环境外，相应的软环境都应有利于提高工作效益和效率，有利于业主的身心健康。

（二）物业环境建设与物业管理的关系

对物业实行必要的环境建设不仅是物业服务企业的需要，更是未来业主维护自身利益的需要，在物业环境建设中将有关的硬件软件紧密有机结合，将会取得经济、社会和企业本身的更优效益。

1. 物业环境建设是物业管理的基础

物业管理是由专门的机构和人员，按照合同和契约对各类物业以经营的方式进行管理，同时对物业区域内的环境、清洁绿化、安全保卫、公共卫生、房屋及设备设施维修、养护统一实施专业化管理，并向使用人提供多方面的综合性服务。管理所依托的物质实体是各类房屋建筑物及其发挥正常使用功能所必需的各种环保、绿化、消防、清洁、智能化、保安、收费、通信等附属配套设施，都必须先通过建设来实现，在建设过程中合理的规划设计，良好的施工质量，完善的配套设施，将有利于后期物业管理工作的顺利开展。因此从主客体、进程和内容来看，物业环境建设是物业管理的基础和前提。

2. 物业管理是物业环境建设的延续

通过科学的管理和优质的修缮服务，有效地提高房屋的完好程度，延长房屋的使用寿命，达到保值、增值的目的；通过全方位的社会化、专业化的服务为广大用户提供一个舒适、安全、优美、文明的居住环境；物业服务和管理还被赋予加强城市精神文明建设的重担。良好的物业管理不仅是物业建设在物质形式上的延续，更是物业及物业所有人在精神文明建设上的延续。市场经济体制下，物业管理在某种意义上作为房地产开发的延续，开发房地产的利益直接与其后期物业管理有着密切的关系，物业管理的优劣与商品房预售和现房销售、开发企业资金滚动运作有着不可分割的关系，在一定程度上制约着物业环境建设的发展。

三、物业环境管理与"碳达峰""碳中和"

2020 年 9 月，习近平总书记在第 75 届联合国大会一般性辩论上郑重宣布："中国将提高国家自主贡献力度，采取更加有力的政策和措施，二氧化碳排放力争于 2030 年前达到峰值，努力争取 2060 年前实现碳中和。"并多次强调"实现碳达峰、碳中和（简称'双碳'）是一场广泛而深刻的经济社会系统性变革，要把碳达峰、碳中和纳入生态文明建设整体布局"如期实现碳达峰、碳中和目标，是重塑我国能源结构与产业结构，持续推进生态文明建设、加速绿色转型发展的需要，"十四五"时期是我国实现碳达峰关键期、推进碳中和起步期，做好碳达峰、碳中和工作，必然会对我国经济社会发展方式、国家治理理念产生重大而深远的影响。

（一）碳达峰与碳中和的由来

20 世纪 70 年代初，发达国家已基本领先完成工业化、城镇化过程，能源消耗和与之产生的二氧化碳排放总量均已达到峰值。研究表明，发达国家的碳达峰发现在一国完成工业化和城镇化进程之后会随即出现碳排放量达峰情况；近十年间，全球二氧化碳的浓度水平每年都创下历史新高，降低二氧化碳排放量刻不容缓。联合国政府间气候变化专门委员会（IPCC）在发布的《全球升温 1.5℃特别报告》中指出，为了保护我们赖以生存的环境稳定性，全球气候变暖就必须限制在 1.5℃ 以内。在 21 世纪，全球气候灾害数量开始直线上升，极端天气问题成了 21 世纪最主要的灾害来源。为了应对全球气候变化，减少碳排放，《联合国人类环境宣言》《京都议定书》《巴黎协定》等国际条约将世界各国联合一起共同应对气候变化，践行地球命运共同体理念；2008年，联合国环境规划署启动全球气候中和网络；2019年11月，全球一万多名科学家宣告，地球目前正面临"气候紧急状态"；2020年12月，联合国秘书长呼吁全球领导人要开始"宣布进入气候紧急状态，直到本国实现碳中和为止"。2021年，联合国启动全球碳中和联盟，以应对"气候变化紧急状态"。

2021年两会期间，习近平再次提出碳达峰、碳中和目标。"碳达峰"是指碳排放量由升转降的达到最高点的过程；"碳中和"是指人类排放到大气中的温室气体与人类吸收的气体之间达到平衡，平衡即指某一范围某一段时间内达到平衡。为与联合国"碳中和"行动保持一致，北京市成立了"碳中和"联盟。要实现2030年前的碳达峰目标与2060年前的碳中和愿景，需要抓住"十四五"的关键时期，统筹分配目标任务，尽快制定并实施相关行动方案以争取在2030年碳排放达峰，并加快构建绿色低碳循环经济体系，努力提升我国的气候治理能力，积极应对气候变化，为全世界气候治理做出贡献。

(二)碳达峰与碳中和概念诠释

"碳达峰"是指温室气体(我国专指二氧化碳)排放量在一段时间内达到历史最高值，之后进入平台期并可能在一定范围内波动，然后进入持续缓慢或快速下降阶段，是温室气体排放量由增转降的拐点。碳达峰目标包括达峰峰值和达峰年份。碳达峰是资源(能源)危机下以3R原则作为能源利用模式，注重资源的全过程绿色重复使用，降低高碳资源的过度使用率，提高绿色资源的循环利用率；一般而言，减少二氧化碳排放主要有4个途径：利用非化石能源替代化石能源；通过提高能源利用效率，降低能源消费总量(特别是降低化石能源消费)；利用新技术将二氧化碳捕获、利用或封存；通过植树造林增加林业碳汇。

"碳中和"则是指在一定时间内，企业、团体或个人直接或间接产生的二氧化碳排放量，通过植树造林、节能减排等形式，抵消自身产生的二氧化碳排放量，实现二氧化碳"零排放"。在我国，"碳中和"不是二氧化碳绝对零排放，而是指净零排放，即排放到大气中的二氧化碳量与从大气中移除的二氧化碳量相互平衡。其目的是维持大气层中的二氧化碳气体浓度大致平衡稳定，不会导致地球表面温度的大幅变化，以避免引起较大的气候变化。

碳达峰与碳中和在实质上是层级递进的关系，只有碳达峰的完成，碳中和才具有实现的可能。如"2030年前碳排放达到峰值，努力争取2060年前实现碳中和"。碳达峰主要以资源入手，融合多种清洁生产机制，全过程注重资源利用率；而碳中和则以降碳减污为核心，涵盖多领域多行业，如电力、能源等，通过碳减排技术降低碳排放，运用市场化手段和碳汇等方式减少碳排放，最终实现全球碳平衡。欧盟28国(含英国)整体在1990年就实现了碳达峰，承诺于2050年碳中和，承诺的碳中和时间比碳达峰时间晚60年。我国划定2030年碳达峰时间表，承诺的碳中和时间在2060年，与碳达峰时间的距离是30年，意味着我国碳排放达峰之后平台期缓冲时间很短，与欧盟等发达地区和国家相比，我国缓冲期大幅变短，能源和经济转型、二氧化碳和其他温室气体减排的速度和力度都要比他们大得多，这是最大的挑战。

(三)物业服务企业碳排放核算范围

国际标准化组织发布的标准《组织层面上对温室气体排放和清除的量化和报告的规范及指南》(ISO 14064-1：2018)以及世界资源研究所(WRI)和世界可持续发展工商理事会(WBCSD)编写的《温室气体核算体系企业核算和报告标准》提出，碳排放主要包括3个范围：直接排放、间接排放和其他相关但非直接的活动产生的排放。目前，根据国家发展改革委和国内7个开展碳排放交易试点的地区发布的碳排放核算相关文件来看，国内的企事业单位碳排放通常只考虑直接排放和间接排放。

对物业管理行业来说，直接排放主要是指化石燃料在各种类型的固定和移动燃烧设备中发生氧化燃烧过程产生的二氧化碳排放，具体包括锅炉房或开水房消耗的燃煤、天然气、燃油，食堂消耗的天然气、液化石油气、燃煤、燃油，机动用车消耗的汽柴油。间接排放主要是指消耗外购电力和外购热力产生的排放，具体包括公共照明、空调（新风）、电梯、电开水器、水泵、办公（教学、科研、医疗）设备、数据中心机房、产业园区等所消耗的除光伏、风力等可再生能源以外的外购电力，以及采暖、生活热水所消耗的除光热等可再生能源以外的外购热力（热水或蒸汽）。

（四）物业服务企业"碳达峰""碳中和"路径

物业管理行业处于能源消费端，做好"碳达峰""碳中和"工作，最主要的路径是：尽量调整能源消费结构，减少或者不使用煤炭、石油、天然气等化石能源消耗产生的直接排放，有效提高外购电力、热力等能源利用效率，减少间接排放。为此，物业服务企业应该从以下几个方面着手。

1. 完善物业服务企业碳排放核算标准

核算碳排放情况，摸清碳排放家底，是做好"碳达峰""碳中和"工作的第一步，也是关键一步。目前，国内没有专门对物业服务企业碳排放核算的标准，各地区只针对重点排放单位（年排放 5000tCO_2 以上）核算碳排放量，物业环境管理中除了部分高等院校或场馆在重点排放单位行列，大部分物业环境区域尚未进行碳排放核算。如北京对除交通运输业外，其他服务业或行业核算范围均不包含移动源（汽车）产生的碳排放，而物业管理中车辆的能源消耗量有一定占比，不能忽略。"十四五"时期，物业环境区域节能管理有必要结合各企业实际情况，抓紧制定完善物业服务企业碳排放核算标准（或指南）。

2. 推动使用能源结构持续优化

物业管理区域采取积极措施降低化石能源消费从而减少直接碳排放，推进北方地区冬季清洁取暖，实施"煤改气""煤改电"改造，减少煤炭消费；推动机关、医院、学校等公共机构食堂电能替代，实现全电厨房，减少天然气、液化石油气等消费；加快淘汰燃油用车，积极应用新能源汽车，鼓励绿色出行，减少汽油、柴油消费。另外，实施办公楼宇、产业园区可再生能源替代行动，大力推广应用太阳能、浅层地热能等可再生能源以及购买绿电等措施，减少间接碳排放。

3. 全面提升能源利用效率

做业主满意的物业服务，提供更加优质的公共环境卫生、社区文化等社会服务，不断提升能源利用效率，有效抑制用能刚性增长态势。节能管理方面，深入贯彻实施能耗双控制度，严格执行能耗定额管理，强化节能指标约束力。推进技术节能，新建学校、医院、博物馆等公共建筑应全部达到绿色建筑标准，鼓励有条件的达到超低能耗、近零能耗和零能耗建筑标准，提升节能信息化水平，推进智慧节能，加大对数据中心机房、空调（供暖）、食堂等重点用能部位和设施设备的节能改造。同时，加大宣传培训力度，提升广大业主的节能降耗意识，倡导简约适度、绿色低碳的生活方式。

第二节　物业环境管理基本概念

一、环境管理的内涵

人类在改造自然环境和创建社会环境的过程中，自然环境以其固有的自然规律变化着；社会环境一方面受自然环境的制约，也以其固有的规律运动着；人类与环境不断地相互影响和作用，产生环境问题。环境问题是指由于人类活动作用于周围环境所引起的环境质量变化，以及这种变化对人类的生产、生活和健康造成的影响。

到目前为止已经威胁人类生存并已被人类认识到的环境问题主要有：全球变暖、臭氧层破坏、酸雨、淡水资源危机、能源短缺、森林资源锐减、土地荒漠化、物种加速灭绝、垃圾成灾、有毒化学品污染等众多方面。

环境管理是指依据国家的环境政策、环境法律、法规，从综合决策入手，运用各种有效手段，调控人类的各种行为，协调经济、社会发展同环境保护之间的关系，限制人类损害环境质量的活动以维护区域正常的环境秩序和安全，实现区域社会可持续发展的行为总体。

管理手段包括法律、经济、行政、技术和教育等手段。人类行为按属性分为自然、经济、社会3种行为；按管理对象分为决策、生产和消费3种行为。

从这一概念出发，我们可以得出如下结论：

(1) 环境管理的目的——维持环境秩序和安全

环境管理概念将环境管理的理论与实践衔接为一个整体，它既反映了环境管理思想的转变过程，又概括了环境管理的实践内容。同时，反映出了人类对环境保护规律认识的深化程度。

(2) 环境管理的重点

针对次生环境问题而言的一种管理活动，主要解决人类活动所造成的各类环境问题。

(3) 环境管理的核心——对人的管理

长期以来，环境管理中的一个误区就是把污染源作为管理对象，环保部门围绕着各种污染源开展环境管理，工作长期处于被动局面。原因是人们只关心环境问题产生的地理特征和时空分布。这种环境管理，实质上是一种物化管理，是对污染源和污染设施的管理，而忽视对人的管理。

人是各种行为的实施主体，是产生各种环境问题的根源。只有解决人的问题，从人的各种行为入手开展环境管理，环境问题才能得到有效解决。应当认识到，管理对象的变化是环境管理理论创新与实践深化的一个重要标志。

(4) 环境管理的内容

环境管理的内容包括对决策行为的管理、对经济行为的管理和对消费行为的管理。

(5) 环境管理是国家管理的重要组成部分

环境管理的目的是解决环境污染和生态破坏所造成的各类环境问题，保证区域的环境安全，实现区域社会的可持续发展。环境管理涉及包括社会领域、经济领域和资源领域在内的所有领域。环境管理的内容非常广泛和复杂，与国家的其他管理工作紧密联系、相互影响和制约，成为国家管理系统的重要组成部分。

环境管理与国家管理的系统关系是一种要素与整体的关系，决定了有什么样的国家发展战略就有什么样的环境战略，有什么样的国家管理体制和模式就有什么样的环境管理体制和模式。

二、物业环境管理的范围

物业环境管理就是物业服务企业按照物业服务合同约定，对所管辖区域的物业环境进行一系列的管理活动。物业环境管理是物业管理的一部分，也是一种市场行为和有偿活动，其主要任务是保护和维持物业管理区域内的面貌，防止人为破坏和自然损坏，维护物业管理区域内正常的公共秩序，为管理区域的居住人群提供良好的生活、办公和生产环境。

物业环境管理作为整个社会环境管理的一个重要组成部分，是物业管理中一项经常性的管理服务工作。物业环境管理根据物业项目特点及物业服务合同的规定，运用科学的手段和先进的管理技术，对物业区域的环境进行维护和改善的一系列活动。物业服务企业通过此项工作，力求业主和非业主使用人的环境意识与物业环境质量两者的高度协调、统一，共同创建一个整洁、舒适、优美、文明的生活和工作环境。物业环境虽然只是一个局部区域的环境，但它密切关系着一个城市、一个地区的整体环境。增强环境意识，引导人们自觉遵守和维护有关保护物业环境的政策、法律，唤起人们关心物业环境、社会公共利益，把物业环境管理方面的要求和标准变成自觉遵守的行为准则和道德规范，是做好物业环境管理工作的根本和基础。

物业环境管理主要是调控业主或物业使用人与环境保护的关系，组织并管理业主或物业使用人的生产和生活活动，限制业主或物业使用人损害环境质量、破坏自然资源的行为（图2-1）。一般来说，物业环境管理主要包括以下几个方面的内容。

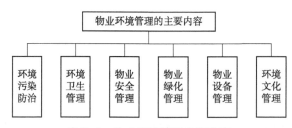

图 2-1 物业环境管理主要内容

（一）做好物业环境污染防治工作

环境污染对人体健康造成危害直接影响人体正常的生理功能，特别是居住物业环境污染影响范围大，作用时间长，如电磁波、放射性物质等长时间毒害，受害人不易觉察，一旦发现病症，可能会难以治愈。各类物业环境中存在的污染物种类复杂繁多，给治理和消除污染物工作带来很大困难，目前物业环境污染主要表现在：空气污染，水体污染，固体废弃物污染，噪声污染，电磁波污染等，物业环境管理者应及时走近居民家庭和周围环境，宣传物业环境污染的严重性，保护人们的身心健康。

（二）做好物业环境绿化工作

着力扩大各类物业环境绿化面积，科学配置种植花草、树木的种类，合理引导业主参与物业环境绿化、美化活动，宣传绿色植物在城市环境保护中的重要作用，不仅可以净化空气，调节物业区域小气候，保持水土、防风固沙，而且可以消声防噪，达到净化、美化环境的目的。

（三）做好物业环境卫生管理及防疫工作

物业环境卫生管理是物业管理中一项经常性的管理服务工作，其目的是净化环境，给业主和使用人提供一个清洁宜人的工作、生活的优良环境。良好的环境卫生不但可以保持物业区域容貌的整洁，而且对于减少疾病、促进身心健康十分有益，同时，配合街道社区进行科学防疫，对突发公共卫生事件进行应急管理，积极协调各方力量参与重大公共卫生事件防疫工作，对社会和谐稳定、精神文明建设具有很重要的作用。

（四）清除物业区域内的违章搭建

违章搭建是对整个物业区域和谐环境的破坏；它既有碍观瞻，影响人们的日常工作和生活，同时可能带来交通、消防等方面不安全的问题。物业服务企业一定要协助有关部门，认真做好清除和及时防止物业区域内的违章搭建的管理工作。

（五）加强市政公用设施管理

为物业区域业主、使用人和受益人生产、生活、办公等服务的市政公共设施是该物业区域的一个重要组成部分，一旦它遭到破坏或损坏，便会影响人们正常的生产、生活和工作。加强市政公用设施的管理也是物业服务企业环境管理的一项重要工作。

（六）做好车辆交通管理

车辆是人流、物流的载体，物业区域的交通道路是物业人流、物流流动的通道。物业环境相对于其外部环境，车辆交通是对外联系的主要载体与通道，在物业使用中有着特殊的重要性。车辆交通管理的目的是建立良好的交通秩序、车辆停放秩序，确保业主、使用人和受益人的车辆不受损坏和失窃。

（七）建设丰富环境小品

物业环境小品的种类繁多，就其性质来说，大体上可划分为功能性环境小品和装饰性环境小品。环境小品具有方便实用、美化环境、优化空间的功效。环境小品的设计应从使用功能出发，在整体环境协调的统一要求下，与建筑群体和绿化种植紧密配合，才能达到理想的效果。

（八）做好治安管理工作

物业区域内的治安管理工作是指物业服务企业为防盗、防破坏、防流氓活动、防意外及突发事故而对所管物业区域内的一系列管理活动。治安管理防治的对象主要是人为造成的事故与损失。其目的是避免所管物业区域内财物受损失、人身受伤害，维护正常的工作、生活秩序，它是业主、使用人和受益人正常工作、安居乐业的基本保证，也是整个社区及社会安定的基础；良好的物业治安环境能提高物业和物业服务企业的声誉。

（九）做好消防管理工作

消防管理工作在物业管理中占有头等重要的地位。为使业主、使用人和受益人有一个良好的物业使用环境，物业服务企业应做好物业消防设施和器材的配置与管理、消防宣传教育等工作，要预防物业火灾的发生，最大限度地减少火灾损失，为业主、使用人和受益人的生产和生活提供安全环境，增强其安全感，保卫其生命和财产的安全。

（十）建立新型的人文环境

新型的人文环境应该是和睦共处、互帮互助的生活环境；互利互惠、温馨文明的商业环境；融洽和谐、轻松有序的办公环境；安全舒适、相互协作的生产环境等。新型的人文环境可以使人们焕发热情，提高工作效率，热爱生活，充满爱心，并对社会治安状况的好转有着很大的促进作用。

三、物业环境管理的职能

管理职能就是管理的职责与功能，这种职责与功能贯穿于环境管理工作的全过程。环境管理是一种兼具科学性、艺术性的社会活动，其活动形式表现为通过计划、组织、协调、控制而达到既定目标的过程。环境管理可分为4个基本职能：计划职能、组织职能、控制（监督）职能和协调职能。另外，为了正确处理经济建设与环境保护的对立统一关系，物业环境管理还具有指导与服务两个辅助职能。

（一）计划职能

计划职能是环境管理的首要职能。所谓计划职能，是指对未来的环境管理目标、对策和措施进行规划和安排。在开展环境管理工作或行动之前，预先拟定出具体内容和步骤，包括确立短期和长期的管理目标，以及选定实现管理目标的对策和措施。

计划职能的主要内容如下：一是分析和预测环境管理对象未来的情况变化；二是制订环境管理目标，包括确定任务、对策、措施等；三是拟定实现计划目标的方案，做出决策，对各种方案进行可行性研究，选出可靠的满意方案；四是编制环境保护的综合规划、环境保护的年度计划和各专项活动的具体计划；五是检查总结计划的执行情况。

计划是环境管理的依据，计划是预防未来不确定性的一种手段。人类的环境问题在不断产生，环境战略和对策也必然处于不断地调整之中，计划是预测这种变化并且设法消除变化对环境管理造成不良影响的一种有效手段。

计划是减少资源和时间浪费，提高管理效益的方法。计划工作的一项重要任务就是要使未来的管理活动均衡发展，预先对此进行认真研究能够消除不必要的活动所带来的各种浪费，能够避免在今后的环境管理活动中由于缺乏依据而进行轻率判断所造成的损失。

计划是环境管理者进行控制的基础。控制的所有标准几乎都源于计划，计划职能与控制职能具有不可分割的联系。计划的实施需要控制活动给予保证，在控制活动中发现的偏差，又可使环境管理者修订计划，建立新的目标。

环境保护计划按计划期限的长短可以分为长期计划、中期计划和短期计划3种。

①十年以上的计划属于长期计划。

②五年计划属于中期计划，中期环境保护计划赋予长期计划具体内容，又为短期计划指明了方向。

③在中期计划指导下制订的一年或一年时间段以下的计划属于短期计划。

环境保护计划按对计划执行者的约束力大小可分为指令性计划和指导性计划两种。

①环境保护指令性计划是由国家或上级主管部门下达的具有行政约束力的环境保护计划。

②环境保护指导性计划是由国家或上级主管部门下达的具有指导和参考作用的环境保护计划。

（二）组织职能

所谓环境管理的组织职能是指为了实现环境管理目标，对人们的环境保护活动进行合理的分工和协作，合理配备和使用各种资源，协调和动员社会各方面的力量，正确处理人际关系和调整社会各阶层的经济利益关系的职能。为了实现环境管理目标和计划，必须要有组织保证，必须对管理活动中的各种要素和人们在管理活动中的相互关系进行合理的组织。

环境管理的组织职能包括内部组织职能和外部组织职能。

1. 内部组织职能

环境管理的内部组织职能主要有以下几方面：一是按照环境管理目标的要求建立合理的组织机构；二是按照业务性质进行分工，确定各部门的职责范围；三是给予各部门和管理人员相应的权力；四是明确上下级之间、部门之间、个人之间的领导与协作关系，建立环境管理信息沟通的渠道；五是配备、使用和培训环境管理工作人员；六是建立考核和奖惩制度，对人员进行激励。要按照一般管理学中的动态组织设计原则即按照职权和知识相结合的原则、集权与分权相平衡的原则、弹性结构原则来优化管理系统的组织职能。

2. 外部组织职能

环境管理的外部组织职能主要有以下几方面：一是按照国家和上级环保部门的要求，在地方政府的领导下组织本地区的城市环境保护工作；二是按照国家和上级环保部门的要求，在地方政府的领导下组织本地区的乡镇和农业环境保护工作；三是根据国家资源和生态保护政策，组织本地区以资源开发活动为中心的生态环境保护工作；四是协调、组织本地区重大环境问题的执法监督管理工作。

在环境管理的组织职能中，外部组织职能是第一位的，内部组织职能是第二位的。如何有效发挥环境管理的外部组织职能，是环境管理所面对的理论和实践两大问题，需要通过环境管理体制改革加以解决。

（三）监督职能

监督作为一种管理职能是普遍存在的，是环境管理活动中一个最基本、最主要的职能；也是环境保护行政主管部门的一种基本管理职能。在执行计划的过程中，可能产生不同程度的偏差，要求通过监督和反馈加以调节，以保证环境管理目标的实现。环境管理的监督职能是对环境管理的活动进行监察和处理，对环境质量进行监测和检查的职能。

1. 按照监督的功能划分，监督包括内部管理监督和外部管理监督两种

内部管理监督是管理组织的自身监督。主要指环境管理部门从执法水平和执法规范两个方面开展的系统内部的监督；通过内部监督来加强环保执法队伍的自身建设，提高环境执法人员的政策和执法水平。

外部管理监督是管理组织对被管理者实施的监督。主要指环境管理部门依据国家的环境法律、法规、标准以及行政执法规范对一切经济行为主体以及行政主管部门开展的环境监督。通过外部监督落实各经济行为主体以及行政主管部门的环境责任和环境保护措施，确保遵守国家环境法律、法规和标准，做好污染预防和治理工作，改善区域环境质量。内部监督和外部监督是强化环境管理的两个重要方面，缺一不可。其中，外部监督是环境保护部门开展环境管理的主要监督内容和形式。

2. 按照监督的时序划分，监督包括预先监督、现场监督和反馈监督3种

预先监督也称前馈监督或环境计划监督。即指环境管理部门对依法赋予环境保护责任和义务的其他行政单位、企业的行政主管部门以及企业环境保护计划的制定进行检查和督促，为防止计划执行过程中产生偏差而采取的管理行为。

现场监督是在计划执行过程中，环境管理部门根据国家和地方政府的环境法律、法规和标准直接对各种经济行为主体的生产与经营活动、资源部门的开发与建设活动以及其他产生环境污染的行为主体进行现场检查、处理以制止环境污染和生态破坏的监督行为。现场监督

是环境管理中最主要的监督形式。如企业执行"三同时"情况,开发建设活动的项目管理,污染治理方案的实施和污染事故处理等都是通过现场环境监督来获取第一手材料的。

反馈监督是以过去的经验、数据等信息作为评鉴,指导或纠正未来管理行为的一种监督。这种监督主要是分析环境管理工作的执行结果,预测未来变化,找出已发生的或潜在的因素,以控制下一过程的变化。

3. 按照监督的对象划分,监督包括经济主体监督和行政主体监督两种

经济主体监督是指环境管理部门对所有经济行为主体依法开展的环境监督。包括对企业的生产与经营行为的环境监督,资源的开发与建设活动的环境监督,资源保护与利用行为的环境监督,人们消费行为的环境监督等。

行政主体监督是指环境管理部门对依法赋予环境保护责任与义务的政府其他部门和所有经济行为主体的行政主管部门有关环境保护的计划、实施情况依法开展的环境监督。主要包括:土地部门、能源部门、建设部门、工商部门、税务部门、公安部门等。

行政主体监督是环境管理监督中的重要方面,通过加强行政主体监督,可以有效调动地方政府各有关职能部门的环境保护积极性和主动性,加强行业环境管理,加快国家环境管理体制的改革是强化环境管理行政主体监督的前提条件。

环境监督的基本程序:一是制订监督标准。监督的类型、内容和对象不同,其监督的标准不同。如管理组织的内部监督标准是岗位工作目标,而外部监督标准则是国家的环境政策、法规和标准。二是衡量实际效果。对于内部监督而言,就是管理人员的工作绩效;对于外部监督而言,就是被管理者执行国家环境法律、法规和标准的实际水平。三是将实际效果同预定的管理目标相比较,弄清是否出现了偏差。四是采取针对性的纠正措施,或者强化管理以提高管理客体的实际效能,或者修正和调整管理主体的监督标准。监督是管理成功与否的关键,因而,环境监督是环境管理的关键职能。

(四)协调职能

协调是环境管理的一个重要职能。所谓协调职能是指在实现管理目标的过程中协调各种横向和纵向关系及联系的职能;协调职能与监督职能的关系非常密切,强化监督管理离不开协调。从宏观上讲,环境管理就是要协调环境保护与经济建设和社会发展的关系,实现国家的可持续发展。从微观上讲,环境管理就是要协调社会各个领域、各个部门、不同层次人们的各种需求和经济利益关系,以适应环境准则,协调已成为环境管理者的重要任务。

通过协调统一组织内部人们的思想认识和行动,消除矛盾、降低内耗、优化组织结构,实现组织的管理目标;通过协调消除或减少来自外部的政府行政干预,加大环境执法力度;通过协调强化环境保护部门统一监督管理的职能;通过协调营造一个有利于实施环境与发展综合决策的氛围和环境;通过协调调动地方政府各部门环境保护的积极性,推进区域的环境污染防治工作;通过协调加强跨区域或流域的环境保护;通过协调减少各种环境纠纷,降低区域的不安定环境因素等。只有通过协调,才能使步调一致,提高管理效率。如为加强对建筑节能管理,需要环境保护部门、能源部门、建设部门和环境科研部门的共同配合与协作才能完成,而其中任何一个部门都无法单独实现管理目标。

(五)指导职能

指导职能是指环境管理者在实现管理目标的过程中对有关部门具有的业务指导职能。指导职能包括纵向和横向指导两个方面:纵向指导是指上级环境管理部门对下级环境管理部门

的业务指导；横向指导是指在同一政府领导下的环境管理部门对同级相关部门开展环境保护工作的业务指导。

(六) 服务职能

服务职能是从指导职能中派生出来的一个职能。加强环境监督管理，服务必须到位，这是新形势下对环境管理提出的新要求。从广义上讲，"管理就是服务"，环境管理工作要服务于经济建设的大局。从狭义上讲，环境管理中有许多需要为经济部门和企业提供服务的内容。包括污染防治技术咨询服务，环境法律、政策咨询服务，清洁生产咨询服务，ISO 14000 环境管理标准体系咨询服务等内容。

对于环境管理者而言，指导职能比服务职能具有更大的责任和义务，是管理者必须履行的责任和义务。而服务职能是以服务需求的存在为前提，没有客体的需求，就没有主体的服务。

第三节 物业环境管理程序和方法

任何一门学科的发展都要以理论和方法体系的完善为标志，并且要求一定的管理理论对应着一定的管理方法。环境管理除了具有自己完整的理论体系外，还要有一整套的管理方法与之相匹配。

环境管理方法有很多，但主要包括环境预测方法、环境评价方法和环境决策方法。

一、管理的一般程序

管理的一般程序如图 2-2 所示。环境管理可参考。

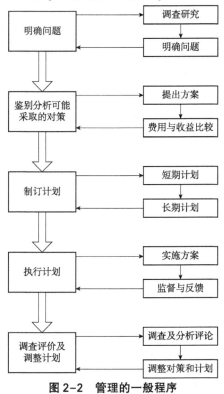

图 2-2 管理的一般程序

二、物业环境管理预测方法

预测是在调查研究的基础上,根据过去和目前已经掌握的事实、经验和规律推测未来的一种判断过程。

环境预测有许多方法,根据预测方法的特点可分为定性预测、定量预测和模拟预测三大类;根据预测的内容可分为污染物排放量预测,环境污染趋势预测,生态环境变化趋势预测,经济、社会发展的环境影响预测,区域政策的环境影响预测,还有科学技术发展的环境影响预测等。然而,实现这些方面的科学预测就需要有科学的预测方法和手段,以此为基础才能制定出科学的管理对策。

下面介绍几种主要常见的预测方法。

(一)回归预测方法

在生态—经济—社会系统中,系统要素之间存在着一定的依赖关系,一个要素的变化可引起另外一要素或一些要素的变化。当人们能够准确地确定其数量关系时就表现为函数关系,当人们难以准确地确定其数量关系时就表现为相关关系。

例如,一个区域的大气环境质量可通过 SO_2、NO_x、CO、TSP 和烟尘等指标来表述,而这些指标取决于该区域煤碳的使用量、汽车尾气排放量、建筑工地扬尘的产生量、工业烟尘排放量等众多因素,大气环境质量是以上诸多要素综合作用的结果。如果把大气环境质量看成是因变量,而把以上因素看成是自变量,那么,因变量与自变量之间的关系是一种非确切的关系,因而表现为相关关系。

为了定量地把握事物的发展规律,就需要使相关关系转化为函数关系。实现这种关系的转换需要一定的方法,而回归预测方法就是其中之一。

1. 回归预测的概念及类型

回归预测是研究环境系统中两个及两个以上变量之间具有非确定性关系或者具有相关关系并使之转化为具有确定性关系的一种数理统计方法。该方法是在定性分析的基础上通过建立数学模型来进行预测的。

根据变量间所具有的相关关系不同又可将回归预测方法分为线性回归预测和非线性回归预测两大类。其中,研究变量间基本满足线性关系的回归预测方法称为线性回归预测方法。线性回归预测又分一元线性回归预测和多元线性回归预测两种。

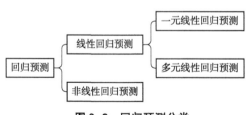

图 2-3 回归预测分类

研究变量间具有非线性关系的回归预测方法称为非线性回归预测。回归预测分类如图 2-3 所示。

(1)一元线性回归预测模型

$$\bar{y} = a + bx \tag{2-1}$$

式中 $\bar{y}$——因变量 y 的预测值;

　　a,b——回归系数;

　　x——自变量。

如果考虑了预测误差值 u,模型还可写成:

$$y = a + bx + u \tag{2-2}$$

一元线性回归模型是根据 y 和 x 的 n 组观测值 (y_i, x_i) $(i=1, 2, \cdots, n)$ 运用最小二乘法求出回归系数 a 和 b，即求：

$$s = \sum_{i=1}^{n}(y_i - \overline{y})^2 = \sum_{i=1}^{n}(y_i - a - bx_i)^2 \to S_{\min}$$

回归系数 a 和 b 求出以后，代入模型，并进行假设或显著性检验。经检验若符合精度要求，说明 y 和 x 具有线性关系，所建模型才能用于实际预测。

（2）多元线性回归预测模型

$$\overline{y} = a_0 + a_1 x_1 + a_2 x_2 + \cdots + a_n x_n \tag{2-3}$$

式中　$\overline{y}$——因变量 y 的预测值；
　　　$a_0, a_1, a_2, \cdots, a_n$——回归系数；
　　　$x_1, x_2, \cdots, x_n$——自变量。

给出 y 和 $x_1, x_2, \cdots, x_n$ 的 P 组观测值，$(y_i, x_{1i}, x_{2i}, \cdots, x_{ni})$ $(i=1, 2, \cdots, P)$，多元线性回归预测同样是运用最小二乘法求出回归系数 $a_0, a_1, a_2, \cdots, a_n$，即：

$$s = \sum_{i=1}^{p}(y_i - \overline{y})^2 = \sum_{i=1}^{p}(y_i - a_0 - a_1 x_{1i} - a_2 x_{2i} - \cdots - a_n x_{ni})^2 \quad \text{求} \ S_{\min}$$

把求出的回归系数代入模型以后，要对该模型进行假设或显著性检验，经检验合格才能用于预测。

当因变量与所对应的自变量不是线性关系时，则不能直接运用线性回归模型对因变量进行预测，此时要经过变量替换，将非线性关系变为线性关系，再进行预测。

例如，对形如 $y = a + be^x$ 的指数函数和 $y = a + b_1 \sin x + b_2 \cos z$ 的三角函数，需作如下的变量替换：

分别令 $x^t = e^x$ 和 $x_1 = \sin x$　$x_2 = \cos z$ 得到：

$$y = a + bx^t \quad \text{和} \quad y = a + b_1 x_1 + b_2 x_2$$

然后按照一元线性回归和二元线性回归建模方法求回归系数并进行模型检验。

大气环境质量预测方法大多采用的就是多元线性回归预测方法。

2. 回归预测方法的应用前提

回归预测方法的应用前提：一是适应与时间无关的因果关系，二是适用于内插预测。对外推性预测只能适用于离自变量的观测值 x_i 较近的 x，否则，预测结果将产生较大的误差。

在人类环境系统中，系统要素之间的关系往往不是一对一的关系，而是一对多或者多对一的关系，环境管理中的回归预测方法以多元线性回归预测方法为主。

（二）概率预测方法

概率预测也称马尔可夫链，就是一种随机时间序列，是由一系列的马尔可夫过程组成的环链。马尔可夫过程具有无后效性的特点，即它在将来取什么值只与它现在的取值有关而与过去取什么值无关。马尔可夫链状预测方法并不需要连续不断的历史数据，只需要最近以及现在的资料就可以预测未来。我们利用这种特征，可以简单而方便地做出科学预测，如区域环境噪声污染与水污染和大气污染不同，具有明显的无后效性特征，可以运用马尔可夫链状预测方法对区域噪声污染发展趋势进行科学的预测；而其他的经验预测模型都不宜用于区域噪声污染预测。

(三)灰色系统预测方法

客观世界中既有大量已知信息,也有大量未知信息和非确知信息,尤其是人类环境系统更是如此;把这种既含已知信息又含未知的和非确知信息的系统,称为灰色系统。灰色系统预测方法就是根据过去和现在的信息,通过对原始数据序列进行一定的转换,变成生成列,以这个生成列为基础建立起预测模型,用它进行预测的方法。这个生成列一般能用指数曲线或其他函数逼近。

灰色预测模型有 GM(1,1)模型,GM(2,1)模型,GM(1,N)模型,GM(0,N)模型和维尔赫尔斯特模型等。以下主要介绍 GM(1,1)模型,也叫单序列一阶线性动态模型,主要用于中长期预测建模。

给定原始数据列$\{x_0^{(k)}\}$,$(k=1,2,\cdots,m)$,其基本的建模方法如下:

(1)对$\{x_0^{(k)}\}$作一次累加得一数据列

$$x_1^{(k)} = \sum_{i=1}^{k} x_0^{(i)} \quad (k=1, 2, \cdots, m)$$

对$x_1^{(k)}$作均值生成:

$$z_1^{(k-1)} = \{x_1^{(k-1)} + x_1^{(k)}\}/2 \quad (k=2, 3, \cdots, m)$$

(2)令$y_m = [x_0^{(2)} \, x_0^{(3)} \cdots x_0^{(m)}]^T$

$$B = \begin{pmatrix} -z_1^{(1)} & 1 \\ -z_1^{(2)} & 1 \\ \vdots & \vdots \\ -z_1^{(m-1)} & 1 \end{pmatrix}$$

计算:$A = \begin{pmatrix} a \\ u \end{pmatrix} = (B^T B)^{-1} B^T Y_m$ 则得到如下模型:

$$\overline{x_1}^{(k)} = \left[x_1^{(1)} - \frac{u}{a}\right] e^{-a(k-1)} + \frac{u}{a}$$

对预测序列$\overline{x_1}^{(k)}$与原序列$x_1^{(k)}$作关联度检验或残差检验。

(3)用模型进行预测

经检验合格后,得到以下预测模型:

$$\overline{x_0}^{(k+1)} = \overline{x_1}^{(k+1)} - \overline{x_1}^{(k)}$$

其中,$\overline{x_0}^{(k+1)}$为第$k+1$年的预测值。

灰色系统预测方法在环境保护领域中应用相当广泛,是环境管理的重要预测方法。具体可用于污染增长预测,资源与能源增长预测,人口增长预测等方面。

三、物业环境管理的评价决策方法

从广义上讲,管理就是决策,管理的过程就是决策的过程。管理是由预测、评价、决策和执行所构成的一个连续过程。预测和评价为决策服务,决策是行动的选择,而行动是决策的执行,三者共同组成了管理的全过程。

物业环境管理决策是决策理论与方法在物业管理环境保护领域的具体应用,是物业环境管理的核心;它具有目标性、主观性、非程序化等特点。对于物业环境管理而言,其有效的、常用的决策方法主要包括德尔菲决策法、多阶段决策法、多目标决策法和非确定型决策法。

(一) 德尔菲决策方法

德尔菲法是在专家会议法基础上创立的一种背对背式的专家咨询法。这种方法克服了专家会议法的许多弊病，如由于崇拜权威而导致的一些合理化的建议和意见不能得到很好地发表和采纳。不能正确地对待别人的建议和意见，固执地坚持自己的看法的专制行为。

1. 德尔菲法的决策步骤

①由决策者或问题组织者首先确定决策内容、设计咨询表格、收集有关资料。

②确定专家对象和人数，所确定的专家应当具有相关的专业知识，了解统计学和数据处理的方法。

③由问题组织者将表格和要求通过信函寄往有关专家，要求专家在一定时间内将填写好的表格寄回。

④问题组织者对专家反馈回来的意见和判断值进行整理和归纳，并根据意见类型重新设计咨询表格和要求。

⑤发出第二轮意见表，并发出有价值的补充背景资料，要求专家根据新的信息做出新的判断。如此反复第三次。

⑥问题组织者将最终反馈结果进行分析统计，得到预测结果或决策意见。

2. 德尔菲法的决策原则

①坚持征询方式的封闭性原则　在征询专家意见的过程中，自始至终要采用背对背的方式，以避免某些权威专家对别人的影响和暗示。

②坚持推迟判断原则　在征询专家意见的过程中，仅要求被征询专家通过表格提出自己的意见和判断值，而不否定和反驳征询内容的其他方面。

③反馈意见的保密性原则　填表过程中，专家们可以向表格设计者索要有关资料，设计者应尽可能予以满足。但有关反馈意见的来源和渠道应对每位专家保密，以避免产生专家之间的交叉影响。

3. 德尔菲法的应用

德尔菲法的应用领域非常广泛，在国外备受决策者的青睐。如在重大的区域经济决策问题、政治决策问题、环境与发展综合决策问题等方面都能找到成功的应用。目前大多数情况仍采用专家会议法来进行重大问题的决策，人们往往看重人的政治地位、学术权威、社会声望等因素，影响了人的创造力和智慧的正常发挥，也影响了决策的质量和水平。

(二) 多阶段决策

多阶段决策方法是环境管理中的主要决策方法。在环境保护领域存在着各种各样的多阶段决策问题。

1. 多阶段决策问题及其决策方法

多阶段决策方法也叫动态规划方法，是由美国数学家贝尔曼于20世纪50年代提出的用以解决多阶段决策问题的方法。

多阶段决策问题是指一个决策问题包含若干个阶段或子过程，决策者需在每一个阶段做出选择，以使整个决策过程最优的一类决策问题。

在多阶段决策问题中，每一个过程可以用各阶段的状态演变来描述，这些状态具有如下的性质：如果给定某一阶段的状态，则在这一阶段以后过程的发展不受以前各阶段状态的影响，只和这一阶段的初始状态和状态演变规律有关，所有的过去历史只能通过当前的状态去影响它的未来发展。简单地说就是"将来情况只和现在的状态有关，而和过去的历史无关"。

动态规划方法有两个重要的原则。一是递推关系原则，某一低阶段的状态是在优化的条件下向高一阶段延伸的，即每一阶段的决策都是以前一步的决策结果为前提。二是纳入原则，凡是可以用动态规划方法求解的问题，其性质和特点不随过程级数多少的变化而变化。

运用动态规划方法解决多阶段决策问题的基本思路如下：

①把研究的问题按时间顺序分解成包含若干个决策阶段的决策序列，并对序列中的每一个决策阶段，分配给一个或多个变量(也称为资源)，构成该问题的一个策略。

②从整个过程的最后阶段开始，先考虑最后一个阶段的优化问题，再考虑最后两个阶段的优化问题，接着考虑最后三个阶段的优化问题；如此下去，直至求出全过程的最优值。在这一过程当中，每一步决策都以前一步的决策结果为依据。

③从整个过程的初始阶段开始，逐阶段确定与整个过程最优值相对应的每一个阶段的决策，所有这样的决策组成的策略就是该问题的最优策略。

对于那些本来与时间没有关系的静态模型，只要在静态模型中人为地引进"时间"因素，分成有序阶段，就可以把它当作多阶段决策问题运用动态规划方法来决策。

2. 最优化原理

用动态规划方法来求解多阶段决策问题，其理论依据是最优化原理。该原理可阐述如下：

一个过程的最优策略具有如下的性质，即无论其初始状态与初始决策如何，从这一决策所导致的新状态开始，以后的一系列决策也必定构成最优策略。最优策略的子策略相对于子过程而言也是最优的。这一原理对非线性系统、线性系统、连续控制系统、离散控制系统的多阶段决策问题都适用。

求解多阶段决策问题的原则方法，即按序分配法。其决策步骤如下：

①确定决策问题的阶段数和状态级数，并确定相应的决策变量和状态变量。

②根据已知条件，确定状态转移方程。

③确定决策问题的指标函数并建立递推关系式。

④画出多阶段决策的动态规划图。

⑤按指标函数的倒序号根据递推关系式逆向逐步求解，直至求出全过程的最优值。

⑥根据最优值从正向逐步确定各阶段的决策，从而求得最优策略；并按正向实施系统控制。

3. 多阶段决策方法的应用

多阶段决策方法在环境管理中有广泛的应用，如流域环境管理决策、多级污水处理决策、总量控制决策、资源(林业资源、草原资源、土地资源、水资源、矿产资源)持续利用决策等为多阶段决策方法的应用提供了广阔的实践空间和领域。

(三)多目标决策

多目标决策方法是环境管理的另一个重要决策方法。

1. 多目标决策问题及决策方法

多目标决策问题是指在一个决策问题中同时存在着多个目标，每个目标都要求其最优值，并且各目标之间往往存在着冲突和矛盾的一类决策问题。面对环境与发展综合决策复杂问题，只有依靠多目标决策方法做出选择，才能有效解决此类决策问题，把解决多目标决策问题的方法称为多目标决策方法。

2. 多目标决策的基本原则

在解决和处理多目标决策问题时，要遵循"化多为少"的原则。即在满足决策需要的前提下，对问题进行全面分析，尽量减少目标的个数。常用的办法有：

①对各个目标按重要性进行排序，决策时首先考虑重要目标，然后考虑次要目标，剔除从属性和必要性不大的目标。

②将类似的几个目标合并。

③把次要目标转化为约束条件。

④在各个目标的函数关系明确的情况下，把几个具有同度量的目标通过平均加权或构成新函数的办法形成一个综合目标。

决策者就可以根据需要，将较多的目标转化为较少的目标。多目标决策问题含有许多不确定性的因素：从决策的内容来看，多目标决策方法是确定型的决策方法，而从决策的结果来看，多目标决策方法又是非确定型的决策方法。

3. 多目标决策的主要方法

多目标决策方法有十几种，下面介绍几种常用的决策方法。

设某一多目标问题含有 P 个目标，$f_1(x)$，$\cdots$，$f_P(x)$ 且 $x \in R$，求 $f(x) = \{f_1(x)$，$\cdots$，$f_P(x)\}$ 的最优值。

(1) 主要目标优化方法

在多目标决策问题中，分清了主要和次要目标以后，使主要目标优化，兼顾其他目标的决策方法称为主要目标优化法。

如果 $f_1(x)$ 是最主要的目标，这时可将其他目标降为约束条件。

$f_I' \leq f_I(x) \leq f_I''$；$I = 2, 3, \cdots, P$；$f_I'$ 与 f_I'' 为常数。多目标决策问题就转化为下述的单目标决策问题：

$\max f_1(x)$（或 $\min f_1(x)$），

其中 $x \in R' = \{x \mid f_I' \leq f_I(x) \leq f_I'', I = 2, 3, \cdots, P, x \in R\} \subseteq R$

若有 $x^* \in R'$，使 $f_1(x^*) = \max f_1(x)$（或 $\min f_1(x)$）则有：

$f(x^*) = \{f_1(x^*), f_2(x^*), \cdots, f_P(x^*)\}$ 为该多目标问题的最优决策。

(2) 线性加权法

当一个多目标问题的 P 个目标 $f_1(x)$，$\cdots$，$f_P(x)$ 极值方向一致时，即求最大或都求最小值时，可以给每个目标以相应权系数 W_I：$I = 1, 2, \cdots, P$ 构成新的目标函数

$$U(x) = \sum_{i=1}^{P} w_i f_i(x) \quad x \in R$$

求 $\max U(x)$（或 $\min U(x)$）

若有 $x^* \in R$ 使下式成立：

$U(x^*) = \max U(x)$ 或 $U(x^*) = \min U(x)$

则 $f(x^*) = \{f_1(x^*), f_2(x^*), \cdots, f_P(x^*)\}$ 为该多目标问题的最优决策。

选择适当的权系数 W_I 是问题的关键。可运用德尔菲决策法来确定。

(3) 目标规划法

如果决策者对每个目标 $f_I(x)$ 预先规定了一个希望达到的目标值 f_I，$I=1, 2, \cdots, P$，要求所有的目标和相应的目标值尽可能地接近，可运用最小二乘法构成下述评价函数：

$$U(x) = \sum_{i=1}^{p} [f_i(x) - f_i]^2 \quad x \in R$$

如果对其中不同的目标重视程度不同，也可以给出权系数 $W_I(I=1, 2, \cdots, P)$，构成如下评价函数：

$$U(x) = \sum_{i=1}^{p} w_i [f_i(x) - f_i]^2 \quad x \in R$$

求 $\min U(x)$ 若存在 $x^* \in R$ 使 $U(x^*) = \min U(x)$ 则
$f(x^*) = \{f_1(x^*), f_2(x^*), \cdots, f_P(x^*)\}$ 为该多目标问题的最优决策。

4. 多目标决策的特点

上述介绍的决策方法，其共同特点是遵循"化多为少"原则，根据多目标问题的不同情况，用构造新目标函数方法，把多目标决策问题转化为单目标决策问题来处理。

值得注意的是，多目标决策问题的最优解 $x^* \in R$ 不一定是每一目标 $f_I(x)$ 的最优解，也可能是 $f_I(x)$ 的近似最优解、准优解、满意解，或者连满意解也不是，说明了系统整体最优并不要求也不保证其组成要素都是最佳的。

(四) 非确定型决策

非确定型决策方法根据外界情况出现的概率分为不定型和风险型两种决策。

1. 不定型决策

(1) 不定型决策问题及方法

不定型决策问题是指决策者面对 N 种外界条件和 M 个方案，在不知道各种条件出现的概率的情况下，根据损益矩阵（表2-1）进行选择的一类决策问题。解决不定型决策问题的方法称为不定型决策方法。

表2-1 损益矩阵表

方案	条件			
	Q_1	Q_2	$\cdots$	Q_n
A_1	a_{11}	a_{12}	$\cdots$	a_{1n}
A_2	a_{21}	a_{22}	$\cdots$	a_{2n}
—	—	—	$\cdots$	—
—	—	—	$\cdots$	—
A_m	a_{m1}	a_{m2}	$\cdots$	a_{mn}

其中：a_{ij} 为第 i 方案在第 j 条件下的损益值（$i=1, 2, \cdots, m$）（$j=1, 2, \cdots, n$）由 a_{ij} 组成的矩阵 $A = (a_{ij})_m \times_n$ 称为不定型决策的损益矩阵，a_{ij} 的值可由专家预测得到，有时也可采用经验值。$a_{ij} \geq 0$ 为收益值 $a_{ij} < 0$ 为损失值。

(2)不定型决策的基本法则

根据损益矩阵表,可采用以下法则进行不定型决策。

①小中取大法则　此法则是先求出每种方案的最小损益值,然后选取所有最小损益值中最大的方案为决策方案。此种决策方法属于保守型的决策方法,由此产生的收益值比较小。

计算公式为：

$$a_i = \min\{a_{i1} a_{i2} \cdots a_{in}\} \quad i = 1, 2, \cdots, m$$

取 $\max\{a_1 a_2 \cdots a_m\}$ 对应的方案为决策方案。

②大中取大法则　此法则是先求出每种方案的最大损益值,然后选择所有最大损益值中最大的方案为决策方案。这种法则就是在损益矩阵中找到最大的损益值,这种决策方法属于激进型的或过于乐观的决策方法。一旦决策失误,将会造成很大的损失。

计算公式为：

$$a_i = \max\{a_{i1} a_{i2} \cdots a_{in}\} \quad i = 1, 2, \cdots, m$$

取 $\max\{a_1 a_2 \cdots a_m\}$ 对应的方案为决策方案。

③α法则　此法则是先给定一个常数 $\alpha(0 \leq \alpha \leq 1)$ 然后根据每一方案的最大损益值和最小损益值计算：

$$a_i = \alpha \times \max\{a_{ij}\} + (1-\alpha) \times \min\{a_{ij}\} \quad \{j = 1, 2, \cdots, n\}$$

取 $\max\{a_1, a_2, \cdots, a_m\}$ 对应的方案为决策方案。

α值的选择是关键；α值愈大,决策结果愈接近大中取大法则；α值愈小,决策结果愈接近小中取大法则。前两种法则是α法则当 $\alpha = 0$ 和 $\alpha = 1$ 的特殊情况。

④平均法则　此法则是先对每个方案的损益值加以平均,然后取所有平均值最大的那个方案作为决策方案。

计算公式为：

$$\overline{a_i} = \frac{1}{n} \sum_{j=1}^{n} a_{ij} \quad \max = \{\overline{a_1}, \overline{a_2}, \cdots, \overline{a_m}\}$$ 对应的方案为决策方案。

⑤最小遗憾法则　此法则是在损益矩阵的每一列中选一个最大的元素,将这一列的每一元素都减去这个最大值。得到一个遗憾矩阵。这个矩阵的特点是每一个元素都是小于或等于零的数。根据遗憾矩阵,按照小中取大法则进行决策。遗憾法则是使损失降至最低程度的一种决策方法。

2. 风险型决策

(1)风险型决策问题

风险型决策问题是在各种外界条件出现的概率已知的情况下进行选择的一类决策问题。进行风险型决策也是以损益矩阵为基础。显然,能用风险型决策方法进行决策的问题同样可以用不定型决策方法进行决策,但反之不成立。

(2)风险型决策方法

风险型决策共有3种决策方法。

①期望值决策法　此种方法是先通过贝叶斯公式计算各方案的损益期望值,然后选择所有损益期望值最大的那个方案为决策方案。设条件集合为 $Q = \{Q_1, Q_2, \cdots, Q_n\}$

$P_j = P(Q_j)$——表示第 j 个外界条件 Q_j 发生的概率$(j = 1, 2, \cdots, n)$

其计算公式为：

$$E_i(a_i, Q) = \sum_{j=1}^{n} a_{ij}p_j$$

取 $\max\{E_1(a_1, Q), E_2(a_2, Q), \cdots, E_m(a_m, Q)\}$ 对应的方案为决策方案。

②最大可能法 此种方法是将风险型决策转化为确定型决策的一种决策方法。其基本应用前提是：某一外界条件出现的概率比其他条件出现的概率大得多，而它们的相应损益值差别不大。最大可能法实际上就是在"大概率事件可看成是必然事件，小概率事件可看成是不可能事件"这样的假设前提下把风险型转变为确定型的一种决策方法。

③决策树法 所谓决策树法是指以树状图形作为分析和选择方案的一种决策方法。实际上是以期望值为基础的图解决策方法。

决策树由决策点、方案分支、状态结点、概率分支和结果点组成，如图2-4所示。

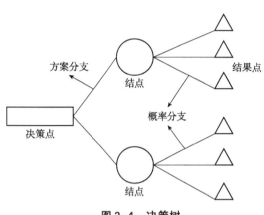

图2-4 决策树

决策树法的决策步骤：

第一步，画决策树。把某个决策问题未来发展情况的可能性和可能结果逐级展开为方案分支、状态结点、概率分支等。

第二步，计算期望值。在决策树中由末梢开始即从右向左依次进行，利用损益值和相应的概率计算出每个方案的损益期望值。

第三步，剪枝。这是方案的比较过程，从左向右对决策点的各方案分级逐一比较，最后择优以确定方案。

决策树法直观、形象、易于理解，是一种在经济决策中常用的决策方法。

3. 非确定型决策方法的应用

有关非确定型决策问题，选择什么样的决策方法，决策者的经验、趣向、性格等因素将起到很大的作用。影响决策的质量和水平的最主要因素是各个损益值的确定，是进行非确定型决策的关键。

非确定型决策方法在环境管理中有广泛的应用。如环保产业的发展决策，环境保护的投资决策，环境科学技术发展决策等问题，都包含了大量的、非确定性的不可控因素。环境保护给非确定型决策方法提供了广阔的应用空间和领域，决策者需要在风险分析的基础上，运用非确定型决策方法做出有利于企业发展的决策。

思考题

一、名词解释

环境 物业环境管理 碳达峰 碳中和

二、填空题

1. 物业环境按物业用途的不同，可分为生活_____、_____、_____和_____等。

2. 影响住宅建筑内部环境的因素主要有_____、_____、_____、_____、_____等。
3. 影响住宅建筑外部环境的因素主要有_____、_____、_____、_____等。
4. 住宅标准主要指_____和_____。
5. 物业环境管理的四大基本职能分别是_____、_____、_____和_____，为了正确处理经济建设与环境保护的对立统一关系，环境管理还具有_____和_____两个辅助功能。

三、综合分析题
1. 简述物业环境建设与物业管理的关系。
2. 物业环境管理主要包括哪几个方面的内容？
3. 对于物业环境管理而言，有效的、常用的决策方法主要包括哪几种？

第三章 物业环境管理理论探究

第一节 环境管理思想

一、环境管理思想回溯

(一)环境思想观念

1. 中国古代"天人合一"观念

"天人关系"是中国古代哲学中的首要问题。在中国古代哲学中,追求"统一"是亘古不变的永恒真理。西周末的史伯提出"和实生物",春秋末孔子提出"和为贵",战国中期子思提出"致中和",宋代张载提出"仇必和而解"。强调"统一""和谐"是中国传统的辩证思想。

中国古代"天人合一"观中,"天"的含义有3种。第一,"天"是意志的主宰者,相当于神的某种精神观念,其天人关系是神与人的关系;第二,"天"是自然法则与社会法则,是抽象化的伦理道德法则的同一性,其天人关系包括自然与人的关系;第三,"天"即"自然",天人关系是自然与人的关系。后两种关系与现代环境管理某些理论可以结合到一起。

2. 中西"天人观"之比较

西方哲学的主要思想是强调人与自然的对立,自然是人们征服、索取和改造对象。人对外部世界态度基本倾向于能动、主动,自然界处于被征服的状态,人与自然根本对立。这种思想甚至可以从西方人的建筑中可见一斑,西方哥特式的教堂,一个个尖顶高塔像利剑一样刺向天空;而北京天坛的祈年殿却是一座覆盖深蓝色琉璃瓦的三层楼阁,反映出文化思想的差异。

从工业革命以来,由于西方的天人相分、片面强调人征服自然的错误思想引导,人类已经尝到了自然报复的苦果。全球的生态环境恶化在不断加剧。据联合国环境署报告指出,自工业革命以来,大气中的二氧化碳浓度增加了25%,形成了"温室效应"。专家预言,至2100年气温将上升7℃,导致冰川融化,海平面上升,一些低洼地区和珊瑚岛国将沦为泽国,人类流离失所。

(二)环境管理思想基础

环境管理思想源远流长,但环境管理的实践仅有60余年。比较公认的环境管理思想基础主要有:"人地"关系论、生态经济管理理论。

1. "人地"关系论

无论是古代的"天人合一"环境思想,还是当今可持续发展的环境保护观,"和谐"始终是人类与自然环境之间发展的主线。"人"是人地关系中的"系统的人";"地"是人文地理环境与自然地理环境的有机统一。所谓"人地"关系,是基于人类生存发展需要所形成的人与人、人与群体、人与社会、人与人工产物、人与土地综合体、人与自然等多层面组成的"物质—关系"系统。

"人地"关系发展历史表明,"人地"关系问题集中表现为土地承载力的限制。"人地"问题产生原因的影响要素和表现多种多样。主要有4类：①严酷的自然环境对人类生理生存的不适应性；②受土地生产力、适应性、潜力级等强烈限制，土地承载力低而不稳，形成"人口——土地——食物"供需矛盾与冲突；③土地综合体的多功能效用在数量与质量、强度与速率、时间与空间上的限制，构成"人类——资源——环境——发展"之间的冲突；④人类与人文环境的冲突，表现为经济的限制、社会组织功能的限制、科学技术的限制以及土地承载力提高的限制。

协调"人地"关系的途径首先要树立人与环境的和谐观。从人类长远的生存和发展考虑，必须使人类的发展与环境之间处于有益的协调状态，使人类和环境都朝着可持续的方向发展。第一，在物质资料生产方面，人类应该有效的调节经济发展的步骤和速度，使经济的发展不超过环境正常的供应能力和承受能力。第二，要有意识地控制人类自身的生产。因为人口数量增长过快使环境受到的压力过大，从而导致环境有恶性循环的危险。同时要大力提高人类的素质，使人类对环境问题的严重性都有清醒的认识。第三，重视对环境的保护工作，采取有效措施，解决、控制已出现的环境问题，以免环境受到污染和破坏。第四，加强国际协作，保护世界环境。保护世界环境是全人类的目标，任何一个国家或地区的环境问题也是全人类环境问题的一部分，以至每个地球公民都有保护环境的义务和责任。

2. 生态经济管理理论

生态经济管理思想源于19世纪80年代。生态系统管理是把社会经济系统、生态系统交互构成的生态经济系统作为对象，通过协调生态系统与经济系统的发展，实现生态系统、经济系统各自内部的以及生态系统与经济系统之间的良性循环，而获得最佳生态经济效益。

在现代经济和社会条件下，现代企业发展过程中提出了经济系统和生态系统协调持续发展问题，必然要把企业经济管理延伸和扩充到企业生态经济系统中来，进行生态经济管理。包括以下4个方面。

(1) 经济、社会、生态三大效益相统一原则

传统经济学和企业管理学所说的企业经济活动的效益，主要是经济效益，将生态(环境)效益排除在企业效益之外。现代经济学克服了这个片面性，提出了企业经济活动的效益应该包括经济效益、社会效益和生态效益这三大效益的有机统一。建立现代企业制度，实行企业生态经济管理，一定要把三大效益有机统一，作为企业管理的出发点和落脚点，成为企业生产、经营、管理必须遵循的一条最基本原则，贯彻到企业一切管理工作中去。

(2) 全面优化，协调发展原则

企业在管理、处理、解决经济活动中的每项重大问题的时候都应该着眼于提高企业综合性的整体素质和效能。首先，要充分发挥企业整体功能的作用，提高企业综合性的整体效能，集经济功能、社会功能、政治功能和生态功能于一体，形成企业的总体功能。其次，正确处理企业四项文明建设和发展关系，提高企业综合性的整体素质。企业现代文明建设是指以生态文明建设为基础、以物质文明建设为中心、以精神文明建设为先导、以民主建设为保证的四项文明建设互相促进，互相作用的全面建设与协调发展过程。最后，要严格按照选择、实施全面优化与协调发展的最优方案程序办事，并保证最优方案实施的效果，最终实现

其提高企业综合性的整体素质与能效。

（3）合理开发，充分利用，有效保护和全面节约原则

这一原则是对生态环境资源不仅要优化配置、合理开发、充分利用，而且要全面节约、有效保护、优化管理。尤其是我国环境资源系统的主要生物资源承载力已接近负荷的临界状态，一些有限自然资源已进入了承载力的临界点，在客观上决定了实行全面节约的资源战略和建设方针。

（4）生产经营管理和生态环境管理相统一原则

贯彻这一原则，要切实抓好3点：第一，要对企业生态环境实行科学的系统管理，把治、防、建、管紧密结合起来，是强化生态环境管理成为企业生态经济管理的中心环节，由单项治理转到综合治理，由防治污染到生态建设。第二，要把生态环境管理纳入企业经营管理体系之中，渗透到企业管理的各项工作中，不仅纳入企业的综合管理，而且纳入各部门的专业管理。第三，要把各级政府的宏观生态经济管理与对企业生态环境监督管理密切结合起来，从宏观上促进企业生产经营管理和生态环境管理的有机统一。

二、现代环境管理思想

利益是道德的基础。生态环境保护中的诸多关系，本质上是利益关系，利益调节也就成为环境道德的基础。环境道德的核心是建立真正平等的人与人、人与自然和谐发展的共荣共存。环境道德是用来约束和规范人们对待生态环境的行为，调整人与人之间对待生态、对待环境的关系，是调整人与自然之间关系的道德规范的总和，其核心是关于人类尊重、爱护与保护自然环境的伦理道德。

（一）实现人类自身的平等

道德的本质是协调关系，维持秩序，环境道德也是如此。环境道德强调以平等原则为人际关系的行为准则，要求发展主体应以人类生存发展的整体利益和长远利益为视角，对自己的发展行为实行自律。具体包括体现全球共同利益的代内平等道德原则和体现未来的代际平等的道德原则。

代内平等的道德原则要求任何地区和国家，无论大小、先进落后，都应该无条件地保护环境，并为此做出积极贡献。受历史影响，不同国家和地区间存在着贫富差距；这种差距表现在资源的占有和利用上是极其不平等的。那些只占世界人口总数1/4的发达国家消耗的能源占全球的3/4，其中木材占85%、钢材占72%，人均资源消耗是发展中国家的9~12倍。代内平等的道德原则要求人类公平、平等地对待代内的人际关系，无论是人与人还是国与国之间都应风雨同舟，最终实现全球范围的可持续发展。

代际平等的道德原则是调节前后相继的各代人之间利益关系的道德原则。代际平等的道德原则坚持人类社会的发展不仅要满足当代人的需求，而且要考虑下一代人以及子孙后代的需求；当代人的发展不能以损害后代人的发展为代价，要顾及人类发展的未来利益。

（二）实现人与自然的平等

可持续发展所追求的是一种人同自然和谐发展的新文明，既开发自然又保护自然的生态文明，与之相应的环境道德必然要求规范人类对自然的态度和行为准则，维护人与自然协调发展的秩序。因而，确立人与自然平等的生态道德观，与以往"以人类为中心"的道德观不同，而集中体现在人与自然之间的平等地位。人与自然平等的道德原则，不再以人为唯一尺

度，也不以人的利益为出发点和归宿，它把道德规范由人发展到自然界，承认自然界与人有同等存在和发展的权利，强调人与自然的平等关系，以"人—自然"共同体的协同进化与发展为出发点和归宿，给自然赋予应有的道德地位。

问题的关键在于必须明确地承认自然界的价值和权利。历史发展到今天，人类发现自然界既不是不可战胜的敌人，也不是盲目崇拜的偶像，更不是可以任意占有的对象和裁剪的材料。在人类取得巨大的科学技术成就面前，自然界以其沉默的反抗告诫人类，必须承认自然界的价值和利益，转变以人为中心的价值取向。这是一种全新的自然观念，是人与自然平等的具体体现。这种人与自然的平等关系，视生物为人类的伙伴和朋友，把人类道德对象的范围扩大到"人—自然"的共同体，承认生物和自然界的价值和利益，用道德的纽带把"人—生物—自然界"联系起来，把道德的责任作为"人—自然"系统不断完善和正常运转的条件，促进人与自然的和谐发展。

(三) 协调发展理论

所谓协调发展就是区域人口、资源、环境、经济和社会系统中诸要素和谐的、合理的、使总效益最优的发展，其核心思想是自然环境与人类之间的一种平衡，生态系统与经济系统之间的动态平衡。

协调发展理论是以当代生态经济理论为基础建立起来的新理论，反映了生态规律与经济规律的客观要求。它为解决当代生态经济问题提供了巨大的可能性，要求：①经济发展与环境资源利用相协调，关键是通过采用先进技术和加强管理把经济发展所产生的对环境资源的压力限制在生态环境系统所能承受的范围内。②经济发展与环境保护的协调，关键是要认识发展与环境的统一性，经济发展为环境保护提供良好的资金来源，良好的生态环境又为经济发展创造更好的基础条件。③经济发展与人口、资源、环境的总体协调。经济发展过程中，人口、资源、环境是相互联系的统一整体，针对当前存在的矛盾，在发展经济的过程中必须控制人口的无限制增长，并从它与资源、环境以及与发展经济之间的联系上，使之摆脱恶性循环，趋于良性发展。

三、新时代生态文明思想

党的十八大以来，我国将生态文明建设纳入"五位一体"的总体布局，形成了体系完善、内涵丰富的习近平生态文明思想。党的十九大提出"坚持人与自然和谐共生"，并把"美丽"作为建设现代化强国的内容之一，提出了建设"美丽中国"的奋斗目标。党的二十大开启了我国生态文明建设的新征程，二十大报告提出，"站在人与自然和谐共生的高度谋划发展""加快发展方式绿色转型""积极稳妥推进碳达峰碳中和"，为我国生态文明建设绘就了新蓝图，为人居环境发展指明了新的前进方向。

(一) 生态文明建设方向

生态文明建设是中国共产党为人民谋幸福、为民族谋复兴、为世界谋大同的新方向与新作为。党的二十大报告中提出："大自然是人类赖以生存发展的基本条件。尊重自然、顺应自然、保护自然，是全面建设社会主义现代化国家的内在要求。""人民对美好生活的向往，就是我们的奋斗目标。"再一次突出了人民对于中国共产党的重要地位与重要意义，生态文明建设更是中国共产党全面提升人民群众的获得感、幸福感和安全感的重要组成部分。国家统计局的相关调查数据显示，2021年，人民群众对生态环境的满意度超过了90%。

(二)生态文明建设核心思想

我国生态文明建设的核心思想包括以下内容。

①处理好人与自然的关系　人类社会发展过程中,必须以实现生态文明为社会发展的目标,重视生态环境保护,促进人与自然的和谐发展,才能实现经济社会的全面可持续发展。

②坚持加强顶层设计　从1979年制定《中华人民共和国环境保护法(试行)》到1989年通过的《中华人民共和国环境保护法》;从我国第三部《宪法》明确"国家保护环境和自然资源",把保护资源环境第一次写入《宪法》,到制定关于管理和保护自然资源的一系列法律法规,再到深化生态文明领域的体制机制改革,健全生态文明领域法律制度,这一系列制度设计为加强生态环境保护,建设生态文明提供了基本的法律依据。

③不断完善制度和机制　改革开放以来,我国先后实行了排污收费政策、自然资源产权制度、生态补偿机制、绿色金融体系、排污权交易机制等,通过构建激励约束机制,促进市场主体进行绿色科技创新和绿色产品开发,推进了经济发展方式的绿色转型升级。

④强化环境监测监察和责任追究　党的十八大以来,针对生态环境保护领域长期存在的职责不清、界限不明等问题,进一步改革创新生态环境机构执法管理制度及加强推进生态环境监测网络建设,环保监察执法实行省以下垂直管理制度,空气和地表水环境质量监测事权上收至中央,初步构建了信息共享的生态环境监测体系等,为生态环境执法管理提供了有力支撑。

⑤坚持社会主义生态文明观　习近平生态文明思想继承了马克思恩格斯自然辩证法的精髓,以一种崭新的文明理论与实践形态实现了中华文明的生态智慧或中华传统生态文化在新时代的升华,从而为中华民族的全面复兴奠定文化和思想基础;同时创建了在人类文明史上具有重要意义的中国特色社会主义生态文明观。

(三)新时代生态文明目标

生态文明建设包括"碳达峰""碳中和"目标,将会培育和推动一批新技术、新产业的出现和发展,助力中国经济进一步高质量发展,为中国迈向社会主义现代化强国、向第二个百年奋斗目标进军打好更高维度、更高层级的物质技术基础。习近平主席在第76届联合国大会一般性辩论中表示,中国将力争在2030年前实现"碳达峰"、2060年前实现"碳中和",提出了"人类命运共同体""人与自然生命共同体"等先进理念,为世界提供了行之有效的中国方案,为世界人民应对全球性生态问题注入了信心。

中国式现代化是体现"绿色""可持续发展"的现代化,是将生态文明建设融入全局发展中的现代化。党的二十大对中国实现碳达峰、碳中和目标做出了既具有全局性,又具有针对性的规划与部署,"推进美丽中国建设,坚持山水林田湖草沙一体化保护和系统治理,统筹产业结构调整、污染治理、生态保护、应对气候变化,协同推进降碳、减污、扩绿、增长,推进生态优先、节约集约、绿色低碳发展"。

进入新时代以来,在中国共产党坚强领导下,中国生态文明建设取得了举世瞩目的成就。中国将围绕"加快发展方式绿色转型""深入推进环境污染治理""提升生态系统多样性、稳定性、持续性"和"积极稳妥推进碳达峰碳中和"的"四条主线"进一步布局,中国生态文明建设必将续写新辉煌,翻开新篇章,为全球共同应对气候挑战,为世界可持续发展做出有力的贡献。

第二节 物业环境管理相关理论

一、人类生态学

人类与自然的关系,是一个既古老又年轻,既普通又深奥的课题。自从有了人类以来,人类就在其生存斗争中孜孜不倦地探索、学习和积累着人与自然关系的生态知识,并形成了一套朴素的人类生态观。面对世界性的人口、资源、粮食、能源和环境危机,人类生态学以其特有的异源性、综合性和实用性展现了其解决人类生存与发展问题的巨大潜力和学科交叉的顽强生命力,成为可持续发展的一个重要理论基础。

人类生态学以人的生物性和社会性为主线,从人的生物生态适应和文化生态适应两个层面,把人类种群及其生存环境作为研究对象,全面认识人与环境的辩证统一关系,系统地分析生态系统的理论和人类生态系统的研究方法,阐述可持续发展的生态体制建设、生态工程建设和生态道德建设与人类生存的关系(周鸿,2001)。地球总体来说是一个自然—社会—经济复合的人类生态系统,人类作为地球生态系统中的一个物种,作为食物网中的一根网线,既是消费者,又是调控者;既是破坏者,又是建设者。在传统工业化模式所造成的物质文明背后是生态野蛮,人类如果不注重可持续发展的生态建设,人类社会将一步步走向"生态沙漠"。20世纪80年代以来,一场深刻反思和重新审度人类的生产方式、消费行为、价值观念和科学方法的生态革命正在兴起,现代化的内涵不再是解放人们体力和智力的高能耗、高消费、高生态破坏的物质文明,而是高效率、低消耗、高活力的生态文明。生产方式将从消极的污染型、破坏型向积极的生态恢复型、生态建设型演变。在这场生态革命中,关键在于人类生态关系的诱导,用生态学的科学思维方法去导向(转变)人的价值观念、行为方式,启迪一种融合东方"天人合一"思想的生态境界,诱导一种健康文明的生产方式。只有把生态意识上升为民族意识和全球意识,人类的环境才有希望;这正是人类生态学理论在城市住区建设中的意义所在。

人类生态学认为,人类聚居与动植物群落有着同样的发展规律和表现形态。"人类是群生群居的动物,无法单独生存,相对来看,人是弱小的,不仅需要一定的环境保护,提供居住,还需要有同类伙伴的协同合作"(王耕,1999)。"在人类社会,每个人或群体都履行着某一特定的功能,彼此相互联系,相互依赖,这种履行不同功能的个人或群体之间的相互依存就是人类社会中的共生关系"。人类生态学家把研究人类之间的共存关系,以及人与环境之间的适应性关系视为己任;人类生态学蕴涵的基本假设包括:①城市社区是一个独立的分析单位。②城市社区作为一个"共生"单位是建立在各个群体或部分的相互依赖性基础上的,本质上是均衡的。③个体(个人或群体)在社会空间结构中的位置是对环境适应的结果,位置的差别是由对环境的适应力差别决定的,其过程是由生存竞争的原则支配的。④竞争和选择导致了一个群体或组织的社会层级体系,体系的运行建立在"统治"原则下。⑤变迁的原因来自外部,即环境的变化。发展是一个寻求人口、环境、组织、技术之间均衡的过程,是通过功能分化对环境的"适应"过程。

人类生态学家把城市空间结构和秩序的形成看作是人类群体竞争的"自然"结果,其决定性力量是群体的经济竞争力。将城市视为一个相互依赖的共生社区,城市空间区位结构的形成是竞争和选择的自发结果。

二、城市生态系统理论

城市是人类生产活动、日常生活和文明成果的集中体现，生态学家从生态学角度把城市看作高密度建筑区居民与其周围环境组成的开放的人工生态系统，该系统被人为地改变了结构、物质循环和生境。进入20世纪70年代以来，城市发展进程受到了空前的挑战，生态学原理与方法在城市规划中得以广泛推广与应用，并由此产生了城市生态学（杨士弘，1996）。城市生态学最初由芝加哥学派创始人帕克于21世纪20年代提出，研究城市人类活动与周围环境之间关系，城市生态系统在结构与功能上与自然生态系统及半人工生态系统均存在较大的差异。传统生态学中的生态关系以自然生态系统中的动物、植物、微生物及相关生存环境为主，由马世骏、王如松等学者提出的"社会—经济—自然复合生态系统"理论明显拓宽了城市生态系统的内涵及外延，将城市生态系统的结构、功能分析与人类的社会及经济活动紧密相连，从而使城市生态学成为以生态学为主，以相关学科为补充，多学科相辅相成的一门典型的交叉学科，奠定了城市生态系统理论的坚实基础。

（一）城市生态系统结构与功能

1. 城市生态系统结构

城市是一个人工生态系统；城市生态系统由自然、社会、经济亚系统共同组成。一般而言，经济、社会生态亚系统对复合生态系统的结构与功能往往更具影响力（王如松等，2000）。作为人工生态系统，城市中的生物物种较为单一，系统对病虫害的抵御能力较弱；系统自身的生产者生物量远远低于周边生态系统，相反，消费者密度则高于其他生态系统，食物链呈倒金字塔型。城市生态系统的特点是：①物质循环系统多数为线状而不是环状。在城市生态系统食物网中，主要以消费者为主，缺少分解者，必须依靠人工措施对废物进行消纳或重新利用。②能量高度集中。由于生态系统中大部分能量在逐级生产过程中被使用或耗散掉，而保留下来的能量，其质量则明显增加。城市高质能主要表现为3种类型：实际能量的密集，如工厂、电器、加油站；大型的建筑物，如商场及办公楼；富含信息的物质，如计算机、书籍、移动硬盘等。③系统发展的动因不是自然选择而是人工选择。城市的出现极大地促进了人工选择的进程，并改变了自然生态系统的结构与功能，容易出现由于注重短期及局部经济效益而忽视长远生态效益的决策失误。④系统中的正反馈调节多于负反馈调节。由于受社会及经济利益的影响，人们对资源、能源的利用及对环境的污染往往不能通过自然生态亚系统中有限的负反馈加以调节，容易造成生态系统的恶性循环。

2. 城市生态系统的功能

生态系统服务功能是指对人类生存及生活质量有贡献的生态系统产品和生态系统功能，通过向人类提供原料、产品以及改善生活质量而实现。自然生态系统为人类提供了资源、能源及生物多样性，城市生态系统则对这些资源进行进一步加工，使系统的物流、能流及信息流更加高效，向人们提供高附加值的产品。与城市生态系统物质生产功能相对应的是城市的还原及污染净化功能。经济生产供养了高密度的人口，而由高密度人口排放的城市垃圾、污水及工业废物多数由城市自身进行分解及回收利用。随着生物技术等现代科学技术的发展，城市生态系统服务的内容发生了明显的改变，使城市对人类的影响已大大超出了以往任何历史时期。城市的文化服务功能与城市生态系统功能服务相辅相成，可称为文态功能。一个和谐城市生态系统的维持离不开优秀文化传统的支撑，带有地方特色的城市文化伴随城市生态系统理论在城市发展中进一步丰富。

(二) 生态城市理念

联合国教科文组织发起的人与生物圈计划中明确了"生态城市"这一概念，将城市生态系统理论与现阶段生态城市建设的实践进行深入思考*，为城市发展指明了新方向；生态城市建设成为城市建设中有待进一步探索的重要课题。

1. 生态城市的概念

生态城市（eco-city）是城市生态学家 Yanitsky 于 1987 年提出的一种理想城市模式，是环境和谐、经济高效、发展持续的人类住区（宋永昌等，2000）。依照 Yanitsky 的理论，生态城市应该做到技术与自然充分融合，人为创造力和生产力得到最大程度的发挥，而居民的身心健康和环境质量得到最大程度的保护。目前世界上许多城市，如华盛顿、法兰克福、墨西哥、东京、首尔、罗马、莫斯科以及我国的上海、深圳、北京、长沙都开展了生态城市的研究，生态城市已成为国际第四代城市的发展目标。生态城市是指社会、经济、自然协调发展，物质、能量、信息高效利用，基础设施完善，布局合理，生态良性循环的人类聚居地；生态城市的科学内涵是倡导社会的文明安定、经济的高效和生态环境的和谐，既是人类社会发展的一种过程，又是一种在生产力高度发达、人的社会文化、生态环境意识达到一定水平条件下渴望实现的目标境界（王祥荣，2001）。

与传统生态学中的"生态"相比，生态城市的"生态"包含了人与自然的协调关系及人与社会环境的协调关系两层含义；生态城市的"城"代表了自组织、自调节的共生系统。生态城市并不等同于自然保护主义的"绿色城市"，不是简单地增加城市的绿化面积或单纯追求优美的自然环境，而是实现低能耗、高效率、人与环境和谐共处、经济持续发展的良性循环的城市发展模式。生态城市主要有 3 个特点，即自然—社会—经济的和谐及持续性；能流、物流、信息流及价值流的高效性；区域发展的平衡及协调性。生态城市应是结构合理、功能高效和关系协调的城市；应做到环境清洁优美，生活健康舒适，人尽其才，物尽其用，地尽其利，人和自然协调发展，生态良性循环的城市。

2. 生态城市建设方略

生态城市建设的科学内涵体现在以下方面：①高质量的环保系统；②高效能的运转系统；③高水平的管理系统；④完善的绿地系统；⑤高度的社会文明和生态环境意识。

在实践中要充分体现：①对城市的大气污染物、废水、废渣以及饮食业、屠宰业、农副产品市场和大众娱乐场所等系统排出的各种废弃物，都要按照各自的特点及时处理和处置，加强对噪声的管理，使城市生态环境洁净、舒适。②保持通畅的道路交通系统，充足的能流、物流和客流运输系统，快速有序的信息传递系统，相应配套的有保障的物资供应系统（主副食品、蔬菜、材料、水电、燃料等）和城郊生态支持系统，完善的专业服务系统和污水废物的排放和处理系统等。③对人口控制、资源利用、社会服务、医疗保险、劳动就业、

---

* 人与生物圈计划（简称 MAB 计划）：始于 1971 年，是联合国教科文组织针对全球面临的人口、资源、环境问题发起的一项政府间的国际科学研究计划。1992 年联合国环境与发展大会后，MAB 计划的重点集中于通过生物圈保护区网络的建设，来研究和保护生物多样性，促进自然资源的可持续利用。目前，全球共有 411 个世界生物圈保护区，分布在 94 个国家。

治安防火、城市建设、环境整治等应有高水平的管理，以保证水、土地等资源的合理开发利用和适度的人口规模，促进人与自然、人与环境的和谐。④完善绿地系统不仅应有较高的平面绿地指标，如绿地覆盖率、人均绿地面积和人均公共绿地面积，而且还应有立体的三维绿量指标，组成完善的复层结构系统，与地形地貌和河湖水系有机结合。联合国生物圈生态与环境保护组织规定，城市绿地覆盖率应达到50%，城市居民每人应有$60m^2$绿地。⑤提高社会文明和生态环境意识，加强城市公共服务设施建设，提高居民生活质量；应以"生态住区""生态社区"思想为指导，集中成片开发建设居民住宅区；在住区内，配置完备的社区服务设施，形成多层次、多类型的社区服务网络，便利居民的交通、就学、购物和休闲等活动；重视住区的环境质量，加强住区的绿化建设，提高住宅建设和室外环境的设计水平，从普及生态环境知识着手，通过各种教育及宣传渠道向各级干部和群众普及生态学基础知识，促进广大群众自觉地保护生态环境，积极参与生态城市的建设。

三、环境心理学理论

环境心理学是研究环境与人类心理、行为之间的相互关系，是心理学分支。对环境心理学的讨论首先要讨论环境对心理的影响。

（一）人与空间

人们对物业进行管理的一切活动都是为了满足人的生产和生活需要，都会受到环境和技术条件发展的制约。物业环境建设和管理的结果均以空间的形式表现出来，人对空间的占有和支配是生命的渴望和本能。

人和环境的交互作用表现为刺激和效应。效应必须满足人的需要，需要反映为人在受刺激后的心理活动、外在表现和活动空间状态的推移，就是人的行为。

1. 个人空间

个人空间是环境心理学研究最多的内容，每个人都拥有它，并无时不在。个人空间具有以下几个特点：

①个人空间是相对别人而言的，只有与他人交往时，个人空间才存在。
②个人空间是稳定的，它是根据环境的变化而伸缩的。
③个人空间是人际关系中的距离，它是人际关系增进、维系和疏远的一种标志。

作为服务行业的物业管理人员，就是要从个人空间所指的社交活动中，确定人际距离，根据各种个人空间反映出的人际关系中的距离，分辨出其人际关系的增进、现状和疏远的变化规则，并按这种规则，服务于业主间的交往。

2. "拥挤"问题

人们可以生活在不同的空间密度里。环境心理学认为，在单位面积变化而个体数目不变的情况，被认为是空间密度的变化，这就出现了"拥挤"的问题。在一定的空间中拥有过多的人时，就会出现拥挤感。拥挤的环境对人的心理有很大的影响，拥挤时容易出现焦虑情绪，是一种不愉快的状态，有时拥挤甚至会出现恶劣的后果。城市化的进程中出现人口集中的情况，使得人们的活动空间出现人口密度增大的状态。其中住房面积的狭小、商业网点的人口密集、交通状况因拥挤不畅等，对人的心理都有不良影响。物业管理就应该尽量为业主提供一个宽松、合理、简洁的室外空间。

3. 人与建筑空间

建筑物是物业环境的重要组成部分。人建造了建筑，建筑又对人的心理和行为产生影响。产生了建筑环境行为，人和环境交互作用所引起的心理活动，其外在表现和空间状态的推移，称之为环境行为。人对居住场所，有明确的分工要求：设置厨房和餐厅，是为了满足餐饮的要求；设置起居室，是为了满足人际交往的要求；设置卧室，是为了满足睡眠的要求；设置盥洗室、卫生间，是为了满足卫生的要求。

在人的生活中，需要购置各种商品以满足需要，就要在居住环境中设立商业网点；需要文化生活，就要建立文化活动场所；需要教育，就要建立学校等。人类的环境行为是由于客观环境的刺激作用，或由于自身的生理或心理的需要，或由于社会因素作用形成的。作用的结果则表现出适应、改造和创造新的环境。因此，人类的建筑活动是由于人和环境的交互作用的结果。物业管理要利用人的环境行为，尊重人的环境行为；管理要使环境满足业主的心理要求。例如，物业管理在考虑建立物业区域的配套设施时，要依据业主的环境行为特征，建立或改造合乎人们行为习性、行为模式服务空间。

(二) 人际行为和交往空间

公共空间是物业管理重点管理的区域，从公共空间的环境设计来讲，应适宜邻里的交往空间，以便于公共的交往活动和互相了解、关照。物业管理应该提供与之相适应的、完善的服务措施，保证人际的交往空间是安全而自由的。

人际关系不同，人际行为也不同。不同的人际行为，所表现的交往方式及对交往空间的要求也各不相同。

1. 起居行为与交往空间

人的一生中有10%以上的时间是在起居室活动的环境空间里度过的。起居活动是家庭生活中很重要的内容，它包括：会客、娱乐、学习、进餐、团聚等活动。

在起居场所里交往的人员，大多数是亲朋好友或家庭成员，在这个环境中的人际空间距离不超过4m。它包括亲密距离(如抱小孩)、个人距离(如闲谈)、社交距离(如待客)。因此，这样的空间不宜过大，一般在16m²比较适合。像有人说的所谓的"大厅小卧室"，选择比较大的厅，实际上已不是生活的需要，而是显示自己身份的需要。过于大的厅更像公共场所，缺乏家庭气氛。

现有条件的情况下，居住面积比较大，如别墅，可以考虑设立两个厅，一个为会客厅，另一个为起居室。一般起居室的面积在15~30m²，再大就不合适了。

起居室中的人际交往是自由的、开敞的；人际的交往形式是随意而轻松的，家具应适用、舒适为好，布置要有开阔感。

2. 服务行为与交往空间

服务行为主要是指物业管理与业主之间的交互作用的一种行为，两者之间的关系是主从关系，即业主为主，物业管理者为从。服务行为的表现多种多样，有间隔式服务行为、接触式服务行为、近前式服务行为、通信式服务行为等。物业管理中的服务行为主要是近前式服务行为，即物业管理各专业部门为业主提供全面的服务，而且这种服务行为的特点是服务对象即业主是相对固定的，而服务人员是流动的，故这种行为的交往空间主要取决于业主所占有的空间，这种行为空间的环境氛围则取决于业主的行为表现及其心理要求。根据物业管理中近前式的服务行为的特点和空间要求,创造一种适合业主需要同时物业管理人员又方便操作的空间环境,达到提高服务质量的目的。

3. 社交行为与交往空间

在现实生活中,人们的社交行为是不可缺少的,一切的社交活动都需要交往空间,管理好人们的交往空间,是物业管理的重要任务之一。我们应该了解社交行为需要什么样的空间。

(1)正规的社交活动

正规的社交活动需要明亮、大方、端庄、豪华的环境氛围。这种交往空间是固定的,就物业管理来讲一般的会所就可以提供这样的条件。

(2)一般的社会交往

一般的社会交往空间是不固定的,要求比较安静、祥和,但并不要求空间的私密性,可在公共空间的角落或在庭院中设立,并实行一般性的管理。

(3)随机的社交活动

随机的社会交往活动比较普遍,其环境氛围与一般的社会交往要求差不多。

(三)居住质量与环境

对居住环境质量的评价,是物业管理要非常重视的问题。随着社会的发展和进步越来越多的业主更加关心自己的居住环境质量,而环境质量的好坏,在很大的程度上取决于物业管理水平的高低。所谓评价就是要对某一事物做出好与坏的判断,对居住环境质量的评价,有一整套的评价体系和评价方法,影响其评价质量的因素也很多,涉及人的心理与环境;视觉与环境;听觉与环境;肤觉与环境;嗅觉与环境等内容。

1. 心理与环境

住房功能与人的心理要求是不可分离的。住房的分区功能是根据人们的生活行为模式而确立的,这是人体工效学的高层次要求即心理的要求所确定的。

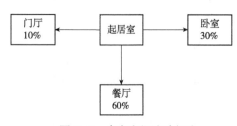

图 3-1 户内空间流动行为

人们的生活行为模式因年龄、性别、高低、胖瘦、职业、学历、文化修养等不同而有差异,却有一个基本的规律可循,如图 3-1 所示反映了人们在户内空间的流动行为。身处起居室的人,向哪个房间流动,做一个观察,100 次中有 60% 是去餐厅,30% 去卧室,10% 去门厅。这就是空间选择概率,反映了人们的空间流动模式,也反映了两个空间之间的密切程度,所以在设计房屋时,就要考虑将起居室离餐厅近一些。

目前的住宅无论是高层还是多层,楼宇的出入口和走道都是人们进出的必经空间,对这些空间的管理是物业环境管理的重点。这些部位要求有良好的采光和较好的视野,同时也要求安全,对这些部位的管理除了满足业主要求以外,还要满足来访者的心理要求,特别是第一次的来访者,要给予美好的第一印象。

根据居家生活各自功能的要求和空间的性质,户内活动空间基本上分为 4 个部分,即个人活动空间、公共活动空间、家务活动空间、辅助活动空间。它们在空间环境中具有一定的独立性和相关性,其中个人活动空间为私密性空间,而公共活动空间、家务活动空间为开放性空间,以上 4 个部分的位置分布是有一定规律的。在空间排列组合有一定的模式,一般如图 3-2 所示。根据居住标准,确立各个功能空间的大小和数量,考虑居住者的行为要求和邻里关系等因素，参照图3-2活动空间组合关系进行户内空间组合，进行设计、完成环境建设，同时要根据以上特点进行环境管理。

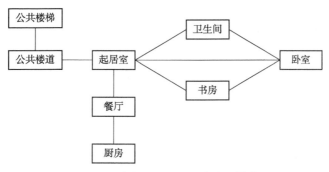

图3-2 户内活动空间组合关系模式

2. 视觉与环境

环境心理学研究表明，空间开阔的诸因素中，有两个重要因素，即色彩因素和空间的照明度，还有更重要的即建筑物的形态、质感等也与视觉有关。

不同环境因子的不同刺激量和不同的刺激时间、空间，不同人的不同刺激反应，所显示的视觉特性均有差异，但其共同特性表现在以下几个方面。

(1) 光知觉特性

光是人们认识世界一切物体的媒介，是视觉的物质基础。光的本质是电磁波，可见光谱是400~760nm，即红外线至紫外线之间的光谱。人对光的刺激反应在这一范围内最为有效，其表现为分辨能力、适应性、敏感程度、可见范围、变化反应和立体感等一系列光知觉特性。

(2) 颜色知觉特性

颜色知觉特性是人对颜色的反应，即对色调、明度和饱和度的知觉及其心理表现。因为颜色的本质同光一样，是不同频率的电磁波，各种颜色的波长也在可见光的光谱范围内。

(3) 形状知觉特性

光对物体各部位的作用不同，进而产生了人对物体形状的图形知觉，故形状知觉特性表现为人对图形和背景、良好形态和空间形象的认识。

(4) 质地知觉特性

光对物体表现存在着差异，物体表面的质地也就呈现出来。人对物体表面质地的感觉即质感，表现为光洁程度、柔软度。

(5) 空间知觉特性

人在空间视觉中依靠多种客观条件和机体内部条件来判断物体的空间位置，从而产生空间知觉。空间知觉特性表现为人对空间的认识，如空间的开放性和封闭性。

(6) 时间知觉特性

光对物体和环境作用的强度和时间长短是不同的，所以人对环境的适应和辨别率也不一样，这就是视觉的时间特性。

(7) 恒常特性

人对固定物体的形状、大小、质地、颜色、空间等特性的认识，不因时间和空间的变化而改变，这就是视觉的恒常性。

在物业管理中知道以上视觉特征，了解环境因子对人的刺激量和人的接受水平，进而去营造物业环境，但环境刺激量和人的接受水平是存在差异的。在同一环境中，各人的反应是不可能完全相同的，我们需要找出影响最大的因子，其中可以认为光和颜色对环境氛围的影响最大。

对光的知觉是人类感觉器官最朴素、最基本的功能。人类离不开光线，利用光线造福人类、防止光线的伤害是人类的本能和智慧。就人与光线的关系而言，有以下内容是管理物业应重视的。

（1）光线的作用

太阳光线对于人类生活和健康具有重要意义，具体有：①光线照亮了一切物体，使人们看清了世界。②直射的阳光对人居环境具有杀菌作用，利用阳光可以治疗某些疾病。③阳光中的红外线具有大量的辐射热，冬天可以提高室温。④光线能改变周围环境，利用光线可以创造丰富的艺术效果。

（2）光线与人的健康

光线无疑对人的健康是很重要的、必不可少的，但光线也有其对健康不利的方面。长期在阳光下工作会引起疲劳；过多的紫外线照射会引起皮肤发生病变；过多的直射阳光在夏季会使居住环境产生过热的情况，如夏日的西晒等。不合理的光照，会使工作者产生炫目反应，甚至伤害视力。科学、有效地利用阳光，合理地进行采光和照明设计，保证人体健康，创造舒适的物业环境。

（3）室内光的利用和遮挡

利用直射阳光照亮室内环境，制造室内环境氛围，提高卫生水平，是建筑设计的事情，在建筑设计时要保证建筑合理间距。从物业管理的角度，则应对设计不周所造成的一些情况加以改造，如安装遮阳装置、做绿化工作起到隔热的作用，考虑在光感不足的地方，采用人工照明等。

另一个对环境氛围有较大影响的因子是颜色，颜色是由可见光谱中不同波长的电磁波组成。人的眼睛对不同电磁波十分敏感，当光照射到物体上，一部分被吸收，另一部分被反射，反射的光被眼睛感知为各种颜色。色彩的三原色，分为光色的三原色和物色的三原色。这与光色是不同波长和频率的电磁波的色彩、物体色是物体表面反射出来的光波色彩是一样的道理。人们通过视觉辨别色彩时，每一种色彩都是有色相、彩度及明度3个属性组合而成的。其中色相也称为色别，是色彩的重要属性。它对人的心理活动具有决定作用。各种不同的颜色是由有色体系（如红、黄、蓝等）与无色体系（如黑、白、灰等）组成，从而达到数量无限的各种颜色。每种颜色又对个体心理有其相应的心理效应；彩度亦称为饱和度、色度和纯色，是色彩鲜艳的程度。它通过物体表面的粗糙度使投射光线性质发生变化，以及色彩内所含黑、白、灰的量的多少而使色彩强度发生变化，形成色度不同的各种色，从而反映个体心理需求的各种形态。如在红色中加白色可以变成粉红色，使得原来鲜明的红色，变成了清爽的粉红色，这可以满足不同场合对不同彩度的颜色要求。明度就是色彩明暗的程度，它是指非发光物体的颜色，其中含白、灰、黑色的成分多少，以及受不同光线照射所产生的明暗程度。明度受物体表面色反射系数的制约。反射系数大，明度就大，反之则小。明度也是形成或改变心理效应的重要因素；明度大，易产生光明、通达、开朗、兴奋之感的情绪或联想；明度小，易产生阴暗、阻塞、沉闷、悲观的情绪或联想。随着文化心理环境的变化，明度的心理效应也不断地变化。

一般来说色彩的明度与彩色越大作用越强，常在暖色调环境中能使人乐于活动，心情愉快，可以增加机体代谢和抗病能力；而常在冷色调环境中使人安静，可以消除疲劳和缓解紧张情绪。例如，在蓝绿色彩环境中，机体的皮肤温度可以降低2℃左右；心跳每分钟减少4~8次，呼吸也变得缓慢，所以蓝色能消除紧张心理，绿色使人精神安定；红色则可使血液循环加速，心率加快，血压升高，使人兴奋；而粉红色的环境，可使人肾上腺素分泌减少，心率减慢，心肌收缩的力量也减慢；紫色能抑制神经系统、淋巴细胞和心脏活动；白色的环境使人感到凉爽、轻盈和清洁；黄色的环境使人感到光明、辉煌、柔和纯净与希望。

3. 听觉与环境

听觉与环境有着密切的关系，主要是听觉的主观心理特性，它由声音的物理性能与人耳的生理机能相结合而构成。听觉与环境的讨论将在第五章第三节关于环境噪声问题及治理中加以讨论。

4. 肤觉与环境

皮肤是人体面积最大的结构之一，具有调节体温的机制和分泌、排泄等功能，还可以产生触、温、冷、痛等感觉，是人体最大的感官。它对心理情绪的发展起着主要的作用。涉及肤觉的内容主要有触觉、痛觉和温度感觉，在物业管理中都要认真注意这些肤觉对环境的要求。

(1) 触觉与环境

触觉是皮肤受到机械刺激而引起的感觉。根据刺激强度，触觉可分为接触觉和压觉。轻轻地刺激皮肤就会使人有接触觉，当刺激强度增加到一定程度时，就产生了压觉；这两者结合在一起，统称为触压觉和触觉。除触压觉以外，还有触摸觉；这是皮肤感觉与肌肉运动觉的联合，故称皮肤——运动觉或触觉——运动觉。这种触摸觉主要是手指的运动觉和肤觉的结合，它又称为主动触觉。触压觉如果没有人手的主动参与则成为被动触觉。利用主动触觉来感知物体的大小、形状等属性；说明人手不仅是劳动器官，而且是认识器官，这对盲人尤为重要。触觉的研究在环境中具有重要的意义，对于诸如门把手等与人接触的设置，要设计和维护好，很多人在装修中购买有关的配件都强调"手感"的问题，就是触觉问题。

触觉的特性对于盲人来说尤为重要，对环境的无障碍设计就是利用触觉的空间知觉性。人们在道路边缘，建筑物的入口处，楼梯第一步和最后一步，以及平台的起止处，道路拐弯处都要设置为盲人服务的起始和停止的提示块以及导向提示块。

物业管理要注意环境中涉及触觉的问题，还有对经常接触人体的建筑物配件，以及建筑细部处理，都要经常考虑触觉的要求，如楼梯栏杆、扶手等的维护，护墙栏杆的维护以及墙壁转弯处和一些家居台口的细部处理，都要满足触觉的要求。

(2) 痛觉与环境

痛觉的生物学意义在于它是危险的信号，能动员机体进行防卫。人和动物机体的各种组织，如皮肤、肌肉、筋膜、神经以及各种器官，受到各种不同的强烈刺激都会产生痛觉，而痛觉又受到人的情绪、动机等因素的影响，因此有关痛觉的研究非常复杂，许多问题还很不清楚。

痛觉感受性与触觉感受性不同，如指尖有很高的触觉感受性，却有较低的痛觉感受性。

通过实验，身体不同部位的痛觉阈是不同的。上肢、背和下腹的阈值较低，头颈和下肢的阈值较高；女性的痛觉低于男性，并且有随年龄的增加而增高的趋势。影响痛阈的因素很多，如年龄、性别、情绪、分心、暗示、判断等因素以及自主神经系统功能状态、室温、测定时间均有关。没有痛觉或痛觉过于迟钝的人是很危险的，因为他失去了对危险性刺激的反应信号。痛觉的特性对于医学研究有很大的指导意义，而与室内环境的关系，多数像皮肤的触压觉一样，皮肤的痛觉反映在与物体界面的关系就是要求物业构配件和局部设计，凡是直接接触皮肤的部位能保持光滑，无刺伤的危险，如扶手、台口、墙角、设备拉手和开关等。而身体内部的痛觉则与环境振动、环境噪声、局部过热环境有关；痛觉与环境振动的关系，就是要避免振源的持久振动引起皮肤或内脏的持久钝痛，轻者使人麻木，重者会损伤人的器官。痛觉与环境噪声的关系，主要是要防止强噪声对人耳有刺痛和损伤，如果噪声源不能控制时则要做好个体防护。痛觉与局部过热的关系，就是要防止蒸汽等热源的烫伤。

由于痛觉不是单一的刺激引起的，痛觉与物业环境的关系，是人体多种器官与环境的关系。人和环境交互作用过程中，环境过强的刺激就会引起痛觉，如眼痛、耳痛、头痛等，故痛觉并不是皮肤仅有的特性。

（3）温度觉与环境

人的皮肤上存在着许多温点和冷点，当热刺激或冷刺激相应地作用时，就会产生温觉或冷觉。获得外界温度信息是皮肤的重要功能之一，它对保持体内温度的稳定和维持正常的生理机能是非常重要的；调节温度的机能也存在于皮肤内，如出汗、皮肤血管系统的调节、颤抖等。

人和环境交互作用过程中，皮肤是保护人体不受或减轻自然气候侵害或伤害的第一道防线，衣着是第二道防线，房屋则是第三道防线。

第一道防线——皮肤，因人而异，不同种族、不同地区、不同性别、不同职业、不同年龄的人，皮肤对气候冷热的适应和调节的功能是不同的，但差异是在一个较小的范围内。

第二道防线——衣着，这与人的生活习惯和生活条件有关，也同劳动保护措施有关。

第三道防线——房屋，则取决于房屋结构的隔热、保温性能及其供暖、送冷、通风设备的条件和性能。

与物业管理相关的是第三道防线，即物业内的供暖、送冷、通风的标准和质量，也就是创造适合人体需要的健康的室内热环境。

5. 嗅觉与环境

嗅觉是一种较原始的感觉。许多动物借助嗅觉维持生命、繁衍后代。人类的文明使嗅觉的作用大为减弱，但日常生活和工作中则离不开嗅觉的功能。

缺少嗅觉，进食就没有味道。嗅觉功能有了障碍，就很难辨别环境的氛围，嗅觉是身体疾病的征兆。嗅觉是警报的信号，它能辨别煤气而防止中毒。所以嗅觉虽没有视觉和听觉那样重要，但它和人的生活息息相关。

环境气味刺激鼻腔里的嗅感受细胞而产生嗅觉。能引起嗅觉的物质是千差万别的，作为嗅觉刺激有一些共同的特点：第一是物质的挥发性。嗅觉刺激物必须是某物质存在于空气中的很小微粒，如麝香、花粉等。第二是物质的可溶性。有气味的物质在刺激嗅觉感受器之前，它必须是可溶的，才能被鼻腔里的黏膜所捕捉，依靠嗅毛和黏液的作用而产生嗅觉。

多数人一生中有80%的时间是在室内度过的，所以物业内微气候质量的好坏对人的健康以及工作效率和生活质量有很大的影响。

室内微气候的质量，除了前面介绍的热环境的舒适性外，还与室内空气品质有着密切的关系。室内空气品质包含室内空气中的含氧量，二氧化碳和一氧化碳的浓度，粉尘和浮游微生物的含量，空气中的离子数以及吸烟的烟雾对人体的影响等。

嗅觉与环境的交互作用，实质上是嗅觉与空气的相互作用。空气品质的诸成分既有对人体健康有益的东西，也有对人体健康有害的东西。如何创造一个对人体健康有益的室内微气候，这就是物业管理者的职责。

①保持室内空气洁净和新鲜，关键是加强室内通风和换气。通风不仅有利于热环境的改善，而且能维持室内新鲜空气，经常将室外较洁净的新鲜空气引进室内，将室内有害气体排出。

②利用嗅觉的掩蔽特性，在公共场所如餐厅、舞厅、会堂等地方，结合通风，喷洒能振奋精神的有味气体，来掩蔽人群散发出来的使人厌烦的气味。

③室内绿化布置和装修材料的选择，尽可能少选用花粉较多的植物，少采用易散落粉末或纤维的装修材料，减少空气中的浮游粒子，以提高空气洁净度。

④在室内，特别是公共场所，禁止吸烟，减轻嗅觉负担。

四、"人类聚居学"与人类住区战略

(一) 道萨迪亚斯"生态学与人类聚居学"理论

在1898年出现了霍华德发表的《明天：一条通往和平改造的道路》，即"田园城市"理论，随后诞生了两座田园城市的实践(1903、1919年)，并在其影响下，战后伦敦规划和一系列新城市运动得以出现。第二次世界大战后，希腊学者道萨迪亚斯(Doxiadis)开创了人类聚居学(Ekistics：Science of human Settlement)；在道萨迪亚斯倡导下，组织人类聚居讨论会，发表《台劳斯宣言》，成立世界人类聚居学会，提出"生态学与人类聚居学"思想在20世纪50年代至20世纪70年代非常活跃，并曾风靡一时。这一学说的特点表现在以下方面(吴良镛，2001)。

①对时代及其所面临任务的敏锐认识　1963年《台劳斯宣言》："纵观历史，城市是人类文明和进步的摇篮，今天，就像其他所有的人类机构一样，城市被极度地卷入了一场袭击整个人类的迄今为止最为深广的革命之中。"以道萨迪亚斯为代表所指定的"这场革命"就是城市化，"人们将以更快的速度进入城市住区"。1967年《台劳斯宣言》指出："从整体看来，直至最近，政府、学者、经济学家、专家们都已忽略了城市化在国家发展中的重要作用。城市化是发展的结果，也常常是发展的负担，但是，它还应成为良性发展的手段。"道萨迪亚斯通过环境危机，敏锐地看到城市化在国家发展中的全面作用与城市爆炸的事实，触发他建立"人类聚居学"。

②考虑问题的整体观、系统观　现代城市问题错综复杂，"人们总是试图把某些部分孤立起来单独考虑，而从未想到从整体入手来考虑我们的生活系统。"应该把人类聚居环境视为一个整体，将它"作为完整的对象考虑"，否则，只见树木，不见森林；不能理解事物的复杂性，片面处理问题，结果事与愿违。

③较早地有意识地运用交叉学科的观点引入多学科理论方法，从事城市研究　人类聚居学不像城市规划学、地理学、建筑学、经济学、社会学仅涉及人类聚居的某一部分或某一侧

面，它强调把人类聚居作为一个整体，从政治、文化、社会、技术等各个方面，系统地综合加以研究。

④建立理论研究框架　在系统论、控制论、信息论刚刚兴起之时，吸取相关研究成果创造性地运用到人类生存环境；将人类聚居分为自然、人、社会、建筑、支撑网络等元素，从房间至城市到"普世城"（Ecumenopolis）等不同层次的居住单元，建立系统综合明晰的分析方法，高瞻远瞩地研究城市问题。当环境问题敲响警钟时，他意识到生态问题的重要，于是1975年完成《生态学与人类聚居学》他去逝后，经英国迪克斯（G. Dix）教授整理出版，成为道萨迪亚斯学术思想的重要组成部分。

道萨迪亚斯学术思想的贡献在于：①第一次广义地运用"人类聚居"观念。②自觉地运用交叉科学观念来处理"人类聚居"问题。③他晚年已敏锐地将人类聚居与生态学、环境学结合起来。作为一个学派，一种思潮，它得到人们的承认和推进。1972年，联合国斯德哥尔摩会议提高了全世界对环境污染的认识；《生态学与人类聚居学》的整理出版推动了1976年联合国人居会议的召开。

（二）可持续发展的人类住区战略

伴随着人类社会由落后向文明的进化历程，人类聚居方式大体上经历了四个阶段，即由利用天然遮蔽物聚居、穴居、静态城市聚居形式到现代城市空间。人类聚居不仅包括住房，还包括社会关系、自然环境和基础设施。人类住区状况是人类聚居的具体表现，人类的聚居效应使得城市人口激增，特别是在一些发展中国家，这种效应更加明显。中国的城市化已进入高峰，2010年中国居住在城镇的人口接近6.66亿，城镇化率达到49.68%。到2011年年底，城镇人口首次超过农村，城镇化率达到51.27%（仇保兴，2012）；2023年城镇化率达到66.16%（国家统计局，2024）。人类的社会生产活动作用与反作用于生态环境，城市化进程的不断推进造成自然环境的破坏和住区环境的恶化；面对人类住区出现的一系列生态环境问题，建设可持续发展的人类住区已经成为生态环境及相关学科理论研究的重大议题。

20世纪60年代末，环境问题日益突出，一些思想敏锐的建筑师重新开始探讨住区与环境的关系问题。美国景观规划师I. L. 麦克哈格于1969年出版的《设计结合自然》，以生态学的观点，从宏观和微观两方面研究自然环境和人类的关系，提出如何适应自然特征，创造人类生存环境可能性和必要性。1987年布伦特兰在《我们共同的未来》中提出要控制大城市规模，发展中小城市，农村与城市的发展应结合互补。可见，要改善人类住区环境，单靠某一学科难以解决问题，必须结合经济、环境、社会、文化等多方面采取综合措施。1992年世界环境与发展大会后，可持续发展（sustainable development）的概念被提出，可持续发展的模式逐渐被世界各国所接受，人类住区的研究进入一个崭新的阶段。

可持续发展的理论思想与城市生态学中的诸多理论相吻合；可持续发展是指"既满足当代人的需求，又对后代人满足其需要的能力不构成危害的发展"。人类住区是一个复杂系统，建设可持续发展的人类住区是一项系统工程。需要人们系统地做出努力，包括环境、政治、经济、文化、科技等方面的综合探索，才可能实现建设可持续发展的人类住区的目标。在人类住区可持续发展历程中，1976年5月联合国在加拿大温哥华召开的第一届人类住区大会，通过了《温哥华人类住区宣言》；1992年7月联合国在巴西里约热内卢环境与发展大会上通过了《21世纪议程》，对建设可持续发展的人类住区提出八个专题。1994年中国政府发表的《中国21世纪议程》《中国21世纪人口环境与发展白皮书》对上述内容加以引用，并结合中国情况作了一些变动，充分表明我国政府对建设可持续发展人类住区这一战略思想重视。

当前我国人类住区可持续发展战略研究主要表现在以下方面。

1. 提倡节能建筑，减少能源消耗

现代建筑从建筑材料生产、运输、建筑物建造、运行使用到建筑物报废拆除，每个环节都要消耗大量的能量；城市生态系统却无法提供所需的能量，这些能量只能从周围的生态系统获得。大量的常规能源（如矿物燃料煤、石油、天然气等）的使用会产生二氧化碳及其他温室气体，因此，减少建筑物的能源消耗可有效降低温室气体及其他污染物的排放，减少对城市环境的冲击。建筑节能包括两方面的含义：一要减少常规能源的使用；二要开发新的可再生能源（Renewable energy）来逐步替代常规能源。建筑节能技术主要通过建筑节能评价与控制指标体系、建筑围护结构节能构造技术、多功能建筑节能材料、民居中建筑节能构造技术等方法来实现。建筑中可再生能源的开发利用目前主要以太阳能为先，具体的有太阳能采暖空调技术、太阳能热水利用技术、太阳能和风能发电技术、土壤蓄热（冷）能技术、生物质能利用技术以及其他自然能源利用技术，我国西南地区现已建造了大量的太阳能建筑。

2. 重视城市建筑环境设计

在城市住区中，单体建筑周围的环境气候因子同乡村相比，发生了很大变化，大面积的土地、植被覆盖面为人工构筑物、铺砌面所代替。因此，仅靠对单体建筑采取节能和自然能源利用措施并不能真正实现节能，相反可能代价更高，必须改善建筑周围环境；适宜的住区绿化、水面利用及相应的住区建筑环境设计是改善城市建筑周围环境的重要措施。住区绿化的生态环境效应非常显著，资料表明，城市中的一棵树要比农村的一棵树效用高15倍，这是由于城市中的树木除了利用光合作用吸收二氧化碳外，夏天它可以遮挡阳光，从而减少建筑物的空调能耗；冬天树叶凋谢，树木不会影响阳光进入建筑物，充分的太阳能利用可以减少采暖能耗。在美国洛杉矶，一个名为树木人（Tree People）的组织就发起了城市居民植树、护树的运动，组织者认为树木可以起到遮阳降温、美化城市、节约能源和防止土壤侵蚀等作用。利用水体改善建筑周围环境已有悠久的历史，我国古代城市多临山靠水，欧洲有保留至今的城市广场大喷泉。水体可以调节空气温度和湿度、净化空气，流动的水体可以创造特殊的声场，净化人的身心，喷泉与流水还能使建筑物周边的环境中充满有益人体健康的负离子。因此，良好的住区建筑环境设计的功效不容忽视。

3. 建筑适应气候

近年来，在建筑设计和城市住区规划中考虑气候因素，使建筑适应当地气候；提倡"设计结合自然"理念，原生建筑和乡土建筑早已体现了先人们对气候要素的关注，建筑适应当地气候已成为提高建筑物舒适性的一个重要措施。中国传统的建筑理论中，非常强调对环境的适应。西北地区的窑洞，西南地区的竹楼，中原地区的四合院都是建筑适应气候变化的表现。著名的《建筑十书》中指出：城市位于山坡下且面对日落方向对健康不利，除了其他原因外，最重要的是这样的城市会受到夜间冷风的突然袭击。在不同气候条件下，建筑应针对太阳辐射、风、空气温度、湿度等气候因子的作用做出相应对策，如海南和台湾地区的干阑式建筑、徽州的民居、西藏的石屋、东北的井干式木房等，它们适应当地气候，并与大自然融为一体，给建筑适应气候设计以启迪。

4. 以适宜人居为本

作为人们的起居、生活和工作的微观环境，建筑环境的品质关系到人们的生活与工作质量。在保证环境质量的同时还应给使用者以足够的关心，在改善城市住区环境和单体建筑的微观环境质量时，这一点往往为人们所忽视；人们极尽科技之能事，过分依赖设备去创造所谓的"良好的"微观环境，稳定的温度、湿度，标准的照度，不用担心外界的阴晴冷暖。可是人类却难以接受如此"舒适的"环境，建筑不应当成为隔绝人类与自然的手段（阻碍），舒适的建筑环境是健康的、充满活力的、充分尊重人的适应性和需求的。

可持续发展理论日益受到人们的重视，它与人类住区建设的结合日趋紧密，建设可持续发展的人类住区应该符合以下原则：①尽可能利用自然的方法创造宜人的热环境（包括温度、湿度、气流速度和环境辐射等），辅之以必要的设备，在尽可能减少能耗的同时保证并提高舒适性。②创造良好的光环境，尽可能利用自然采光，采用高效、无污染的绿色照明系统，减少住区光污染。③创造良好的声环境，利用城市规划布局方法减弱噪声污染，给使用者提供一个安静、和谐的居住、工作环境。④建立自然的空气流动系统（当然必须以治理大气污染、改善大气质量为前提），促进自然通风。⑤利用流动的水体，创造自然、宁静的氛围。⑥合理的空间布局，宜人的空间环境。对全体使用者的关注，包括老、幼、孕、残。⑦便捷的交通系统，良好的通信系统，便于使用者的生活和工作。⑧提高防灾、治灾能力，增加安全性。

五、吴良镛与人居环境科学

在人类住区发展历程中，有两次重要的会议，分别是：1976年5月31日，联合国在加拿大温哥华召开的第一届人类住区大会，通过了《温哥华人类住区宣言》；1996年6月联合国在土耳其伊斯坦布尔召开第二届人类住区大会，通过了《伊斯坦布尔宣言》。上述会议促进了我国人类住区环境建设和发展，促进了我国在城市人居环境及城市生态住区方面的研究和探索，吴良镛院士提出的"人居环境科学"理论为城乡人居环境研究奠定了坚实的理论基础。

吴良镛，著名建筑学家、建筑教育家，中国人居环境科学先驱；现为中国科学院院士、中国工程院院士。1992年，吴良镛主持的"北京菊儿胡同新四合院住宅规划设计"荣获亚洲建筑协会"优秀建筑设计金奖"和联合国"世界人居奖"。1996年吴良镛荣获国际建筑师学会（UIA）设立的"1996年建筑评论和建筑教育奖"。1999年吴良镛在北京主持了第20届世界建筑师大会，起草了国际建筑领域的世纪性宣言《北京宪章》。2012年吴良镛荣获"国家科学技术最高奖"。

吴良镛的学术思想，主要体现在《广义建筑学》(1989年)和《人居环境科学导论》(2001年)上。这两本书奠定了人居环境科学的学术思想。人居环境科学(The Science of Human Settlements)是一门内容非常丰富的大学科，以包括乡村、城镇、城市等在内的所有人类聚居形式为研究对象的科学；它着重研究人与环境之间的相互关系，强调把人类聚居作为一个整体，从政治、社会、文化、技术等各个方面，全面地、系统地、综合地加以研究，学科的目的是要了解、掌握人类聚居发生、发展的客观规律，从而更好地建设符合于人类理想的聚居环境。在借鉴希腊学者道萨迪亚斯(Doxiadis)人类聚居学理论的基础上，吴良镛先生把人居环境内容分为五个大系统，包括人、自然、居住、社会和其他支撑系统等；根据中国的实践把人居环境分为五个层次，即建筑、社区、城市、区域、全球五个层次。明确了处理这些问题的五大原则，包括生态观念、经济观念、科技观念、社会观念和文化观念，搭起了人居环境科学的框架；他提出的最主要方法论是融贯的综合研究，其技术路线和组织方式是以问题为导向，以及综合集成与螺旋式上升。人居环境科学主导的专业就是广义建筑学，包括传统的建筑学、城市学和地景学（风景园林）。

随着人们对城乡建设问题复杂性的逐渐认识，日渐众多的单一型学科都逐渐向城乡建设的相关研究领域渗透，并直接参与解决问题的过程；面对这种挑战，人居环境科学思想通过"整体思考、综合解决"的方法处理在我国城乡建设中遇到的复杂问题。人居环境科学的诞生，是以环境和人的生产与生活为基点，研究从建筑到城镇的人工与自然环境的保护与发展的新的学科体系，提出在中国建立人居环境科学是从土木、建筑、水利、环保等众多的单一学科走向广义的综合学科之举，尝试连贯一切与人类聚居环境的形成与发展，包含自然科学、人文科学的新学科体系。揭示当前聚居环境中存在的问题，有助于综合利用现有学科成果，着手解决某些矛盾，为我国人居环境建设实践中的问题，找到更加综合、全面和实际的解决办法。

人居环境科学突出体现了学科群的特点，以建筑、园林、城市规划的融合为核心（architecture, landscape architecture, city planning）建构人居环境科学的学术框架。将"建筑—园林—城市规划"的融合列为人居环境科学的核心，提醒人们正确处理"人—建筑—城市—自然"的关系，促进"建筑—园林—城市规划"多种相关学科成果综合运用，进行物质环境（physical environment）的建设，以改善人们的生活环境，满足人类物质的和精神的需要。同时明确学术方向，在规划、建筑和园林三者构成的学科外围，组织带动多学科（土木、水利、能源、生态、环境、资源、地理、社区、经济、文化、艺术）共同工作，而各相关学科仍然保持本身相对独立的学科体系和学科核心，它们与人居环境科学的关系仅仅在于部分领域间的相互辐射、相互交叉与相互渗透。特别重要的是，在这一研究过程中各学科与人居环境的关系，以及各学科之间的关系，是采用融贯的综合方法，从而提出了人居环境建设的五大原则：第一，正视生态的困境，增强生态意识；第二，人居环境建设与经济发展良性互动；第三，发展科学技术，推动经济发展和社会繁荣；第四，关怀广大人民群众，重视社会发展整体利益；第五，科学的追求与艺术的创造相结合；即生态观、经济观、科技观、社会观、文化观共五大原则。吴良镛先生的《人居环境科学导论》，在论述构建人居大环境的同时，为生态住区建设搭建了基本的理论框架，指出了生态住区研究的方向和方法以及人居环境建设的核心内容。

第三节 物业环境管理理论体系

物业环境管理理论基于现代环境管理思想的汇聚，环境管理相关理论的形成与发展，伴随环境管理理论基础的普及，汲取人居环境科学理论、生态学理论、健康社区理论、城市住区建设等学科理论精华，构建物业环境管理理论体系。

一、环境管理的理论基础

环境管理理论基础如图3-3所示。以下对图中的理论进行简要说明和阐释。

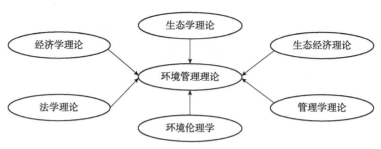

图 3-3 环境管理理论基础

(一)生态学理论

生态平衡是生物与生物、生物与环境之间相互关系的平衡,是它们相互作用和辩证发展的产物。自然生态系统和社会生态系统都应遵循平衡的原则。社会生态系统渗透着广泛的社会性因素,但它的健康发展同样必须建立在整个生态系统相对平衡的基础上。社会生态系统包含着更为复杂的内部关系和与外界的关系。这些关系的平衡与有序发展,对人类和整个生态系统都具有重大的意义。各种关系一旦失调,就会影响或危害生态系统的内部结构和功能,使系统产生改变或退化。

保护生态平衡不是单纯的消极适应和回归自然,而是遵循生态规律自觉积极地保护自然。生态系统是人类利用和改造的对象,人类活动必然会改变它的某些方面,重要的前提在于,人类在维护整个生态系统平衡的前提下改造环境,并努力使其向具有更高的生物生产力和更优化合理的方向发展。

(二)经济学理论

涉及环境管理方面的经济学理论包括环境价值论和福利经济学。环境价值的主要来源包括环境有用性、环境唯一性、环境损害的不可逆性、人类对环境认识的不确定性。这些性质为环境的价值提供了有利的支撑。福利经济学是环境管理的一个主要理论基础,其研究方法是实证经济学和规范经济学相结合的方法,即宏观方面侧重于规范经济学,而微观方面侧重于实证经济学研究。从西方环境经济学研究进程来看,早期研究侧重于理论,如外部性理论、公共物品经济学等。所谓外部性是指一个人或一个企业的活动对其他人或其他企业的外部影响;这种影响并不是在有关各方以价格为基础的交换中发生的,因此其影响是外在的。公共物品是一种特殊的商品,一个人对一种公共物品的消费并不会减少其他人对这种物品的消费,因此其消费是非竞争性的;公共物品还有一个性质是非排他性,要排除任何人享受一种公共物品的利益要花费非常大的成本。环境所提供的服务包含很多公共物品,如清洁的空气、干净的水、物种多样性等,使外部效应内部化的服务也是公共物品,而环境污染则可以被看作是坏的公共物品。

(三)生态经济理论

生态经济理论是生态效率和自然资本观的结合。生态效率是指生态资源满足人类需要的效率,它可看作是一种产出与投入的比值,其中"产出"指一个企业、行业或整个经济体提供的产品与服务的价值,"投入"指由企业、行业或经济体造成的环境压力。人类对环境的压力体现在两个方面:消费与生产总量对环境的影响;单位生产与消费对环境的影响,生态效率更着重于后者。对生态环境而言,符合生态效率的商品能够降低环境的污染负荷,更接近可持续发展的目标;就企业而言,使用较少的能源与原材料、减少污染产生量与排放量,直接代表生产成本的降低;生态效率代表了一种企业获得利润与环境获得保护的"双赢"状态。自然资本是指自然资源和自然环境的经济价值,其实物形态包括各种自然资源、环境的净化能力、臭氧层以及各种环境和生态功能等。

(四)法学理论

涉及环境管理领域的法学理论主要包括环境权和环境安全两项内容。现代意义的环境权是指公民对健康、干净环境的享有权,以及要求恢复和保全健康舒适的环境的权利,包括要求阻止破坏环境和恢复环境及排除侵害的权利以及要求采取保护良好环境的措施预防破坏环境的权利。具体表现为在良好的环境中生活或生产的权利,包括安宁权、采光权、通风权、清洁空气权、优美环境享受权、参与环境管理权、请求环境保护权和受害索赔权等。

可持续发展论证了人类追求更完美生活的合法性,肯定了当代和今后对自然环境的合法追求,这构建了人类对环境的不可剥夺的权利。同样,环境权和环境义务的设定也能进一步约束人类对环境的要求。

环境安全是指人类社会赖以生存的环境免于环境问题的危险和威胁,其环境要素的功能和调节能力处于可承受和可恢复的安全范围。环境安全是以人类为主体的环境的安全,包括:①免于环境退化或者恶化所带来的环境问题对人类造成的威胁和危险。②当环境受到威胁和危险时,其自身能够调节和恢复到安全的范围或者是安全的状态。③环境安全与不安全是一个相对的概念,会随着外界状况的变化而不断变化,不同的影响条件会有不同的安全标准和安全结果。

环境安全是维持人类赖以生存的全球生物环境的基本支持架构,核心价值主要体现在保障人类的生存安全,保障国家的经济安全,保障人类的发展安全和保障国家安全与世界和平。

(五)管理学理论

环境问题是社会经济发展到一定阶段的必然产物,环境管理即寻找解决环境问题的有效途径。要解决环境问题必须认真地反思、总结人类发展的历史,深刻地认识和掌握环境系统与社会系统的相互作用机制的"环境与发展"辩证关系,从社会经济发展活动的各个层面和全过程中寻求协调"环境与发展"冲突的根本途径,对人类社会经济活动进行引导并加以约束,使人类社会经济活动与环境承载力相适应。

人类社会经济活动的主体包括个人、企业和政府3个方面。

个人作为社会经济活动的主体,主要是指个体的人为满足自身生存和发展的需要,通过生产劳动或购买去获得用于消费的物品和服务。消费对环境的影响可以分为以下3种情况:①在对消费品进行必要的清洗、加工处理过程中产生的废物以生活垃圾的形式进入环境。②在运输和保存消费品时使用的包装物也将成为废物,如塑料袋等。③在消费品使用后,或迟或早也成为废物进入环境,如废旧电池等。

要减轻个人的消费行为对环境的不良影响,在唤醒公众环保意识的同时还要采取各种技术和管理措施:如提供并鼓励消费者选用与环境友好的消费品,以便于最大限度地降低消费过程中对环境的影响;集中清洗和加工各种消费品,以便于收集和处理废弃物;禁止使用难以处理或严重污染环境的消费品等。

企业作为社会经济活动的主体,其主要目标通常是通过向社会提供物质性产品或服务来获得利润。由于企业再生产活动中要向自然界索取自然资源，并将其作为原材料投入生产活动中，同时排放出一定数量的污染物。因此，企业的生产活动，特别是工业企业的生产活动对环境系统的结构、状态和功能均有极大的负面影响。要控制企业对环境的不良影响，首先要加强企业文化的建设，同时要从外部形成一个使其难以用破坏环境的办法来获利的社会运行机制和氛围。可以采取的技术与管理措施包括：制订严格的环境标准，限制企业的排污量；实行环境影响评价制度，禁止兴建过度消耗自然资源、严重污染环境的企业；运用各种经济手段，鼓励清洁生产，支持和培育与环境友好的产品的生产等。

政府作为社会行为的主体，主要指：一是作为投资者为社会提供公共消费品和服务。这种情况在世界范围内具有普遍性，如由政府直接控制军队和警察等国家机器；经办供水、供电、铁路、文教等公用事业。二是作为投资者为社会提供一般的商品和服务，这在我国比较突出。三是政府有权运用行政和政策手段对国民经济实行宏观调控和引导，其中包括政府对市场的政策干预。

（六）环境伦理学

自然对人类来说具有内在和外在两种价值。内在价值是指自然在进化的过程中不仅创造出了愈来愈多的生命物种，而且创造出多种多样适宜生命物种居住和繁衍的生态环境，各种不同的生命物种各自处于不同的生态区位。地球在近46亿年的进化历史中，尽管不断创造出新的物种和多种多样的生态区域，但始终保持着自己的完整性和稳定性。包括人类在内的任何生命物种以及地球生态系统中的任何组成部分，都是地球这一生态系统某一功能的执行者，他们各自的价值不能大于地球这一生态系统的整体价值，因此，应对地球这一内在价值充分肯定。外在价值是指人类在与自然交往中能够体验到的价值，具有使用性。包括：①维生的价值；②经济的价值；③娱乐和美感上的价值；④历史文化的价值；⑤科学研究与塑造性格的价值。对自然生态价值的认识与承认产生了人类对它的责任和义务。人类应该从自然中学习到生活的智慧，过一种有利于环境保护和生态平衡的生活。从自然生态的角度出发，将人类的生存利益与生态利益的关系进行协调。

环境伦理是要将人类对待自然的态度和责任作为一种道德原则和道义行为提出，其目的是为了更有效地规范和指导人们对待自然环境的行为，以有利于地球生态系统，包括人类社会这个子系统的长期持续和稳定的发展。因此，一种全面的环境伦理，必须兼顾自然生态的价值、个人与全人类的利益和价值，以及当代人与后代人的价值与利益。

二、健康社区理论

把"健康"作为人居环境的一种理念，正是考虑了社区建设应当保证人们广义上的健康，包括生理的、心理的、社会的、人文的多层次的健康。人居环境的"健康"理念应当包含居住者生理上的健康、心理上的健康、社区乃至社会的文明健康和维护大自然的"健康"等方面的涵义。这种"健康"理念，可以涵盖"环保""生态""绿色""节能"等概念的内容，使社区环境的理念达到比较完整的程度，可以说，"健康社区"是社区环境理念的一种升华。

党的十九大报告明确提出实施健康中国战略，将健康提升到了国家战略高度。"共建共享、全民健康"，是建设健康中国的战略主题。提高人民的健康水平是战略的核心，而基层是健康中国战略工作的重点。中国城市科学研究会在2020年发布了《健康社区评价标准》，在"全民健康，全面小康"的新时代，健康社区是符合中国国情的社区发展模式，以社区为重点开展健康促进工作,是实现"健康中国2030"发展目标的重要手段。

(一)"健康社区"概念的提出

世界城市化进程急剧加快,过快的城市建设中涌现出各种各样的问题,1985—1986年,世界卫生组织欧洲办事处首次提出了"健康城市"运动的概念,世界卫生组织总部赞同,并定义:健康城市应该是由健康的人群、健康的环境和健康的社会有机结合的一个整体应该能改善环境、扩大社区资源使城市居民能相互支持,以发挥最大的潜能。1987年世界卫生组织在阿拉木图发起了一场称为"人人享有卫生保健"的公共卫生运动。现在健康城市已发展成为全球众多城市参与的国际化运动,1994年以来,我国已有北京市东城区、上海市嘉定区、重庆市渝中区、海口市、苏州市和日照市等多地相继加入健康城市的创建行列。

社区是城市的细胞,是具体化的城市,社区建设是城市建设的基础,健康社区是实现健康城市目标的重要组成部分。健康社区强调的是对健康的全面认识,即认识到我们的健康不仅需要卫生保健服务,更需要有清洁的空气、水、绿色的草地、良好的住房等物质和社会环境。建设健康社区在于获取一个可持续发展的、对健康支持的环境,在于创造一种安全、舒适、满意、愉悦和健康的生活、工作、休闲条件,提供各种文化娱乐和健身场所,以利居民相互沟通。一个健康的社区必须以系统化的原则统筹人、环境、社会这三大要素。

"健康社区"(healthy community),最初是从现代医学角度提出的未来城市理论。但其理论内涵已远远超出了医学,首先源于对"健康"概念更丰富的认识。《渥太华改善健康宪章》(世界卫生组织于1986年发布)认为:"健康的基本条件和源泉是和平的生活,有寓所,能够受到教育,有食品,有收入,处于一个稳定的生态系统之中,可持续地使用资源,处于社会公平和公正的环境之中。"世界卫生组织的报告《改善城市健康》(Promoting Health in the Urban Context)中描述了健康城市/社区的11项主要特征:高质量的、清洁的、安全的物质环境(包括居住质量);现在是稳定的、今后长期可持续的生态系统;强烈的、相互支持的、不存在相互剥削利用的社区;公众高度参与并控制有关公众生活、健康和福利方面的决策;满足所有城市居民的基本需求(如食品、水、寓所、收入、安全和工作等);为人们提供各种体验和活力源泉,拥有各种与他人接触、交往和交流的机会;一个多样性的、充满活力的和拥有创新精神的城市经济;延续城市未来与过去、城市居民和其他组织及个人的文化遗产和生物遗产的联系;就协调以上各种城市特征进行讨论;所有人都可以方便地享受最优的公共健康和疾病护理服务;高度健康的状态(高水平的健康比率和低水平的疾病发生率)。

健康社区的实践活动很多,世界卫生组织在欧洲成功地指导建立了30个城市的网络,即著名的健康城市项目。在加拿大,有将近100个活跃的健康社区项目,在西雅图和其他美国城市,这类项目的效益也十分明显(WHO,1986)。健康社区的理念已经突破了医学的局限,不仅强调城市社区给予人的健康,也强调城市社区系统的健康;把社区作为一个生命有机体来看待,诊断其病症并进行医治,从而获得城市社区的健康。

健康社区在"健康城市""健康中国"战略目标指引下,以健康为指导原则和终极目标,以社区基层医疗卫生提升为基本起点、以社区物质环境改造和人文环境提升为重要工作内容、以有效的健康服务供给为基本工作要求、以社区居委会为工作主体、以各种社会组织、医疗卫生组织、规划团体力量为联合对象、以居民为参与主体、以相关体制政策为保障,最终实现居民健康素质优秀、社区人居环境优美、社区组织发展和谐的可持续的、有活力的、有生命力的社区。面对突发公共卫生事件,在新冠疫情防控中健康社区发挥出关键作用。

(二)物业管理与健康社区建设的关系

物业管理是随着城镇住房改革的推进,居民对住房维护、使用、保值提出了较高的服务需求的情况下,逐渐发展起来的,物业服务企业分布在每个社区,为居民提供物业管理服务,物业管理服务与健康社区建设的目标是完全一致的。在日常工作中,物业服务企业通过物业管理服务,积极支持社区建设,力求把社区打造成生活环境优美、管理秩序规范、人际关系和谐的健康社区,以完善的物业管理服务推动健康社区建设。

党的二十大报告提出:"深入开展健康中国行动和爱国卫生运动,倡导文明健康生活方式。"健康社区理论要求实现健康人群、健康环境、健康社会的和谐统一,健康社区建设是一项全面、系统的工程;要达到高质量的健康标准不仅涉及卫生部门,而且需要行政部门、街道办事处、居委会、业委会、物业服务公司多个主体协作。物业服务企业在其中扮演重要的角色,是社区稳定、健康、城市健康、社会和谐的积极实践者。从这个意义上讲,物业管理是构建健康社区,创建健康城市的重要载体,在社区内通过良好的物业管理服务可以实现健康的环境、健康的社会的统一。

1. 坚持"以人为本"原则

物业管理服务既包括物的管理,也包括对人的服务。以人为本的服务强调服务为先。完善的物业服务对人群的健康有着促进作用。根据世界卫生组织的定义,健康是指"生理、心理及社会适应三个方面全部良好的一种状况"。物业服务企业可以通过健康讲座、健康宣传栏等多种形式的宣传活动普及健康知识,加强居民预防疾病意识,倡导文明的生活方式,为居民的身体健康提供帮助,物业服务还要更多地考虑业主心理健康以及社会交往的需求。物业服务是一个不断发现问题,帮助居民解决问题的过程,物业服务企业要坚持以人为本的原则,关注居民的多元化、个性化需求,满足居民生活和发展的需求,达到生理、心理和社会适应的协调统一。

2. 营造健康优美的社区生活环境

营造健康优美的社区生活环境是物业服务企业进行物业管理服务的重要目标,健康的环境不仅是健康社区理论的重要指标之一,而且健康的环境对人群的健康也有促进作用。一个舒适的社区环境还能使人身心愉悦,缓解压力,减少疾病,陶冶情操。物业服务企业应从物业管理实际出发,采取积极有效的管理手段,做好物业环境污染防治、绿化管理、卫生管理、安全管理等工作,全面提升社区的生态环境,居住环境,进一步提高区域内居民的生活质量和健康水平,建设健康社区。

3. 营造健康的社区社会环境

健康社区理论要求实现健康人群、健康环境、健康社会的和谐统一。在社区内通过社区文化建设,开展精神文明建设和各种文化活动,能够起到净化社区社会环境的作用。而物业服务企业由其工作性质决定了在社区中起着人与人之间联系桥梁作用,应该责无旁贷地承担这项工作。物业服务企业可以通过各种途径和形式对社区文化进行宣传和营造:如制订业主公约、精神文明公约,引导、教育居民遵守公共道德,共同维护社区社会环境;组织开展丰富多彩、形式多样的文化活动,如乒乓球赛、书法展、文艺表演等方式,丰富居民精神生活,为居民提供交流的平台,促进社区人与人之间交往。小区文化建设不仅能营造出健康的社会环境,而且有利于改善社区卫生,促进社区健康环境建设,同时一个宜居的生活环境、社会环境对人的身心健康有着不可替代的作用。业主与物业服务企业协商沟通的过程，实际上激发了业主的参与需求的过程，只有双方的积极参与，才能使邻里关系促进，从而达到社区内和谐的人际关系，社区社会环境健康持续的发展。

党的二十大明确提出"未来五年城乡人居环境明显改善，美丽中国建设成效显著"，物业管理在健康社区建设中发挥着重要作用。物业管理通过细心服务，满足居民生理、心理、社会适应等多方面的需求，在社区区域内形成优美的居住环境，和谐的社会关系，使物业管理服务最终实现建设经济利益、环境利益、社会利益共赢的健康社区的目标。

三、城市生态住区建设理论

城市生态住区规划除了一般城市住宅区所具有的特点外，还具备下述特征。

(1) 人口情况

大都市人口构成丰富，不同区域、不同的人口群体，构成不同特色的居住社区。其共同点是以居住为主的都市生活经济多功能的综合性区域。

(2) 住区规模

由于大都市的特点，综合型居住社区规模较大，以一套完善的公共服务设施的服务半径为基础，人口规模一般在10万人以上。

(3) 住区建设

通过环境保护、规划技术和科技手段，使住区内一切活动纳入社会、经济、环境与资源的可持续发展轨道；住宅类型多元化，不同层次、标准的住户融合，并出现特种住宅(老年公寓、独身者俱乐部、移民宿舍、青年会堂等)。

(4) 住区文化

城市生态住区应具有强烈的家园感，多样性和人文网络，能保持地方历史延续性和文明价值观；住区文化在于培育居民素质，满足大众对精神生活、文化交往的需求方面起主导作用，并在规划设施上得到加强，形成不同"人群"、多元文化共存的社区。

(5) 住区服务

未来居民生活方式以文化消费、人际交往、信息服务为主，导致社区公共服务设施构成的变化，社区服务中心体系专业化、集约化。公共服务设施形成盈利性和公益性两类，规划及控制指标具有适应性、灵活性和公正性要求；高龄化社会导致社区老年人服务设施比例增加，二次就业、培训设施得到妥善安排；信息网络已将城市、住区、企业、住户实现联网和调控；交通系统性强，市政设施完善，物业管理完善。

(一) 城市生态住区规划和建设内容

1. 城市生态住区的规模及选址

城市住区作为一个生态系统，必然受环境容量的影响。若超过环境承载能力，将导致环境恶化，可持续发展无从谈起。一般而言，10万人左右的住区(面积5km²)能提供全面的学校教育，齐全的文化设施，健全的医疗保障，基础设施完善，社区功能齐全，绿化环境优良的居住社区。在区位选址上，鼓励使用废弃土地作为住宅用地，保护用地及周围的自然环境和人工环境，选择具有开发潜力的再开发用地，提高土地利用效率，选址要有利于减灾和防灾并注意要远离污染源。

2. 高效、畅通、可循环的生态流

城市住区是一个人工生态系统，它输入能量和食物，输出垃圾、废水、废渣。作为生态系统，其能量流动和物质循环结构过于简单，对于外部环境的依赖性很强。建设生态社区必须提高生态流的利用效率，提倡资源的循环使用。如生活垃圾，水的循环利用，清洁能源——太阳能，畅通的信息网络等。要注意减少使用机动车造成的环境污染和安全隐患，优化区域交通网络，要有便利的公共交通。减少噪声源，消除各种噪声造成的污染，确保住区内环境噪声达标，减少各种噪声对居民的干扰。住区内要减少污染物的排放，对小锅炉、垃圾焚烧、污水处理厂等污染源进行集中治理，提高空气质量。控制微环境，利用园林绿化或建筑外部设计减少热岛效应，使其对局部气候、居民和野生动植物居住环境的影响降低到最低程度。

3. 城市住区绿地系统建设

绿地系统是城市住区内唯一具有负反馈功能的生态系统。目前住区绿化中景观与实质差异较大，人人都认识到优美的绿化环境带来心理上的娱乐，实践中物业管理要对住区内绿地的生态效果进行探索。生态住区的绿化讲究平面绿化和立体绿化，对建筑物的屋顶、窗台、墙面、围墙、屋内都进行绿化。如日本的东京百货商店九层楼的楼顶种植灌木树丛，美国国立美术馆的室内大厅绿化。屋顶的绿化有隔热防冷的作用，屋顶绿化的建筑物都具有冬暖夏凉的特点，非常赏心悦目。绿色植物在对空气净化、湿度调节和人们的修身养性上有着无法替代的天然效果。生态住区绿化时应采用平面和立体的多种方式交叉实施，在绿化植物上要优化选择，力求其群落的自然性，达到互生互养，创造协调有致的生活境界。水景再造和自然水网的运用，是环境绿化系统中的重要组成部分，它们与绿地相辅相成，构成小范围的生态圈，同时展现出人文环境的独具匠心。

4. 运用生态技术和生态材料

住区内林立的高楼大厦、冷漠的水泥墙面、耀眼的玻璃幕墙常使人压抑、紧张。人们更愿意接近地面生活，生态社区尝试利用生态材料，合理利用生态因子将人工与自然相结合，减少社区内环境的"水泥化"，墙面、屋顶加强绿化；建筑材料利用再生材料、无污染材料，减少建筑对自然环境的不利影响。利用日照与采光，建筑要有一定的日照间距，确保每户居民都有合理的日照和采光，并使其符合国家标准。在采暖区，尽量利用日照作为冬季采暖的补充手段。作为生态住区，应防止和消除住区中存在的诸如噪声、污水、垃圾、放射线、光和粉尘污染等多种污染。可采取各种技术措施并加以创新和开发，如采取双层或多层玻璃隔绝噪声；取消以煤为原料的供暖设备，减少粉尘的排放；对污水必须进行分级过滤和生化处理，达到排放标准；减少大面积玻璃幕墙的使用等，以使居住环境质量得以有效地改善。

5. 营建和谐的生态文化氛围

住区的建筑不应离开人的需求，包括精神需求与物质需求。应将住区建筑紧密地与环境及居民的生活本身融为一体，营造和谐的城市住区生态文化环境。城市居住社区生态文化就是用生态学观点来考虑城市居住社区的文化走向，引导居民习惯用生态文化的价值观念去思考、处理自己与自然以及与居住环境的关系问题，是在特定的地域范围内，人们所创造、孕育、形成的人文环境、行为模式和生活方式的总和。城市居住社区生态文化是以人与环境和谐为核心与信念的文化，是一种基于生态意识和生态思维为主体构成的文化体系，是解决人与居住环境关系问题的思想观点和心理取向。在此意识下，运用多种现代技术使生态住区不

仅包含健康舒适的传统建筑功能，而且可以感受到全方位的和谐、优美的精神艺术。

（二）创建低碳社区

随着我国"双碳"战略的实施，为更好地解决发展低碳经济推动新时代城乡建设问题，2021年《中共中央　国务院关于完整准确全面贯彻新发展理念做好碳达峰碳中和工作的意见》中指出，强化绿色低碳发展规划引领，推进城乡建设和管理模式低碳转型，加快推进绿色社区建设，探索在保障社区居民生活水平稳步提高的同时提高社区用能效率，引导公众自觉践行低碳生活，实现社区减碳目标，已经成为当前生态社区规划研究的重要内容。

"低碳社区"于2003年由英国政府发布能源白皮书，首次提出"低碳经济"概念。2008年日本将"低碳经济"发展为"低碳社会/城市/社区"。2010年由国际组织气候变化小组正式提出"低碳社区"，帮助社区制订低碳技术和策略来实现低碳社区的建设，可以减少温室气体排放和加速低碳经济繁荣。从发展低碳经济到低碳社会、低碳城市、低碳社区，这一系列进程的推进，综合土地利用、建筑、设计等手段控制碳排放，鼓励居民通过合作的方式转变日常行为，从而达到减少二氧化碳排放量的目标，使社区居民的作用得以发挥，引领低碳的生活方式和消费模式。低碳社区就是旨在社区层面上建设一个生态合理的运行机制，实施合理的碳中和措施，将所有人类活动所产生的碳排放降到最低，达到接近零碳排放的目标。创建低碳社区既可以增强居民间凝聚力与归属感，同时能够改善整个城市微环境，可以成为低碳状态运转的现代社区模式。2014年和2015年我国先后发布了《关于开展低碳社区试点工作的通知》和《低碳社区试点建设指南》，并在相关政策的支持和指导下组织开展低碳社区试点工作。

创建低碳社区的根本目标是减少碳源、增加碳汇与达到碳中和。落实到低碳社区建设主要体现在4个层面：①建筑层面。充分利用可再生能源来满足居民的日常需求，例如使用太阳能发电，采用自然通风系统降低通风能耗等。②交通层面。在满足住户需求的同时尽量降低交通量，例如，办公与住宅建筑共存，建设社区多功能公共空间等。③生态层面。建设公共绿地以及绿色屋顶等，健全水循环系统，推行垃圾合理分类和收集等。④使用者层面。遵循以人为本的设计理念，顺应微气候特征，构建数字化智慧社区，提高公共参与度等。

随着越来越多的低碳技术与低碳产品出现，低碳社区总体呈现向智慧低碳社区发展的态势，智能化社区空间将在未来的低碳社区中占有更大比例。低碳社区建设者们正在更多地关注社区居民的生活观念，并且引导居民的生活观念向"绿色低碳生活"的方向转变，从而使居民自下而上地自发参与到低碳社区的建设过程中。作为健康、环保、舒适的居住环境，建设低碳社区受到人们的普遍关注，发展低碳社区须以可持续发展理念为指导，广泛吸收国内外成功经验，以国际遵循的建设要求和标准为实施细则，同时坚持我国传统居住观与民族特色，在保证一定人口承载力的前提下，建造良好、优化的低碳社区环境。

四、物业环境管理与低碳社区

物业区域环境是建立在城市社会—经济—自然复合生态系统基础上的复杂城市构成单元，是以人、建设、自然和社区管理之间关系为链接的自然与人工密切结合的生态系统；低碳城市住区建设关系到城市生态系统结构和功能的正常发挥，是实现低碳城市可持续发展有力保障。

物业区域环境作为一个相对复杂的城市生态系统单元，其功能不应仅停留在解决"居住"的问题上，应为居民提供清洁、舒适、自然宜人的生活环境，创建低碳社区。一方面，住区规划要与城市规划建设和布局相协调；另一方面，最少量地给住区周边自然环境及城市环境施加压力，应成为居民与住区自然环境、人工环境和谐共存，居民之间沟通顺畅，能持续稳定发展的城市功能区。要达到这样的目标，需要我们运用生态学、社会学、规划学、管理学等相关原理指导城市住区规划和生态建设。

物业环境管理运用生态学及相关学科知识融合原理，采用"融贯地综合研究"方法，以城市居住区规划为基础，并具有相关专业要求。相关技术领域涉及城市住区规划、住区环境设计、建筑设计、住宅学、社会经济学、物业管理、文化、历史、园林、市政工程、道路交通、环境工程、信息技术、节能技术与城市防灾等（图3-4）。

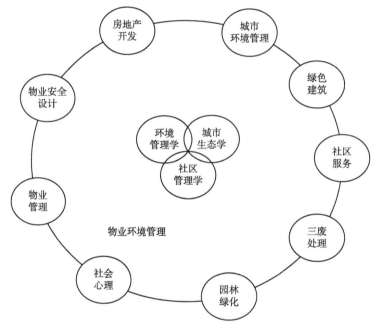

图3-4 物业环境管理理论框架

低碳城市社区是以城市住区规划、城市生态学、社区管理学为核心理论，将园林设计、城市环境管理、房地产开发、建筑设计、住区环境设计、社区服务、废弃处理、物业管理、生态伦理、社会经济等作为相关理论，构建低碳城市住区研究的基本理论思想框架。

低碳社区是人类住区可持续发展的理想境界，它固然让人们向往，但它并不像楼市广告宣传那样能够一夜之间遍地开花。低碳城市的实现需要国家出台有利于支持建设低碳住区的相关政策；房地产商能真正投入精力进行低碳住区的开发；建筑师在设计时有能力将生态技术吸收到建筑设计中，设计出与环境共生，并能改善人类生活的建筑；需要科技人员研发出适于低碳住区建设的新技术，并投入使用；需要公众意识对低碳住区的敏感性和需求性不断提升；低碳城市的建设涉及面之广泛，需要多学科相互渗透、融合，揭示出我国低碳城市住区发展的现实问题，我们需要付出长期的求索与努力。

（一）基本理论构建

物业环境管理理论包括环境管理基本理论、健康住区理论、城市住区生态建设理论、城市可持续发展理论，可理解为3个层次：第一层次理解为自然地理层次，是城市人类活动的自发层次，是低碳城市住区达到地尽其能、物尽其用。随着人类活动的加剧，物业区域环境建设与自然环境矛盾日益突出，引起人们对改善城市人居环境的强烈愿望。第二层次理解为物业环境的社会功能技术层面理论。第三层次则是低碳城市概念的提出，即文化、意识层次上提出研究人的生态意识，变外在控制为内在调节，变自发行动为自觉行为。因此，低碳城市建设必须从第一层次发展到第二、第三层次上，将社会学、生态学、建筑学、伦理学、心理学等学科理论知识融合到城市住区规划建设领域，变单纯的住区建筑规划为社会、经济与自然融合的综合规划理论。其核心理论为环境管理理论、城市生态学、社区管理学；外围理论是：园林设计、城市环境管理、房地产开发、绿色建筑、环境安全设计、社区服务、物业管理、生态伦理、社会与经济等相关理论。各相关理论的共同目标为建设物业环境，共同营建人与环境和谐的城市人类居住区。

物业环境管理要通过多学科的协作和全社会的共同努力，将生态学、环境科学、社会学、社区管理、绿色建筑、社会心理学等学科知识融合进物业环境建设与管理领域，低碳城市住区生态管理，一定能将理想变为现实，创造出富有时代风貌特色、高效、和谐的城市住区。直至今天，城市人居环境问题已被人们普遍认识；我们坚信，源于生态学、环境管理学基本理论的物业环境管理理论必将为人们创造一个更加完美的人类住区。

(二) 低碳社区发展理念在物业环境中的体现

相对于整个社会环境和城市环境而言，居住环境是一个相对独立的小环境，同时又是整个社会环境、城市环境的组成部分。从自然条件和社会环境的不同角度，居住环境又可分为硬环境和软环境，硬环境是指居住范围内的道路、场地、绿化等与房屋建筑相匹配的区域容貌和周边地区的大市政条件及繁华程度；软环境是指居住区域内的治安状况、社会风气、文明程度、人口素质等社会状况。硬环境是居住环境的基础和先决条件，软环境则是保持良好硬件环境的指标与形象标准。没有好的硬、软件环境，好的物业环境难以形成。

低碳人居环境的建设，第一，要以满足城市居民的需要为尺度，最大程度体现以人为本的原则。第二，要以安全性为人居环境的突出要素。现代的城市要把安全置于重要的地位，如防洪、防震、防火、防交通事故、防突发事故等，都是理想的人居环境不可缺少的。都市人在享受现代化发展带来的文明之时，又要谨慎地防御自然的报复和人为破坏所带来的恶果。第三，要以文化为基石，构筑城市人居环境。城市是人类文明的结晶，城市的本质就是文化，文化也是人类的生活方式，城市的人居环境一个不可忽视的要求就是文化性。第四，要以方便的公共服务来完善人居环境。城市人居环境的重要条件是公共服务，其中包括便利的商业网点、健全的医疗保健机构和实施稳定的供电、供水和排水系统，良好的电信服务，高质量的物业管理，较为齐全的学校教育设施以及充裕的公共设施，例如停车场、体育、文化设施等。

需要强调的是，改善人居环境的重点应该着力在低碳社区建设上，在社区建设过程中，生态文明的建设尤为重要。低碳社区包括绿色空间系统、水资源系统、废弃物自理系统、清洁能源系统、道路交通系统、文化活动系统以及社区服务系统。社区建设是城市现代化建设的重要组成部分，也是城市转型期间需要完成的一项重大任务，能有效地促进城市人的全面发展，增强城市群体之间的交流与协作。没有文明的社区，也就谈不上良好的城市人居环境。

思考题

一、名词解释

协调发展　人类生态学　健康社区

二、填空题

1. 环境管理思想源远流长，但对环境管理的实践仅有50余年。其间比较被公认的环境管理思想基础主要有_____、_____。

2. 实现人类自身平等的道德原则体现全球共同利益的_____道德原则和体现未来的_____的道德原则。

3. 起居活动是家庭生活中很重要的内容，其面积一般在_____为宜。

4. 根据居家生活各自功能的要求和空间的性质，户内活动空间基本上分为四个部分，即_____、_____、_____、_____。

5. 根据中国的实践，吴良镛把人居环境分为_____、_____、_____、_____、_____5个层次。

三、综合分析题

1. 在中国古代"天人合一"观中，"天"有哪几种含义？
2. 生态经济管理理论应遵循哪些原则？
3. 生态城市有哪3个主要特点？
4. 从理论和实践两方面，谈谈如何构建生态城市。
5. 当前我国人类住区可持续发展战略研究主要表现在哪几个方面？
6. 简述环境心理学理论在物业环境管理中的应用。
7. 物业环境管理理论框架是如何构建的？其理论在物业管理中如何体现？

第二部分
物业环境管理实施运行

第四章 物业环境管理运行机制

物业环境是城市环境的重要组成单元，物业环境管理的好坏，既关系到城市形象的好坏，同时又关系到城市能否可持续发展。物业服务是城市文明的窗口，物业环境管理反映一个城市的经济建设和管理水平，是城市整体形象的表现。城市人居环境既是物质文明程度的体现，又是精神文明建设的标志。作为人们工作、居住和生活的场所，建立完善的物业环境管理运行机制是直接关系到社会能否安定、人民能否安居乐业的大事。

第一节 物业环境管理机制建立

运行机制是引导和制约决策并与人、财、物相关的各项活动的基本准则及相应制度，是决定行为的内外因素及相互关系的总称。各种因素相互联系，相互作用，要保证社会各项工作的目标和任务真正实现，必须建立一套协调、灵活、高效的运行机制。物业环境管理运行机制是物业服务企业组织内全面管理体系的组成部分，它包括为制定、实施、实现、评审和保持环境方针所需的组织机构、规划活动、机构职责、惯例、程序、过程和资源。涉及组织的环境方针、目标和指标等管理方面的具体内容。构建物业服务企业环境管理体系是一项组织有计划，协调动作的管理活动，其中有规范的动作程序，文件化的控制机制。通过有明确职责、义务的组织结构来贯彻落实，目的在于防止对环境的不利影响，帮助组织实现自身设定的环境表现水平，并不断地改进环境行为，不断达到更佳的高度。

一、物业环境管理机制

企业管理机制是指企业管理活动内在的管理要素有机组合过程中发挥作用的过程和方式。在企业管理活动中，人、财、物、信息、技术等诸要素是管理的主要对象，其中人的因素是最活跃和最积极的因素，同时存在共同劳动中所形成的责、权、利等3种生产关系要素，其中"责"处于中心的首要地位，权是第二位，利是第三位。物业环境管理属于物业服务企业活动中的重要内容，在物业区域内环境管理运行中包含着企业管理机制的内容：①约束机制。②激励机制。③流动机制。④效率与公平机制。⑤资本扩张机制。

约束机制是指在有机组合企业管理的内在要素中，发挥调节、监督和控制等作用的过程和方式。比如，约束企业资源的适度使用。

激励机制是指在有机组合企业管理内在要素中，发挥激发、鼓励、支持、关怀等作用的过程和方式。通常，有多种形式的激励方式，包括理想激励、目标激励、物质激励、制度激励、精神激励等。其中，制度激励的内容包括民主管理制度、责任制度、信息沟通制度、思想政治工作制度、荣誉制度、人才开发制度等。

流动机制是指在有机组合企业管理内在要素中，通过市场流动发挥作用的过程和方式。比如建立企业员工能上能下、能进能出的就业机制。

效率与公平机制是指企业管理活动从价值取向上必须注重经济效益提高，同时兼顾公平，避免两极分化。

资本扩张机制是指企业在短期内大量集聚资本，发挥跳跃式发展企业经营规模的作用和过程。企业只有形成规模效应，才能降低成本，提高竞争力。

物业环境管理过程中各项机制的建立和运行，直接影响企业的根本利益，需要物业服务企业不断在经营中继续实践与完善。

二、物业环境管理体系构成

物业环境管理是指物业服务企业根据物业项目特点及物业服务合同规定，运用科学手段和先进管理技术，对物业区域内的环境进行的维护和改善的一些系列活动。主要内容包括：

（一）物业环境管理机构设置及职责

1. 机构设置

物业环境管理机构设置示意如图 4-1 所示。

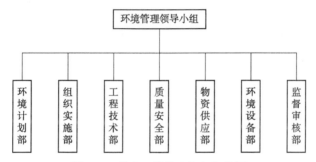

图 4-1　物业环境管理组织机构图

2. 部门职责

（1）环境计划部

物业环境管理首要的任务就是做好计划。环境计划是为物业区域环境管理确定目标、预测未来，制定实现目标行动策略的过程。环境计划部主要负责本区域内各类环境保护项目的计划编制、组织、控制、监督协调工作，及时向环境管理领导小组汇报环境计划执行进展、实施效果，并做好控制反馈及时调整。

（2）组织实施部

组织实施部是为了实现计划目标而建立的组织部门，合理安排人员、物资、资金、住处，使各部门发挥总体合作的更大效率；主要负责本区域各类环境管理项目组织设计，明确各岗位职责和任务及与其他成员的相互关系，搭建畅通信息沟通渠道，为适应物业环境管理的不断完善，及时调整组织构建。

（3）工程技术部

根据物业环境管理目标和任务，组织技术力量解决环境工程技术问题、技术管理问题，建立技术管理制度，就重大技术事项向公司领导提出决策建议；负责环境管理工程技术中不合格服务的处理及纠正、预防措施的实施和跟踪，确保整体工程顺利完成。

（4）质量安全部

物业环境质量安全直接影响物业服务品质。质量安全部主要负责物业区域环境工程质量管理，建立质量保证体系，监督、检查、解决环境工程问题上，制定安全生产目标管理职责，开展安全检查，处理案例质量事故，做好人员培训，确保安全生产有效进行。

(5) 物资供应部

负责环境项目物资的采购，签订和管理材料购销合同，要求供货商提供材料合格证、检验报告、产品许可证等文件，杜绝不合格物资进入施工现场，施工中监督材料使用，库存材料管理，及时组织工程废旧物资处理，消除工程对周围环境造成的不良影响，避免物资浪费。

(6) 环境设备部

负责环境设备保养、维修和设备采购、引进工作，实施设备保养制度化、维修更新及时化，最大程度发挥现有设备的使用效率，对环境保护设备、设施严格检查，改善运行效能，必要时向主管领导申报改装或更新采购先进设备方案，以保证物业环境保护目标的真正落实。

(7) 监督审核部

物业环境监督审核作为实现环境目标及改进物业环境管理工作的有效手段，存在于物业环境管理活动的全过程中。监督审核部负责环境管理实施各环节纠正偏差，及时调整提出整改计划，更新组织结构，改变人员配备，为领导方法上需要的重大改革提供依据，使环境管理工作得以创新和提高，同时最大程度地发挥员工的积极性和潜力，保障物业环境管理目标有效完成。

(二) 物业环境管理运行机制

物业环境管理运行机制如图 4-2 所示。

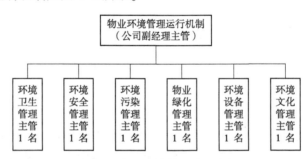

图 4-2　物业环境管理主要岗位

环境管理部经理岗位职责如下。

(1) 全面负责协调清洁卫生、环境安全、污染防治、环境设备管理以及环境绿化、环境文化等方面的各项工作，带领部门全体员工认真贯彻执行公司的各项经营管理方针、政策、指示、规定等，坚持为业主服务、为社会服务，努力实现公司所确定的各项工作任务和责任目标，为开创具有特色的物业管理工作作出贡献。

(2) 定期向公司领导和业主委员会汇报环境管理部工作情况，并听取公司领导和业主委员会的意见和要求，全力负责贯彻实施。定期主持部门例会，有计划地培训员工。在工作中必须经常深入现场，检查各项工作的落实情况，及时发现问题，解决问题。

(3) 坚持不断提高小区环境保洁度，努力创造一流的卫生环境。

(4) 在具体环卫工作中，实行科学化管理。深入现场，问题解决在现场，建立和完善一整套行之有效的环卫量化管理运作流程，不留清洁、卫生"死角"，掌握季节及环卫工作淡旺季的特点，制订最经济、最节省的操作实施计划，不断地提高细化管理的层次。

(5)加强小区的环境建设，不断提高绿地景观效应。坚持环境绿化"三分种、七分养"的原则，加强绿化的养护管理工作，深化环境景观化的管理制度，强化环境的绿化园容景观，为业主提供十分和谐、温馨，且能反映时代特色的、高品位的绿色环境空间。

(6)环境管理部各环节实行"无上级"式管理。各环节工作由主管实行"一竿到底"的管理制度，提高各主管的责任感，坚持各主管每天上下午两次巡查制度，以便及时发现问题、解决问题，使一些影响物业服务企业形象的隐患、事故苗头消灭和解决在最初阶段；部门经理实行分工负责制，深入实际，认真检查各环节工作，及时发现问题，使公司总经理的指令贯通无阻，确保完成公司下达的各项任务，并达到公司领导的预期目标。

(7)提高部门凝聚力。以身作则，关心员工，奖惩分明，提高自身素质和修养，使部门具有高度凝聚力，最大限度地发挥和调动全体员工的工作热情和责任感，不断地提高部门的管理素质和管理层次。

三、物业环境管理系统

物业环境管理系统涉及的主要内容包括10个方面：水环境系统、气环境系统、绿色建筑材料系统、废弃物管理与处置系统、绿化系统、智能控制与物业管理系统、能源系统、光环境系统、声环境系统、生态教育系统。

(1)水环境系统

水是生命之源，有效的水环境管理系统，能够实现对水资源的合理利用，节省资源，生态小区应充分利用雨水收集系统的功能、污水净化设施(如城市污水处理系统等)以使雨水和中水资源得以充分循环再利用。对供水设施必须考虑节水、节能和水质量要求。把水体、绿色植物、雕塑小区融合于小区环境设计之中，增强人们的亲水性和舒适感，从而产生回归自然的感觉。

(2)气环境系统

据研究资料，$1hm^2$ 阔叶林在生长季节1天可消耗1t二氧化碳，放出0.73t氧气；草坪可吸收二氧化碳 $1.5g/(m^2 \cdot h)$。故可按照碳氧平衡原则计算和配置绿地与植物，确保小区空气流中氧气和二氧化碳的基本平衡。绿色植物俗称大气天然的"净化器"，可吸收大气中的一氧化碳、氟化氢、二氧化硫、氨气等多种有毒有害气体。如柳杉每天可吸收二氧化硫 $60kg/hm^2$；刺槐可吸收氯气 $42kg/hm^2$。植物可以吸收对人体有害的气体，增加绿化面积可以净化空气，可以降噪，企业还需要做好管理工作，如机动车辆不能直接进入小区，须停放在地下停车场，家庭排油烟管道的设计等。

(3)绿色建筑材料系统

绿色建材指使用清洁的生产技术，具有无毒、无污染、无放射性、有利于资源的循环和再利用的建筑材料，应采用国家环境标志认可委员会批准并被授予环境标志的建筑材料和产品。小区在接管初期，必然有大量的业主需要装修房子，物业服务企业要严格控制好装修材料的出入，防止不合格的材料进入小区，产生污染环境的装修垃圾。

(4)废弃物管理与处置系统

生态小区的垃圾可采取分类收集的办法，收集率应达到100%，分解率可考虑达到70%以上。如果物业服务企业外请分包公司处置废弃物，可以允许清洁分包方在工作之余，把可回收利用的垃圾分类出来，清洁工人应该保持积极的垃圾科学分类处理工作。

(5)绿化系统

小区环境绿化目的是寻求绿地的生态效益,改善周边环境和美化小区。生态小区的绿地率(包括景区和水面等)可在55%以上。联合国生物圈生态与环境保护组织规定,城市居民绿地标准为$60m^2$/人,这是世界城市绿地规划和建设的标准。其绿地系统必须形成整体性、系统性、相对独立性。绿色植物作为生命的表现物有着多种功能,在小区发展中起着重要的作用并产生巨大的效益。

(6)智能控制与物业管理系统

智能控制与物业管理系统是生态住宅运转的关键。生态住宅是一种半人工生态系统,需要智能化控制和一流的物业管理才能使其正常运转。

(7)能源系统

生态住宅小区所指的能源是可再生的生物能源,如太阳能、风能。在不同的地域,应视实际情况发展有优势的生物资源。

(8)光环境系统

在小区楼盘设计时,应考虑采光源,尽量使用自然光源,这样可以避免资源的浪费。小区的草坪灯和路灯,应该选择合理的位置和高度,避免夜里灯光向天空直射影响住户的休息和飞禽的作息时间;生态住宅小区注重的就是人与动物的和谐发展。

(9)声环境系统

物业声环境主要指日常生活中各种声音,如交通噪声、突发音响等,环境噪声的表现形式是声音尖高、刺耳、杂乱和怪声等。噪声污染是指对人的工作、学习、生活等正常活动以致人体健康造成妨碍和损害的环境现象。环境噪声主要有以下几类:汽车喇叭声、汽笛排气声、妨碍声,有的声音是突发性的,具有强烈的心理刺激作用,使人听到后感到刺耳、精神紧张或不愉快。

(10)生态教育系统

生态教育在于培育居民环保意识、帮助居民养成爱护生态环境的习惯。

物业区域内的各个系统,是相辅相成的,需平衡发展,不能侧重于一方而加大发展的力度。如绿化固然可以美化环境,但是要坚持适度原则,否则将物极必反,影响整体效率的发挥。对生态住宅而言,厘清自然状况对生态小区的绿地规划与建设的必须性,重视生态饱和度和土壤的容量等问题直接影响到小区生态效率的发挥,例如,绿化用地占小区总用地的比重超出生态饱和度,生态系统就会出现"富营养"而降低生态小区的合理构建。生态小区内的绿地包括公共绿地、宅旁绿地、配套公建所属绿地和道路绿地,按照GB 50180—1993《城市居住区规划设计规范》规定,新建区绿地率不应低于30%,居住区的绿地规划,可根据居住区的规划布局形式、环境特点以及用地的具体条件,采用集中与分散相结合、点、线、面相结合的绿地系统。居住区内的公共绿地,可根据居住区不同的规划布局形式设置相应的中心绿地,以及老年人、儿童活动场地和其他的块状、带状公共绿地。

第二节 物业环境文化管理机制运行

党的二十大报告提出:"完善社会治理体系,在社会基层坚持和发展新时代'枫桥经验',加快推进市域社会治理现代化,发展壮大群防群治力量,营造见义勇为社会氛围,建设人人有责、人人尽责、人人享有的社会治理共同体。"开展社区文化服务最能体现物业服务企业的水平，作为城市管理的重要组成部分，物业服务企业应该担当社区文化建设的责任，社区文化对社区成员的影响是深刻的、持久的，对社区成员的价值观、道德观、人生观等的形成具有至关重要的作用。社区文化需求是社区居民物质生活改善、环境需求不断满足以后的必然结果，居有定所、衣食无忧，社区文化活动就会在社区成员中自发地产生。物业服务企业因为特殊的身份与角色，凝聚社区成员文化关注的目光，成为社区文化的组织者、实践者。物业服务企业组织开展社区文化活动主观上是为了提高管理服务水平，创造品牌，提升竞争，但客观上却形成了经济与文化的互动，改变了以往群众文化都由政府文化部门管到底的局面。物业服务企业在社区治理工作中需要将社区文化建设提高到一个重要的层次予以高度重视。

一、物业管理与社区文化

社会的需求、住户的需求与物业服务企业自身需求的高度融合，使得社区文化建设从深层的建构中浮出水面，恒久深厚的服务附加值，使得社区文化成为社区精神的载体，成为物业管理的维系力量，成为一种社区认同的象征。这种认同、参与，导向新时代充满道德秩序和协作关系的新型社区。

（一）社区与文化的概念

社区最早出现在法国社会学家 F. 滕尼斯 1887 年《社区与社会》一书中。人类群体分为两种类型，即社区和社会。社会是社会共同体，以目的、利益、契约以及距离为基础；社区则是生活共同体，以地域、意识、行为以及利益为特征。社会学家们从不同的角度给社区不同的定义，其中共性的因素有地域、共同联系和社会互动。从物业管理的实际出发，社区是指区域性的社会，是在相对独立的区域内，具有一定人口和建筑规模，能满足人们的日常文化需要，能够感觉到的具体化了的社会。

"文化"源于拉丁文，意指经过人类耕作、培养、教育、学习而发展的各种事物或方式，是与大自然本来存在的事物相对而言的。1871 年，爱德华·泰勒在他的《原始文化》一书中，首次将文化作为中心概念提出，并把文化表述为"是一个复杂的总体，包括知识、信仰、艺术、道德、法律、风俗以及人类在社会中所获得的一切能力与习惯"。通常，文化是指人类社会历史实践过程中所创造的物质财产和精神财产的总和；狭义上，文化指精神层面的内容，像哲学、艺术、道德、宗教、礼仪、制度等。

（二）社区文化

社区是文化的土壤，社区结构的形成依赖于文化的制约，文化的孕育和传承又存在于社区的社会活动和生活工作之中。社区文化的定义因文化外延的不同也有很多说法。吴文藻先生认为："文化的简单定义，可以说是某一社区内的居住所形成的生活方式……也可以说是一个民族应付环境——物质的、象征的、社会的和精神的环境的总成绩。"马林洪斯基认为，文化从功能的角度来考察，包括经济、教育、政治、法律与秩序、知识、巫术、宗教、艺术及娱乐等八个方面。桑佳斯论述的社区文化的外延更小，包括语言文字、公共象征、知识信仰、价值体系以及有关行为程序中的惯例、规则与特定方式。

从物业管理的角度来审视社区文化，社区文化应该是一个较为宽泛的概念。将物业管理中的社区文化界定为：社区文化是指在一定的区域范围内，在一定的社会历史条件下，社区成员在社区社会实践中共同创造的具有本社区特色的精神财富及其物质形态。

从物业管理中的社区文化概念出发，社区文化具有自身的一些特点。

①社区文化有着浓郁的企业化色彩　社区管理者主观推动，企业在社区文化建设中扮演着重要的角色。在物业管理对小区实施一体化管理之后，物业服务企业成了社区文化的组织者、创造者与传播者。

②社区文化建设有潜在的功利性　物业服务企业促进物业管理成效，节约劳动成本，提高工作效率。社区文化旨在协调问题住户，创造理想住户。

③社区文化具有理性化和世俗化的特征　社区成员以效率和效能作为衡量与评价日常生活的标准，对事件的处理不太强调邻里个人感情，而以利益为基本准则。人们讲究实效，讲究实惠，注重切身利益，重视实实在在的好处。

④社区文化具有开放性特征　这种开放性一方面表现为社区文化的手段对社区外的依赖，另一方面则表现为社区成员对域外各种文化的吸纳。同时，社区成员的文化需求呈多元性，除了因年龄、素质、兴趣等因素外，跟社区文化的内外撞击有很大的关系。

(三)物业管理与社区文化建设的关系

生活在现代都市的现代人类，很容易患上人际关系淡薄这一"现代都市症"。这一病症，像一堵无形的围墙拦截了社区成员间的沟通与融洽。物业管理是人对人、面对面的服务，其自身特点决定了沟通和配合是优质服务的必备前提。经过多年努力，深圳探索出一条符合中国国情、具有中国特色的办法，涌现出"一手抓物业管理，一手抓精神文明建设"的"万厦—莲花北"物业管理模式。下面就物业管理与社区文化建设的关系从两个方面予以说明。

1. 社区文化建设对物业管理的互动

现代城市住宅区规划有序、环境良好、配套齐全，既有独立的私人空间，又有交往的公共场所，住户来自各单位各行业，异质性程度强，住户更具独立色彩，住户间的陌生更加造成了交往障碍。业缘关系重于地缘关系，住户间"关上单元门，个人顾个人"，忽视人际间的交往，继而引发集体观念松散、社区关怀淡薄等特征。而物业管理是物业服务企业受物业所有人委托，依据物业管理委托合同，为物业所有人和使用人创造整洁、文明、安全、舒适的生活和工作环境，物业管理的产品主要是服务，而服务是以劳务量来衡量的；物业服务企业的管理就是充分优化人、财、物等经营要素，尽可能减少或节约劳务量的输出，实现最大化的效益和效率。除了无法节约、必须输出的绝对劳务量外，减少相对劳务量的最主要的通道就是住户的大力配合和深层理解；除了企业自身深挖潜力、提高效率外，社区文化建设是十分重要的手段。社区文化建设会增强住用户之间、住用户与管理者之间的感情，加强邻里之间的团结，达成服务主客体之间的共识，形成管理者与对象之间的相互尊重。在这种理想的管理与服务的环境下，管理单位自然会省心省力、省时省物。因此，社区文化实际就是管理艺术，一种减少劳务量的艺术。

2. 物业管理对社区文化建设的整合

物业服务企业对小区实行社会化、一体化管理之后，物业服务企业一方面成为多个产权单位、产权人的总管家，另一方面为政府各管理职能部门提供了社会总代管。物业服务企业在授权范围内实施社会化管理，其中包含社区文化的组织与服务；同时，物业服务企业为提高自身的管理服务水平，势必不断满足住户日益增长的文化需求；物业管理以人为本的全方位服务和以邻里乡亲为主旨的社区文化建设相辅相成。

社区文化建设对物业管理具有巨大的促进作用，物业管理单位要想提高服务水平，社区文化建设是不可或缺的内容；正是这种良性的互动，形成了物业管理的中国特色。《深圳市物业管理考核评比标准》明确规定："社区文化必须有制度，有设施场地，有活动记录，有专职或兼职人员，有相当数量和实效的活动。"这一举措，引导并促成了物业管理与社区文化建设的良性互动，获得良好的社会效益和经济效益。

二、物业环境文化的内容及功能

物业环境文化的主体就是社区文化，是指一定区域、一定条件下社区成员共同创造的精神财富及其物质形态，包括文化观念、价值观念、社区精神、道德规范、行为准则、公众制度、文化环境等，其中，价值观是社区文化的核心。社区文化不可能离开一定的形态而存在，这种形态既可以是物质的、精神的，也可以是物质与精神的结合。

(一)物业环境文化的内容

物业环境文化可以包括环境文化、行为文化、制度文化和精神文化四个方面的内容。

1. 环境文化

社区环境是社区文化的第一个层面。它是由社区成员共同创造、维护的自然环境与人文环境的结合，是社区精神物质化、对象化的具体体现。主要包括社区容貌、休闲娱乐环境、文化设施、生活环境等。通过社区环境，可以感知社区成员理想、价值观、精神面貌等外在形象。如残疾人无障碍通道设施可以充分体现社区关怀、尊重生命、以人为本的社区理念。怡人的绿化园林、舒心的休闲布局、诗意的小品园艺等，很多社区积极导入环境识别系统（CIS：Corporate Identity System），可以营造出理想的环境文化氛围。

2. 行为文化

行为文化也被称为活动文化，是社区成员在交往、娱乐、生活、学习、经营等过程中产生的活动文化。这些活动反映出社区的社区风尚、精神面貌、人际关系范式等文化特征，如社区之"手"，动态地勾勒出社区精神、社区理想等。如"中国城市文明第一村"深圳市莲花北村的物业管理者——万厦居业公司，在该小区组织开展了上千场大中型社区文化活动，涉及娱乐、健身等各个方面，如广场交响音乐会、元旦千人舞会、重阳节文艺汇演、趣味家庭运动会、游泳比赛、新春长跑等。

3. 制度文化

制度文化是社区成员在生活、娱乐、交往、学习等活动过程中形成的，与社区精神、社区价值观、社区理想等相适应的规章制度、组织机构等。它们对保障社区文化持久、健康地开展具有一定的约束力和控制力。制度文化可以分为两大类：一类是物业服务企业的各种规章制度，另一类是社区的公共制度。企业的规章制度和社区的公共制度都可以反映出社区价值观、社区道德准则、生活准则等。为保障社区文化活动深入持久地开展下去，很多小区物业管理部门都成立了专门社区文化部，负责社区文化活动建设工作。社区文化部在引导、扶植的基础上成立各种类型的社区文化活动组织，如艺术团、协会、表演队等，同时还对社区文化活动开展的时间、地点、内容、方式、程序等予以规范。

4. 精神文化

精神文化是社区文化的核心，是社区独具特征的意识形态和文化观念，包括社区精神、社区道德、价值观念、社区理想、行为准则等，是社区成员价值观、道德观生成的主要途径。环境文化、行为文化、制度文化都属于精神文化的外在体现，特别将那些指向性强烈、精神性突出的活动也算作精神文化建设的范畴，如社区升旗仪式、评选文明户、学雷锋演讲等。由于精神文化具有明显的社区特点，往往要多年积累，逐步形成。

（二）物业环境文化管理的功能

物业环境文化管理具体体现在社区文化建设上，社区文化有其特殊功能，可概括为引导功能、约束功能、凝聚功能、娱乐功能、激励功能、改造功能。环境文化建设深受社会、社区成员及物业服务企业所重视。

1. 引导功能

社区文化的引导功能是指社区文化对社区成员的思想和行为的取向具有引导作用，使之符合社区理想和目标。社区文化的引导功能既表现为对社区成员个体的思想行为的引导作用，同时也表现为对社区整体的价值取向和行为起导向作用。这种导向作用之所以能够实现，是因为一个社区的社区文化一旦形成，就会建立起自身系统的价值和规范标准，这种导向是潜移默化和自觉自愿的，是主动认同基础上的接受和融洽。例如倡导"家庭责任也是社会责任""尊老从自己的家庭开始"等，对社区成员的价值取向和行为取向起到很大的引导作用。

2. 约束功能

约束功能是指社区文化对社区成员的思想、心理和行为具有约束和规范的作用，主要表现在社区文化中的制度文化建设上。为了加强对社区文化工作的管理，必须建立和健全各项规章制度；通过营造社区特有的文化氛围，制订行为规范和行为准则来维持社区秩序，调整人与人之间的社会关系，使社区居民懂得哪些事该做，哪些事不该做，产生一种自我约束作用，从而保证社区文化健康、稳定地发展。群体意识、社区舆论、共同的习俗和风尚等造成强大的使个体从众化的群体压力和动力，使社区成员产生心理共鸣，继而产生行为的自我控制。

3. 凝聚功能

凝聚功能是指社区成员在共同目标、利益和信念的基础上，通过共建机制，使社区各种力量相互作用、相互吸引，形成一种特有的集聚、凝结的社区合力和整体效应。社区文化犹如黏合剂，把社区内的成员"黏合"在一起，社区通过多种文化活动吸引居民参与，使居民从生疏到认识，从认识到熟悉，增加认同感和归属感，从而产生一种凝聚力，形成共同的理想和希望。社区就像是一个大家庭，每个居民都是家庭中的一员，社区文化将使居民产生主人翁的责任感，促使居民乐于参与社区的事务，发挥自己的才能和智慧，为社区的繁荣作出贡献。

4. 娱乐功能

娱乐功能是指社区文化能起到给人们的消遣提供一种轻松、舒适的环境的作用。人们不仅有物质方面的需求，更有精神方面的需要；随着人们生活水平的提高，人们对精神生活有了更高的需求，而社区文化恰恰在很大的程度上满足了人们对精神生活的需求。社区为居民提供了娱乐场地，居民在紧张繁忙的一天工作中会感到精神倦怠，身体疲劳；社区文化活动为居民提供轻松、愉快和舒适的环境，使人们从劳累和压力中解脱出来，得到精神上的享受，并以饱满的精神投入次日的工作。

5. 激励功能

社区文化能使社区成员从内心产生一种积极向上和进取的精神。这种激励表现在正面的引导而不是消极地满足需求，表现在内在的引导而不是表面的推动。例如，社区居民包括老、弱、病、残、鳏、寡、孤、独等人士，有些人由于生理或心理等原因，对生活和生存产生厌恶心理，为使他们重新找回自信和人生目标，有必要让他们多参与社区文化活动，通过参加活动使他们重拾信心，积极面对人生。

6. 改造功能

社区文化的改造功能最直接的表现是解决精神方面的社会问题。如居民中的封建迷信思想及活动，只能用科学道理和事实加以解释和纠正。当前，拜金主义、自私自利、以权谋私、道德滑坡等社会问题，造成社会负面影响，加强社区文化，开展各种文化活动，能够净化社会环境，改善社区居民的精神风貌，为新时代中国式现代化建设创造更加有利的社会环境。

三、建立物业环境文化管理制度

物业环境文化建设需要有超前的意识，要有发展的眼光，要有整体的目标；同时要有短期周密的安排、落实和检查。物业服务企业作为新生活方式的"领航者"，社区成员的价值观念、消费观念等不断变化，物业服务企业应当审时度势，把握时代的脉搏，以敏锐的目光洞察社区面临的变化，超前一步为住户提供服务。社区文化建设要有长远的规划，对社区文化开展的效果等要进行预测分析，文化活动事先要有计划，事后要有分析，只有建立有效的物业环境文化活动管理制度，才能真正做到切实可行，行之有效。

（一）建立物业环境文化管理长效机制

1. 场地设施

开展社区文化活动必须有场地，硬件设施是社区文化活动的基本保障。场地的来源首先要有规划，设计部门将社区文化活动的场地、设施纳入规划；物业服务企业在前期介入阶段要积极争取、合理建议。小区交付使用后，物业服务企业在资金许可的情况下，还要有计划、有步骤地对社区文化设施加以完善。条件不够的，要尽可能地提高文化设施的利用率，充分发挥露天广场、庭院、架空层的作用，要做到大活动有地点，小活动有场所。物业服务企业还应动员常驻社区的企事业单位及机关、学校将其文化设施对社区成员开放；配合政府职能部门完善法规政策建设，使社区文化工作有法可依，有章可循。

2. 资金配备

社区文化活动的开展需要一定的资金支持。资金的来源主要有几个方面：一是物业服务企业每年从管理经费中划拨一定的比例用于社区文化建设，这是企业文化的重要表现。二是寻求企事业单位和个人的赞助，物业管理单位应处理好关系，把握好时机，掌握好分寸，争取多方面的支持。三是由社区文化活动的直接受益者出资，如组织旅游等，资金的主要来源是向参与者筹措。四是以文养文，进行文化经营，将其所得用于社区文化建设，社区文化活动经费要厉行节约，开源节流。

3. 成立机构

设立机构是社区文化活动得以正常开展的组织保证。物业环境文化开展得较好的城市和地区一般都要求物业服务企业成立社区文化的专门部门，负责落实社区文化活动的组织与执行。社区文化的管理部门对人才素质要求较高，需要能做到一专多能。建立一支高素质的社区文化队伍，直接关系到社区文化活动的成效，规模大的小区可以专人负责，明确分工；规模小的小区可兼职工作，松散合作。

4. 方案制订

社区文化建设的管理部门要制订好社区文化活动的计划和方案，并及时做好活动后的总结工作。有了计划与方案，在工作过程中不会手忙脚乱，保障开展活动的质量。方案的拟订要以调查分析为依据，科学合理，切实可行，行之有效。

(二)物业环境文化管理制度

物业环境文化管理制度的主要内容如下：①管理处每年至少组织一次(或若干次)大型的社区文化活动。②社区活动负责人根据以往经验和具体情况，于年初拟订本年度社区文化活动计划，报管理处主任审批。③管理处主任根据实际情况予以同意或做适当调整后，报总经理批准。④活动开展前，先征询各用户意见，并根据意见结果，拟定活动实施方案，报管理处主任审批。⑤将具体实施方案征询业主委员会意见并报其审批或备案。⑥物业部组织、协调其他部门完成活动前的准备工作，并负责及时向用户及有关单位发出举办活动的通知。⑦根据开展活动的形式，物业部负责安排有关人员做好安全防范工作，防止意外事件发生。

社区文化活动应当注重社区成员不同层面的需求，既有阳春白雪的活动，又有下里巴人的安排，高雅与媚俗同在，崇高与优美并存。社区文化活动应该百花齐放，满足不同层次的兴趣爱好，兼顾不同类型的文化品位，要求物业服务企业要充分做好社区文化调查工作，真正摸清社区成员在想什么，需要得到什么样的文化服务，愿意参加什么样的文化活动。

1. 社区文体活动意向调查

①开展调查工作　每年的年中及年底，分别向住户做一次文体活动意向调查，并分析、总结调查结果。

②调查方式　文体活动意向调查主要采取以下方式进行：a. 投递文化活动调查表；b. 电话采访；c. 预约采访；d. 社区网络调查。

③文体活动意向调查具体操作应按照有关住户意见征集、评价作业规程进行。

2. 社区文体活动计划与实施方案的制订

①根据开展的每半年一次的居民活动意向调查结果，结合社区文体活动设施情况，于每年的6月及12月前，制定出社区文体活动计划与实施方案。

②计划与实施方案应包括以下几方面：a. 举办文体活动的目的；b. 开展文体活动的项目与活动方式；c. 需要配置的文体活动设施的装备、配备情况；d. 开展文体活动所需经费的预算；e. 开展文体活动的组织及实施方案。

③文体活动计划与实施方案应报管理处主任审核后，汇入管理处半年度、年度工作计划，报公司总经理审批。

3. 社区文体活动开展与组织要领

①根据审批的文体活动计划，主管于每次活动前半个月，制订出一个详细活动组织方案及相关物品采购计划，呈报管理处主任、公司总经理审批。

②管理处主任应召集各部门主管讨论文体活动组织方案的可行性、奖品设置情况及活动

经费的落实情况。

③管理处主任应提前10d召开有关组织人员的筹备会议，落实文体活动组织的具体事宜，如各类比赛的裁判工作会议、文艺演出活动的主持人会议等。

④应提前至少7d，将举办文体活动通知以海报形式张贴在社区公告栏、宣传栏内，对于重要文体活动，应做到每家每户均通知到。

⑤提前至少7d做好以下准备工作：a. 文体活动场地准备；b. 奖品及所需物品准备；c. 组织人员分工准备；d. 活动场地所需设施设备的准备。

⑥管理处主任于每次活动举办前2~3d，召集相关组织人员，做一次模拟组织安排或相关演练工作，确保文体活动组织工作无漏项。

⑦文体活动举办当天，管理处人员应全部调整好班次，相关组织人员均应进入活动场地，进行现场布置及相关工作安排。

⑧在整个文体活动组织与进行过程中，管理处主任必须亲自抓各项工作，确保组织工作质量。

4. 社区文体活动注意事项

举办各类文体活动必须选定有经验、活动能力强的主持人。社区文体活动举办时间一般安排在周六、周日或重大节日来临前两天。保安主管应制定详细的人流组织与疏散方案，并亲临现场具体落实。机电维修主管应确保活动场地的设施设备良好，并做好应急方案与处理措施。开展文体活动时应注意防火、防盗、防打架斗殴或其他治安防范工作。文体活动一般在晚上10：00以前停止，以不影响小区居民正常休息为原则。社区内举办的各项文体活动应确保内容健康、积极、合法，有益于住户身心健康。

5. 社区文体活动总结

应在每次文体活动结束后，及时做好本次文体活动的总结工作，找出存在的缺点与不足之处，并填写社区文体活动检查与处理记录及社区文体活动总结报告。以上活动总结报告及相关记录表格应及时上报管理处主任，作为进行绩效考评的依据之一。应将每次社区文体活动的相关资料及记录分类归档保存。

(三) 物业环境文化管理岗位职责

1. 社区活动负责人主要职责

①全面负责社区活动工作，协助做好物业管理和精神文明建设的宣传工作。

②负责拟定社区活动的工作计划和工作制度，报管理处主任审核。

③根据工作计划制订社区活动方案，报管理处主任或总经理审核，根据审批要求，组织实施，并做好"社区活动记录"。

④负责组织开展与业主、租户的联谊活动和体育比赛，加强与业主的沟通。

⑤负责对文体场所及其设备设施进行管理，落实各项管理规定和员工岗位职责，协助办公室对本部门工作人员进行专业培训。

2. 社区活动工作人员主要职责

①负责对文娱体育场所及其设备设施进行管理。

②负责对活动场所的宾客进行登记和指引，按标准收费并及时上缴营业款。

③负责完成公司和管理处安排的参观、来访以及各类会议的准备工作。

④负责监督检查社区活动场所及设备和器具的清洁、绿化工作。

⑤负责登记每天服务项目的营业情况。

⑥服从社区活动负责人的工作安排。

物业环境文化建设是一项系统工程，物业服务企业组织开展社区文化建设必须遵循一定的原则，讲究一定的方法，才能有成效；社区文化建设是一项艰辛的、细致的、持久的工程，只有扎扎实实、一步一个脚印，才能真正改善社区居民的精神风貌，为和谐社区建设创造更加有利的社会环境。

四、物业环境文化设施管理

社区内文体设施一般包括：网球场、健身房、游泳池、儿童活动中心、乒乓球室、台球室、棋牌活动室、图书室、宣传栏等项目。小区文体设施一般不收费或只收设施维护费，目的是为住户提供服务，不以营利为目的。住户使用文体设施时，一般凭业主证、住户证入场活动，小区公共文体设施一般只为本区内住户提供服务，不对外开放营业。

(一) 网球场、健身房管理

1. 网球场、健身房公众管理规定

①所有人员进场时必须穿运动鞋，严禁穿皮鞋进场；爱护网球场、健身房内的公共设施，因使用不当而损坏的设施应照价赔偿。

②讲究场地卫生，不得乱丢、乱吐、乱涂，违者除负责清理恢复原状外，处以一定罚款。

③网球场、健身房内只能进行健康的娱乐活动，不准进行赌博等违法活动。

④参加活动者必须服从管理员管理，不强行延长活动时间。

每日活动结束后，文化管理员应收拾好各类设施，整理该日内入场活动记录及相关票据副联，无误后方可锁门下班。

2. 开场前的准备工作

①管理员应于开场前 10min 到岗，不得无故延误。

②清洁球场、健身房卫生，特别做好休息椅的清洁，检查设施完好情况。

③打开网球场、健身房门迎接住户入场。

3. 网球场、健身房入场一般程序

①网球场、健身房入场消费对业主采用会员制形式，对非业主采用购票入场形式。

②小区内业主应于每年 12 月 10 日前凭业主证办理会员证。

③业主进入网球场、健身房消费时：首先向文化管理员出示会员证；文化管理员核对会员证与使用人本人是否相符，如有疑问应验明其他证件直到无疑问；填写文体活动消费登记表，请业主在相应栏目内签名确认；请业主进入网球场健身房进行消费活动；活动结束后，文化管理员请业主在文体活动消费登记表相应栏目内签名确认。

④非业主进入网球场、健身房消费时：到管理处收银处购买入场活动门票；入场前向管理员出示门票；管理员将门票副券小心撕下妥善保管，正券交消费者本人保管；持票人进入场内消费。

⑤业主可采用电话预约或亲自填写网球场、健身房订场登记表，预约活动时间，管理员

凭订场先后顺序准予业主使用网球场、健身房，在不影响业主活动的前提下，方可让非业主进场活动。

（二）游泳池管理

1. 开场前的准备工作

①管理员应于开场前半小时到岗。

②做好游泳池场地的清洁工作，检查设施设备完好情况，补充水源，协助专业消毒人员做好泳池消毒工作。

③迎接泳客入场。

2. 游泳池入场一般程序

①到管理处收银处购票，业主可凭业主证到收银处限购优惠票。

②凭票及本人区级以上卫生防疫站核发的健康证进场，文化管理员必须严格执行入场须知，严禁不符合入场条件人员进入游泳池内，凡有皮肤病、传染病、心脏病、癫痫病等及酗酒者，一律禁止下池游泳。

③到物品保管处领取贮物牌，将自己随身携带物品锁入保管柜内，不得把贵重物品存放在更衣室内，以免遗失。

④更衣淋浴，再经消毒池洗脚入池。

3. 游泳池注意事项

①必须凭票凭证入场，严禁强行冲入或爬栏入场。

②按时进场和出场。

③凡进入游泳池游泳者，必须整齐穿着泳衣泳裤，严禁在池内玩球、打水、跳水、潜水或有其他影响他人游泳的行为。

④下池前应看清池边水深标识，凡身高在1.4m以下或不会游泳者，不得进入大池游泳，游泳不熟练者不得越过分区线进入深水区游泳。

⑤注意公共卫生，不在池内吐痰、大小便和丢杂物，爱护公共设施，节约用水，随手关闭水阀。

⑥入场者必须服从工作人员管理，自觉遵守游泳场一切规章制度。

文化管理员应于每场结束后清场，统计该场泳客数量及票据，并填写每日工作汇总表。

（三）儿童活动中心管理

(1) 儿童游乐场专供儿童使用，谢绝成人在设施上活动。

(2) 小孩活动时，家长或监护人要保护孩子的安全，不要从滑坡往上爬，荡秋千时幅度不要过大。

(3) 讲文明礼貌，互敬互让，不在场内争执、吵闹。

(4) 保持环境卫生，不乱丢杂物，不玩泥沙，不得随地大小便。

(5) 爱护场内设施。

(6) 管理员负责儿童活动中心的具体管理，凡进入儿童活动中心的人员必须听从文化管理员的安排。

（四）乒乓球室、台球室、棋牌活动室管理

1. 开场前的准备工作

①文化管理员应于每日活动室开放前半小时到岗。

②清理活动场地的卫生、摆放好桌椅、清理球具。
③迎接活动人员入场。

2. 入室活动一般程序

①到管理处收银处购买相应类别活动门票，业主可凭业主证到收银处购买优惠票。
②在各活动室开放时间内持票进入活动室内。
③管理员根据入场先后顺序，安排好各类活动的时间场次，并负责各类活动用具配置及监督使用情况。
④每场活动结束后，活动人员应整理好棋牌、球具类，经文化管理员清点无误、无损坏后离场。

3. 活动室内注意事项

①活动人员必须凭票到相应活动室内活动，不得串岗或到处走动。
②室内不得有大声喧哗、随地吐痰、吸烟、乱丢杂物等行为。
③爱护室内设施和活动器具，不得将球具、棋牌乱丢，不得在台面、墙面上乱画、坐或站在球台上，损坏设施或器具照价赔偿。
④活动人员必须服从文化管理员管理，依照排定的时间场次进行活动，不得无理取闹。
⑤管理员于每次活动结束后应清理现场，收拾好球具类、棋牌类并摆放好，统计该次活动的门票收入情况，认真填写每日工作情况汇总表。

（五）图书室管理

（1）图书阅览室是为丰富社区居民业余文化生活，便于小区居民查阅资料、学习而设立非营利性学习场所。

（2）凡欲进入图书阅览室学习的住户，需在规定的开放时间内持相关的有效证件进入图书室。

（3）阅览室内注意卫生，不乱丢杂物、不随地吐痰。

（4）自觉维护室内秩序，不大声喧哗，保持室内安静。

（5）爱护图书及公共财物，不得撕毁、涂改图书，不得将图书带出图书阅览室。如确有需要，欲带出室外的，住户应提前凭有效证件办理《借阅证》，凭《借阅证》做好详细登记后方可带出。

（6）文化管理员负责阅览室的清洁卫生，维护秩序、桌椅及图书整理工作，每次开放时间结束后，文化管理员应将图书归类摆放整齐，清点有无图书丢失，并将该图书室开放情况详细填写在每日工作情况汇总表内。

（六）报刊宣传栏、公告栏管理

（1）社区宣传栏、公告栏是为了向住户宣传有关法规、法令、小区新人、新事、新风尚而设定的，由文化管理员具体负责收集宣传资料及定期更换。

（2）根据月工作计划及宣传需要，指定文化管理员拟定宣传品。

（3）应及时收集相关资料、制作图文并茂、形式生动活泼的宣传制品，张贴到宣传栏上。

（4）任何外单位(个人)未经许可不得在小区宣传栏内外张贴宣传品，特别是不良宣传品，违者一经查处将按有关规定予以处罚。

(5) 文化管理员负责每月更换宣传栏内容，保证无陈旧、过期的宣传品，并负责对宣传栏的清洁与养护工作。

(6) 文化管理员必须将每期的宣传内容、版式材料收集汇编好，拍摄照片并归档保存。

(七)唱歌(卡拉 OK)室

(1) 凡需租用卡拉 OK 室者，先在咨询服务台办理手续，在工作人员的引导下进入该室。

(2) 不准播放淫秽录像和不健康的节目，禁止从事一切违法活动。

(3) 注意室内卫生，不随地吐痰、丢果皮杂物，不准酗酒、吵闹。

(4) 设备和器材只能由工作人员操作，来宾不得擅自使用，以免损坏。

(5) 进场和离场时需清点唱片及器材，如有遗失，照价赔偿。

(八) 会所经营

会所作为配套服务功能设施，其目的是为客户提供一个高品位的社交、文娱、健身的场所。通过配套这一设施，以创造良好的物业形象，不断提升物业的价值。

由于会所场地有限，故多采用向本区业主、租户发放会员卡的形式经营，以保证他们能优先享受这一设施。在服务项目方面，主要开设健身室、阅览室、游泳、桑拿、台球室、乒乓球室、娱乐室、电脑室、餐饮等。主要通过配售形式发放会员卡，根据会所的面积确定会员卡发放数量。业主、租户均可申请成为会员，并按要求缴纳年费及各项设施的标准收费。会所的经营通常不以营利为目的。配套会所主要是为提升物业的档次，为客户提供休闲娱乐场所。故会所经营在保持其高品位的同时，最重要的是开源节流，减少亏损，真正为业主、租户服务。

随着物业管理工作的开展和日臻完善，物业环境文化工作将会以更加崭新和吸引人的面目出现，物业环境文化管理人员的素质将会越来越高。文化本身就是一种精神需求，需要高素质的人员来倡导和把握。社区文化工作人员首先是有较高文化水准，具有不一般的文化艺术修养和高深的造诣，既懂一门技艺，又口齿伶俐，见多识广，组织、协调和倡导能力强。同时，政府对物业管理的社区文化工作将会越来越重视，并把它作为社会主义精神文明建设的有力武器而投入一批人力和财力，随着物业管理法规的健全，社区文化工作的开展也会越来越完善，在社区文化经费范围内，任何物业区域必须开展足够的社区文化活动，并刻时接受业主和管委会成员的监督检查。多元化的社区文化，带动整个社会的全民健美健身、文化娱乐活动，开发商、政府、业主将会补偿一部分资金给物业服务公司开展社区文化活动。

第三节 物业环境管理经典案例

新时代人们期盼享有更加优美的人居环境，对美好生活的向往成为当前社区建设的宗旨与目标。党的十八大强调要坚持走中国特色新型城镇化道路，党的十九大特别强调精细城镇化，党的二十大提出中国式现代化，加快推进社会治理现代化，发展新时代"枫桥经验"。社区空间是推动绿色低碳发展、促进人与自然和谐共生的重要支撑，营造和谐宜居的社区环境在提升居民生活质量、增强社区凝聚力、提升社区形象和价值等方面都发挥着积极作用。以下介绍物业服务企业在日常服务管理中践行绿色发展理念，创建和谐宜居的社区环境做出的有力诠释。

一、长城物业集团绿色社区环境管理

长城物业创立于1987年,秉承"让社区变得更美好"的组织使命,以"成为美好社区共建的引领者"为愿景,恪守"值得托付=诚意链接+满意服务"的核心价值观,经过30多年的发展,长城物业已成为中国规模最大的独立全业态物业服务机构。近年来,集团综合实力一直稳居中国物业管理行业前十强,市场化运营持续领跑行业,在管住宅类项目为业主提供日常保洁服务、绿化养护、秩序维护及设施设备维修养护,以保证业主的正常居家生活。北京回龙观云趣园曾获得首都花园式社区、北京市物业管理示范住宅小区、首都绿色社区、全国物业管理示范住宅小区等称号;季景沁园项目通过不断的探索和实践,营造环境和谐共生的特色住宅小区、健康导向型社区环境,为居民营造更加美好的居住环境,推动绿色社区创建。

(一)回龙观云趣园环境管理

云趣园项目是长城物业集团进驻北京接管的第一个小区,为社区居民提供物业服务近25年。云趣园小区位于北京市昌平区回龙观公交总站路北,占地面积$46×10^4 m^2$,绿化面积逾$17×10^4 m^2$,入住户数3728户,经济适用房,共分3个区、各为独立社区,自然分割,服务居民数量为12 000余人,老龄化严重且租户较多,小区于2020年8月成立物管会。作为2000年之前老旧小区,突出问题较多,如房屋漏水、外墙脱落、路面严重破损等。面对这样的突出问题,云趣园项目部努力做业主的"贴心人",尽全力为业主解决各种问题,始终秉承"我们是与业主坐在一条板凳上的一家人"的理念,急业主所急,想业主所想。面对突发的新冠疫情,坚守岗位,与业主家人同进退,守护我们共同的家园。

1. 党建引领,社区共治共享

云趣园项目部将党建工作融入物业管理,推进物业服务企业和物管会等多元主体共同参与基层社会治理。北京市昌平区开展物业项目负责人到社区党组织报到,同时积极推进社区居委会、业委会、物管会、物业服务企业共同参与社区治理。长城物业云趣园项目积极配合所属的云趣园小区党组织工作,报告物业管理情况,在社区党组织领导下,通过社区议事平台与业主、居委会共商共议,小区积压问题逐步得到解决。持续对3个区绿化进行改造、清理楼道杂物、整修破损严重的路面、修补房屋漏水。现在的云趣园社区虽然是已入住20多年的老旧小区,绿化植被情况保持完好。树荫下,老人遛弯、孩子嬉闹(图4-3、图4-4)。

图4-3 党建引领绿色社区

图4-4 垃圾清理志愿服务

2. 垃圾分类，绿色生活

伴随《北京市生活垃圾管理条例》的实施，北京市各小区积极开展生活垃圾分类工作。云趣园小区在显要位置摆放生活垃圾分类宣传牌，物业工作人员和居委会、社区志愿者一起在小区进行垃圾分类知识普及与宣传，让大家明白垃圾分类的重要性，以及在日常生活中如何对生活垃圾进行正确分类，并且在垃圾桶旁专人值守指导大家正确投放垃圾。街道领导多次到社区指导垃圾分类工作，通过各方努力推动垃圾分类工作取得良好成效，获得《北京市垃圾分类示范小区》称号。

3. 多姿多彩的社区文化活动

长城物业除为业主提供基础外，我司还专注于业主精神家园的建设，各种形式开展社区文化活动，拉近物业与业主之间，业主与业主之间的距离。例如，元宵节、端午节、母亲节、三八妇女节、儿童节、中秋节、春节、元旦节开展活动，举办跳蚤市场、公益活动、贫困山区募捐、关爱老人及一些不定期社区活动，2013—2023年，云趣园共开展各种形式社区活动1000余场。

4. "十家连心"远亲不如近邻，在社区绽放光彩

十家连心是长城物业一应青藤向东时光公益计划活动之一。十家连心是响应社区人无声的呼唤，通过线上线下的链接，促进近邻认识、交流、熟悉，建立互动机制，推动构建熟悉人社区的公益活动。通过这样活动的开展，实现人与人彼此之间心与心的链接，让陌生人社区变成熟人社区，让阳光照亮社区，让社区变得更美好。远亲不如近邻沟通会是长城物业"一应青藤计划"公益活动的其中一项，倡导业主与业主之间，物业与业主之间，达到心与心的链接，让我们可以像一家人一样一起追寻健康，一起分享快乐，一起相互协助，从而让社区变得更加美好。在此过程中也希望我们的每一位业主都可以成为我们社区建设的一分子。沟通会现场气氛热烈，邻居之间相互聊着家常、一起回忆着以前那种住在大杂院儿时的邻里情。对于物业工作除了给予肯定外也会给出建设性意见和建议，对于小区的公共事务，大家也是出谋划策、共商共量，一些热心业主也愿意做社区的志愿者为社区提供志愿服务（图4-5、图4-6）。

图4-5 多彩的社区文化

图4-6 "一应青藤计划"公益活动

（二）季景沁园项目环境管理

季景沁园小区坐落于望京高档生活地带，具有优越的地理优势，20min即可到达首都国

际机场，西侧紧邻京承高速路，200m 近距城铁 13、15 号线，项目总建筑面积 $32.47×10^4 m^2$；住宅建筑面积 $26.1×10^4 m^2$，小区总户数 1859；由 17 栋简约现代的建筑构成，南北对称，围合成一个带有内置式私家园林的公园级社区；南北楼间距阔达 150m，东西楼距宽达 200m，35 000m^2 的内置式私家园林，面积相当于 4 个足球场，绿化率达 33%，拥有其他小区所不具备的优点。

长城物业 2011 年为季景沁园提供物业服务，从客户服务、环境建设改造、设备房标准化改造、节能降耗改造等一系列工作，把季景沁园打造成和谐、宜居、温馨的大家庭。社区内有 5000m^2 免费会所，主要项目为健身房、游泳馆、台球室、乒乓球室、钢琴室、儿童游乐室、麻将室、壁球馆、篮球馆、舞蹈室、室外篮球、足球、网球场地（图 4-7）。

图 4-7 季景沁园

1. 营建良好的社区文化环境

(1) 丰富业主休闲文化生活

得益于社区丰富的场地资源，季景沁园社区老少都有休闲活动的场地。小区的游泳馆每天人流量最大，洗澡、游泳成了老年人每天的必去之地。棋牌室每天有固定的居民一起下棋、打纸牌、麻将，大家将邻里的友情发展成好朋友。健身房、台球室、乒乓球室也都是邻里相约互相对打，浓浓的邻里亲转变为友情、亲情。

社区从 2007 年开始陆续组建了 12 个艺术队，成立了梦想艺术团。艺术团设团长 1 名，队长 12 名，均为离退休人员。分别为向日葵合唱队、阳光舞蹈队、紫光模特队、湖光民乐队、星光京剧队、银光太极队、晨光锅庄舞队、春光朗诵队、曙光模特队、红光小合唱队、金光小合唱队、霞光演出队。艺术团成员发挥余热，做到老有所为，积极参与社区活动，实现自我价值（图 4-8）。

(2) 社区志愿者服务站贴心服务

长城物业季景沁园项目成立了"一应青藤"社区志愿者服务站，服务站人员都是离退休老人，设志愿者站长 1 名，每周一、三、五上午由物业工作人员带领志愿者们在小区内健走，起名"心不老"健走队。健走队队员在健走和为人民服务中发展友谊，互帮互助，形成了良好的社区氛围。志愿者经常在小区内开展捡拾垃圾、文明宣传等志愿者活动（图 4-9）。遇有重大赛事活动或安全保障时志愿者队伍马上发挥出"朝阳群众"的作用，任何蛛丝马迹都能被大爷大妈们第一时间知晓并上报给社区党委，起到了先锋模范的带头作用。

针对 80 岁以上的老年业主提供一对一的志愿者服务。每当客户需要帮助时，社区的志愿者将迅速响应，在第一时间抵达现场进行帮助；在老年业主患疾病行动不便时，志愿者会协助联系家政人员和社区卫生服务站来为老年业主提供上门服务；每当小区内山楂成熟时，热心的志愿者会精心制作冰糖葫芦，并将其送到行动不便的老年业主手中，让他们品尝美味；为了关心行动不便的老年业主，特别是在需要前往医院时，热心的志愿者将在第一时间提供帮助，迅速准备好出租车。专业的秩序维护员准备好在老年业主下楼时提供帮扶，确保整个过程的顺利进行。透过细致入微的事情，志愿者们的真诚服务深深打动了受到帮扶的业主，业主们对物业表达了由衷的感谢之情，并送来了锦旗、表扬信。很多年轻人、老年人、儿童也主动加入"一应青藤"志愿者组织，在小区形成了一股正能量的互帮互助之风。

图4-8 社区阳光舞蹈队

图4-9 社区服务站活动

2. 建立四方联动机制

季景·沁园的物业管理团队与业主、业委会之间加强联系和沟通，互相监督，社区居委会、业委会、党支部、物业服务企业建立四方联动机制，每月设立固定业主接待日倾听业主意见和建议，定期和业主进行沟通，对于业主反映的问题做到及时有效的解决，涉及其他单位的问题由居委会牵头协调街道解决。通过及时沟通解决问题，让业主感受到融洽和谐的社区关系。

3. 营造美观宜人的园区绿化环境

(1)合理规划园林绿化景观

园区水系是小区重要的景观之一。为了能够营造更加美丽的景色，水系中放置睡莲，既有良好的观赏性，又能够净化水系的水质，过滤水中的微生物，为鱼儿提供良好生活环境。每每走过此处都仿佛看到一个个小仙女在荷塘中跳舞，给人无限的遐想，业主坐在家中便可将美景尽收眼底，无限惬意！

园区主要出入口及会所长廊处增加花箱、花卉，提升温馨感，让顾客回家后第一眼映入眼帘的是绚丽的鲜花(图4-10)。园区环路增设水木仿真木桩，其作用使得园林植物减少了水土流失，防止浇水时土层冲到路面，同时让园区整体更干净、整齐。水泥仿真木桩的使用寿命远大于制木桩，一次投入可多年使用，减少了每年更换木桩的费用及养护时间。园区环路增设水泥仿真木桩，其作用使得园林植物减少了水土流失，防止浇水时土层冲到路面，同时让园区整体更干净、整齐。

(2)加强植物日常养护管理

日常养护中体现服务的细节，提示牌的作用既可以告知顾客园林绿化整改的期限，同时督促绿化养护工作应按时完成，同时可以体现服务中我们应遵循公司的环境品质管理文化，即说到、做到、有效！结合植物生长光照时间、风势走向种植适合的品类(图4-11)。针对光照时间短、背阴处不易成活的区域改造喜阴植物。通过逐年的绿化改造，使园区展现出四季有花、四季常绿的美景，成为望京地区一道亮丽的风景线。同时，季景沁园管理处也被政府评定为"首都绿化美化花园式社区"。

图 4-10 合理规划园区绿化景观

图 4-11 加强植物养护管理

4. 节能降耗倡导低碳生活

（1）地下车库节能改造

季景·沁园两层地下车库使用的是传统日光灯灯管，功耗大，寿命短，需要大量的维护工作，同时也增加员工高空更换灯管的风险。经过计算，车库照明需要 24 h 工作，1053 支灯管，36W 照明，每支灯管每天耗电量约为 0.8 度，每年耗电量约为 292 度电，每年约 150 元电费，全年车库整体照明需要电费大约 15 万元。老旧的照明设备能效低下，能源消耗大，不符合节能环保的要求。为了开源节流，实现低碳节能又环保，采用绿色照明产品，长城物业对地下停车场所有灯具进行了更换，使用微波雷达感应灯管（11W），自动调控明暗度，人来全亮，人去微亮，自动休眠；灯管在无人无车时保持休眠状态（4W）按需照明，降低用电费用。更换的 LED 灯具具有高亮度、低能耗、长寿命等优点，能够提供更好的照明效果。更换后，地下车库停车场每年节约电费 11 万元。

（2）将小区生活用水水箱改造为二次加压泵，由市政直接供水

生活用水水箱内的水往往长时间不能及时更新，导致其中的水质容易变差，存在着一定的水质卫生问题。水箱的渗、跑、冒、滴、漏现象严重，大量的水白白流失。水箱还须定期消毒冲洗，耗费一定的水资源；供水设备使用时间比较久，设备老化，加压设备选型大，运行中消耗电能较多，使用不经济给日常管理增加一定运行成本。如果管理不善、水箱缺乏定期的清洗、二次消毒措施失效以及系统本身的缺陷，会造成自来水水质二次污染影响供水水质安全，产生水质污染事故。为了保障居民二次加压饮用水水质质量与安全及节能减排降耗，长城物业与专业自来水无负压设备厂家签订《无负压水泵改造施工节能分成协议》，对二次供水设备进行改造。改造后无负压供水设备不再使用水箱供水，与自来水管网直接连接，可以充分利用自来水管网原有压力，差多少补多少，自来水压力能满足负荷要求时，设

备便停止工作。系统大部分时间在低频率下运行，耗电较少，因此节能效果显著，节能可达80%以上。经过计算原自来水水泵需要24h工作，每台水泵每天耗电量约为354度，每年耗电量约为129 210度电，每年每台设备约6.6万元电费，季景·沁园有4套设备全年电费约26.4万元。改造完成后4套设备全年需要电费大约4.7万元，每年节约费用21.7万元左右。自来水经无负压供水设备加压后直接供给用户，全程密封运行，水源不易受污染，供水质量好，是环保型供水设备，采用EM15微机变频软启动恒压控制，水压平稳，水压质量好没有二次污染，不需要净化设备，进一步节省了投入。利用了自来水自身的压力，能耗小，节省日常的用电开支；没有水箱，又节省了定期清洗消毒的费用。

长城物业集团通过在季景·沁园等住宅类项目精细化打造，实现了"人与人的和谐+人与环境的和谐"。通过打造硬件环境，提升软服务，让客户感受到长城物业的链接和人文关怀，从而促进融洽的社区人际关系，巩固物业与居民感情的黏合剂，为社区的凝聚力注入新动力。

二、保利广州物业环境管理

保利物业管理有限公司于1996年在广州成立，注册资金5000万元，旗下分区域、子区域公司21家，业务遍及全国37个大中城市，承接的物业管理项目百余个，管理面积超过$3000×10^4 m^2$，员工总数9400余人。管理的项目涵盖普通住宅、高端住宅、写字楼、商业综合体、公寓、会展场馆、政府办公楼等多种业态。公司具有国家物业管理一级资质，下属子公司中有一家国家物业管理一级企业、四家二级企业，湖南保利物业和成都保利物业是物业管理金钥匙国际联盟成员。公司是中国物业管理协会常务理事单位、广东省物业管理行业协会副会长单位、广州市物业管理行业协会副会长单位、广州市停车场管理协会副会长单位。

公司已经建立一整套有自己特色的管理制度和服务标准体系，通过了ISO 9001：2008质量管理体系和ISO 14001：2004环境管理体系的认证，坚持严谨的工作作风，实行规范化管理和标准化服务，致力为每一位客户提供超值的服务，努力满足客户的每一个需求。作为央企保利地产下属企业，公司在发展和为客户提供服务过程中，始终不忘企业的社会责任，不忘回馈社会，与客户共创和谐社区；坚持诚信服务，维护客户利益，为客户创造更大价值。公司秉承保利地产"和"文化理念，在管理和服务中始终坚持"和谐"文化，从"满足需求、诚信服务"——"务实创新、追求卓越"——"用心服务、追求更好"——"超越期望，共建和谐"——"守护您的幸福"，形成有深厚底蕴、有鲜明的保利特色的品牌文化，全力打造一个"中国最具人情味的物业服务品牌"。2010年，为了践行保利地产"和者筑善"品牌理念，公司提出了在全国保利社区倡导亲情回归生活，牵手保利业主共建"亲情和院"，打造中国最具人情味住宅物业服务品牌的远大目标。"情满和院，善传天下"已成为保利社区业主和保利物业共同的美好愿景。

公司造就了一个具有专业经验丰富、专业技能过硬、富有团队意识和坚韧开拓精神的管理服务团队。"成长比成功更重要"，是保利的核心企业文化理念，公司致力于营造良好的成长环境，提供丰富的成长要素，建立完善的成长机制，令员工与企业一起成长，"专业、奉献、和谐、成长"已成为保利物业与员工的共同目标。

(一)物业环境管理特色

广州市政府出台的《广州市城市生活垃圾分类管理暂行规定》于 2011 年 4 月 1 日起施行，作为央企——保利地产集团下属企业的保利物业，按照文件要求，积极在所管物业项目开展垃圾分类工作，努力营造良好的物业环境，其在物业环境管理方面具有如下特色：

1. 制订物业生活垃圾分类示范工作方案

保利物业认真按照相关文件要求，认真调查研究各服务中心实际情况，结合企业文化理念，制订保利物业生活垃圾分类示范工作方案，积极投身开展生活垃圾分类全民行动工作。

2. 积极落实生活垃圾分类工作

(1) 逐步建立垃圾分类处理体系

保利物业在心语花园开展垃圾分类示范工作，认真总结经验，在各项目逐步建立了垃圾分类收集、分拣、运输、资源化利用的回收体系。

(2) 多措并举，增强居民意识

为了增强业主的垃圾分类意识，保利物业采取了多种措施，如统一印刷宣传彩页，在电梯按钮处、小区公告栏等处粘贴，向业主免费发放垃圾分类指南，聘请专家开展讲座，举办培训班等，与业主进行互动。

(3) 合理设置垃圾分类投放处

依照有关规定，通过实地调查和分析，结合小区实际情况，合理配置干、湿垃圾桶，放置标识清晰的分类垃圾桶，方便业主进行分类和投放，提高正确分类投放率。

(4) 培养兼职垃圾分类指导员

给小区分配垃圾分类指导员引导业主开展正确垃圾分类活动并及时反馈情况。

(二)主要措施

保利物业对所有在管的物业项目全面铺开实施生活垃圾分类工作，重点开展了以下工作。

1. 全面推进垃圾分类工作

作为广州城市生活垃圾分类首批先行试点单位，为响应政府号召，营造人人参与生活垃圾分类的氛围，2011 年 3 月 28 日，在作为"广州城市生活垃圾分类先行推广小区"的心语花园，举行了"小善大爱，筑绿和院"保利社区垃圾分类启动仪式，市、区城管委的领导、冼村街道办事处的负责人、保利志愿队代表、社区业主及小朋友参与了本次活动。心语花园有 1700 多户，5000 多居民，每天产生的垃圾总量约 3.75t，其中厨余垃圾约 1.2t，其他垃圾约 2.2t，可回收物约 0.35t。在市、区城管委和相关部门、冼村街道办事处、居委会的指导和支持下，我们设立了专门的"生活垃圾收集房""生活垃圾分拣房""大件垃圾放置点"和"便民回收点"。通过一年多时间的宣传和努力，心语花园垃圾分类工作已经做到了家喻户晓，居民对垃圾分类的知晓率和参与率都达到了 100%，正确分类投放率也达到了 90% 以上（图 4-12、图 4-13）。

根据保利地产集团的要求，公司在管的 27 个社区、逾 $300×10^4 m^2$ 建筑面积、约 3 万户、10 万居民，已全部推行垃圾分类工作。物业服务企业共投入 100 多万元，配置垃圾分类设施，进行广泛宣传。各项目已逐步建立了垃圾分类收集、分拣、运输、资源化利用的回收体系。

图 4-12 心语花园生活垃圾分类责任管理公示表

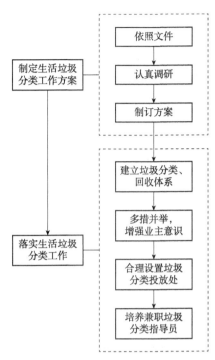

图 4-13 保利物业管理特色

2. 加强宣传垃圾分类工作

为了向业主普及垃圾分类相关常识，公司统一印刷 3 万多份《居民家庭生活垃圾分类指引》宣传彩页，以海报形式张贴在每一个项目的公告栏及楼宇大堂；同时，向每户业主免费发放居民家庭生活垃圾分类指引，为垃圾分类工作实施奠定了基础。在试点工作开始之后，为了提升广大业主的环保、低碳健康生活的意识，心语物业服务中心和冼村街道联合广东省环保协会，聘请李俊曦教授，于 2011 年 8 月 20 日上午 9 点半在心语花园会所举办"绿色环保，低碳生活"讲座。心语业主参与人数大大超出主办方的预期，现场提问踊跃，集中于食品受到环境污染而导致有害物质的产生、垃圾怎样分类等知识，获得很好地宣传效果。在其他项目也都相继举办生活垃圾分类专业知识培训班，讲解生活垃圾填埋或焚烧对人类健康影响的知识(图 4-14、图 4-15)。

图 4-14 垃圾分类宣传栏

图 4-15 社区居民绿色环保学堂

3. 响应政策，配置垃圾分类容器

认真执行政府政策，全面落实垃圾分类工作，在全部20个项目的楼层内配置干、湿垃圾桶，同时在小区内的公共区域配置可回收垃圾、有害物质垃圾桶，共配置7000个垃圾桶，每个垃圾桶都张贴明显分类的标识，让小区的业主清楚垃圾分类工作已在实行，部分项目针对小区业主在垃圾分类过程中对干、湿垃圾分类过程标注不够清晰，采取在每层的电梯厅的按钮处张贴指示干、湿垃圾的投放位置。根据现场条件允许增设垃圾分拣房，增加计量设备，计算每天收集的厨余垃圾，其他垃圾回收量，及时掌握业主垃圾分类工作执行情况，为项目进一步加强落实垃圾分类工作掌握详尽的数据资料。

4. 组建兼职垃圾分类指导员队伍及特色创新举措

为抓好垃圾分类工作的落实，培养兼职垃圾分类指导员。主要职责是指导小区业主开展正确的垃圾分类活动，另外，随时督查小区的清洁人员的工作，提高小区保洁水平。在保利物业各小区开展生活垃圾分类模范的评比活动，给予优秀业主一定的物质奖励。与厂商合作，在各服务中心显眼地方设置有害垃圾（如电池）回收箱，集中回收处理。安排清洁人员增设生活垃圾分类的再生资源回收站，为业主上门收购可回收物。在各小区设置液晶广告广泛宣传，普及垃圾分类知识。

保利物业生活垃圾分类工作坚持按照"边学习边探索边推广"的理念，"从粗分向细分过渡"的工作思路，认真抓好生活垃圾分类的统筹、组织、指导、协调和实施工作。目前，通过大家的努力，各项目已经初步形成垃圾分类收集、运输、处理、资源化利用相对完善的回收体系，小区业主垃圾分类知晓率达到100%，参与率达到95%以上，再生资源回收率也有显著的提高。处理好城市生活垃圾，注重在前期进行分类，从源头上实现垃圾的减量化和资源化。

（三）点评

保利物业在心语花园开展了社区生活垃圾分类工作，通过不断的努力、创新、尝试和总结，小区垃圾分类工作取得了很好的效果，营造了小区优美的物业环境。同时，该成功案例在物业环境管理方面具有重要的作用：第一，积极响应政策，以政府文件为依托，制订可行的垃圾分类示范工作方案；第二，大大增强了居民的低碳意识、环保意识，自觉参与垃圾分类、保护环境；第三，发挥各部门的作用，广泛听取意见，开展合作计划，并在实践中逐步建立了较为完善的垃圾分类回收体系；第四，认真落实垃圾分类工作，为其他物业服务企业和小区开展垃圾分类工作提供了宝贵的经验；第五，从城市环境管理方面来看，心语花园的成功，有利于在全市落实垃圾分类工作，营造优美的城市环境。

思考题

一、名词解释

社区　激励机制　社区文化　物业环境文化

二、填空题

1. 在物业区域内环境管理运行中包含着企业管理机制的五大内容，分别是_____、_____、_____、_____和_____。

2. 物业环境文化可以包括_____、_____、_____和_____4个方面

的内容。

3. 物业环境文化管理具有_____、_____、_____、_____、激励功能和_____六大功能。

三、综合分析题

1. 为了更好地开展物业环境管理工作，应设置哪些部门？各部门的职责是什么？
2. 物业环境管理系统涉及哪些方面的主要内容？
3. 从物业管理中的社区文化概念出发，简述社区文化自身的特点。
4. 简述物业管理与社区文化建设的关系。

第五章 物业环境管理实施

第一节 物业环境卫生管理

物业环境清洁卫生是反映物业服务水平的重要标志，是物业服务企业文明素质的体现，整洁、舒适的环境，具有视觉上的直观性，给业主直接带来心理上的舒适感与美感，成为物业区域环境文明的第一象征。整洁的物业区域环境需要规范的卫生管理运行机制来保证，塑造物业服务文明形象，提高人居环境质量。对于居住物业来说，环境管理的最终目的是为居民创造一个舒适、宁静、高雅、安逸的高质量生活环境，并在此基础上创造一种从物质到精神具有现代风貌和个性特征的生活方式。

一、环境卫生管理的范围和制度建设

（一）环境卫生管理的含义

环境卫生管理是指物业服务企业通过日常清洁工作，定时、定点、定人进行各种生活工作垃圾的分类收集、处理和清运，进行环境宣传教育、监督治理和保护物业区域环境的一系列活动。包括清、扫、擦、拭、抹等专业性操作，建立完善的物业保洁卫生管理制度及具体措施，维护辖区所有公共空间、公用部位的清洁卫生，从而塑造文明形象，提高环境效益。环境卫生管理的重心，是防治"脏乱差"，环境卫生质量整体的提高，需要物业服务公司员工通过宣传教育、监督治理和日常清洁工作，做出坚持不懈的努力。

（二）清洁卫生管理的范围

1. 共用部位的保洁

它包括物业区域内，楼宇前后左右的公共地方，道路、广场、空地、绿地等的清扫保洁；楼宇地层到顶层屋面上下空间的共用部位，楼梯、走道、电梯间、大厅、平台等的清扫保洁。

2. 物业区域服务设施的清洁卫生

它包括物业区域内，活动会所、运动场所，如游泳池、羽毛球场、门球场等公共场地的清洁；污水雨井、管道、化粪池堵塞，污水外溢的应急处理等。

3. 垃圾的处理

它是指日常工作、生活垃圾（包括装修垃圾）的分类收集、处理和清运。要求和督促业户按规定的地点、时间和要求，将日常垃圾倒入专用容器或者指定的垃圾收集点，不得擅自乱倒。

（三）清洁卫生管理的制度建设

为保障物业环境卫生管理工作有序进行，应建立健全相关制度和工作流程，如处理日常

垃圾专人负责、日产日清，定点倾倒、分类倾倒，定时收集、定时清运，按照规定的工作流程，履行保洁的岗位职责等。

1. 建立标准

标准是衡量事物的准则，也是评价保洁工作的尺度。物业区域环境保洁的通用标准是"五无"，即无裸露垃圾，无垃圾死角，无明显积尘积垢，无蚊蝇虫孳生地，无"脏乱差"顽疾。垃圾处理减量化、资源化，建立物业垃圾分类、收集、回收规范化等标准。如原建设部颁布的《全国城市马路清扫质量标准》中，可以作为物业区域道路清扫保洁质量的参考：一是每天清扫两遍，每日保洁；二是达到"六不""六净"标准，即不见积水、不见积土、不见杂物、不漏收堆、不乱倒垃圾和不见人畜粪；路面净、路沿净、人行道净、雨水口净、树坑墙根净和废物箱净。另外是物业垃圾资源型转化分类收集标准等。

2. 计划安排

物业服务企业应制定出清扫保洁工作每日、每周、每月、每季直至每年的计划安排。例如：

(1) 每日清洁工作

①辖区(楼)内道路清扫二次，整天保洁。

②辖区(楼)内绿化带，如草地、花木灌丛、建筑小品等处清扫一次。

③楼宇电梯间地板拖洗两次，四周护板清抹一次。

④楼宇各层楼梯及走廊清扫一次，楼梯扶手清抹一次。

⑤收集每户产生的生活垃圾及倾倒垃圾箱内的垃圾，并负责清运至指定地点。

(2) 每周清洁工作

①楼宇各层公共走廊拖洗一次(主要指高层楼宇，可一天拖数层，一周内保证全部拖洗一遍)。

②业户信箱清拭一次。

③天台(包括裙房、车棚)、天井和沟渠清扫一次。

(3) 每月清洁工作

①天花板尘灰和蜘蛛网清除一次。

②各层走道公用玻璃窗擦拭一次(每天擦数层，一个月内保证全部擦拭一次)。

③公共走廊及路灯的灯罩清拭一次。

此外，楼宇的玻璃幕墙拟每月或每季擦拭一次；花岗石、磨石子外墙拟每年安排清洗一次；一般水泥外墙拟每年安排粉刷一次等。

3. 定期检查

物业服务企业可将每日、每周、每季、每年清扫保洁工作的具体内容用记录报表的形式固定下来，以便布置工作和进行定期检查。

二、清洁管理的具体措施

保洁管理的具体措施是指物业服务企业为了创造整洁、卫生、优美、舒适的物业区域环境所采取的行之有效的方法和手段。主要有以下4项。

(一) 生活垃圾分类袋装化

生活垃圾分类袋装化有利于提高物业区域的文明程度和环境质量。物业服务企业应向业户宣传生活垃圾分类袋装化的优越性，要求业户将垃圾装入相应的专用垃圾袋内，放入指定的容器或者指定的生活垃圾收集点，不得随意乱倒。存放各种生活垃圾的塑料袋应完整不破损，袋口扎紧不撒漏。按照城市生活垃圾管理实施细则的要求，以煤气（包括液化气）为燃料的地区，必须实行垃圾袋装化。在物业管理的实践中，物业服务企业规定，装修垃圾必须袋装并运放到规定地点统一清运；对于日常生活垃圾统一收集后运至指定地点进行无害化、资源化、减量化处理，从而大大改善了环境的质量。

（二）进行超前宣传教育

物业服务企业在早期介入阶段，即应寻找"切入点"，如在售房时、分房时、入户时，对未来的业户进行超前宣传教育，明确保洁管理的要求，以便收到事半功倍的效果。

（三）配备必要的硬件设施

为了增强清扫保洁工作的有效性，物业服务企业应配备与之有关的必要的硬件设施。如物业服务企业在每家每户门前安置了一只相对固定的定制 ABS 塑料垃圾桶，上面有盖，按户幢配置各种色调，非常美观，规定业户每日将生活垃圾袋装后放入，由清洁工每日清晨定时收集，用不锈钢小车乘电梯倒入指定的垃圾箱，深受业户欢迎。

（四）依法处罚及典型曝光

对于各种不良的卫生习惯除了进行宣传教育外，还应采取必要的硬性措施，依法按规定进行经济的或行政的处罚。对于极少数屡教不改者，可以采取典型曝光的方法，在业主委员会、居民委员会和本人单位的配合下，公开其不文明行为，以儆效尤。

三、保洁器械和保洁剂

（一）常用清洁器械

（1）吸尘器

用于地面、墙面和其他平整部位吸灰尘、污物的专用设备，是清洁工作中最常用的设备之一。吸尘器启动时能发出强劲的抽吸力，使灰尘顺着气流被吸进机内储尘仓，达到清洁地面的目的。吸尘器品种很多，按功能多少有单一吸尘器和吸尘吸水两用吸尘器等，物业服务企业应根据物业的具体情况，配备合适的吸尘器。

（2）吸水机

清除积水的专用设备，主要用于吸取地面积水，对于吸取地毯水分加快干燥非常有效，是大楼管理中不可缺少的清洁工具之一。有单用吸水机和吸尘吸水两用机，后者由于功能多，较受用户欢迎。

（3）地毯清洗机

主要用于协助清洗地毯。

（4）抛光机

专用作地面抛光的机器，有普通速度和高速之分。抛光机启动时马达带动底盘作高速旋转，使底盘对地面进行高速软摩擦，达到抛光之目的。适用于花岗石、大理石等各种平整硬质地面的抛光，对于面积大的楼宇，尤为必要。

（5）擦地机

用于地面清洁工作，是最常用的清洁设备之一，有单盘式和多盘式。使用时，通过底盘安装不同的刷子，可以进行地毯清洁、地坪打蜡及抛光。

(6) 高压冲洗机

用于外墙、汽车和其他需高压水冲洗的专用设备。启动时能产生强烈的冲击水流，达到清除灰尘、泥浆和其他污垢杂质的作用。

(7) 扫地车

用作室外地面清洁的设备。由于操作简单，吸尘力强，并配有大容量垃圾尘箱，因此非常适合厂房、仓库、车场和户外空旷地方的地面清洁。

(8) 自动空气喷香器

将清香剂装入该机后设定好时间，然后放置于办公室或卫生间等需要清香的房间，会定时自动喷香。

(9) 其他比较常用的工具

安全梯、刷子、扫把、拖把、布、海绵、喷瓶、胶手套、刀片、长柄手刷、手推车以及小心地滑标志等。

(二) 清洁剂

(1) 餐具洗涤剂

不但对餐具表面的油污有极强的去除力，而且可用于水果、蔬菜的清洗，起到杀菌、去除残留农药的作用。洗餐具，配成1%水溶液，清洗水果蔬菜，每1L水中加5~6滴洗涤剂。

(2) 消毒清洁剂

为家庭、餐厅的餐具和食品生产用具的清洁剂，具有杀菌、去污双重功效，使用本品擦洗物品后用清水漂洗干净即可。

(3) 洗手液

具有杀菌、留香、除异味的功效，对皮肤无刺激，是宾馆、写字楼洗手间的常用清洁剂。

(4) 祛臭剂

祛臭剂适用于清除厕所、垃圾产生的臭味，并有自然香气。使用时将本品喷至墙角或墙面，可保持厕所数日无臭味。

(5) 空气清香剂

能迅速除去空气中的混浊和难闻气味，使用时将清香剂灌入喷雾器中，喷射使用。本品为易燃品，应存放阴凉避光处，温度不得超过40℃。

(6) 全能清洁剂

广泛用于各种硬质材料的表面清洁，如搪瓷、陶瓷器皿，能起到杀菌去污、保护表面光泽的作用，在使用浓度下，对皮肤无伤害。使用时，一般根据不同材料及污垢程度进行稀释。

(7) 除垢剂

适用于浴室、卫生间的陶瓷、搪瓷器皿等的清洁，能迅速、强力地清除水垢锈渍，提高清洁保洁的功效。使用时，一般视污垢程度稀释1~5倍使用。

(8) 不锈钢光亮剂

为不锈钢和镀铬制品的专用清洁剂。使用时，将不锈钢清洁剂涂在制品表面，用布擦拭，直至光亮，有一定防锈功能。

(9)玻璃清洁剂

用于清洗玻璃、镜面、瓷片及电镀物品表面的尘埃及污垢,如门、窗、镜子、电视荧光屏等,能轻快地除去尘埃、油渍等污垢,擦拭后玻璃表面具有抗尘埃、抗污垢再积等特点。使用时将本品稀释20~60倍后均匀涂在玻璃表面,然后用毛巾、干布或擦窗工具擦拭。胶瓶装,避免碰碎、入眼,若不慎进入眼内,应立即用清水冲洗。

(10)除油剂

适用于各种表面油垢的清洁,对厨房焦油性污垢有奇效。使用时,将本品喷淋或涂于污垢表面,稍后用布擦拭即可。

(11)高泡地毯清洁剂

为清洗地毯、各种软垫、室内装饰厚织物使用的清洁剂,发泡率高,去污去油渍力强,可降低清洗后地毯等织物的含水量,缩短干燥时间,成分中还含有杀菌剂、抗静电剂、防再污染等增效剂。使用时一般按织物污染程度稀释20~30倍。

(12)低泡地毯清洁剂

用于各种地毯的手工或机械清洗,专供各类滚刷式地毯清洁机使用,泡沫低,去污力强,价格便宜。使用时,对轻垢按1∶35加水稀释,重垢按1∶10加水稀释。低泡清洁剂相对高泡清洁剂而言,消耗量大,干燥慢,目前已较少使用。

(13)地毯除渍剂

本品对墨水、咖啡、茶叶、酱油等造成的污渍具有明显效果,使用时将本品喷于污渍处,用力擦拭,即可去除污渍。

(14)静电除尘剂

为透明无色的油状液体,用于打蜡地面的保洁。将静电除尘剂喷洒到拖布上,使其完全渗透,然后对打蜡地面进行拖擦,能快速清除打蜡地面尘埃和污垢,使地面光亮如新。

(15)面蜡

用特制的聚合物及树脂配制而成的表面光亮剂,适用于大理石、塑料地板、木地板、水磨石水泥地面。将本品均匀涂在地板表面,干燥成膜后表面光滑亮泽,可起到耐磨、防水、耐溶剂的作用,有一定的防滑性能,本品一般在使用封底蜡以后再使用。本品不宜稀释,避光保存。

(16)封地蜡

由水溶性高分子树脂及特殊的蜡乳液配制而成。封地蜡作为面蜡的底层涂料,对不平整的地面,如缝隙、针孔等,起到填充和平整成膜的作用,对于走道等人流繁多的地面,能提高蜡面的丰度,延长使用寿命,一般情况下1L可施工$50m^2$。

(17)喷洁蜡

由特殊的蜡乳液和光亮剂配制而成。喷洁蜡的作用是对打过蜡后使用过的地面进行一次抛光增亮,并能去除鞋印、擦痕等,经常使用能使地面光亮如新,延长面蜡的施工周期。使用时先对地面进行清扫,然后用喷壶将喷洁蜡喷在地面,一般2~3次,然后对地面进行磨刷抛光即可。

(18)去蜡水

去蜡水中含有特殊的解链剂,能迅速破坏蜡中的高分子树脂的力学强度,用于去除封地蜡、面蜡,是大理石等周期性打蜡工作中不可缺少的一个品种。使用时,将本品稀释后涂在蜡面5~10min后,即可用擦地机进行去蜡工作。用胶瓶装,应放置于干燥阴凉处,使用时戴胶手套,若不慎触及皮肤或眼应立即用清水冲洗。

(19)天那水

用于溶解、稀释油漆。用毛巾蘸取少量天那水,擦拭油漆处,直到其溶解,再用毛巾擦干净。轻轻存放于干燥阴凉处,为易燃、易挥发品,应远离火源,用后盖严,以防挥发。

(20)洁厕灵

用于清洁卫生间的陶瓷制品上的污渍。稀释后,洒于瓷器表面,再用刷子将污渍刷掉,然后用水冲洗干净。使用时戴胶手套,若不慎触及皮肤或眼应立即用清水冲洗。

(21)去污粉

用于清除污渍。将去污粉洒在湿的物体上或湿毛巾上,用力擦拭污渍处,然后冲洗干净,注意防潮。

四、物业环境卫生管理机构设置及职责划分

(一)物业环境卫生管理机构设置

物业环境的突出标志是环境卫生状况,物业服务公司从所辖物业和服务对象的实际情况出发,建立部门、班组、人员的岗位规范、工作流程、服务标准和奖惩办法,做到保洁管理规范化、标准化、制度化。卫生保洁工作需要有一套严格的制度、有效的管理措施和一支训练有素的队伍,物业环境保洁工作才能保质保量、持之以恒。物业服务公司在卫生管理机构设置上主要有物业环境卫生招标托管和自管两种方式。

1. 物业环境卫生招标托管的机构设置

物业服务企业可以将所管物业环境卫生的日常清扫保洁工作委托给通过招标选择的专业环卫公司来承担,具体实施物业环境卫生的管理工作。物业服务企业只需配备1~2名物业环境卫生的检查与监督人员负责以下工作。

①拟定招标文件、托管合同书等文本。

②根据招标程序选择专业环卫公司,并签订物业环境卫生委托管理合同书。

③监督专业环卫公司受托的环卫管理工作内容完成情况及日常保洁工作。

④定期与物业环境卫生托管单位召开沟通会议,讨论解决存在的问题。

⑤询查、暗访所辖区域环境卫生状况,与业主及相关人员、单位保持密切联系,听取对物业环境管理工作的意见。

⑥建立相关部门定期沟通机制,及时处理突发事件。

2. 物业环境卫生自管的机构设置

大部分物业服务企业采取自管环境卫生工作,其机构及人员设置根据所管物业的类型、布局、面积以及清洁对象的不同而灵活设置。最简单的是设置一个公共卫生清洁班,直接由公卫主任或部门经理负责。对于一个规模较大的物业服务企业而言,其保洁部一般分设三个班(组):楼宇清洁服务班(组)、公共区域清洁班(组)、高空外墙清洁班(组)。岗位的职责包括:部门经理(保洁主管)职责;领班职责;保洁员职责;技术员职责;仓库保管员职责。具体机构设置如图5-1所示。

(二)制定管理制度

物业环境卫生管理需要物业服务公司采取行之有效的管理方法和手段,保证创造卫生、

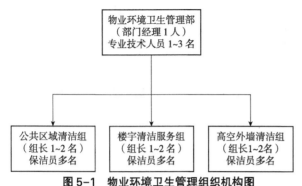

图 5-1 物业环境卫生管理组织机构图
来源：考试-物业管理师考试

舒适的物业环境首先应制定环境卫生管理制度。

1. 劳动纪律管理制度

制定环卫保洁制度是清扫保洁工作取得实际成效的基本保证，在制定环卫部管理制度时，应做到以下几点。

① 按时上下班，不迟到、不早退。

② 上班时不得无故离开岗位，有事离岗必须得到领班同意后，才能离岗。

③ 不得无故旷工。

④ 有病须请假，请事假必须经过上级领导批准。

⑤ 负责或承包的岗位，卫生必须达到规定的质量标准。

⑥ 当班时不准做与工作无关的事情，如有特殊情况，必须经批准才行。

⑦ 当班时，不得大声喧哗、说笑、追打。

⑧ 运送物品，必须使用内部货梯或工作人员用梯，不得乘坐客梯。

⑨ 不得私拿公物，有意损坏或丢失卫生保洁工器具和材料用品者，必须照价赔偿。

⑩ 上班时，必须穿戴整洁，佩带岗位证，不得穿短裤、背心、拖鞋上岗。

⑪ 当班时不得打私人电话。

⑫ 对业主和使用人的投诉，必须立即处理，不得与其发生争执。

⑬ 做好交接班工作，互帮互助，以礼相待。

⑭ 不得浓妆艳抹，佩戴耳环、首饰，留长发、长指甲等。

⑮ 拾金不昧，拾到物品应立即汇报、上交主管。

2. 工作奖惩制度

(1) 完成岗位任务，无违反劳动纪律情况，给予适当奖励，按级别分为嘉奖、晋升和奖励3种。

(2) 对于违反劳动制度的行为，根据过失程度进行惩罚，分为批评教育、警告及罚款；降职、降薪、记过、留岗查看、劝退或辞职等。

(3) 有违法行为者，除作行政处分外，对于情节严重者，移交司法机关，追究法律责任。

(三) 物业环境卫生管理人员职责

1. 部门经理职责

(1) 按照物业服务企业的管理方针、目标和任务，制定环境卫生的保洁计划和费用预算，组织安排各项环境卫生保洁的具体工作。

(2) 经常在物业区域内巡查，尽量做到每日检查各区域、各保洁任务的完成情况，如果发现不足之处要及时组织保洁返工；如果发现卫生死角，应及时调配人员，予以彻底清扫。

(3) 积极对外接洽各种保洁服务业务，做好对外提供有偿保洁服务的创收工作。

(4) 定期向物业服务企业和业主汇报有关情况，听取有关意见和建议，积极改进工作，并接受物业所在地环境卫生行政管理部门的业务监督指导。

2. 技术人员职责

(1) 配合部门经理拟定实施物业环境卫生保洁的计划方案。

(2)指导使用专用的保洁设施与机械设备。

(3)随时检查和保养保洁机械设备。

(4)协助监督检查保洁区域和保洁项目的任务完成情况。

3. 保洁班组长职责

(1)接受保洁主管的督导,按当日主管的指示,编制公共区域的保洁任务与人员的安排。

(2)检查员工出勤情况和工作情况,做好考核评估工作。

(3)检查或巡查所辖范围的保洁成效,如人行道、走廊、广场通道及有关厅堂、外围玻璃及墙身的保洁,地面洗擦,大理石地面打蜡,不锈钢、电梯保养及各种灯饰洗擦,办公楼打扫,公共洗手间的保洁卫生等。

(4)编制各种保洁卫生用品和物料的使用计划。

(5)检查督促员工使用、保养好保洁工器具和机械设备,以减少损耗,控制成本。

(6)观察和掌握员工的工作情绪,批评、纠正、指导及评估员工的工作态度和工作质量。

(7)做好保洁工器具,公共区域水、电等方面的使用和维修情况的报告。

4. 保洁员职责

(1)负责各层电梯厅、走道、楼梯等公用区域地面、墙面、天棚的清洁工作。

(2)清洁墙壁、天花、灯饰、地面、空调风口、黄铜及不锈钢设备。

(3)将地板、地面进行抛光上蜡。

(4)清洗休息厅沙发等。

(5)清洁公共区域及办公室、玻璃和镜面。

(6)时刻保持大堂清洁,勤倒烟筒、烟缸、整理沙发。

(7)定期对木质家具及镜框进行上蜡。

(8)清洁洗手间,随时注意地面台面清洁,清除异味,及时补充卫生纸和洗手液,检查电器设备。

(9)保持前厅接待处、商务中心整齐、无垃圾。

(10)清洁客用电梯。

(11)夜间清洁通道地毯。

(12)向主管汇报所需清洁用品及设备,以便申请采购。

(13)发现异常情况或维修事项及时向主管汇报。

(14)在公共场拾获物品要及时上交上级或值班经理处理。

(15)及时清理花卉盆里的杂物,并浇水。

(16)对公共区域进杀虫。

(17)执行及有效完成上级安排的其他工作。

①室内清洁组保洁员的主要职责

a. 对辖区内违反清洁管理规定的行为进行劝阻、纠正。

b. 负责各层电梯厅、走道、楼梯等公用区域地面、墙面、天棚的清洁工作。

c. 负责室内公共卫生间的清洁工作。

d. 负责室内信报箱、井道口、管线、消防栓等公共设备设施的清洁工作。

e. 负责地下室、天台、转换层的清洁及其明暗沟的疏通清理工作。

f. 对用户违反清洁管理规定的行为进行劝阻、纠正。

②室外清洁组保洁员的主要职责
a. 负责红线范围内道路、绿化带等公共区域地面的清洁工作。
b. 负责室外果皮箱、垃圾屋的清洁、清运和消杀工作。
c. 定期对室外沙井、雨污水井及管道和化粪池进行清理疏通。
d. 负责室外明装管线和明装公用设备设施的外表的清洁工作。
e. 负责墙身、幕墙、路灯、宣传牌、雕塑和排风口的清洁工作。

5. 器具保管员职责
(1) 按时到达工作岗位，及时巡视仓库物品，发现问题应及时上报。
(2) 认真做好仓库的安全、保洁工作，经常打扫仓库，合理堆放货物，及时检查火灾、危险隐患。
(3) 负责保洁工器具和材料用品的收、发工作，收货时，必须严格按质、按量验收，并正确填写入库单，发货时，一定严格审核领用手续是否齐全，对于手续欠妥者，应予以拒绝发放。
(4) 领取保洁工器具和材料用品时，必须由领班列出清单，经保洁主管审批签字后，方能发货。
(5) 物品入、出库，都要及时登记收、发账目，结出余额，以便随时查核，做到入账及时，当日单据当日清理。
(6) 做好月底盘点手续，及时结出月末库存数量，上报给保洁主管。
(7) 禁止私自借用仓库中的保洁工器具和材料用品。
(8) 做好每月保洁工器具和材料用品的库存采购计划，应及时或尽量提前呈报给主管，保证采购及时，库存合理。

五、物业环境卫生清洁工作检验标准和方法

为了使清洁卫生、垃圾清运工作及监督检查有依据，以及对清洁的工作效果有一个客观评价，有必要制定清洁工作检验标准和方法。清洁工作检验标准和方法的主要内容有：职责、检查标准、检查方法和评分标准。

（一）检查标准的主要内容

①地面　硬质地面、台阶及其接缝是否洁净，上蜡是否光亮，地毯是否清洁，有无污点和霉坏，梯脚板墙脚线、踢脚线等地方有无积尘、杂物、污渍，花坛内是否有烟头、杂物，广场砖、车库地面是否干净，绿化牌、庭院灯是否干净、光亮。

②墙面　瓷片、大理石、砖是否干净、明亮、无污渍。

③玻璃　玻璃幕墙、门、窗、镜面、玻璃围栏、触摸屏、扶梯玻璃是否洁净透亮。

④金属制品　梯门、支架、热水器、消防门、烟灰缸、水龙头、不锈钢栏杆等是否用指定的清洁剂擦过，是否光亮无锈迹和污渍。

⑤天花　光管、指示牌、灯罩等设施是否干净无尘、无蜘蛛网。

⑥电梯　电梯轿厢、各层电梯门轨槽、显示屏、扶梯、梯厅是否干净无尘，轿厢是否干净无杂物、污渍。

⑦洗手间　皂盒、干手器、水箱等设施是否干净、无损坏，洗手间内有无异味，便器、洗手盆、尿斗有无水锈，台面是否干净无水迹，厕纸是否齐全。

⑧开水间　检查垃圾桶、门边柜、茶渣柜是否干净无异味。

⑨大堂　烟缸、废纸及垃圾桶内的其他脏物是否按规定及时清除，防滑红地毯是否干净、清洁，接待台、保安亭等设施是否干净无杂物。

⑩垃圾清运　垃圾清运是否准时，是否日产日清，清运是否干净，垃圾清运过程中散落地的垃圾是否清扫干净，是否每周将垃圾桶内外清洗一次。

(二)消杀管理规定

消杀管理规定为消杀工作及监督检查提供标准依据。

1. 需要消杀的地方及时间间隔

(1)每月要求专业消杀单位对楼宇、绿化带进行一次彻底的消杀活动，每季对化粪池进行一次消杀工作，并跟踪记录。

(2)每周要求清洁公司对垃圾桶、垃圾中转站、卫生间、车库、排水渠等进行一次消杀活动，每周对开水间、热水器、过滤器进行清洁、消毒一次。

2. 进行消杀活动时应注意的事项

(1)使用高效低毒消杀用品，按比例配制，用背式喷雾器按要求喷洒。喷洒时应做好预防措施，穿长衣裤，戴口罩，完工后换衣裤，用肥皂洗手。

(2)大堂、楼层消杀活动一般在非办公时间进行，如需在办公时间进行，应先征得同意后方可进行。

(3)对广场外围进行喷洒时，尽量在顺风处喷洒，以减少对行人的影响。

(4)根据实际需要可以增加喷洒次数，并注意将被杀死的害虫尸体及时清除。

(5)每次消杀后进行检查并记录在《消杀记录表》上，存档。

(三)考核标准

为保证物业环境卫生质量，应制订定量定期考核标准，考核以保洁操作细则的具体要求为标准，根据考核时间、频度不同，可分为每日、每周、每月的保洁工作考核标准。下面以物业保洁具体事例进行说明。

每日卫生保洁操作考核标准。每日卫生保洁的项目主要有物业区域的人行道、机动车道、绿化区域，建筑物的各楼层过道和通道，楼梯及扶手，生活垃圾(包括垃圾箱内的垃圾)，电梯间，男、女卫生间等项目的保洁。其具体内容与要求见表5-1所列。

表5-1　每日卫生保洁操作考核标准

序号	保洁项目和内容	保洁方式	保洁次数
1	指定区域内的道路(含人行道)	清扫、洒水	2
2	指定区域内绿化带(含附属物)	清扫	1
3	各楼层楼梯(含扶手)过道	清扫、抹擦	1
4	居民生活垃圾、垃圾箱内垃圾	收集、清运	2
5	电梯门、地板及周边	清扫、抹擦	2
6	通道扶手、电梯扶手及电梯周身	清扫、抹擦	2

(续)

序号	保洁项目和内容	保洁方式	保洁次数
7	男、女卫生间	冲洗、拖擦	3
8	会议室、商场等公众场所	清扫、拖擦	随时清洁

1. 进行消杀活动时应注意的事项

每周卫生保洁的项目主要有：建筑物的天台、天井，各楼层公共走廊，用户信箱，电梯表面保护膜，手扶电梯打蜡，公用部位门窗，空调风口百叶，地台表面，储物室等项目的保洁。其具体内容与要求见表5-2所列。

表5-2 每周卫生保洁操作考核标准

序号	保洁项目和内容	保洁方式	保洁次数
1	天台、天井	清扫	1
2	各楼层公共走廊	清扫、拖洗	1
3	用户信箱	抹擦	1
4	电梯表面保护膜	擦涂	1
5	手扶电梯打蜡	擦涂	1
6	公用部位门窗，空调风口百叶	抹擦	1
7	地台表面	拖擦	2
8	储物室、公共房间	清扫	1

2. 每月卫生保洁操作考核标准

每月卫生保洁的项目主要有建筑物公共部位天花板、四周围墙，小区级公用部位窗户、公用电灯灯罩、灯饰、地台表面、卫生间抽排气扇、地毯等项目的保洁。其具体内容与要求见表5-3所列。

表5-3 每月卫生保洁操作考核标准

序号	保洁项目和内容	保洁方式	保洁次数
1	建筑物公共部位天花板、四周围墙	清扫	1
2	小区公用部位窗户	抹擦	1
3	公用电灯灯罩、灯饰	抹擦	1
4	地台表面打蜡	擦涂	1
5	卫生间抽排气扇	抹擦	2
6	公用部位地毯	清洗	1

附：物业环境卫生管理日常操作实例

附件1：

员工部署

编制人数：29人

清洁项目	人数	清洁内容	清洁程序	备注
商铺一楼百货	8人（白、晚班各4人）	楼层地面、通道、消防楼梯、扶手、风口、消防设施、卫生间等	①清收垃圾，清擦垃圾桶，清扫、清拖楼地面；②大堂地面及公共设施保洁；③清洁墙壁、风口、开关、楼梯、窗台；④巡回保洁周期性作业；⑤离场前保洁	上班时间为：7：00~22：30
商铺二楼书画专柜	6人（白、晚班各3人）	楼层地面、通道、消防楼梯、扶手、风口、消防设施、卫生间等		
夹层	2人（白、晚班各1人）	地面、通道、消防设施等		
电梯	2人（白、晚班各1人）	电梯内地面、壁面保洁，上电梯油		
外围	6人（白、晚班各3人）	外围道路、阶梯、休闲设施、立柱、沟渠、围栏等公共设施		
机动及玻璃清洁	4人（白、晚班各2人）	定期机动作业及大厦内部玻璃的清洁		
主管	1人	日常作业安排，质量检查，与甲方进行沟通和意见反馈		

附件2：

费用预算

(1)人工成本预算(元)：

序号	费用项目内容	工种单位	单价(元)	数量(人)	金额(元/月)	备注
1	日常清洁主管	人/月	2500	1	2500.00	
	清洁员工	人/月	2000	28	56 000.00	
2	社会保险	人/月	20	29	580.00	
3	其他福利	人/月	58	29	1682.00	
4	员工住宿	人/月	80	29	2320.00	
				人工费用小计	63 082.00	

(2)清洁材料预算(元)：

序号	名称	用途	数量	单位	单价	总价
1	刀片(飞鹰)	除地面、玻璃面坚硬物质	1	盒	25.00	25.00
2	铲刀(永利)	清除物体表面坚硬物质	2	把	3.50	7.00
3	垃圾袋(小)	洗手间纸篓用	1000	个	0.045	45.00

(续)

序号	名称	用途	数量	单位	单价	总价
4	垃圾袋(大)	装垃圾袋	2000	个	0.26	520.00
5	扫帚(宁波)	清扫垃圾、杂物	29	把	3.80	110.00
6	地斗(宁波)	装运垃圾	4	个	4.50	18.00
7	毛巾(上海)	擦抹	30	条	3.50	105.00
8	清洁桶(宁波)	装水	3	个	8.00	24.00
9	涂水器(双鱼)	玻璃涂水、擦墙	2	个	18.00	36.00
10	大竹扫把	扫外围	4	把	12.00	48.00
11	地刷(宁波)	局部地面刷地	4	把	6.00	24.00
12	黑色纤维垫	洗地	1	个	69.00	69.00
13	红色纤维垫	洗地	1	个	76.00	76.00
14	毛掸	清洁天花	3	个	10.00	30.00
15	橡胶手套	清洁时用	10	双	4.50	45.00
16	蜡拖头	大堂打蜡用	0	个	10.00	0.00
17	尘推	套推尘	3	个	55.00	165.00
18	刮刀胶条	刮洗玻璃	2	条	25.00	50.00
19	抽厕器	疏通厕所管道	2	把	3.00	6.00
20	厕刷	清洁便器	2	把	3.60	7.20
					合计	1410.20

(3)清洁剂消耗预算(元):

序号	名称	用途	数量	单位	单价	总价
1	地面清洁剂	清洗地砖	6	加仑	38.00	228.00
2	玻璃清洁剂	清洁玻璃	5	加仑	59.00	295.00
3	洗衣粉(立白)	一般清洁	30	包	4.50	135.50
4	洗洁精(丽晶)	一般清洁	1	箱	68.00	68.00
5	去污粉(白猫)	用于顽固污垢清洁	20	支	3.50	70.00
6	洁瓷灵(丽晶)	用于瓷砖表面严重污垢清洁	1	箱	63.00	63.00
7	牵尘剂(奇利)	推尘	6	加仑	61.00	366.00
8	不锈钢保养剂	用于毛面不锈钢日常清洁	6	加仑	89.00	534.00
9	面蜡(超特光)	用于地面保护、上光	0	加仑	108.00	0.00
10	底蜡(爱坚)	用于地面保护	0	加仑	95.00	0.00
11	起蜡水	用于地面起蜡	0	加仑	76.00	0.00
12	空气清新剂	用于空气清新	8	支	14.00	112.00

（续）

序号	名称	用途	数量	单位	单价	总价
13	卫生丸	防虫去味	20	袋	3.00	60.00
					合计	1931.50

(4) 设备损耗折旧预算(元)：

名称	用途折旧	时间(月)	数量	单位	单价(元)	合计(元)	折旧价(元)
洗地机	起残蜡清洗地面	60	1	台	5000.00	5000.00	83.00
高压水枪	冲洗地面	60	1	把	1800.00	1800.00	30.00
水管	用于外围冲洗	12	200	米	3.00	600.00	50.00
伸缩杆	用于高空玻璃刮洗	24	1	套	80.00	80.00	3.00
玻璃刮刀	用于刮洗玻璃	12	1	把	80.00	80.00	7.00
平板小车	用于垃圾清运	24	2	台	240.00	480.00	20.00
						合计	193.00

(5) 收费总额预算(元)：

序号	费用项目内容	金额(元/月)	备注
1	日常清洁(人工费用)	63 082.00	人工费用小计
2	清洁材料费用	1410.20	
3	清洁耗材费用	1931.50	
4	设备损耗折旧费用	193.00	
5	管理费	1460.00	(1+2+3+4)×5%
6	营业税金	1767.50	合计金额×5.3%
7	月经营成本费	32 444.20	
8	利润	905.80	
9	合计金额	103 194.20	

法定代表人签名：　　　　　　　　　　　　　　　　　　　　　　日期：20××年×月×日

第二节　物业环境安全管理

物业安全管理是物业管理的一项重要工作，是物业服务企业的首要责任，是物业服务企业为保证所管物业区域内财产不受损失，人身不受伤害，用户的工作、生活秩序正常而进行的防盗、防破坏、防爆炸、防自然灾害等一系列安全管理活动。做好物业小区的安全管理，对社会的稳定和发展起着积极的作用。物业安全管理一般由专业的保安公司或物业服务企业的保安部门来实施，维护物业辖区内治安秩序，协助公安部门查破刑事案件；组织物业辖区内的治安巡逻，及时发现并制止违法犯罪活动以及其他不安全的因素；维护公共场所秩序，负责智能化安全系统的管理；动态了解和掌握物业辖区内安全情况；开展物业辖区内的安全宣传，提供便民服务。

一、物业环境安全管理的范围

随着整个社会经济的飞速发展、科学技术水平的提高以及人民生活水平的不断改善,安全问题越来越引起人们的重视。物业安全管理的服务内容和规范也会随着社会总体经济水平的提高、社会分工的分化得到进一步的扩展和延伸。

(一)物业安全管理

物业安全管理指物业服务公司采取各种措施、手段,保证业主和物业使用人的人身、财产安全,维持正常生活和工作秩序的一种管理行为,这也是物业管理工作最基础的工作之一。物业安全管理包括"防"与"保"两个方面:"防"是预防灾害性、伤害性事故发生;"保"是通过各种措施对万一发生的事故进行妥善处理。"防"是防灾,"保"是减灾。两者相辅相成,缺一不可。

物业安全管理作为一项职业性的服务工作,是介于公安机关职责和社会自我防范之间的一种专业保安工作,较之于社会治安管理的这两种形式(公安机关和社会自我防范)具有补充的性质,具有补充国家安全警力不足、减轻国家财政负担及工作职责范围针对性的优点。

物业安全管理的目的是要保证和维持业主和使用者有一个安全舒适的工作、生活环境,以提高生活质量和工作效率。

(二)物业安全管理的主要内容

物业安全管理的主要内容包括治安管理、消防管理以及车辆道路管理等以下方面。

1. 治安管理

①对物业区域内违反《治安管理条例》的行为进行制止,并报公安机关处理。如非法携带枪支弹药,非法侵入他人住宅,偷盗他人财物等。

②对于物业区域内妨碍他人正常生活的行为进行禁止。如发出噪声、污染、乱扔杂物,搭建各类违章建筑、流动摊贩扰民等。

③除封闭管理以外,小区内保安24h值勤,每2h巡逻一次,尤其加强夜间巡逻,对减少小区内治安案件的发生和保护居民财产安全都能发挥重要作用。

2. 消防管理

消防管理的内容主要是预防和控制火灾的发生,如防火安全宣传,及时扑灭火灾,消防器材的保养和维修等。

3. 车辆交通管理

车辆交通管理主要是搞好车辆停放和交通安全管理,保证车辆和行人的安全。建立车辆驶入制度,设专人对车辆停放进行巡查,夜间保安值班巡逻,以保证车辆停放安全,实施有序停放。

4. 物业环境违章搭建管理

物业环境违章搭建管理主要是对物业区域房屋、附属设备和设施(含地上和地下)以及周围环境出现的违章搭建实施制止和处罚的管理活动。

(三)物业安全管理的主要职责

保安部的主要职责如下:

(1)贯彻执行国家公安部门关于安全保卫工作的方针、政策和有关规定,建立物业辖区内的各项保安工作制度,对物业辖区安全工作全面负责。

（2）组织部门全体人员开展各项保安工作，提出岗位设置和人员安排的意见，制定岗位职责和任务要求，主持安全工作例会。

（3）熟悉物业区域常住人员，及时掌握变动情况，了解本地区治安形势，有预见地提出对物业辖区保安工作的意见和措施。

（4）积极开展"五防"（防火、防盗、防爆、防破坏、防自然灾害）的宣传教育工作，采取切实措施，防止各类事故发生，具有突发性事故的对策和妥善处理的能力。

（5）抓好对部门干部和职工的安全教育、培训工作，提出并落实教育培训计划。

二、物业环境安全管理的具体措施

物业环境安全管理是公安、消防部门在物业区域进行治安防范、消防安全的重要力量。物业安全管理主要任务是落实各项治安、消防制度，维护大厦秩序，及时发现和打击违法犯罪分子活动，维护大厦设施及辖区内用户的财产安全。物业部安全管理必须坚决执行"谁主管、谁负责"和"群防群治"的原则。

（一）物业安全管理的任务

①负责做好"防火、防盗、防爆炸、防破坏、防自然灾害"的五防工作，维护物业管理区域范围内治安秩序。

②严格治安管理，做好来访及加班登记、电视监控、全天24h巡查、进出货物检查等治安防范工作。

③严格消防管理，落实消防责任制，及时消除火险隐患。

④积极配合公安机关打击物业管理区域内及周围发生的违法犯罪活动。

⑤负责物业管理区域内各用户治安、消防工作的宣传、指导和监督。

⑥抓好物业部门安全管理队伍的业务培训。

（二）物业安全管理的措施

物业安全管理应建立健全、完备的组织机构，用尽可能配备先进的设备、设施，选派最具责任心的专业人才，坚决贯彻"预防为主"的原则，千方百计地做好预防工作，最大可能杜绝或减少安全事故的发生。对于万一出现的安全事故，要根据具体情况，统一指挥、统一组织，及时报警，并采取一切有效的手段和措施，进行处理，力争将人员伤亡和经济损失减少到最低点。具体措施如下。

1. 思想落实

把安全管理放在第一位，要真正从思想上重视起物业的安全管理。物业服务企业要大力进行安全的宣传教育，组织学习有关的法规和规定，学习兄弟单位的先进经验和内部制订的各项安全制度、岗位责任制和操作规程等。通过宣传和不断学习，使广大员工和业主、使用人重视安全，懂得规定和要求，自觉遵守，主动配合，共同搞好安全管理工作。

2. 组织落实

物业服务公司要由主要的领导挂帅，成立安全委员会，负责安全管理的工作。同时建立具体的物业安全管理机构，如保安部或委托专业的保安公司，由专门的机构负责安全管理的具体领导、组织和协调，而不能把它作为一个附属的机构放在某一个其他部门里。

3. 人员落实

物业服务公司的主要领导要兼任安全委员会的主任，而且要把安全管理提到日常的议事日程，并选派得力的干部出任保安部的经理，配备必要的安全保卫人员。安全保卫人员必须经过专业岗位培训，要有较高的政治素质、业务素质和思想品德素质。要把安全管理的任务落实到具体的安全管理人员中去，由专人负责。

4. 制度落实

物业服务公司要根据国家的有关政策法规、规定和要求，结合自己所管物业的实际情况，制订出切实可行的安全管理的制度和办法，如安全管理岗位责任制、安全管理操作规程等，坚决组织贯彻执行。

5. 装备落实

要配备专门的、现代化的安全管理的设备设施，如中央监控系统、自动报警系统、消防喷淋系统以及其他安全管理器材设备（如交通、通信和防卫设备），以增强安全管理的安全系数与效率，保证人身和财产的安全。

三、物业环境安全管理机构的设置及职责划分

物业服务企业对物业的安全管理，可以委托专业公司经营或自行组织专门的队伍实施管理业务。不论由谁来完成，都必须在物业建设方案设计之初，就考虑物业安全方面的专门要求。安全专家必须与物业管理人员共同参与物业设计方案的拟订，以避免在方案建设完成后进行不必要的更改。在制订物业设计方案时，安全要求的纳入是非常重要的；物业服务公司应制订详细的安全管理章程和制度并公之于众，力求做到有章可循，有章必循，执章必严，违章必究。

安全管理的机构设置与所管物业的类型、规模有关，物业管辖的面积越大，类型配套设施越多，班组设置也越多越复杂。物业服务企业通常可以设置保安部来负责物业的安全管理。

(一)物业环境安全管理机构的设置(图 5-2)

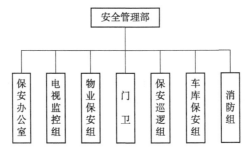

图 5-2　物业环境安全管理组织机构

(二)职责划分

1. 保安办公室

保安办公室负责治安管理部门的日常行政管理及值班总调度，可由经理助理直接负责。其具体职责有以下几个方面。

(1) 24h 保持与各保安班组的通信联系，检查各值班岗位人员到岗及值勤情况。

(2) 接待客户的投诉，协调处理各种纠纷和治安违规行为并做好处理记录。

(3) 及时检查保安器材（包括通信器材）的使用性能，做好保养和及时更换工作，保证其在工作中的正常使用。

(4) 出现紧急情况时，利用对讲机进行人员的统一指挥调度。

(5)做好保安员的出勤统计，工资、奖金的造表发放以及福利用品的发放。

(6)做好各种内外文件、信函资料的整理归档；各种通知的起草以及案件处理报告的书写。

2. 电视监控组

(1)24h严密监视保安对象的各种情况，发现可疑或不安全迹象，及时通知值班保安就地处理，并及时通过对讲机向办公室报告，且随时汇报变动情况直到问题处理完毕。

(2)发现监控设备故障要立即通知值班保安加强防范，并立即设法修复。

(3)要记录当班的监控情况，严格执行交接班制度。对电视监控值班人员要求做到：

①提前做好上岗准备，按时接班，着装整齐。

②严格交接班手续，无遗漏、无差错，哨位设施无损坏、无丢失，勤务登记准确及时、内容清楚，如实记录和反映情况。

③保持室内卫生整洁，交接班以后，上一班打扫完卫生后才能离岗。

④严禁无关人员进入，也不准带亲戚朋友在工作场所聊天、嬉笑、打闹。

⑤上班精神集中，不准擅离岗位，不做与工作无关的事情。

⑥严守岗位，保持高度的警惕性，发现可疑情况，严密监视，同时通知该区域保安人员和报告上级，密切配合，确保区域安全。

3. 物业保安组

(1)严格按着装要求着装，做到着装整齐、佩戴齐全，准时上岗。

(2)值班中不准擅离岗位，不准嬉笑打闹、看书报、吃东西、睡觉、听收录机和进行其他与值班无关的事情。

(3)严密注意进出物业的人员，严格执行来客登记制度，对身份不明人员(无任何证件)、形迹可疑、衣冠不整者和其他闲散人员，保安人员有权制止其进入。

(4)对带有危险物品进入大厦的人员，保安人员要严格检查并登记，或由保安人员代为保管。

(5)值班人员要经常上、下楼巡逻，物业入口处(楼门)保证24h有人执勤，另一人上下巡逻，检查有无可疑情况和人员及不安全因素，发现问题，应严密监视，及时汇报。

(6)执勤中要讲文明、讲礼貌，处理问题要讲原则、讲方法，态度和蔼，不急不躁，以理服人。

(7)熟悉楼层消防设施的布局和设置点，经常检查设施是否完好和有效，与消防中心严密配合，预防火灾事故的发生。

(8)调查熟悉物业内各业主和用户的情况，了解业主和使用人的人员情况及其经常交往的社会关系。

(9)认真做好值勤记录，不准代他人填写；接班人员未上岗前，上一轮值班人员不准下岗；严格执行交接班制度，做到交接清楚，责任明确。

(10)对于带出物业的大件物品，要与物主单位联系核实，并做好物品登记工作。

4. 门卫保安组

(1)着装整齐，佩戴齐全，按规定上岗交接班。

(2)执勤中不准擅离岗位，不准嬉戏打闹，不准看书报杂志、吃东西、睡觉或进行其他与执勤职责无关的事。

（3）执勤中要讲文明、讲礼貌，不刁难辱骂群众，处理问题要讲原则、讲方法，态度要和蔼，不急不躁。

（4）认真检查出入车辆，指挥车辆按规定路线行驶，停放在指定位置，不准乱停乱放，确保通道畅通无阻，避免造成交通阻塞，杜绝区域内交通事故的发生。

（5）严格控制外来车辆及闲杂人员、小商贩进入管区，外来车辆进入管区，一律实行收费制度，按规定的标准收取，严禁乱收费。

（6）认真履行值班登记制度，值班中发生和处理的各种情况在登记簿上做详细登记，交接班时移交清楚，责任明确。

（7）执勤中玩忽职守，对工作不负责，造成一定损失的，要追究当班保安人员的责任。

（8）积极配合其他班组的保安人员，做好安全防范工作，把好管区的大门。

5. 保安巡逻组

（1）实行 24h 监视和巡察，防止不安全事件的发生。

（2）对于形迹可疑的人要进行证件检查，必要时检查其所带物品。

（3）对于带出本区或在本区内起卸的较大物品，要检查单位证明、本人证件，并和单位联系核实，并予以登记。

（4）制止本物业范围内的打架斗殴事件。

（5）检查和制止在物业范围内饲养家禽家畜；对于宠物要进行登记，如果其叫声干扰了居民生活，应加以干涉与制止。

（6）制止在物业区域内大声喧哗，影响他人的工作和休息，尤其是夜间遇此情形，保安人员要及时制止。

（7）接到业主和使用人报警，应立即前去现场处理，同时与总值班室或保安办公室取得联系。

（8）看管好所负责范围内的车辆，防止撬盗车辆事件的发生。

（9）指挥并监视好所负责范围内的行驶车辆，防止交通事故的发生。

（10）监视所管物业，及时消灭火灾隐患。

（11）回答访客的咨询，必要时为其做向导。

（12）协助解决业主和物业使用人所遇到的其他困难。

6. 车库保安组

（1）严格履行交接班制度。

（2）对进出车辆做好登记、收费和车况检查记录。

（3）指挥车辆的进出和停放。

（4）对违章车辆，要及时制止并加以纠正。

（5）检查停放车辆的车况，发现漏水、漏油等现象要及时通知车主。

（6）搞好停车场（库）的清洁卫生。

（7）定期检查消防设施是否完好、有效，如有损坏，要及时通报上级并及时进行维修或更换。不准使用消防水源洗车等。

（8）停车场（库）门卫不准私自带亲戚朋友在车库留宿，无关的闲杂人员要劝其离开。

（9）值班人员不准睡觉、下棋、打扑克或进行其他与执勤无关的事情；要勤巡逻，多观察，随时注意进入停车场（库）的车辆情况及车主的行为；对发现的问题，要及时报告给上级主管部门。

7. 消防组

(1)认真学习有关消防知识,掌握各种器材的操作技术和使用方法。

(2)值班人员要忠于职守,工作严肃认真,随时准备为保卫人民生命财产安全作出牺牲。

(3)管理好消防监视中心的各种设施和设备,保证监视中心正常工作。

(4)做好物业及物业区域内各种消防器材和设备的检查,保证设备处于完好状况,一旦发生火情、火灾即可投入使用。

(5)检查各楼层的电器、电线、电掣、煤气管道等有无霉坏、锈坏、氧化、溶化、堵塞等情况,防止短路或爆炸引起险情和火灾。

(6)制止任何违反消防安全的行为。

(7)积极开展防火安全教育,提高全民注意防火的安全意识。

四、物业环境安全常规管理

(一)物业环境安全管理器材配备

物业环境安全管理除了依靠人员、完善的管理制度外,还应采用适当的技术防范,配备必要的设施和器材,如防盗门、防盗锁、门户开启装置、防盗报警装置、闭路电视监控系统、对讲机、灭火器、消防栓、火灾自动报警系统;车场IC卡管理系统、红外线安防系统、车辆速度检测器等。

(二)物业治安管理检查

物业治安管理包括物业区域的安全保卫和正常工作与生产秩序的维持,常规检查如下。

1. 门卫登记

器械佩带整齐有序,目视感觉协调、自然;做好来客登记工作,并随时与巡逻人员保持联系,以便掌握物业区域内各时段内情况;熟记本区域内各住户情况;住户进出时,要主动"问好"、说"再见",并提供拉门服务,对老幼、病、残、孕要进行帮、扶、送工作;在当班期间不得与各工作人员聊天、说笑、打闹;遇紧急情况发生时,按《紧急事件处理程序》办理。

2. 守护

守护工作标准:着装整齐、统一,帽不歪戴、衣扣扣好、衣物平整,目测衣物无污、无油、无破损;仪容、仪表洁净、端庄,不留胡须,发不过耳、不过领,目视无不舒适感;每班次交接应完成全套交接岗动作,作到熟练、准确、动作到位;对住户及来访者笑容可掬、亲切、耐心;熟知、熟记辖区内住户及其车辆(包括车号);对住户要用规范用语问好;认真作好来客登记工作,并及时与巡逻岗人员保持联络;遇紧急情况发生时,按《紧急事件处理程序》办;指挥车辆进出时,动作统一、规范、不僵硬,目视无不舒适感;熟知各种器械使用方法,熟练掌握使用技巧。

3. 巡逻

巡逻岗工作标准:白天巡逻园区不少于6次,楼内不少于8次;夜间巡逻园区不间断、楼内不少于6次;认真作好巡逻记录,对各种安全隐患、工程设施、设备及清洁卫生情况应及时处置并详细记录后上报;对重点区域和部位(如监测死角、设备房)做重点监测跟踪和记录工作;巡逻过程中,遇到可疑人员,可进行盘查直至带回保安办公室询问;与保安办公室及各楼门岗保持密切联系,及时汇报相关情况;接客户电话报案后,5min 内到达现场;遇见住户本人报案,3min 内到达现场;熟知各种器械使用方法,熟练掌握使用技巧;熟练使用各种消防器械,掌握使用要领;遇紧急情况发生时,按《紧急事件处理程序》办理;按规定责任路线巡视检查,登楼至高,徒步下楼,呈"S"形路线巡视。

4. 突发事件处理

凡遇突发事件(指凶杀、抢劫、勒索、打架、闹事、伤亡或重大纠纷),必须保持冷静,立即采取措施,报告当值领班;同时简要说明事发的地点、性质、人数、特征及损失价值,并采取以下措施:①驱散无关人员,保护好现场,留意现场周围的情况。②查看本部各类记录、出入登记、各电视录像,检查有无可疑情况和人员。③对勒索、打架事件、监控中心应密切注意事发现场的情况变化。④对纠纷事件应及时了解具体原因,积极协调、劝阻争吵、平息事态。⑤对伤亡事件应做好现场保护和通知抢救工作,对明确已死亡的,应报派出所调查处理。⑥对涉及刑事及重大责任事故或治安、刑事案件引致的伤亡事故,应立即报告公安机关并由物业经理、物业主任、当值管理员主管、领班协助调查处理。⑦物业经理、物业主任、当值管理员主管、领班在接获突发事件后应立即赶到现场,做好疏通控制工作,防止事态扩大,并拍照留证。⑧物业经理、物业主任、当值管理员主管、领班组织人员除维护现场外,还须负责指挥调派人员做好布控堵截,根据事态的大小程度报公安机关、有关部门及公司领导。⑨当值领班、管理员主管填写特发事件报告,写出事情详细的经过。

(三)物业消防管理检查

物业区域的消防管理主要是预防火灾事故发生,在火灾发生时迅速采取有效措施,使损失降低到最小。常规检查措施如下。

1. 日常巡查

保安部经理为消防安全直接责任人,负责消防安全工作的日常检查。工程维护部负责消防设备设施的维修保养工作。业务总部负责对各单位消防专员进行消防安全业务指导,保安部巡逻队与消防专员负责消防设施的日常巡查。物业服务公司(管理处)各部门经理负责本部门所管辖区域的日常消防管理,以部门员工为基础组建义务消防队,并加强本管辖区域内的消防设施检查和维护。

2. 消防设施管理

物业服务公司根据消防法规和实际需求由行政管理部申请配备消防设施。保安部负责建立《消防设备清单》,负责日常消防设备检查,并按《消防管理工作规范》文件要求填写记录;工程维护部每月对消防设施管理情况进行抽查,并记录在《消防设施检查表》上;工程维护部按照《消防系统维修保养规程》《消防系统操作规程》《消防设备运行管理规程》对消防设备操作、运行管理、维修、保养等具体工作进行有效实行;检查中发现不合格项应立即整改,如问题严重,须上报公司相关部门进行处理;工程维护部负责对各种消防设施下达维修保养计划、检查消防标识;全面质量办公室负责对标识进行监督,行政管理部负责组织对标识进行制作;工程维护部负责对消防专用公章进行有效的管理与保存,并按照《消防管理规定》实施。

3. 消防工作的检查

公司安全领导小组每季度和节假日前按公司《消防管理规定》对管辖区域进行消防安全检查，并形成书面报告；工程维护部经理负责每月一次检查所管区域的安全用火、用电情况，并形成报告上报消防安全领导小组；检查中发现不合格，立即发出《消防隐患整改通知书》，责成责任部门或责任人限期改进，事后还应进行跟踪检验；在管辖范围内严禁携带、存放易燃、易爆物品，保安部执勤人员如发现存放以上物品，应立即上报相关部门处理。

4. 消防培训

物业保安部通过办宣传栏，向业主发放《住户手册》，不定期向业户宣传消防安全知识；保安部每季度安排义务消防队与消防专员进行消防实操训练；由业务总部保安归口负责人每年不少于一次对各单位义务消防队进行消防演练，保安部消防主管按照《消防培训工作实施标准》每月不得少于一次进行消防理论培训。

5. 火警应急处理

发生火灾事故时按《火警、火灾应急处理程序》与《小区灭火应急规程》处理。消防中心值班员发现火警信号后，立即通知附近巡逻队员到场察看，确认火灾类型和火情大小。确认属实，迅速向上级汇报。若属误报，应及时将全部消防系统复位。当中队队长接报后，立即组织抢救，并视情况向119报警，同时通知本单位负责人；接到火灾报警并确认发生火灾后，消防中心值班人员应检查电梯是否迫降至首层，燃气总闸是否关闭，消防风机、消防泵等消防设备是否正常，确保消防系统随时进入运行状态。单位负责人组织义务消防队撤离易燃易爆物品，启用灭火器材，全力扑灭初起之火；并组织业户撤离危险地区，做好妥善安排。保安部负责人保护好现场，维持现场秩序，并及时向上级通报情况；扑救完毕后，保安部安排人员协助有关部门查明原因、统计损失；处理完毕后，保安部负责人将有关情况写成材料，并报主管领导审核。

(四) 物业环境违章搭建管理检查

1. 违章搭建认定

认定违章搭建必须依据明确的法律规定：①未经规划部门和土地部门批准，未领取使用土地许可证而占用土地或临时占用逾期不交还的；②擅自改变用地位置或扩大用地范围的，如占用公共场所作为私家庭院、停车场、堆物房等；③未经规划部门和建设行政管理部门批准，擅自施工的；④擅自改变建筑物规范或使用性质，如在天台上建房，在阳台上搭建雨篷等；⑤违反《城市公有房屋管理条例》，《城市建设规划管理条例》擅自占用里弄通道、街坊道路、庭园绿地等；⑥损坏房屋承重结构，破坏房屋外貌，如屋内搭阁、天井内搭建等；⑦擅自在市政、公用设施上建造或妨碍公共安全和交通的建筑物。

2. 违章搭建处理

发现违章搭建要及时进行处理：①进行现场核对，记录搭建地点、搭建情况（面积、结构等）、确认违章单位等，并责令其立即停工；②发停工通知书及谈话通知书，注明谈话记录，通知主管机关；③调查取证，明确违章搭建地点、搭建时间、位置、面积、当事人、搭建用途、手续、费用等；核对其手续是否合法；④发出处罚决定书，在确认违章后，依据有关法律法规对当事人做出行政处罚决定，依照《行政处罚法》有关规定，告知当事人承担法律责任。

(五)物业道路车辆管理检查

1. 车辆管理工作标准

道路线型、断面与整个住宅区建筑群体布置相协调;车行道通至每幢住宅楼单元入口处;外来车辆未经许可,不可进入辖区;凡装有易燃、易爆、剧毒品或有污染物品车辆或2.5t以上货车,一律不准驶入辖区;驶入辖区内车辆均需减速,时速不超过15km,无鸣笛现象发生(救护车、警车、救火车除外);辖区内所有车辆均纳入物业服务企业管理范围,做到一车一证、一证一位、车证齐全,见证放车。

2. 车辆管理员工作

车辆管理员礼貌待人、热情周到;熟知业主姓名、车型、车牌号、房号、车位;车辆管理员随时巡查车辆停放情况及车辆的车况,遇有门未锁、灯未关、漏油、漏水等现象发生时,10min内通知车主。

3. 停车场管理

停车场内无货物堆积、道路阻塞现象;停车场内地面无水、无油、无污、无纸屑、无烟头等杂物;停车场道路平整无坑、无尖锐物、无金属钉状物;停车场内有明显禁烟标牌,且消防器械及设施均配备齐全,使用功能完好率100%;辖区内交通事故年发生率不超过2%,丢失事故发生率为0%;地下停车场光线明亮,能见度高,目测距离50m以上;临时停放车辆收费率100%;每车位文字档案齐全、资料准确率100%;外来进出车辆有登记,完成率100%,准确率100%。

五、物业环境安全管理案例

南海玫瑰花园位于深圳市蛇口海昌街后,望海路以南,东临蛇口渔港,西倚南海酒店、海上世界和绿草地高尔夫球场,北靠大南山,与香港隔海相望。小区特有的海湾深水区270度湾区海景、逾1000m长的堤岸栈道、逐级叠落的建筑设计、海天一色的露天泳池、夜观渔火的咖啡吧,配以色彩丰富的热带植物、庭院小憩的休闲椅以及具有现代气息的雕塑喷泉,使得南海玫瑰花园不仅成为绝无仅有的海居物业,且将中西文化并存的滨海风情尽现于人们眼前。该小区是深圳市2001年至2002年度十大明星楼盘之一,曾获得"深圳市健康休闲社区"殊荣,并获得"深圳市南山区物业管理优秀住宅区""深圳市物业管理示范住宅区""广东省物业管理示范住宅小区"称号,获得"全国物业管理示范住宅小区"光荣称号。目前南海玫瑰花园小区已吸引了众多境外人士居住,已成为一个国际化的大社区。

小区采取封闭管理与各组团封闭式管理相结合,人防、技防相结合,内控、外控相结合,高智能技防加高效率人防安全管理双网管理使整个小区管理形成有效的安全圈。物业服务企业专门设计了"五环安全网"管理模式,为全体业主全力创造一种在安全网保护下的24h安全生活。

"五环"是指运用安防智能体系结合人防体系组成星河丹堤的五个安全保护环(图5-3)。

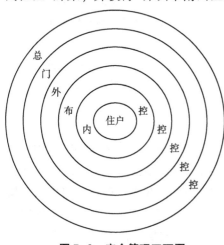

图5-3 安全管理五环图

①五环——总控(消防中心)　由消防中心运用小区的安防智能系统，对小区进行全方位网状式监控，发现问题及时向各环发出预警信息，同时负责总指挥调度。

②四环——前后大门门控(车辆进出口岗、人行通道进出口岗)　在进出口处采用门禁加固定岗的方式对进出小区的人员、车辆进行控制，若发现可疑人员已经通过本环，须立即向消防中心及三环、二环、一环通报。

③三环——外控(小区机动巡逻岗)　由机动巡逻人员通过对小区各区域(包括地下停车场)的流动巡逻进行区域间控制，在接到四环及消防中心预警的情况下，负责对相关区域可疑人员进行严格控制，负责对小区各类事故苗头及时处理，必要时要向四环及消防中心通报，并做好相应防范、监护措施。

④二环——布控(小区花园、楼层、湖边及郊野公园巡逻)　在小区花园及湖边采用点、线、面的巡逻方式进行该区域监控，对三环、四环发出的预警信息做好防范措施，并将可能出现的事故隐患及时向消防中心和相关部门发出预警信息，同时进行重点跟踪。

⑤一环——内(自)控(运用户内先进的智能安防设备并与业主联动互防)　这是最后环节，通过户内安防系统对可疑情况进行鉴别，或与业主联动对进入楼层的可疑人员进行防范，且本环还应对消防中心及其他各环发出的预警信息加以识别、判断和通报。

"五环安全网"运作方式即通过运用一个中心(消防中心)，两个分队(应急分队、消防分队)，三个岗位(固定岗、巡逻岗、检查岗)，实施对四大区域(地库区、外围区、花园区、楼内区)的严格控制，采用"点""线""面"相结合的方式，形成"网"内之"点"有效控制，"网""点"之间相互呼应，如有碰"网"，中心呼叫，"点""网"互传，一"网"打尽。一般情况下，安全网内各固定岗不动，巡逻岗是流动的，如运作图中的单向箭头为单方支援，双向箭头则互为支援，任何岗位均可获得消防中心的支援。在紧急情况下，由安全部主管、队长负责利用消防中心实施全区安全管理的总调度，视情况调动应急分队和机动大队进行支援(图5-4)。

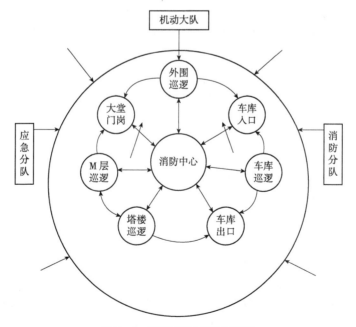

图5-4　"五环安全网"运作图

第三节　物业环境污染管理

物业环境作为城市环境的组成部分，其污染源是多方面的。按人类与自然环境的关系来分，又可分为生产性污染源、生活性污染源、噪声污染源和放射性污染源等。根据地域分布特点，可分为固定性和移动性污染源。工厂、矿区等属于固定性污染源，汽车、摩托车等流动体属于移动性污染源。

一、物业环境污染

环境污染是指人们在生产和生活活动过程中，由于有害物质进入生态系统的数量，超过了生态系统本身的自净能力，造成环境质量下降或环境状况恶化，使生态平衡及人们正常的生活条件遭到破坏。造成环境污染的物质被称为污染物，就是把人们在生产和生活过程中，排入大气、水、土壤中的具有毒性、易于扩散，并引起环境恶化、破坏生态平衡及对人身健康有危害的物质，叫作环境污染物。产生有害物质的设备、装置、场所、活动等，被称为污染源。

(一) 物业环境污染的类型

生产性污染物主要指工农业生产过程中排放出的有害物质。这些物质绝大多数未经处理就直接或间接地排入大气、水体和土壤，造成了环境污染。生产性污染物来源于生产性污染源。生产性污染源又可分为工业污染源、交通运输污染源和农业污染源等。

生活性污染物主要是指居民生活用煤、生活用水及生活垃圾等。居民区特别是居住小区，物业区域越大，人口越多，这种污染也就越显著。例如，居民丢弃的大件家庭用品家具等，小件的物品如纸张、塑料、家畜下水料、菜根残叶、废弃食品、厨房其他下脚料等，还有煤渣、粉煤灰等燃料废物。生活垃圾中一些物品本身并不造成污染，但由于属于废弃物，垃圾过多无法处理与其他垃圾混在一起发生变质和腐烂，就造成了污染，危害人身健康，使环境恶化。

噪声污染是指排放的环境噪声超过生态系统标准或国家及国际标准，对人的工作、学习、生活等正常活动以及人体健康造成妨碍和损害的环境现象，其表现形式是声音尖高、刺耳、杂乱和怪声等。产生严重噪声污染的原因是多方面的，工业、交通运输、建筑施工、生活活动是主要原因，噪声污染程度用 dB（分贝）来衡量，适合人生活的环境声音在 15~45dB，超过标准便构成了噪声污染。

放射性污染物主要是核能工业排放的放射性废弃物，医用及工农业使用的放射性设备等。放射性污染中既有生产性污染，也有生活性污染。目前放射性物质的污染波及空气、水域、土壤及食品等，它可通过多种途径进入人体，造成对人体健康的影响和危害。电视台、电台、无线寻呼、移动电话、雷达以及家用电器、微波炉等电磁装置和设备，发出电磁波在空中"运载"过程中，如果发生"场漏"，越出自己规定的"运行范围"，就会与其他地方发射的电磁波互相交织干扰，成为一种十分危险的污染源——电烟雾。这种看不见、摸不着的电烟雾，同其他电磁波一样，可以穿透人体，慢慢吸收一定的能量而发生生物学的热效应，引起身体内部器官的病变，最终导致白血病、皮癌、牛皮癣、白内障和自主神经功能紊乱等危险疾病。

(二)物业环境污染的特征

从影响人体健康的角度来看,物业环境污染,特别是居住物业环境污染一般具有以下几个特征。

1. *影响范围广且不易控制*

大气、水体和土壤与人们生存、生活、生产关系极为密切,人和它们的接触又极为广泛,当有毒、有害物进入大气、水体和土壤中产生污染后,一般都具有涉及范围广,受害人数多,污染又不易控制的特点。

2. *作用时间长*

由于被污染的空气、水体等的治理需要较长时间,且空气、水体等对人的重要作用又是别的物质所不能代替的,使得直接接触污染源的人群以及在污染区生活的居民等受害者不得不长时间地处在被污染的环境中,被动地接受污染物的毒害。有些污染物,如电磁波、放射性物质等长时间毒害受害人,且不易使受害人所觉察,显示出污染物对人体毒害的作用时间长的特征。

3. *污染物的浓度经常随时间、空间的变化而变化*

污染物进入环境后,受到大气、水体的稀释,浓度往往变得很低,不被人们所重视。这种长期慢性的毒害作用,对人体健康的潜在危害是十分严重的,一旦发现病症,可能就会难以治愈;再加之环境中存在的污染物种类繁多,这些污染物在与空气、水体、土壤、食物接触中,通过生物或理化作用发生转化,会改变原有的性质、状态或浓度,对人体产生复杂的混合作用。这种混合作用,有可能减弱也可能加剧另一种污染物的有毒、有害性。这一特点使人们很难判断哪一种污染物对人体的危害是主要的、严重的,给治理和消除污染物的工作带来了很大的困难。

物业环境污染对于生产、经营等活动来说,其主要特征有降低工作效率、影响产品质量和产量、经营收益和利润减少、资源分配达不到最优化而导致市场失灵等特征。

二、物业环境污染对人体的危害

环境的异常变化会影响到人体正常的生理功能,当有毒、有害物进入人体后,一方面干扰和破坏机体的正常生理功能,对机体产生潜在性危害;另一方面人体又通过各种防御机制与代谢活动使有毒、有害之物降解并将其排出体外。人体与有毒、有害污染物之间有一个由有毒、有害物的"量变"逐渐引起人体生理机能"质变"的过程。如果有毒、有害物进入人体的数量超过人体自我调节的范围时,人体就会表现出病症。

环境污染对人体能否造成危害、危害程度的深浅,主要取决于污染物进入人体的"剂量"、作用时间、多种因素的混合作用以及个体敏感性等因素。一般来说,环境污染对人体健康的危害主要有以下3种情况。

1. *急性危害*

急性危害的表现是污染物进入环境,很快就对人体发生危害作用。例如,1952年伦敦烟雾事件是大气污染公害最突出的例子,4天死亡4000人,2个月内先后共死亡12 000人;成为20世纪30年代至20世纪60年代八大公害之一。2003年公共卫生事件非典型性肺炎的传播让我们警醒。据研究,烟雾事件大多是光化学烟雾造成的,光化学烟雾是汽车尾气中的氮氧化物和碳氢化物在阳光紫外线照射下，形成光化学氧化剂，与工厂排出的 SO_2 遇水分产生硫酸雾相混合而形成的光化学雾。当大气中光化学氧化剂浓度超过承受程度时，就会造成急性危害。

2. 慢性危害

长期生活于被污染的环境之中，会使人逐渐患慢性炎症，如慢性鼻炎、慢性咽炎等。根据我国某市的调查，慢性鼻炎发病率，在重污染区为 55.3%，轻污染区为 38.6%；慢性咽炎发病率，重污染区为 30.7%，轻污染区为 11.2%。水体和土壤污染对人体造成的慢性危害也是非常常见而普遍的；重金属元素会随着水体或食物链进入人体，对人体造成慢性危害，此外还有其他有毒物质如砷、汞、镉等，由此造成了 58% 的儿童患有免疫系统缺陷，易于患病，而且使染色体损害广泛。根据 103 位受试青年中，有 60 位染色体失常，其后果可能导致癌症或者生育出具有严重缺陷的婴儿。

3. 远期危害

经常处于被污染环境中的人，不仅会受到急性和慢性危害，还会受到长期的潜在危害。因为有些污染物质对人体的危害有较长的潜伏期，需要几年甚至几十年的时间，才暴露出严重的"公害病"；还有的污染物对人体的危害甚至要到第二代或第三代人身上才能表现出来。这些病症包括某些放射性元素和有毒化学物质对人体的致病作用；有些污染物质能使机体细胞中的基因物质改变原有的特性，产生新的遗传特性，这些基因物质作用于人体生殖细胞，会使子孙后代发生遗传突变作用，对其生长发育有着较大影响。

从环境污染对人体健康的近期影响和远期影响来看，防治环境污染，是关系子孙后代健康与生存的大事。我们在促进经济发展的同时，对防止环境污染务必要给予足够的重视。

三、物业环境污染及其防治

(一)物业大气污染及防治

1. 物业大气污染的产生

城市中人们从事种类繁多的生产、生活活动，不断地向物业区域内的大气排放出各种污染物。如果污染物的含量超过环境允许的极限时，大气环境就会恶化，影响人们的身体健康、活动效率和精神状态，并会直接或间接地破坏设备设施。大气污染从总体上看，是由自然灾害和人为活动两大因素造成的。而物业环境的污染，主要是指人为活动造成的污染。

物业大气污染的产生主要有 3 个方面：一是生活污染源，即人们在做饭、取暖、洗涤等过程中，所用燃料放出的有毒、有害气体、烟雾等造成的污染；二是工业污染源，即工矿企业在生产过程中和燃料燃烧过程中排放的煤烟、粉尘及无机、有机化合物；三是交通污染，即各种交通工具运行时排放出的发动机燃料燃烧后的尾气等造成的污染。

物业大气环境的污染物质主要有：硫氧化物——主要指二氧化硫和三氧化硫；煤尘和粉尘；一氧化碳；氮氧化物；光化学烟雾和氧化剂等。

物业大气污染对人的健康和生活环境有着直接的危害和不良的影响，而且对动植物、气候也有危害或不良影响。大气污染还会对建筑物、名胜古迹、金属结构、油漆涂料、皮革、纺织品及橡胶等产生不同程度的玷污和化学腐蚀性损害；还会对局部气候产生重要影响，其具体表现在以下几个方面：①对地球表面太阳辐射能量的遮蔽作用；②对降水量的影响；

③造成城市"热岛效应";④易于形成酸雨等。"热岛效应"是指城市日夜处于通风不畅的高温性气候中的现象。在人口集中、污染严重的大城市,如俗称三大火炉的重庆市、武汉市和南京市,其市中心区的气温比周围郊区高出1~4℃形成城市热岛。大气中的硫氧化物、氮氧化物及碳氧化物可转化为各类酸;当遇到降水时即溶解于其中而形成酸雨,酸雨的主要成分是二氧化硫污染形成的硫酸雨。我国燃烧高硫煤地区,如贵阳、重庆、广西等城市,都曾下过pH值为3~4.5的酸雨,其他城市也不同程度地下过酸雨。

2. 物业大气污染的防治

物业大气中的污染物,一般不可能集中进行统一处理,因此对于已经进入大气的污染物质,只能考虑尽可能利用大气的自净作用和植物净化能力逐渐予以消除或减少。因此,防止大气污染的根本办法是在污染物排放入大气之前对污染物进行处理,使它们不能进入大气,以保证大气的环境质量。

(1)大气的自净作用

大气的自净化作用有物理作用(扩散、稀释和雨、雪洗涤等)和化学作用(氧化还原作用),在污染物排出总量基本恒定的情况下,污染物浓度在时间、空间分布上同气象条件有关。认识和掌握气象变化规律可以充分利用大气自净作用,减弱或避免污染的危害。

(2)增加植物净化

植物具有美化环境、调节气候、截留粉尘、吸收大气中有害气体等功能,可以大面积长期连续地净化大气,尤其在大气中污染物影响范围广、浓度较低的情况下,植物净化是行之有效的方法。在城市以及物业区域内有计划、有选择地扩大绿地面积,是综合防治大气污染的长效与多功能的保护措施。

(3)运用先进的科学技术

要积极运用无废、少废、节能的新技术、新工艺,筛选、推广环境保护的适用技术,尽快把科技成果转化为生产和治污能力,积极推广先进实用的环保设备,减少污染物的生成和排放量。加强对生产和生活过程中所产生的污染物在排放之前的各种治理手段,严格控制排放总量不超过法定的污染物排放标准。

(4)加强对大气污染的监测管理

经常对物业大气进行监测,能够及时了解物业大气的污染情况及其是否符合国家有关标准,以便于综合治理,促使物业大气环境污染的防治工作有目标有方向地进行。

(二)物业水污染及其防治

1. 物业水污染的产生

物业水污染一般是指人们在使用物业过程中大量排放的污染物和液体进入水体,使水质量下降,利用价值降低或丧失,并对生物和人体造成损害;这种损害包括缺水、地表下沉和水土流失等现象。城市物业的使用(生产、经营、办公、居住等)是水污染的大户,其水污染主要来源于工业废液污染和生活废水污染,还有其他类型的水污染,如垃圾填埋场污水渗漏产生的二次水污染、医疗污水污染、有毒危险品和放射性物质渗入水中造成的水污染等。物业水污染除了工业废液、生活污水外,还有如医疗污水与污物污染、城市路面排水不畅、坑坑洼洼、积水养蚊蝇等污染。

物业水污染的危害一般来说可分为以下3个方面。

①损害人体健康　水不仅是重要的环境因素,也是人体的重要组成部分。成人体内含水

量约占体重的65%，每人每天生理需水量约为2~3L，人体内的一切生理活动，如体温调节、营养输送、废物排泄等都需要水来完成。

②破坏自然资源　污水中的氮、磷等植物营养素所造成的"富营养化"，可以成为缺氧危害的重要因素。水中含有过分丰富的植物营养素时，水中的藻类等低等植物便大量繁殖，占据大量空间，并隔绝空气与水面的接触，使水中的溶解氧降低。如果污染物持续不断地注入，水中则长期处于缺氧状态，鱼类资源被破坏，水体也会变黑变臭，成为有毒、有害的死水。

③降低经济活动效益　水体污染对工业、农业等生产活动的影响主要表现为资源、能源的利用效率低和浪费严重，生产的产品质量下降或不稳定等，直接导致产出率及产出水平低下、产品价格提高、丧失市场竞争力，最终使企业经济效益降低，甚至出现亏损。城市近郊工业区的污水污染农田，造成的经济损失十分严重。

2. 物业水污染的防治

生活污水和工业废液等的随意排放是造成物业水污染的主要原因。防止水体污染首先要从断源开始，即控制污水的排放，将"防""治""管"三者结合起来。具体来说，应从以下几个方面着手。

(1) 减少污(废)水的排放量

改变传统的工业发展模式，使工业用水重复利用并设法回收废液，减少工业用水总量。通过实施超标准用水高价收费的差别价格，促使工矿企业尽量缩减用水量，例如，许多国家把处理净化的城市污水开发为新水源，将其再利用于工农业、渔业和城市居民生活的方法，是减少和节约用水的一种有效途径。

(2) 降低所排污水的有害程度

通过综合利用或技术改进尽量降低污染物的浓度，也能有效减少污染。例如，对于生活排水，要控制其污染物质的量，日本东京近旁的崎玉县水域有机污染物质73%是生活排水引起的。开展减少生活排水污染物质的方法，如厨房洗碗槽要装能滤水的垃圾袋；淘米水留着洗碗，减少其排出；严重影响水质的酱汤汁、酒和食用油不得进入下水道；洗碗应先擦后洗，减少洗涤剂的使用量；水要尽量节约和重复使用等。

(3) 加强废水处理环节，杜绝任意排放

为确保水体不受污染，必须在废水排入水体之前进行妥善处理，达到规定的污水排放标准才能排入公共污水水道。生活污水的排放也要经过处理后才准排入自然水体。污水中污泥应及时处理，已开发利用污泥制作一些建筑材料的技术即将下水道的污泥焚烧，用烧后的灰制作建筑材料。

(4) 加强对水体及其污染源的监测管理

经常对物业用水和排水进行监测，了解物业水污染等情况及其是否符合国家有关规定和标准，确保物业使用者的用水安全和身体健康，同时，确保不造成对外界的影响和危害。这使物业水污染的防治工作有目标有方向地进行，是防止水污染严重化不可缺少的有效手段。

(三) 物业噪声污染及其控制

1. 物业噪声污染的种类

声音是人们沟通思想和感情，传播信息，研究和识别周围事物的媒介。然而有些声音的存在不但没有价值，而且会妨碍人们的生活和活动，甚至影响人体的健康。我们通常把这些使人烦躁、难受或受害的声音，称为噪声。噪声是一种危害人类的环境公害，它和大气污染、水污染不同的是，噪声不仅具有客观性，还具有较强的主观性，它属于感觉公害。噪声污染是指排放的环境噪声超过生态系统标准或国家及国际标准，对人的工作、学习、生活等正常活动以致人体健康造成妨碍和损害的环境现象。环境噪声的表现形式是声音尖高、刺耳、杂乱和怪声等。具体来说，环境噪声主要有以下几类：①过响声。过响声是指很响的声音，如喷气飞机发动机的声音、汽车喇叭声、汽笛排气声、材料切割声等。过响声导致附近居民及从事各种活动的人员不得安宁，甚至引起头痛恶心，听力衰退，工作失误和效率低下等不良后果。声音越响，人能够耐受的时间越短，对人的影响与损害越大。②妨碍声。声音虽然不大，但妨碍人们交谈、学习、思考、睡眠和休息等。③不愉快声。有的声音是突发性的，具有强烈的心理刺激作用，使人听到后感到刺耳、精神紧张或不愉快。④其他噪声。日常生活中其他不需要、无意义的声音，虽然未必对人的健康等方面有什么特殊的妨害，但也属噪声之列。

2. 物业噪声的来源及危害

(1) 物业噪声的来源

物业区域内的环境噪声，按噪声源的性质不同分类，主要有以下几类：①交通噪声。物业区域内的道路和紧临物业的城市道路，以及其上空的各种交通工具发出的噪声，是物业区域主要噪声来源之一。重型车辆的噪声约89dB～92dB，轻型车辆为82dB～85dB。经过物业区域上空的飞机，特别是在起落时，其噪声可达到震耳欲聋的程度(100dB以上)。②生产噪声。生产噪声主要包括工业生产噪声和建筑施工噪声。工业生产噪声直接危害生产工人和附近居民的身心健康。一般电子工业和轻工业工厂噪声在90dB以下，纺织厂在90dB～106dB，机械工业工厂为80dB～120dB，凿岩机、大型球磨机为120dB以上，风铲、大型鼓风机甚至可达到130dB以上。建筑工地施工和邻居、邻楼甚至临街装修的噪声一般在80dB～90dB。生产噪声属于过响噪声，对人体健康影响最严重，是造成职业性耳聋的主要原因。③社会噪声。人们日常的社会活动和生活活动也会产生大量噪声，如高音喇叭、电视、收录音机、音响、家庭影院、炊事用鼓风机和抽排油烟机、空调等。另外，对于绿化面积少、建筑楼群密集的物业区域，收买破烂的吆喝声、小贩的叫卖声甚至临街居民的谈话声，经过楼壁的反射和回荡，也会造成不良影响。

(2) 物业噪声的危害

物业噪声是普遍存在的，其影响是非常广泛的，可以说大城市人们都必须接受噪声的骚扰和挑战。据统计，香港约200万人要忍受建筑业、工业及商业活动造成的噪声，100万人要忍受交通噪声，50万人要忍受飞机噪声。广州目前生活在噪声高达60dB环境中的人约有125万人，城市噪声高于70dB的路段竟长达173km。生态环境部对多个城市进行调查表明，城市居民对噪声污染的投诉比例最高，如北京市的噪声投诉比例高达72%。

噪声的危害主要体现在以下几个方面：①有损人体健康。超过90dB的噪声对人体构成极大危害甚至可以致人死亡。首先，噪声直接损害人的听觉系统，长期在噪声环境下生活和工作，人体内维生素A的平衡会被打破，导致多种眼损害现象，如眼疲劳、肿胀、疼痛、发涩、模糊、流泪、视力减弱等。科学实验表明，噪声强度达到90dB时，一半人的瞳孔会放大，视线模糊；达到100dB则几乎所有人的眼球对光亮的适应力都会下降。噪声强度在80dB以下，才能保证人们长期工作而不至于耳聋。其次，噪声对心脏病的发展与恶化有密切的联系,还能引起消化系统的疾病,噪声还能引起失眠、疲劳、头晕、头痛、记忆力减退等病症。强噪声会刺激耳腔前庭,使人眩晕、恶心、呕吐,超过140dB的噪声甚至会引起眼球振动,视觉模糊,呼吸、脉搏、血压都发生明显和强烈的波动,全身血管收缩,使供血减少,严重的还会使说话能力受到影响。②对睡眠的干扰。噪声会影响人的睡眠质量,老年人和病人对噪声干扰尤为敏感。睡眠受到干扰后,工作效率和健康都受到影响。一般来说,40dB的连续噪声可使10%的人受到影响,70dB即可影响50%的人;突发性的噪声在40dB时,可使10%的人惊醒;到60dB时,可使70%的人惊醒。③对人心理的影响。噪声使人心烦意乱和心神不宁,往往伴随着声音的强烈振动,地面、楼体和物件的振动,对人精神的集中和调节影响很大,是导致城市人神经衰弱的一个重要原因;噪声使人精力不易集中,影响工作效率和休息。由于噪声的掩蔽效应,往往使人不易察觉一些危险信号,容易造成工伤事故。美国根据不同工种工人医疗和事故报告的研究发现,比较吵闹的工厂区域,发生的事故要高得多;处于噪声连续不断的环境中,人们的劳动效率和工作效率将降低40%,如进行绘图、计算、思考等,错误会增加1~2倍。

3. 物业噪声污染的控制

物业噪声的控制主要是依据噪声控制标准和有关法律法规,对物业区域内的噪声采用技术手段和各种管理手段,来限制或减少噪声强度。另外,物业布局和合理规划对物业噪声的控制也能起很重要的积极作用。

(1) 物业噪声的控制标准

物业噪声的控制标准是根据国家和国际标准化组织(ISO)所制订的噪声控制标准为基本依据,达到保护人的听力、睡眠休息、交谈思考、正常生产工作的目的。噪声标准针对不同时间、不同地点以及人的不同行为状态是有所区别的。具体来说,噪声控制标准主要体现在以下几个方面:①听力保护标准。根据国际标准化组织(ISO)的调查,长期在85dB噪声环境下工作,耳聋的可能性约为10%,在90dB以下约为20%;大多数国家都以85dB或90dB(A声级)作为听力保护标准。②环境噪声标准。调查认为,噪声干扰睡眠休息的极限是白天50dB,夜间45dB。现在各国在制定环境噪声标准时,都以国际标准化组织的这一结论为参考基准。③室内噪声标准。室内噪声标准分为住宅室内标准和非住宅室内标准。我国住宅室内标准规定低于所在区域环境噪声标准10dB。非住宅室内标准是根据房间的不同用途提出来的,其标准是室外传入室内的噪声级。④噪声源控制标准。噪声源控制标准,多属于设备、产品的噪声指标,其指标高低是技术先进程度的反映。对物业环境影响较大的噪声源主要是机动车辆。

(2) 物业噪声的控制途径

所有噪声问题基本上都可以分为3个部分,即声源—传播途径—接收者;因此,控制噪声污染的技术措施也应分3个部分考虑。尽量减弱声源本身的强度;从传播途径方面对噪声进行削弱或者隔离;从接收者方面采取防护手段和避开噪声等。但在治理噪声污染的实践中,主要是断绝噪声声源,发展隔音设备,发展立体绿化工程和加强管理及严格执法。切断噪声源的工作有:控制建筑工地白天和夜间施工的时间;工厂、装修等在室内进行并控制声音和进行隔音;打桩、冲击、汽车鸣笛等均应严格控制;保持行车路面平整和限制汽车夜间行驶速度,避免汽车过分颠簸振动;不准设置和播放高音喇叭等。发展隔音设备方面主要应大力发展隔音墙、隔音树林和自然吸音的立体绿化工程等。

对于物业噪声来说，物业管理者可采用以下具体办法来控制物业区域的噪声污染：①增加物业绿化。植物可以消声防噪，物业环境管理者应在所管物业区域内，多种植树木、花草，以达到消声防噪、美化环境的目的。②限制车辆进入物业区域，禁止车辆在物业区域内特别是居住区内鸣笛。可以对物业区域内的机动车道路采取曲线型，使车辆进入物业区域后不得不降低速度以减少噪声。特别需要注意的是，应尽量避免使物业区域的道路成为车辆的过境交通要道。③加强精神文明教育，制定必要的管理办法。对生活噪声来讲，加强精神文明教育和建设，让业主、使用人和受益人懂得尊重别人就是尊重自己的道理，尽量减少生活噪声，还应制定必要的管理办法，作为防治生活噪声的辅助措施。

第四节　物业环境绿化管理

物业环境绿化是构成物业管理区域美化优化环境的重要因素，它能够调节物业区域内局部生态平衡，对物业环境绿化进行管理是物业服务企业的一项重要工作内容。物业服务企业根据绿化区域特点充分利用管区内的土地，搞好环境的绿化和美化，突出健康生活的理念，体现人与人之间的和谐，人与环境之间的和谐；物业服务企业应经常组织业主参加庭院绿化种植浇水、除草等公益活动，重视植物种类的多样性、适地适树的原则；树种选择要与社会经济、文化经济与文化发展相适应，增强业主的爱护绿化意识。

一、物业环境绿化管理的范围

物业环境绿化主要是指在物业管理区域内进行的各种环境绿化活动，物业环境绿化管理根据绿化区域特点可以分为室外绿化管理和室内绿化管理。室外环境绿化管理主要是对所辖公共区域各种绿地、园林、建筑小品等进行管理。

物业环境绿化管理，既是一年四季日常性的工作，又具有阶段性的特点，如花草树木的栽种、繁殖、修剪、整形、浇水、施肥、松土和防治病虫害等。物业环境绿化管理的主要内容有绿化管理人员的招聘与培训；物业区域绿化用地设计、营造与日常养护；物业区域空间绿化的设计、营造与日常养护等。一般来说，物业区域的环境绿化规划的审批、建设施工中的质量监督和竣工验收由园林绿化部门负责，绿化的日常养护和管理由物业服务企业中的环境绿化管理部门负责，同时接受园林绿化部门的技术业务指导、监督和检查。物业服务企业绿化管理的内容主要有以下几个方面。

(一)配备和培训环境绿化管理人员

物业环境绿化管理人员的配备不是一次性的，而是随着物业环境绿化管理业务开展和绿化生产的需要而逐步到位。物业服务企业在配备环境绿化管理人员时，应根据本部门的实际情况，切实注意两个方面的问题：一是把好招收新人员的质量关，即应招收热爱绿化工作、思想道德素质和文化素质较高的人员；二是新招收的人员要有一定期限的试用期（一般为3个月），在试用期间表现好的人员才能正式聘用。

在物业环境绿化管理运行初期，由于管理人员较少，不利于对其进行集中正规培训和系统的学习，可采取做什么学什么的培训方式，联系实际具体讲授，结合绿化生产和养护管理现场学习；在布置工作安排生产时，讲授技术，教授措施。物业环境绿化管理部门拥有一定数量的人员后，集中进行正规培训，系统讲授有关绿化的知识，学习园林绿化的技艺和管理措施与方法。培训的内容主要有环境绿化的基础知识，如对于花木的绿化管理，可以从识别花木的品种开始，逐步深入系统讲授各种花木的性状、习性、生理生态、物候期、种植与繁殖方法、栽培措施和园林绿地营造与养护的知识。绿化工作虽然技术要求不同，但要求员工，要全面掌握有关绿化方面的知识，学会生产的技艺；每人都是一专多能，这样才有利于人员的调剂、便于绿化管理工作的开展，才能把环境绿化管理工作做好。

(二) 规章制度的建设

制订纪律手册，以下内容供参考。

(1) 遵纪守法，遵守公司的各项规章、制度。
(2) 履行职责，按时上下班，不迟到早退，不旷工离岗，不做与本职工作无关的事。
(3) 遵守《员工请假制度》和《员工宿舍管理规定》，以及《员工食堂管理规定》。
(4) 上班穿工作服，戴工作牌，仪表整洁，精神饱满。
(5) 执行"公司文明礼貌用语规范"，文明服务，礼貌待人。
(6) 不做有损公司形象的事，不收取业主或住户的钱物。
(7) 服从领导，团结同事，互相帮助。
(8) 爱护公物，遗失工具照价赔偿。

(三) 建立园林绿化管理规章

为了给物业区域营造环境整洁、优美、文明的住宅环境，根据国家有关法令、条例精神，特制订绿化管理规定。由各管理处及安保人员督促实施。

(1) 凡是物业管辖区范围内一切业主和过往人员，均须遵守本规定。
(2) 做好物业管辖区绿化是全体居住人员及过往行人应尽的责任和义务，要树立"爱护绿化，讲究文明"的社会风尚。
(3) 设立专业绿化养护班组，对管辖区范围内的绿化、苗木进行管理、培植，负有美化小区的责任。
(4) 严禁任何单位和个人毁坏花木、践踏草坪。严禁在绿化地内堆放物品，踢足球，打羽毛球，不得任意开挖绿化地，停放自行车、人力车、助动车、摩托车。严禁在绿化地内遛狗；严禁在树上拉绳、晾晒衣服被褥，不准在绿化地带丢放建筑垃圾。
(5) 严禁在树木、绿化地带内设置各种广告标语牌。未经同意，不准在绿化带空地上设管线，迁移和损坏树木、花草。
(6) 提倡、鼓励单位住户在围栏内布置花草，阳台上种植花卉，增设小区景观。阳台布置盆景要有保护架等安全措施。严禁楼上向下乱扔杂物、泼污水等不文明行为，对教育无效者除责令清扫干净外，并报有关部门处理。
(7) 严禁偷摘花草，轿车、出租车禁止驶入草坪。
(8) 建立破坏绿化处罚制度。如偷摘花朵，每朵罚款×元；毁坏树木，每棵罚款××元；损坏苗木、花草按实际价格加倍罚款，等等。

二、机构编制与岗位职责

(一) 机构设置

绿化护养的机构设置应根据实际需要出发，可设专门部门，也可与清洁部门合并，绿化部门一般至少设一个护养组兼带管理职责。绿化部门是生产管理部门，人员以配备工程技术人员为好。现以配管理人员3名,工人10名的绿化部门为例。这种规模可成立绿化部,设经理1名,主管1名,办事员1名,绿化部下设花圃组、绿地组、服务组。

(二)岗位职责

1. 环境绿化主管岗位职责

(1)熟悉小区绿化布局及各区域绿化养护现状。

(2)做好绿化工程的施工管理、合同管理及工程材料的档案管理工作。

(3)安排绿化工的工作,定期检查,督促养护。

(4)定期巡查,记录、报告绿地及小区卫生现状,发现问题及时处理,问题严重不能立即解决的,向上级汇报。

(5)设专业人员负责绿化设施及器具的养护。

(6)做好绿化工的考勤工作。

(7)认真组织绿化工定期或不定期的培训,学习业务知识,提高养护、管理水平。

2. 绿化工岗位职责

(1)绿化工要熟悉小区的绿化布局和个人包干地区的职责范围,以及花草树木的品种数量,并逐步掌握花草树木的种植季节、生长特性、培植管理方法等。

(2)对花草树木要定期清除杂草、防治病虫害、松土、施肥,并修理枯病枝、伤害枝等,更换死亡苗木、浇水。

(3)绿化工有接受专业技术培训和学习的义务,须虚心学习,努力工作,提高自身素质。

(4)要保证绿化场地不留杂物、不缺水、不死苗、不被偷窃,遇到有违章违法行为要及时加以劝阻,不听劝阻的要及时报告保安人员和主管人员,协助对其劝阻和处置。

(5)绿化工在小区内发现有下列行为,要及时加以劝阻和及时报告:①未经许可,随意侵占公用绿地;②攀折、损坏花草树木和园林小品;③在绿地上停放、行驶各类车辆或堆放杂物。

绿化工发现有人违反上述行为时,有权协助保安人员和主管人员要求违章者赔偿,并酌情处以罚款。

(6)绿化工要维护和保养好自己的各种工具和公用设备、设施,如三轮脚踏车、喷淋设备、割草机、橡皮管等,如有遗失或损坏须照价赔偿。

(7)及时做好每天的工作记录,并及时记录下违章情况以及解决办法等。

(8)绿化工须服从主管人员的工作安排和调动,并做好整个包干区域内的环境卫生工作。

(9)绿化工要接受主管人员和各级领导对绿化工作的巡视检查。

(10)绿化工必须认真负责完成自己职责范围内的工作,主管人员将视其工作态度给予奖惩。

3. 花圃组

培育各种花卉苗木,满足小区绿地的补植、更新和本公司用花、客户摆花、插花的需要,不断学习与研究新技术,积极引进和培育新品种。花圃组的岗位责任如下:

(1)工作时要佩戴岗位证。

(2)同一品种的花卉,集中培育,不要乱摆乱放。

(3)根据盆栽花卉的植株大小、高矮和长势的优劣分别放置,采取不同的措施进行管理。

(4)不同的花木用不同的淋水工具淋水。刚播下的种和幼苗用细孔花壶淋,中苗用粗孔壶淋,大的、木质化的用胶管套水龙头淋。

(5)淋水时要注意保护花木,避免冲倒冲斜植株,冲走盆泥。

(6)淋水量要根据季节、天气、花卉品种而定。夏季多淋,晴天多淋,阴天少淋,雨天不淋。干燥天气多淋,潮湿天气少淋或不淋。抗旱性强的品种少淋,喜湿性品种多淋。

(7)除草要及时,做到"除早,除小,除了",不要让杂草挤压花卉,同花卉争光、争水、争肥。杂草多,劳力少时可用化学除草剂进行灭草。

(8)结合除草进行松土、施肥。施肥要贯彻"勤施、薄施"的原则,避免肥料浓度过高造成肥害。

(9)发现病虫害要及时采取有效措施防治,不要让其蔓延扩大。喷药时,在没有掌握适度的药剂浓度之前,要先行小量喷施试验后,才大量施用,既做到除病灭虫又保证花卉生长不受害。

(10)喷药时要按规程进行,保证人、畜、花木的安全。

(11)爱护工具,公用工具用完后要放回原处,不要随意丢弃,自用工具要保管好。

(12)花盆破损要及时换,盆泥少了要添加。

(13)花圃要保持整洁卫生,杂物脏物要进行清理。

(14)不能随便出售花卉,花卉出售由管理人员负责。

4. 绿地组

管好划定区内的绿地,养护树木,培育花草,使草地茵绿,花木枝繁叶茂。岗位责任如下。

(1)工作时要佩带岗位证。对损坏花木者要劝阻,严重的报有关部门处理。

(2)不要让人践踏草坪,保护草坪生长良好。

(3)配合环卫部门搞好绿地的环境卫生工作。

(4)花木的死株、病株要清除,缺株要补植。

(5)发现病虫害,要进行捕捉或喷药消灭。

(6)花木、草坪每周要淋透土水1次,草坪土壤湿透不少于5cm。

(7)草坪的除杂工作要经常进行,保持草坪的纯净。

(8)花木每季度除草松土1次,并结合施肥。施肥视植株的大小,每株穴施复合肥100~200g,施后覆土淋水。

(9)草坪要经常轧剪,草高度控制在5cm以下。每季度施肥1次,每667m^2复合肥5~10kg,施后淋水或雨后施用。

(10)绿篱在春、夏、秋季每季度修剪1次,剪后淋水施肥,折合每667m^2复合肥5~10kg。

(11)台风前对花木要做好立支柱、疏剪枝叶的防风工作;风后清除花木断折的干、枝,扶正培植倒斜的花木。

(12)绿化带和2m以下的花木,每季度要修枝整形1次。

(13)节约用水,不用水时要关紧水龙头,水龙头坏了要及时报告有关部门修理或更换。

(14)管理好使用的各种工具。

(15)农药要妥善保管好。喷洒农药时要按防治对象配置药剂和按规程做好防范工作,保证人畜花木的安全。

5. 服务组

用色彩艳丽的花卉,碧绿青翠的植物,通过艺术的处理,装点室内空间,绿化美化室内环境,给人们清新高雅、美好的享受。岗位责任如下。

(1)注意仪表整洁,工作时要佩戴岗位证。

(2)讲话要和气,待人态度要诚恳、热情大方。

(3)搬运花卉时,要注意保护花卉株形姿态不受损和注意场地卫生,尽量减少花泥及污物的散落。

(4)发现摆花有枯萎的现象时,要立即更换,在客户室内不准有枯死的花卉出现,插花要按时换插。

(5)保持花卉正常生长与叶子清洁,每周擦拭叶上灰尘和淋水1次。

(6)摆、插花要讲究艺术,品种配置,摆放位置要适当,风格统一协调,构图要合理。

(7)运送花木时,能自行解决的,不能抽调他组人员,若需要他组人员支援时,须经管理人员同意。

(8)学好种花、养花、摆花、插花知识,提高花饰技艺,并向客户宣传讲授,争取客户配合,共同做好花饰工作。

(9)签订花饰合同和催促客户缴纳花款。

三、物业环境绿化管理的内容

物业绿化管理包括物业绿地的营造和养护两个方面的内容。

(一)物业绿地的营造

1. 物业绿地的设计

物业服务企业所辖区域内的绿地设计原则是"适用、经济和美观",可利用精巧的园林艺术小品和丰富多彩的园林植物进行绿化,尽可能布置开朗明快的景观,设置一些凉亭、座椅,使其形成优美清新的环境,以满足用户室外休息的需要。

2. 绿化植物的选择

为了发挥绿化的功能,必须选择好物业绿地所应种植的植物。一般来说,选择好物业绿地种植的植物,应注意以下几个方面的问题:①要"适地适树"。树木生长速度、生命周期、树冠树高、落叶状况等各不相同,如果选择不当,将会造成不良的后果。②对于园路树,应选择树干高大、树冠浓密、根深耐旱、清洁无臭、速生、抗性强的风土树种。③对于水池边,宜栽种落叶少、不产生飞絮的花木,以减少水面的污染。④对于花坛、花境,应栽种色彩鲜艳、花香果俱佳的植物。⑤对于物业绿地,不宜选择带刺、有害、抗性弱的植物,以免造成意外事件。

3. 植物配置的方式

物业绿地植物配置不仅要取得"绿"的效果,还要给人以"美"的享受。在配置所辖区域内的绿地植物时,可采用规则式和自然式两种。接近建筑物的地方,宜采用对称、整齐、端庄、明确、显著的规则式;远离建筑物的地方,宜采用优柔、活泼、含蓄、曲折、淡雅的自然式。在对物业绿地植物进行配置时,必须考虑植物的外形、赏色等方面的特性,进行仔细地选择,合理地配置，才能创造出美的景象，使物业环境的美化渗透到精神世界的美好情感中去。

4. 绿地营造的施工

绿地营造工程可委托园林工程部门施工，也可由本部门自行设计施工。为了达到环境绿化和美化，除了良好的设计外，施工直接影响工程质量和后期养护管理工作，影响花木的生长及绿化美化的效果和各种功能的发挥，物业服务公司一定要重视绿地营造的施工。

(二) 物业绿化植物的养护

物业绿地营造完成后，要巩固其成果，发挥其功能，主要取决于养护工作。养护工作必须一年四季不间断地长期进行，才能保证花木生长旺盛、花红草绿。一般来说，养护工作主要包括以下内容。

(1) 浇水。根据季节、气候、地域条件决定浇水量；根据绿地、花木品种、生长期限等决定浇水量。

(2) 施肥。根据土质、花木生长期和培植需要，决定施肥的种类和数量。

(3) 整形、修剪。树木的形态、观赏效果、生长开花结果等方面，都需要通过整形修剪来解决或调节。绿化部应根据树木分枝的习性，观赏功能的需要，以及自然条件等因素来综合考虑后对树木进行整形和修剪。

(4) 除草、松土。除草是将树冠下非人植的草类清除，以减少杂草与树木争夺土壤中的水分和养分。松土是把土壤表面松动，使之疏松透气，达到保水、透气、增温的目的。

(5) 防治病虫害。病虫害防治应贯彻"预防为主，综合治理"的基本原则。根据病虫害发生的规律实施预防措施和综合治理，创造有利于花木生长的良好环境，提高花木的抗病虫害能力。

(6) 花草树木技术管理。如冬季对树干涂白、对临街临路的树木花草加以围护、对树木和空间植物立柱保护、对花草树木的叶片进行喷洗，以清除灰尘。

(三) 物业空间绿化管理

物业环境绿化管理部门不但要搞好地面绿化，而且在条件适宜的地方，应自己或鼓励用户做好物业的空间绿化，包括墙面绿化、阳台绿化、屋顶绿化、室内绿化等。空间绿化除了观赏作用外，还可弥补建筑物的缺陷。物业空间绿化的阳台绿化、室内绿化等基本上归用户管理。物业绿化管理部门应着重做好两个方面的工作：一是在业务上对用户进行指导，可通过技术咨询方式传授有关知识或技艺；二是对用户进行安全宣传教育，帮助用户找到美观、安全的绿化方法，防止花盆及其他绿化设施与工器具等的坠落而发生严重事故。

四、园林绿化灾害预防

园林植物灾害主要有以下几种：旱灾、水灾、风灾、滑坡、冻害。

1. 旱灾及预防

在炎热夏季，当天气长期干燥无雨，园林植物会因温度高、蒸发量大失水而发生旱灾。发生旱灾时应采取以下措施加以缓解。

(1) 加强园林植物日常养护管理，保证水源供应，确保园林植物灌溉用水得到足量保证。

(2) 当干旱特别严重时，集中人力进行突击抗旱，必要时应组织人力挑水或从远处运水，确保小区重点地区园林植物不被旱死。

(3)对于花木基地内的花木,可将其搬运到大树下、遮阳网或荫棚内,防止太阳照射灼伤花木。

(4)旱灾发生且人力、水源不足的情况下,应优先保证重点观赏区的植物得到足够的淋水,不出现干旱枯萎现象,其他地方每隔一定时间淋一次水,保证不旱死即可。

2. 水灾及预防

在梅雨季节,长期降雨会导致植物经常处于水浸状态形成水涝或被雨水冲毁。预防水涝应采取以下措施。

(1)在植物种植前应做好平整场地工作,保证种植面有适当的坡度,修建排水设施,方便排水,避免积水。

(2)经常检查排水管道及排水沟,对堵塞应及时疏通。

(3)每次降雨过后,对水浸的绿化地带进行人工排涝。

(4)对于被雨水冲毁的绿化植物应及时进行补栽补种。

(5)对于花木基地内花木,除做好应有的排水沟等排水设施外,降雨过后还要用细木棍或细钢筋在积水的花木盆内插孔,协助排水。

(6)在天气预报将出现大暴雨时,应将可能被水浸的地方的花木搬到高处。

(7)在梅雨季节,应抓住雨停间隙,对植物喷施瑞毒霉等内吸性防腐药剂以防腐烂病。

3. 风灾及预防

风暴经常伴随着降雨袭来,刮倒树木,摧毁建筑设施,造成极大灾害。风暴来临前应做好以下预防工作。

(1)检查疏通排水沟及排水管道,防止因排水不畅导致园林植物被暴雨冲刷。

(2)新栽乔木要加固支撑3~6个月以上,对高度超过10m的应支撑一年以上,在风暴来临前加固支撑,对其他高大乔木也要加固。

(3)对花木基地,应经常检查荫棚及遮阳网骨架是否牢固,不牢固的骨架要重新绑扎及搭建;应经常巡查大植物枝叶,及时将枯黄或有可能掉下的枝叶清除。

(4)在4~6级的风暴来临前应将架上的盆景用铁丝固定,风力高于7级的,应将架上的盆景全部搬到地上。

(5)对于部分观赏价值高、又易被风吹倒的室外盆栽或盆景类,应在风暴来临前搬入室内或荫棚内保存。

当风暴来临时,当班员工应至少每0.5h巡查一次本岗位花木,发现被吹断吹倒的应及时给予处理,自己无法处理的应及时汇报主管,由主管组织人力进行抢救。

风暴过后,对倒伏的植物,要在一天内扶起栽上并支护树架,对吹折的树枝要在2d内全部修剪掉并清除园区外。

4. 滑坡及预防

有些住宅小区内地势起伏较大,很可能会因为雨水长期冲刷导致沙土流失,边坡失稳,出现山体滑坡现象。为预防山体滑坡,应采取以下措施。

(1)设挡土墙,加固边坡。

(2)在陡坡或山体上面开设截水沟,不使雨水直接冲刷坡面,减小下滑力。

(3)在坡面种植草或地被固坡植物加以覆盖,防止雨水冲刷裸土面。

(4)当岗员工及园艺师应经常巡查管辖范围内的斜坡,发现有滑坡迹象的地方及时采取措施加以预防。

当滑坡发生时，应注意：①及时汇报，由公司对滑坡地段及塌方地段进行抢险。②对滑坡地段及塌方地段，应立即在上面开挖截水沟，避免滑坡继续发展。③清除泥土，防止弄脏环境。④对塌方或凹陷的绿化地段应予以回填土压实，再铺设草坪及栽种相关植物。⑤在不能确定安全前，不要站到滑坡滑动体上或附近，以防发生意外。

5. 冻害及其预防

当原产热带或亚热带地区园林植物，突然遭受低温影响时，将会发生冻害，严重时植株全部冻死。防止冻害发生，通常情况下应采取以下措施。

（1）露天栽植的不耐寒棕榈植物，应在低温季节来临前，用草绳、草垫或农膜等将树干裹住到一定的高度，防止树干冻死。

（2）对露天摆放的观叶植物或盆景类，应在低温降临前搬入荫棚或温室内，确保植物不被冻死。

（3）在花木基地，应在荫棚及育苗床上覆盖一层薄膜加以封闭，无法移入室内的花木，也应排列整齐用农膜加以覆盖，提高内部温度，防止冻伤花木。

当冻害发生后，应经常观察受冻植物有无复活的可能，并注意：①对冻害严重、没有恢复可能的植物应立即更换，以免影响小区景观。②对虽受冻害，但不影响其生命生长的，应剪去冻死枝条、茎叶，加强养护管理促使恢复生机。③对于受冻程度严重，但仍有恢复生机可能的植物，应将其先移栽于花木基地内加以重点养护，待生长正常后再加以利用。

五、物业绿化美化养护管理

小区美化与绿化的养护与管理，通常包括两个方面的内容。

（一）小区绿地养护管理

小区绿化完成后，要达到长期满意的效果，必须及时进行养护工作。物业服务企业可根据小区绿地具体情况设置专门机构或专人进行养护工作。绿化养护是一项复杂的技术工作，养护人员应先进行业务培训，合格后方可上岗。

（二）养护技术的实施

要保证良好的绿化效果，使花木生长旺盛，养护工作必须长期不间断地进行，主要有以下内容。

1. 浇水

不同品种的植物需水量不同，不同季节植物需水量也不同，浇水时应根据具体情况掌握。一般杨柳类要多浇勤浇，松柏类则不宜勤浇，新栽的小树也应适当多浇一些，不同气候条件下浇水量也应适当调整，夏季温度高、蒸发快，应适当加大浇水量；入秋后阳光减弱，蒸发少时可适当少浇，阴雨天气、半阴环境可少浇或不浇。

一般树木种植后根据季节变化进行浇水，浇水时要一次浇透，切忌浸湿表土。乔木最少连续浇水3~5年，灌木5年，土质不好的应延长，树木长大后可逐年减少浇水次数，长成大树后可不浇水或一年只浇1~2次。

2. 施肥

植物长期在固定位置上生长，常年吸收该地地点周围的养分，如不及时补充，就会造成养分减少或枯竭，影响树木的正常生长，及时施肥就成了养护工作的一项重要内容。小区绿地中植物种类较多，施肥时应根据不同的植物品种、生长阶段选择不同的肥料和不同的用量。施肥时一般应把肥料埋于 10~40cm 深的土层中，以利于肥料渗入地下，减少肥料的流失量。

3. 修剪

修剪是保证树木形成良好树形，提高观赏效果的有效手段，也是养护工作的重要内容。其基本方法主要是疏枝、短截、剥芽 3 种。

（1）疏枝

它是将一部分生长过密的、无用的、生长不良的枝条剪除，以保证树木健壮生长，扩大树冠，形成美观的树姿。疏枝时要按照先大枝、后中枝、再小枝的顺序进行，全面考虑当前树形和长远骨架后再动手。剪口或锯口要紧贴母枝，不能留橛，以利于伤口愈合。保留的领导枝要直立健壮；主枝斜生角度和方向好；侧枝、小枝合理展开，树姿矮健。

（2）短截

它是将枝条从中间剪去一部分，以抑制它的生长，促进各主枝的平衡。短截时要注意剪口下芽的方向，一般外芽向外生枝，扩大树冠，所以剪口下芽要留饱满壮芽，以保证枝条生长。

（3）剥芽

它是对新发的嫩芽或嫩枝齐根疏去，以减少过多过密的无用幼枝，使养分集中供给主枝。实质上可以理解为疏枝的一种形式，对新植的幼树和短截修剪的幼树十分必要。

4. 除草、松土

除草是将绿地中的杂草清除，保持绿地的整洁，减少杂草与树木争夺水肥养料，有利于树木的生长；同时，也清除了一些病虫的潜伏处，减少病虫害的发生机会。松土是把土壤表面松动，以增加土壤的透气性，达到保水、透气、增温的效果。

5. 防治病虫害

防治病虫害要根据小区绿地植物品种和当地多发的病虫害制订针对性的措施，坚持预防为主，综合治理。春季是病虫害的多发季节，要重点治理；夏季主要注意防治危害叶面的害虫；秋冬季主要注意杀死越冬虫卵成虫，为来年防治工作打好基础。

第五节　物业环境设备管理

物业环境设备管理在为业主提供良好的工作、学习及生活环境中，起到至关重要的作用，是提高物业服务质量的有力保障；物业环境设备高效运行是实现物业高效使用功能，促进物业与设备现代化、规范化的强有力手段；是提高现有设备、设施性能、完好率及延长设备使用寿命，减少与节约资金投入，保障设备安全运行的保证；同时是城市文明建设和发展的需要，对文明卫生、环境建设与物质文明建设起到保驾护航的作用，进而强化物业服务企业的基础建设。

一、物业环境设备

物业环境设备是指附属于建筑物的各类设备的总称。物业设备管理是发挥物业服务功能、实现物业价值的物质基础和必要条件，主要内容包括管理和服务两个方面。

(一)物业环境设备分类

从物业设备的使用功能来看,主要分为房屋建筑卫生设备和房屋建筑电气工程设备两类。为使管理者和使用者认识更清楚,通常分解为给排水系统、空调系统、供配电系统、供暖系统、电梯系统、消防系统等。

(二)物业设备管理的目标

物业设备管理的目标是科学、合理地对设备从使用、维护保养、检查维修、更新改造等过程进行技术管理和经济管理,使物业设备始终可靠、安全、经济地运行,确保物业使用的整体功能,体现物业的使用价值和经济效益,达到物业保值增值的目的。用好、管好、维护检修好、改造好现有设备,提高设备的利用率及完好率,是物业设备管理的根本目标。

衡量物业设备管理质量的指标一般有设备的有效利用率和设备的完好率。

1. 设备的有效利用率

$$A = \frac{T}{T+T^t} \times 100\% \tag{5-1}$$

式中　A——设备有效利用率,%;
　　　T——设备有效工作时间,h;
　　　T^t——设备停机或无效工作时间,h。

2. 设备的完好率

$$B = \frac{S_n}{S} \times 100\% \tag{5-2}$$

式中　B——设备的完好率,%;
　　　S_n——设备完好的台数;
　　　S——设备总的台数。

(三)物业设备管理的内容

物业设备管理包括物业设备基础资料的管理、物业设备运行管理、物业设备维修管理、物业设备更新改造管理、备品配件管理等。

1. 物业设备基础资料的管理

物业设备基础资料的管理主要从科学、规范地收集设备原始档案、设备技术资料着手,对符合固定资产管理范畴的物业设备要通过建立设备卡片、设备台账、设备技术登录簿等方法进行科学、规范的管理。

2. 物业设备经济运行管理

物业设备经济运行管理应抓好以下几个方面。

初期投资费用管理:①设备的技术性能参数必须满足使用要求,并注意考虑到发展的需要。②设备的安全可靠程度、操作难易程度及对工作环境的要求。③设备的价格及运行时能源的耗用情况。④设备的寿命。即设备从开始使用到因技术落后或经济上不合算而被淘汰所经过的时间,所谓经济上的不合算是指设备继续使用所需的维修费用高于该设备继续使用所能产生的效益。⑤设备的外形尺寸、重量、连接和安装方式、噪声和振动。⑥注意采用新技术、新工艺、新材料及新型设备,从而获得技术进步及一定的经济效益。

运行成本管理:运行成本管理具体从能耗、专业操作人员的配置、经济合理的维修费用监控等方面，同时还应考虑绿色环保的标准。

3. 物业设备维修管理

物业设备维修管理主要从设备的维护保养、定期计划检修工作的落实进行。①维护保养的方式包括紧固、润滑、调整、外观表面检查等。②维护保养工作的实施即维护保养工作主要分日常维护保养和定期维护保养两种。③设备的点检就是对设备有针对性的检查，设备的点检包括日常点检及计划点检。④物业设备的计划检修，计划检修工作一般分为小修、中修、大修和系统大修4种。在计划检修和维护保养的关系上，应遵循"维护保养为主，计划检修为辅"的原则。

4. 物业设备更新改造管理

物业设备更新改造管理是应用现代科学的先进技术，对原有的设备进行技术改进，从而提高设备的技术性能及经济特性。主要途径有以下几种：①对设备的结构作局部改进。②增加新的零件和各种装置。③对设备的参数、容量、功率、转速、形状和外形尺寸做调整。要注意，只要能通过技术改造达到同样的目的，一般就不采用设备更新的方式。

5. 备品配件管理

备品配件管理的目的是既要科学地组织备件储备，满足设备维修的需要，又要将储备的数量压缩到最低的限度，降低备件的储备费用。

二、物业设备管理的规章制度

(一)物业设备管理的规章制度类型

物业设备管理的规章制度可以概括为下列3类。

(1)生产技术规程方面的制度包括：物业设备接管验收制度，物业设备的安全操作规程，物业设备的保养维修规程。

(2)管理工作方面的制度主要包括物业设备预防性计划维修保养制度、设备运行管理制度、设备巡查工作制度、安全管理制度、预防检修制度和值班工作制度等。

(3)责任制度方面主要有岗位责任制度、记录与报告制度和交接班制度等。

(二)落实物业设备技术运行管理工作制度

物业设备运行管理的目的是使设备的运行在技术性能上始终处于最佳状态，并以最少的投入得到最佳的使用效果(经济效益)。①针对设备的特点，制订科学、严密且切实可行的操作规程。②对操作人员进行专业的培训教育，按照规定持证上岗。③加强维护保养工作，做到"正确使用，精心维护"，确保设备始终保持完好能用状态。④设备中的仪表、安全附件定期校验，确保灵敏可靠。⑤加强对运行中设备的科学监测。⑥对事故的处理要严格执行"三不放过"原则。

三、物业环境设备机构设置及岗位职责

由于物业设备种类较多，在考虑物业设备管理的机构时，一般将根据不同的专业类别设置相应的组别，可分为给排水组、暖通组、弱电及电梯组、维修组等，设备管理的机构设置除了考虑设备的具体情况外，还应按照人力资源管理的原理进行综合考虑。

(一)岗位职责设置

为了规范日常管理行为、管理程序以及明确每个岗位需完成的工作任务，必须制订各个

岗位的职责，物业设备管理方面的岗位职责，一般分为管理岗和专业技术岗两种类型。管理岗有部门负责人(经理)岗、资料统计管理员岗、仓库保管员岗等，专业技术岗则根据不同的专业(如强电、弱电、电梯、给排水、土建等)制订相应的岗位职责。

(二)物业设备管理各人员岗位职责

1. 主管岗位职责

(1)对管理处经理直接负责，确保所管辖系统设备的安全运行是主管的首要任务，主管对下属人员和所属系统设备负有全面的管理责任，要求每天做如下检查：①主要设备的运行技术状况，发现问题立即组织处理。②检查下属岗位纪律及精神状态，发现不良现象立即纠正。③现场督导重要维修工程及增改工程施工，控制工作质量与进度。④实地考察下属员工维修保养工作质量与工作效率，发现问题及时采取纠正措施。⑤审阅运行报表，掌握所属系统当天能耗状况，发现异常，分析原因，及时杜绝浪费现象。

(2)设备发生故障及时组织检修，发现隐患及时组织处理，做好技术把关工作，保证所管辖系统设备处于优良的技术状态；做到"三不漏"(不漏油、不漏气、不漏水)、"五良好"(使用性能良好、密封良好、润滑良好、紧固良好、调整良好)。

(3)负责制订所管辖系统运行方案，并不断与运行人员研究改进措施，使本系统设备在保证安全运行的前提下，力图节省能耗。

(4)负责制订所管辖系统设备月度和年度的维修保养计划和备品、备件计划，定期报送管理处经理审定，并负责组织安排维修保养计划的实施，制订工作标准，督导下属保证工作质量，提高工作效率。

(5)切实执行管理处经理指令，认真贯彻落实岗位责任制，督导下属员工严格执行操作规程及员工守则，坚持周而复始的设备维修保养制度，做到"三干净"(设备干净、机房干净、工作场地干净)、"四不漏"(不漏电、不漏油、不漏气、不漏水)。严格检查督导下属。

(6)针对下属员工的技术状态和思想状况，编制培训计划，经常对下属员工进行职业道德、物业服务意识教育和专业技术知识培训。

(7)审核下属员工考勤，做好技术档案管理工作，督促下属做好设备维修、故障处理、零部件更换记录，每月交文员整理归档。

(8)掌握科技发展动态，认真推广新技术，改造不合理的设备，完善设施和施工遗留的缺陷；对所属系统的重大改造工程参与设计，提出与原系统匹配的可行方案。监督施工，验收施工质量。

(9)负责装修管理中有关规定的审查和验收，确保建筑物结构安全和装修协调、统一、美观及符合消防要求。

2. 工程部领班岗位职责

(1)规范执行岗位责任制、操作规程、员工守则和各项规章制度，承上启下，及时完成主管下达的各项工作任务。

(2)管理好、使用好本班负责范围的设备，使设备经常处于良好的技术状态，设备保持优质高效、低耗、安全运行，是领班(技术员)的首要责任。对管辖设备要严格做到"三干净"(设备干净、机房干净、工作场地干净)、"四不漏"(不漏电、不漏油、不漏水、不漏气)、"五良好"(使用性能好、密封良好；润滑良好、坚固良好、调整良好)。

(3)领班是班组的骨干，应具有良好的思想作风，工作以身作则，技术精益求精，协助主管做好班组管理工作，解决技术上的疑难问题。

（4）做好日常工作安排，做到维修迅速及时，保证质量，不留问题；设备发生故障时，有效地组织力量抢修。

（5）做好本班设备的年月检修保养计划和备品备件计划，报主管审核。并负责检修保养计划实施。

（6）做好本班设备的技术档案，每月定期交主管审阅。

（7）做好班组人员考勤制度和维修台账，每月报主管汇总。

3. 保管员岗位职责

（1）负责材料、工具和其他有关备件的入库验收，保证产品品种、规格、质量、数量符合有关规范。

（2）根据库存情况和其他部门提出的采购申请，负责填写采购申请表，并报经理批准。

（3）负责库房的保管工作，保证产品的安全、质量。

（4）负责材料、工具、设备备件的出库工作。

（5）负责库房材料的统计工作，按时报送财务部门。

（6）负责完成上级交办的其他工作。

4. 空调运行工岗位职责

（1）熟悉本大楼装备的空调型号、操作规程，每天准时开启和关闭，对外界和各空调区域的温度、相对湿度进行监测，根据外界天气变化及时进行空调工况调节，努力使空调区域的温度、相对湿度符合规定的数值范围，并按运行记录表做好记录(开机前、停机前及每小时记录一次运行情况)。

（2）设备开、停应及时转换运行状态牌，尤其是接到维修人员停机维修通知后，立即挂检修牌。

（3）值班人员必须掌握设备运行的技术状态，发现问题立即报告领班或主管。发生紧急故障，领班或主管不在时，值班人员负责组织力量及时处理。

（4）做好空调设备维修保养记录及设备故障记录。

（5）做好空调和空调机房及控制柜的清洁工作，做到无污迹、无灰尘、无垃圾。

（6）积极参加业务学习和技术培训，提高业务技术水平。

（7）值班人员必须严守岗位职责，服从指挥，严守操作规程。对领班安排的工作负责，不得擅离职守，如离开值班室去巡查或抄表必须告知同值人员。

（8）严格遵守《员工守则》及公司的各项规章制度。

5. 维修工岗位职责

（1）熟悉住宅区各类房屋的分布状况，房屋内外结构，附属设施各水、电气、消防系统的管线走向，分布状况以及管线主控制位置，以及设备的性能和使用状况。

（2）加强学习业务知识，能识读施工图纸。绘制简单的平面图，管线大致系统图，能清楚正确地在图纸上标出发生故障的位置，及时找出故障原因，做到一次修好，少返修或不返修。

（3）具备熟练的施工技能。在熟练自己专业的基础上，学习水、电、土建等基本知识和规范操作，争取做到一人多能，适应住宅区维修工作的需要。

（4）经常巡视住宅区，掌握公用设施的运行和完好状况，如发现有损坏、隐患或其他不正常的情况，应及时组织人员抢修。以确保公共设施完好，设备运转正常。

(5)经常巡视住宅区，保证上下水、排污管道畅通，按规章制度要求每半年疏通雨水井及管道一次，确保住宅区污水不外溢。

(6)入户维修时，持证上岗，佩戴工作牌，穿工作服，态度热情，服务周到。严格遵守安全生产条例和操作规程，按管理处制订收费标准收费，并上缴管理处，不得擅自侵吞，不得向住户索要小费或好处，或者收费不开收据，更不能多收、少收、不收费。不得在住户家里乱翻东西，若有偷窃行为，一经发现，立即送派出所处理，管理处给予辞退。

(7)爱护工具，在每次使用之后，必须对领出的工具性能、机具配件等进行检查，是否完好无损。

(8)完成主管交代的其他任务。

四、物业环境设备日常管理

(一)公寓环境设备日常管理

公寓公用设施设备是否处于良好状态、是否能够保证正常运行，与业主、使用人的日常生活紧密相关。设备维修保养分为日常巡视保养和定期维护保养，除特种设备应由具有相应资质的保养单位进行保养，其他设备均由维修部负责进行维修保养。公寓内监控系统由安全管理部监控中心负责操作，智能化系统、弱电系统、强电系统、水泵等设备均由维修部负责其日常运行与管理，并严格按照设施设备操作规程进行操作。上述系统在保修期内设备的中修、大修由建设单位承担保修责任；保修期满后设备的中修、大修或改造由维修部提出维修申请报告，经管理处核准后报请房管局或公寓业主委员会批准，由维修资金支付。

公寓内所有设施设备应建立齐全的设施设备档案，项目齐、目录清可随时查阅，确保所有设施设备保养良好、运行正常，无事故隐患，而且保养检修制度完善，每日有值班记录、设备运行记录，管理人员严格遵守操作规程及保养规范。设备机房环境整洁、无杂物、灰尘、老鼠。根据设备所需匹配各专业技术人员持证上岗，消防设施设备完好无损，随时可以启动。对于停电、停水、火警、暴雨暴风的紧急状态下，有应急预案防护措施。

市政公用设施的管理，公寓配套的二次供水、供电、通讯、照明等设施设备齐全运行正常，确保主出入口秩序井然，道路畅通。地面及室内停车出入口平坦，有明显交通标识。化粪池、窨井、污水、雨水排放畅通。

报修管理。24h受理业主、使用人的报修接待，各类零修、急修及时率98%以上，质量合格率100%，建立报修服务回访制度，并有回访记录。

(二)电梯事故的处理

(1)消防监控中心接到电梯应急电话或巡查发现被困电梯，立即报告管理员主管、领班和视情况通知物业主任、物业经理并通知工程部，组织管理员到现场协调控制电梯和解救被困人员，同时将被困电梯的具体方位、电梯编号、停留楼层通知工程部和电梯公司进行解救被困人员。

(2)监控中心通过电视监控屏观察电梯内人员情况，使用电梯应急电话与被困人员联系，做好解释安慰工作。

(3)如遇特殊情况无法消除故障或被困人员中有身体严重不适时，应立即报消防部门或求助有关部门解决。

(4)当值领班管理员主管填写特发事件报告，详细记录故障情况及处理经过。

(三) 给排水系统检查及维修

(1) 物业管理维修人员应全面了解设备的性能、用途、各种管线的走向、控制阀门位置、各种用水器的布局等,以利进行检修。

(2) 当供水压力不能达到规定值,影响用户使用时,必须启动增压泵解决问题。

(3) 检查各个上、下水的井口封闭是否严密,防止杂物落入而损坏阀门、管道等。

(4) 检查雨水井、污水井有无泥块、白灰、砂子、碎砖、碎石等建筑材料,防止被雨水冲入管道、造成堵塞。

(5) 检查室内外给排水管道阀门、水表及管子接头有无跑、冒、滴、漏现象,并及时进行处理。

(6) 重点检查厕所、盥洗室等有无漏水现象。

(7) 定期检查露置于空间的管道、设备,及时涂刷防腐涂料。

(8) 定期检查系统中设备、设施开关的灵活性、密闭性,发现问题及时处理,以保证系统工作的可靠性。

(9) 冬季来临之前,做好室内外设备的防冻、保温工作,尤其是高层建筑的公用走廊、公用楼道的窗户必须及时关闭。

(10) 定期就水处理的方法、工艺要求、水质要求等与环保部门联系,做好水处理及水质化验工作,确保排水达标。

(四) 消防系统检查与维护

1. 季度试验和检查

(1) 物业服务企业每个季度应进行以下内容的试验和检查。

(2) 按生产厂家说明书的要求,利用专用的加烟或加温等试验器材,检查、试验探测器及信号灯。

(3) 试验火灾报警装置的声、光显示是否正常。

(4) 试验自动喷淋灭火系统的自动控制功能、报警功能、信号显示功能是否正常。

(5) 进行1~2次备用电源的充放电试验,1~3次主电源、备用电源的自动转换试验。

(6) 对于有联动控制功能的系统,以手动或自动方式检查设备的动作情况,并将结果反馈到消防控制中心。

(7) 对于消防通信设备,应进行消防控制室与消防通信设施、设置点所有电话的对讲功能试验。

(8) 检查所有的手动、自动转换开关。

(9) 检查备品备件、专用工具及加烟、加温试验器等是否齐备,并处于安全无损、正常的保护状态。

(10) 检查所有消防用电设备的动力线、控制线、报警信号传输线、接地线、接线盒等是否处于安全无损的状态。

2. 年度试验和检查

(1) 物业服务企业每个年度,应进行以下内容的试验和检查。

(2) 按照所列的检查试验项目进行实际动作试验,并对固态烷、干粉灭火器等进行模拟喷放试验。

(3)试验在火灾事故中,广播设备的功能是否正常。
(4)检查所有接线端子是否松动、破损或脱落。

3. 设备的维护

(1)室内外消防栓的维护与管理工作应由专人负责,明确消防栓的日常维护和定期检查的内容、要求及方法,并按照国家消防规范的有关要求进行。

(2)发现喷头有漏水、腐蚀、玻璃柱中有色液体变色或数量减少现象,必须立即更换;腐蚀性严重的场所,可对喷头采取涂蜡或刷防腐涂料等防腐性措施;为了保持喷头的灵敏度,应及时将喷头上的灰尘用刷子刷掉或用风吹掉等。拆卸喷头时,必须使用专用工具并符合操作规程。

(3)喷淋管道系统经常因为进入沙子、碎石、木片等杂物,或由于管道内的水垢、水锈而堵塞,并影响喷头工作。对此可以采用放水试验的方法观察其是否受堵,并用顺水法(冲水法)、逆水法(液压气动法)及时进行清理。

(4)定期检查自动喷淋灭火系统的水源、水量、水压等是否符合设计要求;检查蓄水池是否有过多的沉淀物,并定期清洗蓄水池;水泵系统应具备双回路供电,有条件者还需自备电源,并定期启动,以检查其工作状态与性能。

(5)对于湿式报警阀而言,必须进行定期检查,确保能够在打开警铃校检旋塞后的30s内发出铃声报警。同时,关闭警铃校检旋塞后,铃声停止。对于干式报警阀而言,应确保报警阀上的空气压力必须高于水压,并能够顶开阀瓣。同时,还应在非严寒季节进行顶开试验。

(五)空调系统检查与维修

加强空调器维护和保养,不仅可以提高空调器的制冷(热)效果,而且可以延长使用寿命,节省能源。

1. 窗式、分体式空调的日常保养与维护

(1)经常检查空调器的安全用电设施。熔断器更换要严格按照说明书要求进行,定期检查电路系统的保护器,防止触电烧坏或电器受潮漏电。

(2)经常清洗过滤网板。空调使用时间长,或空调环境中灰尘多,会引起过滤网板阻塞,空调气流不畅通,影响制冷(热)效果,因此,通常10~20d必须清洗一次。

(3)定期清洗机体和面板。清洗方法是使用干的软布或稍湿的软布擦抹。禁止用水冲洗,也不能使用汽油等化学溶剂擦洗,严格防止电器元件受潮。

(4)每半年进行一次电动机、风机的润滑保养。电动机及风机的加油方法按使用说明书规定进行,加油量不宜过多,防止油外流污染机内。

(5)空调器长期停用之前,除了(2)~(4)项的保养工作之外,还必须进行内部干燥处理。其方法是将空调器作预热运行,并且选择开关置热强风挡,以热的高速风干燥机内,然后用塑料布封装。

2. 中央空调设备日常保养与维修

(1)熟悉空调设备的工作原理及操作调整方法,并制订相应的操作规程,严格执行。

(2)定期巡查。记录设备运转情况,使设备的润滑、水、制冷剂等保持在正常范围内。

(3)机组运行时,应注意观察仪表读数是否处于正常范围内,如果不正常,应及时调整,必要时可关机,防止事故发生。

(4)定期进行水处理,消除水垢,提高效率。

(5)定期检查各风机、水泵的运转情况,有无杂音、振动、渗水情况,并定时加润滑油及检修。

(6)定期检查各风机、冷却塔皮带的松紧情况,磨损太大时应及时更换。

(7)定期消除锅炉燃烧室及烟道的炭灰,防止炭灰过多。

(8)定期巡查各管网有无裂缝或漏水以及堵塞,有问题及时排除,保证水管畅通。

(9)定时检查清理过滤器中积存的尘埃和杂物,对风管中的各种风闸要定期检查,防止卡死。

(六)供暖系统检查及维修

1. 锅炉的检查

(1)定期检查

为了确保锅炉的安全运行,取暖锅炉应在停火后进行清洗检查,并在来年生火前做一次检查。定期检查的主要内容包括锅炉的腐蚀程度,受压部件有无过热变形或渗漏,附件是否灵活、准确、严密等。经检查发现问题应及时处理。

(2)超水压试验

锅炉遇到下列情况时,需要进行超水压试验:已经连续使用6年以上;已经停运1年以上并再次使用;经过移装、改装;受压部件进行了更新、挖补或较大的电焊修理、维修;水暖锅炉的水冷管壁、沸水管的更换总数超过50%等。

2. 锅炉的保养

锅炉本体的维修养护每半年进行一次,常用的保养方法有湿式保养和干式保养,均须在锅炉的水垢、烟灰清理干净后进行。清除水垢常用的方法有手工打碱、机械打碱、药剂清碱、栲胶除垢等。

(1)湿式保养

将锅炉充满水,排除炉中所有的空气,以防止氧气、二氧化碳等加速对锅炉的腐蚀。湿式保养适用于停用时间在一个月内的锅炉,而且应向炉内投入一定的纯碱或火碱,以形成碱性保护膜。锅炉水应每周定期取样化验一次,以保证水中有过剩的碱度。若碱度降低时,应适当补充碱液。严寒地区不适于采用湿式保养。

(2)干式保养

热水锅炉停炉时间较长时,宜采用干法保养。首先,用微火将锅炉烘干,然后在炉筒中放入干燥剂,最后把可能进入空气的孔洞、阀门密封好,以保证锅炉处于干燥状态,避免因潮湿而遭受腐蚀。一般还应每隔2~3个月检查一次锅炉,更换已经失效的干燥剂。

3. 运行期间供暖管道的维护

(1)装有供暖设备的房间以及管道的附近应注意保温,减少热能损失,防止管道上冻。

(2)水暖系统的循环水,必须使用经处理合格的水质,以减少腐蚀和堵塞现象。

(3)供暖系统运行期间,应经常检查各种仪表的工作状况,发现问题及时排除。

(4)供暖系统运行期间,须经常检查各种装置的工作状况,对除污器、水封管等处的排污阀,要定期排放。

(5)向用户说明使用供暖设备的注意事项,如用户不能任意调节关闭总阀门,不能敲打、蹬踏管道和散热器等。

4. 停运后供暖管道的维护

（1）需要对系统中所有的控制件进行维护、检修，保证控制件在来年供暖时灵活、有效。

（2）应将系统中的水全部放掉，用净水冲洗管道系统及除污器，再用经过处理合格的水充满，并保持到系统再次运行。

5. 供暖管道漏水、漏气的维护

当发现管道出现漏水现象时，应根据情况确定维修方法，既要保证维修工作的顺利进行，又不能影响整个系统对其他用户的供暖。

一般来讲，供暖管道的小修可在系统运行期间进行，大修则应安排在系统停运季节进行。

6. 散热器漏水、漏气的维护

散热器漏水、漏气，可能由于暖气片有砂眼、接口漏水等原因所致。通常应采取拆卸散热器或黏糊砂眼的方法进行修理，具体包括散热器拆卸、组对、安装以及进行打压试验等步骤。

思考题

一、名词解释

环境卫生管理　物业安全管理　环境污染　物业环境绿化管理　物业设备管理

二、填空题

1. 物业区域环境保洁的通用标准是"五无"，即_____，_____，_____，_____，_____。

2. 物业服务公司在卫生管理机构设置上主要有物业环境卫生_____和_____两种方式。

3. 物业安全管理的主要内容包括_____、_____、以及_____。

4. 物业环境污染的类型有生产性污染物、_____、_____、_____。

5. 酸雨的主要成分是_____污染形成的硫酸雨。

6. 从物业设备的使用功能来看，物业环境设备主要分为_____和_____。

7. 锅炉本体的维修养护每半年进行一次，常用的保养方法有_____和_____。

三、综合分析题

1. 物业环境污染有哪些特征？

2. 结合实际，简述物业环境污染的防治措施。

3. 物业环境清洁管理的具体措施有哪些？

4. 物业消防管理的常规检查有哪些措施？结合实际，谈谈常见物业火灾的应急措施。

5. 物业小区违章搭建常见的类型有哪些？发现违章建筑时，应如何进行处理？

6. 园林植物灾害主要有哪四种？请结合实际，谈谈如何预防物业绿化灾害。

7. 物业设备管理包括哪几个方面的内容？

8. 结合实际，谈谈噪声污染的危害，以及你对控制这些噪声污染的建议和方法。

9. 物业服务企业绿化管理的内容有哪几个方面？

第六章 物业管理中 ISO 14000 环境管理体系的应用

第一节 ISO 14000 环境管理体系概述

一、ISO 14000 环境管理体系的产生

1992 年联合国环境与发展大会发表了《里约热内卢宣言》,世界各国及地区根据《宣言》的原则和要求,纷纷制定加强环境管理的法规和标准,推出包括环境标志、环境审核等在内的一系列技术措施,掀起了全球性加强环境管理,改善环境质量,实施环境与经济协调发展的热潮。为适应和推动全球性的环境管理需求,国际标准化组织(International Organization for Standardization)于 1993 年 10 月成立了 ISO/TC 207 环境管理技术委员会,积极开展环境管理体系和工具方面的标准化,通过制定和实施一套环境管理的国际标准来协调处理全球的环境行为,达到有效改善环境和保护环境的目的。ISO/TC 207 成立后即着手研究和制定环境管理系列国际标准,标准编号由 ISO 14001—ISO 14100,统称为 ISO 14000 环境管理体系标准。1996 年 9 月、10 月先后颁布了 ISO 14001、ISO 14004、ISO 14010、ISO 14011 和 ISO 14012 5 个有关环境管理体系和环境审核的国际标准,从此拉开了实施 ISO 14000 环境管理系列标准的序幕。ISO 14000 环境管理系列标准颁布后,立即引起世界各国的极大重视,各国显示了极大的热情,投入较大的力量予以实施。甚至一些世界知名公司也都积极参与 ISO 14000 系列标准的实施。自 ISO 14000 系列标准推行以来,已取得显著的环境效益、社会效益和经济效益,在环境保护领域显示出强大的生命力。

(一)ISO 14000 的定义

ISO 14000 认证即环境管理体系认证,ISO 14000 系列标准是国际标准化组织 ISO/TC 207 负责起草的一份国际标准。ISO 14000 是一个系列的环境管理标准,它包括了环境管理体系、环境审核、环境标志、生命周期分析等国际环境管理领域内的许多焦点问题,旨在指导各类组织(企业、公司)取得和表现正确的环境行为。

ISO 14000 系统的主要内容由 5 个基本部分组成:①环境管理系统 SC1;②环境审计 SC2;③环境标记 SC3;④环境业绩评估 SC4;⑤寿命周期评价 SC5。国际标准组织把环境审计、环境业绩评估、寿命周期评价和环保标记看作建立环境管理系统的支持性工具,而企业需要通过认证的部分为环境管理系统和环保标记。

(二)ISO 14000 的作用

总体来说实施 ISO 14000 的作用有两点:①促进国际贸易;②提高企业管理水平,增强企业竞争力。

1. 对企业组织的好处

增强环境管理意识→企业管理层和员工的承诺和支持;改善企业形象→所有的人都喜欢

你；与当地社区搞好关系→不再由于不必要的摩擦而分散精力；更容易招募员工→清洁的环境吸引高素质的人员加盟；减少法律诉讼的风险→减少消费者和政府部门的法律行动，环境审核帮助发现和预防问题所在，采取纠正措施解决问题；降低保险费用→降低发生事故的风险；更容易取得财政支持→银行借助环境管理体系对企业有关项目的环境影响进行评估。

2. 对企业经营的好处

减少清洁工作的费用→废物和污染物排放的减少；发生灾难性事故的风险减少→在环境管理体系中对环境风险进行明确和预防；提高技术水平→工艺和过程的革新；节能降耗，降低成本；减少废物处置成本。

3. 对企业市场营销的好处

更好的销售→环保法律法规对零售商的压力；产品特色→提高在环境方面的竞争优势；更强的国际竞争力。

实施 ISO 14000 环境管理系列标准是可持续发展在环境保护方面的重要措施，企业通过建立和有效实施环境管理体系，加强环境管理，持续改善环境行为，促进经济与环境的协调发展，取得良好的经济效益和环境效益。在建立环境管理体系和开展体系认证的过程中，企业应始终把握可持续发展这一大目标，不能把推行 ISO 14000 作为一种形式，把认证作为目的，为认证而认证，这样就会失去实施 ISO 14000 的根本目的，失去这一工作的实际意义。只有结合可持续发展这一根本目标，才能正确认识 ISO 14000 的意义和作用，才能处理好建立环境管理体系和实施体系认证的关系，使推行 ISO 14000 系列标准的工作健康发展。

二、ISO 14000 环境管理体系运行要素

国际标准化组织（International Organization for Standardization，ISO）为了响应国际社会对环境保护和管理工作提供了一个通用的，可供操作的规定和标准的要求。从 1996 年 9 月和 10 月正式发布环境管理体系国际标准中最早成熟的 5 个标准，立即得到国际社会的积极拥护和响应，特别是以贸易为经济主轴的国家，如美国、日本、韩国等国及欧盟各国动作都比较积极，亚洲四小龙的新加坡、中国香港等地也加快了脚步。

（一）ISO 14000 环境管理标准系统的建立

国际标准化组织为了制定环境管理标准体系，相应的成立了 6 个委员会及 1 个工作小组，分别负责 ISO 14000 环境管理标准，其具体情况如下。

1. SC1 环境管理系统（Environmental Management Systems，EMS）

SC1 重点工作在拟定环境管理系统规格（编号为 ISO 14001~ISO 14009）包括环境管理之组织体系及组织内部环境管理程序之规定，其执行秘书国为英国，于 1996 年 7 月完成公布实施。

2. SC2 环境稽核（Environmental Auditing，EA）

SC2 重点工作在拟定环境稽核之相关标准，包括稽核原则、程序及稽核员的资格标准及各种调查方法（编号为 ISO 14010~ISO 14019），其执行秘书国为荷兰，于 1996 年 7 月完成公布实施。

3. SC3 环保标章（Environmental Labeling，EL）

SC3 针对符合环保规格要求产品授予环保标章，以鼓励厂商减少其产品使用后对环境的污染（编号为 ISO 14020~ISO 14029），其执行秘书国为澳洲，于 1996 年 9 月完成

4. SC4 环境绩效评估(Environmental Performance Evaluation，EPE)

SC4 主要工作内容系针对管理系统及运作系统对环境绩效的影响，设定评估指标及方法(编号为 ISO 14030~ISO 14039)，其执行秘书国为美国，已于 1997 年完成。

5. SC5 生命周期评估(Life Cycle Assessment，LCA)

SC5 重点工作就在于制订一个通用之生命周期分析标准，使从原料取得、制造、行销、使用至最终产品废弃后之处置等组织活动对于环境影响的综合评估方法(编号为 ISO 14040~ISO 14049)，其执行秘书国为法国，于 1998 年完成。

6. SC6 用词与定义(Terms and Definitions，T&D)

SC6 在制订管理相关的名词与定义(编号为 ISO 14050~ISO 14059)，其执行秘书国为挪威，已在 1996 年完成。

7. WGL 产品标准之环境考量(Environmental Aspects in Produce Standards，EAPS)

此标准系在协助标准制订者在制订产品标准时对于环境层面应如何纳入考量(编号为 ISO 14060~ISO 14100)，其执行秘书国为德国，已在 1996 年 9 月完成。

从上述国际环境管理标准架构中，我们可以看到厂商建立环境管理系统 EMS 之认可登录及产品环保标章 EL 之认可核发，主要是以 EA、LCA 及 EPE 为执行环境管理工具及方法，而以 T&D 及 EAPS 为准则。其中 EMS、EA 及 EPE 是针对组织或机构的评估，涉及第三者认证。ICA、EL、EAPS 则针对产品进行评估、为消费者导向。

(二)ISO 14000 环境管理体系运行模式

ISO 14000 系列标准是为了满足各种类型的组织，建立环境管理体系的需要而制定的。目的就是为了规范各个国家各种类型组织的环境行为，以达到减少环境污染、节约资源的目的；同时也是为了消除贸易壁垒，促进世界贸易的发展。国际标准化组织在制定 ISO 14000 系列标准的过程中，力求做到公正性、科学性、合理性和广泛的适用性，以使这套标准能够对改善环境有真正的帮助和促进。

1. 认证申请及受理

(1)认证申请

企业向认证机构提出书面申请，并提供下列资料：①组织法人营业执照复印件；②申请认证所覆盖范围的产品、服务简介以及组织的概况；③简要的工艺流程图、地理位置图、辖区平面图、组织结构图以及地下管网图；④填写好的认证申请表；⑤生产许可证复印件(如需要的话)；⑥环境状况证明材料；⑦环境影响报告书以及环保部门批文复印件；⑧体系运行期间未受过环境处罚的证明；⑨"三同时"设施技术方案以及运行验收报告；⑩当地环保部门出具的污染物浓度及总量控制指标的达标排放证明；⑪上一年度以来环境监测和污染源检查报告；⑫上一年度以来排污收费和环境管理奖惩记录；⑬上一年度以来相关方的投诉和抱怨记录；⑭环境管理手册和程序文件；⑮环境因素及重大环境因素清单；⑯适用的环境法律法规及其他要求；⑰内审方案及报告和管理评审报告。

(2)受理申请

认证机构对企业(受审核方)的申请资料进行初步检查，确定是否受理申请。如果发现不符合的地方，认证机构通知企业进行修正或补充。

2. 第一阶段审核

第一阶段审核主要是从总体上了解受审核方环境管理体系的基本情况，确认受审核方是否具备认证审核条件，为第二阶段审核的策划提供依据。审核的重点在于审核环境管理体系文件，了解受审核方的活动、产品或服务的全过程，判断环境因素识别的状况，并对受审核方环境管理体系的策划及内审情况等进行初步审核。

（1）认证机构对企业提供的环境管理手册等体系文件进行审查

如果发现不符合的地方，认证机构通知企业进行修正或补充。

（2）第一阶段现场审核准备

确定现场审核日期；编制第一阶段现场审核计划；编制检查表。

（3）第一阶段现场审核

①召开见面会，审核组与组织的管理者，环境管理者代表及有关人员会面，说明第一阶段审核的目的、范围、内容、程序和方法，并陈述保密声明。

②现场审核，与管理者代表交谈，了解组织基本情况及环境管理体系整体运行情况。到现场调查了解重大环境因素有无遗漏？识别和评价程序是否适宜？重大环境因素控制策划是否合理？主要审核方式是审阅文件、法规符合性。检查并评审组织的内审情况。检查并评审组织环境管理体系策划的可行性和适用性；包括环境方针、目标、指标、管理方案、运行策划，证实管理评审已实施等。

③开具不合格报告。

④现场审核结束前，召开交流会，审核组长向受审企业通报第一阶段审核结论，指出存在的不符合项，提出纠正要求，并确定第二阶段审核的条件和具体事宜。

（4）编制第一阶段审核报告

第一阶段审核完成后，审核组应编制审核报告，报告内容包括审核的实施情况与审核结论，发现的问题及下一步的工作重点。

3. 第二阶段审核

第二阶段审核是对组织环境管理体系的全面审核与评价。

（1）第二阶段审核准备

审核组综合考虑第一阶段审核结论及受审核方对不符合项的纠正情况，确定进行第二阶段审核的时机和条件是否成熟。在此基础上，审核组进行第二阶段审核的准备工作：确定现场审核日期；编制第二阶段现场审核计划；编制检查表。

（2）第二阶段现场审核

①首次会议。

②现场检查，收集审核证据。

③召开内部评定。审核组（受审核申请方不参加）汇总分析审核证据，确定不符合项，提出审核结论。

④召开末次会议。审核组向受审核方的企业领导，包括管理者代表等，报告审核过程总体情况，发现的不符合项、审核结论、现场审核结束后的有关安排等。审核结论可能是推荐认证通过，推迟推荐认证通过或不推荐认证通过。

（3）编制审核报告

现场审核后，审核组应编制审核报告，做出审核结论。审核组将审核报告提交认证机构、申请方等。

4. 企业对审核中的不符合项目采取纠正措施

受审核企业制订纠正措施计划并实施，审核组验证纠正措施的有效性并给出结论。

5. 审批与注册发证

认证机构对审核组提出的审核报告进行全面审查。经审查，若批准通过认证，由认证机构颁发体系认证证书并予以注册。

6. 获准注册后的监督

认证机构对获准注册的组织实施监督检查，每年不少于一次。监督检查的过程与初次现场审核相似，但在检查内容上有很大的精简，重点检查以下内容：上次审核时发现的不符合项的纠正情况；环境管理体系是否发生变化以及这些变化对环境管理体系运作的有效性有否影响；环境管理体系中关键项目的执行情况。

认证审核流程如图 6-1 所示环境管理体系认证审核流程。

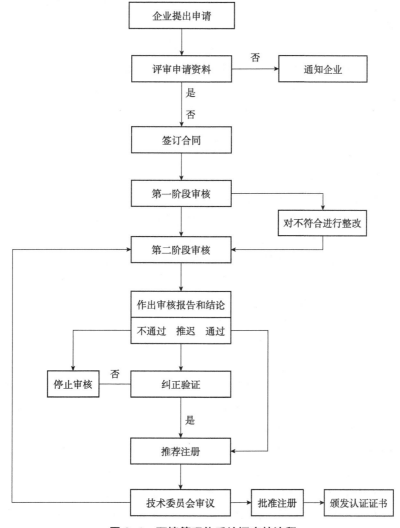

图 6-1　环境管理体系认证审核流程

(三)环境管理体系认证审核重点

环境管理体系审核的有效性是一个成熟的审核员所追求的目标和审核机构实力的体现。ISO 14001 审核过程中,根据导则规定分第一阶段和第二阶段,两个阶段审核侧重点的准确把握是 ISO 14001 审核的有效性的重要保证之一。两个阶段在 ISO 14001 审核过程中体现不同的层次和不同的侧重点,第一阶段审核是第二阶段审核的基础,通过第一阶段的审核明确第二阶段审核的重点和方向;第二阶段审核是在第一阶段审核基础上对体系运行所做出的全面、系统的评价。通过第一阶段的审核,指出体系在策划方面、体系的基础性工作方面以及控制对象方面存在的不足之处,推动受审核方把握环境管理体系实施不偏离重点,为体系有效运行提供准确方向,同时也为审核机构进行第二阶段审核提供可行的条件。

(四)获得环境管理体系的 ISO 14001 认证证书

环境管理体系审核是由第三方认证机构判定一个组织的环境管理体系,是否符合 ISO 14001 标准的审核准则,从而决定是否给予该组织认证注册,只有得到中国环境管理体系认证机构认可委员会认可的机构,才能对企业进行审核认证,否则认证无效,企业委托第三方机构进行审核认证要注意这个问题。

企业申请第三方审核认证,首先要提出审核申请,并提交体系文件和有关资料,根据体系文件和有关资料,审核机构开始进行文件预审以及有关的准备工作。根据审核准备情况开始现场审核,然后对审核结果进行评审,评审通过后即可颁发证书。ISO 14001 认证证书有效期为 3 年,3 年后要对企业的环境管理体系进行重新审核以保持其认证资格。

三、ISO 14000 环境管理体系运行特征

按照 ISO 14000 标准要求所建立起来的环境管理体系是组织全面管理体系的一个组成部分,包括为实施和保持环境管理所需要的组织机构、策划活动、职责、程序、过程和资源。环境管理体系遵循 PDCA 循环模式,在为业主服务的过程中,始终遵循计划(*Plan*)、实施(*Do*)、检查(*Check*)、总结再优化(*Action*)的循环方式(图 6-2),在实践中不断检查自己的工作是否到位,做到持续改进,不断优化服务方式、方法,提高服务水平。同时还会具有持续改进的特点,也就是说环线是永远不会闭合的。

(一)ISO 14000 与 ISO 9000 的联系

ISO 14000 与 ISO 9000 均是在各类组织建立科学、规范和程序化的管理系统;ISO 14000 某些标准的框架、结构和内容参考了 ISO 9000 中的某些标准规定的框架、结构和内容;是具有普适性的标准体系。所谓"普适性"是指可适用于不同的产业机构及其产品,这里的"产品"不仅是实物性的商品,也包括了所提供的各种服务,其提供者可以是产业组织,也可以是公共管理机构或政府部门。ISO 9000 注重的是对提供"产品"机构的质量管理水平的评价。质量是消费者对某种产品或服务所要求具备的全部特征,通过了 ISO 9000 质量认证,意味着该产品或服务符合消费者的要求。ISO 14000 则侧重于产品或服务时环境影响的评价。通过 ISO 14000 认证,表明该产品或服务不会对环境造成不利的影响。由于 ISO 9000 不负责对具体的产品或服务质量及其对环境的影响进行评价,因此不能将 ISO 9000 视为质量标志或保证证书;同样 ISO 14000 也不是"绿色环保"标志。通过了 ISO 9000 或 ISO 14000,只说明该组织是按照相应的质量标准或环境标准进行管理、生产商品或提供服务。

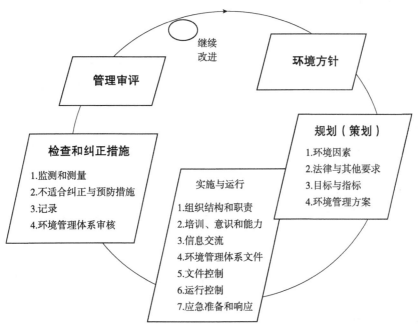

图 6-2　PDCA 循环图

ISO 9000 质量体系认证标准与 ISO 14000 环境管理体系标准对组织(公司、企业)的许多要求是通用的,两套标准可以结合在一起使用。世界各国的许多企业或公司都通过了 ISO 9000 族系列标准的认证,这些企业或公司可以把在通过 ISO 9000 体系认证时所获得的经验运用到环境管理认证中去。新版的 ISO 9000 标准更加体现了两套标准结合使用的原则,使 ISO 9000 标准与 ISO 14000 系列标准联系更为紧密了。

强制性产品认证制度在推动各种技术法规和标准的贯彻、规范市场经济秩序、打击假冒伪劣行为、促进产品的质量管理水平和保护消费者权益等方面,具有其他工作不可替代的作用和优势。认证制度由于其科学性和公正性,已被世界大多数国家广泛采用。实行市场经济体制的国家,政府利用认证制度作为产品市场准入的手段,正在成为国际通行的做法。

(二)两套标准的基本区别

这两个标准在内涵和承诺对象等 5 个方面不同,主要表现见表 6-1 所列。

表 6-1　ISO 14000 与 ISO 9000 区别对比表

项　目	ISO 14000	ISO 9000
承诺对象	生存环境和人身	产品消费者和使用者
承诺内容	遵守法规,预防污染	持续改进
保证产品质量体系模式	开环上升型	封闭型
认证依据	满足现行环保法规	质量体系
审核资格	具备环境知识和管理经验	不要求特别的专业背景

1. 承诺对象不同

ISO 9000 标准的承诺对象是产品的使用者、消费者，它是按不同消费者的需要，以合同形式进行体现的。而 ISO 14000 系列标准则是向相关方的承诺，受益者将是全社会，是人类生存环境的人类自身的共同需要，这无法通过合同体现，只能通过利益相关方，其中主要是政府来代表社会的需要，用法律、法规来体现，所以 ISO 14000 的最低要求是达到政府规定的环境法律、法规与其他要求。

2. 承诺的内容不同

ISO 9000 系列标准是保证产品的质量；而 ISO 14000 系列标准则是要求组织承诺遵守环境法律、法规及其他要求，并对污染预防和持续改进做出承诺。

3. 体系的构成模式不同

ISO 9000 质量管理模式是封闭的，而环境管理体系则是螺旋上升的开环模式。要求体系不断地有所改进和提高。

4. 审核认证的依据不同

ISO 9000 标准是质量管理体系认证的根本依据；而环境管理体系认证除符合 ISO 14001 外，还必须结合本国的环境法律、法规及相关标准，如果组织的环境行为不能满足国家要求，则难以通过体系的认证。

5. 对审核人员资格的要求不同

ISO 14000 系列标准涉及的是环境问题，面对的是如何按照本国的环境法律、法规、标准等要求保护生态环境，污染防治和处理的具体环境问题，故环境管理体系对组织有目标、指标的要求，因而从事 ISO 14000 认证工作的人员必须具备响应的环境知识的环境管理经验，否则难以对现场存在的环境问题做出正确判断。

总之，ISO 9000 质量体系与 ISO 14000 环境管理体系都是 ISO 组织制订的针对管理方面的标准，都是国际贸易中消除贸易壁垒的有效手段，但两套标准的要素却有相同或相似之处，运用到企业经营管理中时两套标准之间有着较为密切的联系（表 6-2）。

表 6-2 ISO 14000 与 ISO 9000 要素对比表

ISO 14000	ISO 9000
环境方针	质量方针
组织结构和职责	职责与权限
人员环境培训	人员质量培训
环境信息交流	质量信息交流
环境文件控制	质量文件控制
应急准备和响应（部分与消防安全的要求相同）不符合、纠正和预防措施	不符合、纠正和预防措施
环境记录	质量记录
内部审核	内部审核
管理评审	管理评审

第二节 物业管理行业对 ISO 14000 环境管理体系的选择

物业服务企业实施城市居住环境管理与环境保护，不但能促进居住环境的整洁、安全及社区意识，使城市居民能安居乐业，更令房屋使用寿命延长，达到物尽其用的目的，减少耗用自然资源来满足居住的需求。党的二十大报告提出实现低碳经济，中国式现代化，践行"2030，2060 双碳"目标，实现"美丽中国"人居环境和谐宜居，具体来说，在规划阶段，就要评估新住宅项目对自然环境的影响，是否配合周边的土地用途及基建设施的容量、是否适用于房屋使用、后续发展等。在设计阶段，环保的重点应集中在设计是否有利于能源节约，使用环保物料及建筑系统等。在建筑过程中，空气污染、噪声、建筑废料的处理及建筑材料的环保度等都是应注意的问题。房屋建成投入使用，居民的居住环境是否卫生、安静、安全及是否影响健康，家居废物的处理，家居能源的使用，特别是空调的使用率及居民的环保意识，在物业项目的使用期中，对环境造成不同的影响；因而，物业服务企业实施 ISO 14001 标准认证是行业发展必然的选择。

一、物业服务企业实施 ISO 14000 的意义

（一）城市区域物业环境管理的任务

城市区域物业环境管理是指城市各级政府和环保部门，为保护和改善城市居民居住环境，防治污染，保障人体健康，通过制定城市居住环境规划，采用行政、经济、法律等手段对城市区域内的居民楼、居民住宅区等居民居住集中区的环境；同时，对公共场所、建筑施工场所、道路、交通设施和工具出现的大气、水体、噪声、固体废弃物污染所进行的防治和监督管理。

城市生活质量是反映城市居民的消费水平、精神生活和物质生活水平，以及环境质量的综合指标，包括居民吃、穿、用、行、住等物质条件；学习、娱乐、运动等精神生活条件，以及城市环境的清洁与优美；社会治安、社会秩序、医疗卫生等条件。环境管理的任务主要有：

（1）合理开发利用自然资源，维护生态平衡，促进国民经济的持续发展。

（2）建立清洁的、优美的、健康发展和高度文明的人类环境，保护人们的身心健康。

（3）研究制定有关环境保护的方针、政策和法规，正确处理社会经济发展与环境保护的关系。

（4）开展环境科学研究、教育和宣传，为环境保护提供人才和先进科学技术，不断提高人们对环境保护的认识水平。

（二）物业管理行业在城市环境管理中的作用

随着时代的发展，人们相应地对物业管理的服务水平需求也在日益增长。物业服务公司要适应业主和使用人日益增长的需求，不但要做好自身工作，还要有前瞻性地观察和分析业主和使用人的潜在需求和欲望，做好深层次的环境管理服务。如对物业项目实施绿色健康服

务，规范物管服务行为减少环境污染，节省物业项目的能源耗费，从而达到促进物业项目健康、可持续发展的目的。绿色健康物业服务模式中健康的生活需要通过一种组织手段来实现，这就是"绿色服务"，其目的是把环境管理纳入物业服务，让环保走进每个小区业主和使用人的生活，使环保的重点由大气污染和生态保护向人们的生活方式转变。通过设计和制定环境管理目标、指标，识别可能对环境产生不良影响的环境因素，对环境因素制定改善方案，运行控制程序对其进行有效管理，依靠组织性、规范化的管理活动，实现减少污染和环境保护的承诺。保护环境、清洁生产、绿色消费已成为生活新时尚，也体现了社会的文明和人们的素养。让社区业主和使用人充分参与，从身边的小事做起，节约水电资源、减少污染排放、选购环保产品、多次重复利用、资源回收利用、进行垃圾分类、控制噪声污染，改善居住环境，使"环境管理"成为物业服务企业的一个管理服务亮点。想要使物业环境管理由口头呼吁变为确实行动，使健康服务不再局限在一时一事，实施环境管理体系提供了一个很好的答案。

(三)物业管理行业对 ISO 14000 环境管理体系的选择

绿色、健康的物业服务模式是营造绿色城市的重要组成部分，其中不仅包括污染控制、生态环境改善和保护、资源的合理开发利用等环境保护方面内容，还应包含环境管理方面的问题。

1. 物业环境问题需要 ISO 14000 环境管理体系

(1)规划建成区或社区周边的环境问题

居住社区既是城市的基本细胞，也是城市环境系统的基本单元，居住社区的建设与管理，与周边环境和整个城市环境都是分不开的。

(2)绿色、生态小区的标准要求

绿色小区或者是生态小区必须是节能、节水型的社区。如住宅与公共建筑，我国现有95%以上的高耗能建筑，它的单位耗能比同等气候条件下的先进国家高出 2～3 倍，我们的卫生洁具耗水量高出 30%以上，而污水回用率仅为发达国家的 25%。节能、节水型社区的建设，是环境保护的重要内容，必须给予足够的重视。

(3)物业环境管理中的科技创新

不断提高社区技术管理与物业管理的水平，科技创新是技术管理和物业管理可持续发展的技术与物质的支撑。目前，许多建筑为了提高饮用水质量，给自来水已经进行了深度处理，分管分质供水；为了减少洪涝灾害和开发水源，建立了雨水蓄水系统。如家庭住房垃圾的使用减少了垃圾收运和处理的负担等。科学技术的高速发展将进一步促进能源、环保、通信、安全防卫、防灾等基础设施技术的革新，导致基础设施服务的内容、配制种类、布局方法、管理模式发生相应变化。

(4)加强政府在规划建成区对环境保护的指导作用

居住社区是城市环境系统的基本单元，它的环境保护问题仅依靠社区的物业管理是不够的，要有市区政府的支持和指导。政府的指导作用主要包括3个方面内容。第一要担负规划建成区环境保护的主要责任；第二要制订相关政策，包括经济、技术、收费政策；第三要制订相关的标准，如绿色社区、生态小区的标准，以指导物业、技术管理。

(5)宣传环保知识,倡导全员参与

要做好对于社区居民的宣传、沟通、参与,这是管理可持续发展的根本。其中提到可持续发展以提高公众生活质量为目标,同社会进步相适应,特别体现了以人为本的理念。可持续发展的实施要以适宜的政策和法律为条件,强调综合决策与公众参与。作为物业管理和日常的管理应当做好与社区居民的宣传、沟通,特别是请他们参与社区的管理,是物业环境管理的可持续发展的重要问题。

2. 绿色住宅特征分析

人与自然的和谐是人类社会生存发展永远不变的法则,人们对生活环境质量的追求不仅要满足合理的居室布局、方便的交通,还要求社区有幽雅的园林、清新的空气、宜人的氛围。现代消费群体在满足了"住"的基本需求之后,对健康的需求更加多起来,这也正是绿色住宅将要流行的原因,而作为绿色住宅本身又应该具备如下特征。

(1)绿色住宅的能源系统

对常规能源如电、燃气和煤气在物业项目中进行优化分析,一些发达国家采用单一能源应用,即仅用电或仅用燃气,而不是多种能源组合使用。可尝试开展煤气节能,北方地区可节能达到50%。鼓励采用太阳能和绿色能源的风能、地热等自然能源。

(2)绿色住宅的水环境系统

供水设施采用节水、节能型系统,绿色住宅中应采用节水型抽水马桶;另外,家庭用水系中水龙头滴漏现象时有发生,采用高质量无渗漏的水龙头,可有效地节约水资源。节约用水应同时减少污水,这样节约了污水处理的能源和设备损耗。用于水景工程的景观系统采取循环用水等措施。

(3)绿色住宅的绿化系统

绿色系统中最重要的是生态环境功能,即小区绿地能否提供光合作用、清新空气、调节空气温湿度及保护土壤的作用。现在许多地方的情形是用水用地紧张,大片的草地需水量大大超过树木,而树木的光合作用则是草的10倍,缺水城市一定要考虑发挥树木对生态环境的影响和作用。在景观文化功能方面,则要通过园林空间、植物配置、小品雕塑来提供视觉景观和文化品位。

(4)绿色住宅的光环境系统

要求日照间距,室内尽量采用自然光,防止光污染,使用节能灯具,如现在室外的草地灯、路灯、广告灯等,要求照明采用光度不高的太阳能。

(5)绿色住宅的热环境系统

它包括对维护结构的热性能的保温隔热提出要求,如采用清洁能源、绿色能源等。室内热环境满足舒适要求,如按照国际要求,冬季在20℃~24℃,夏季在22℃~27℃是比较舒适的,并且要采用不破坏大气环境的环保装置。

(6)绿色住宅的气环境系统

要求室外空气质量,室内自然通风,卫生间的换气等符合空气质量要求。

(7)绿色住宅的废弃物管理与处置系统

垃圾收集要求袋装、分类且无害,将生活垃圾进行有机物、无机物、玻璃、金属、塑料等分类回收处理。这样能最大限度地减少垃圾对环境的污染,最大限度地将其变废为宝,循环利用。目前全国各地已经推行,但很多的分类收集都是摆样子,这还需要加强宣传。

（8）绿色住宅的绿色建材系统

国际上通常推行可重复、可循环、可再生材料的使用，在提供物业服务时也应采用符合国家环保标准的无毒、无害、无污染的健康材料。

3. 物业服务企业实现绿色健康服务

ISO 14000 环境管理系列标准是国际标准组织为保持全球环境，促进世界经济持续发展而制定的第一套关于组织内部环境管理体系建立、实施及审核的通用标准。从某种意义上讲，贯彻 ISO 14000 环境管理体系对物业管理来说，将是 21 世纪受人们关注的管理热点。具体表现如下：

（1）"创用户满意物业"的需要

环保是一种消费需求的表现，当生活水准达到较高层次时，人们对美好生活环境质量的追求已逐步突出"绿色消费"的观念开始渗透到住房消费的各个方面。"绿色家园"已成为住房消费的主旋律，小区环保搞好了，社会和用户都满意，公司的形象也随之得到提升。

（2）物业管理自身发展的需要

要顺应"绿色消费"群体的形成和需要，就得在公司内部进行一场绿色革命，当你的员工从环保角度考虑问题时，他们自然会提出有创意的想法，力求达到最清洁的经营方式，营造出绿色的环境，完善公司的管理，适应市场与自身的发展。

（3）有利于企业改进和降低成本

物业管理是一个既管物又服务于人的产业，提高小区的环保意识，人们就会自觉地去爱护环境。那么，公司对环境的维护、清洁、管理费用也随之降低了，环境也改善了；在这种意识熏陶下，社会环境也会不断地好起来，可以减少事故的发生。物业服务公司走这样一条"低碳经济"的道路，降低经营成本，可以帮助物业管理赢得商机。

（4）物业服务企业增强竞争力的需要

在未来的物业管理市场，要靠精品和名牌去占领与拓展。无论从现代企业管理方向还是企业认同的广泛性和现实作用上来看，ISO 14000 是先进的管理体系，是现代企业的消费水平和环境意识普遍提高条件下的重要促销手段。有条件的物业服务企业就尽早行动起来，借 ISO 14000 的推行和 ISO 14000 环境管理体系的建立，让"绿色、环保"意识成为企业投资的良机。中国加入 WTO 后，年轻的物业管理行业必须放开，国际先进老牌的清洁公司、绿化公司、机械维修公司等专业化公司势必加入物业管理这一朝阳产业，通过 ISO 14000 认证就多了一张竞争的"绿色王牌"。

二、物业服务企业推行 ISO 14000 的必然性

社会及经济的发展，工业化、城市化进程加快，导致人类赖以生存的环境正面临着严峻的挑战。如森林面积的锐减、土地严重沙化、自然灾害频繁、淡水资源枯竭、温室效应严重、臭氧层破坏、酸雨危害频繁、化学废物剧增，这些都将成为威胁人类生存，制约社会经济发展的重要因素，因而引起了国际社会的高度重视，各国政府官员、科学家和关注环境的有识之士都已经认识到，并把加强环境管理作为改善环境的手段。

（一）物业管理的基本内涵要求推行 ISO 14000 环境管理体系

按照物业类型的不同可以简略地分为土地和建成后物业两种，这里探讨的物业属建成后

物业，即物业是指已建成投入使用的各类建筑物、建筑物配套设施与附属设备及相关场地。物业的规模可大可小，一幢建筑物可以称为物业，一个物业项目也可以称物业。

物业管理就是物业管理经营专业机构人员，受物业所有人（业主和使用人）的委托，由业主和使用人和物业服务企业依照有关的法律、法规，按照合同或契约，以经济的手段对房屋、配套设施及其附属设备，房屋周围的环境进行维修、养护、管理、维护相关区域内的环境卫生和公共秩序，实施有偿管理活动的总称。要特别强调，物业管理是一项双向活动，既包括物业服务企业的专业化管理和服务，也包括业主和使用人的自律和自治。物业管理的基本内容包括：

1. 综合管理

综合管理包括制订和实施物业管理工作计划，档案资料的管理，建立健全各项管理规章制度等。如建立应对各种公共突发事件的处理机制，建立健全组织机构、人员调配具体措施等，公共突发事件一旦发生，能随时投入运行。

2. 房屋建筑主体的维护与管理

要求保持房屋完好率，确保房屋使用安全和使用功能正常。

3. 物业共用设备设施的运行、维护和管理

保障物业共用设备设施，主要包括电梯、水泵、消防、污水处理、门禁、监控等系统的使用功能正常。

4. 环境卫生

它包括房屋建筑的公共部位、相关场地等公共环境的日常清扫保洁，垃圾清除外运及消纳处理，各种废物、污水、雨水的排泄、清除，环境卫生与清洁。

5. 公共秩序维护

它包括物业管理区域内秩序的维护、消防管理、停车管理等。这是为保证物业和业主及使用人的人身财产安全，维持正常的工作和生活秩序。物业服务企业配合、协助行政、公安部门进行的管理、服务工作。

6. 绿化管理

它包括公共区域内绿化的管理和养护，对物业项目整体环境的绿化、管理和服务。

7. 装饰装修管理服务

它包括对房屋装饰装修的秩序进行管理，清运装修垃圾等。

（二）物业管理行业的特点决定了实施 ISO 14000 环境管理体系的必然

1. 物业管理行业的社会化特点

物业管理的社会化是指物业管理将分散的社会分工汇集起来统一管理，包括房屋、水电、清洁、保安、绿化等。每位业主和使用人只需面对一家物业服务企业，就能将所有关于房屋及其居住、工作环境的日常事宜办妥，分别面对各个不同的部门；业主和使用人只需根据物业管理部门批准的收费标准按时缴纳管理费和服务费，就可以获得周到的服务。而物业管理的根本属性是维护公共安全、保护公共利益，在物业服务企业实施 ISO 14000 系列标准，一方面，代表着先进的管理模式在物业服务企业中的应用；另一方面，有利于提高整个城市管理及社会的普遍消费观念的转换、环境意识和环境效益的提高。

2. 从业人员多，服务范围广，有利于环保意识的宣传和普及

物业管理是劳动密集型行业，吸收劳动力多，物业管理是一个既管理"物"、又服务于"人"的管理服务活动，涉及的服务层面不仅包括物业的消费者，还有物业服务企业的相关组织。因此，在物业管理中实现 ISO 14001 环境管理体系认证，不但使物业的整体环保意识得到提高，也使每一位业主和使用人在环境意识提高的同时，能够自觉和主动地去爱护环境、维护环境。全国范围内物业服务企业获得证书估计有上千张，知名品牌的物业企业都通过了 ISO 9001 和 ISO 14001 认证，很多物业企业都通过了三标认证。同时，国家环保行政管理部门鼓励组织通过环境管理体系(EMS)认证建立自我约束、持续改进的机制。

3. 实现"双碳"目标对物业服务企业深层次服务的要求

从国外先进的发展经验来看，"环境管理"是物业服务企业的一个管理服务的亮点，因为对环境的保护和减少能耗费用是业主和使用人不断追求的，减低能源消耗是社会的迫切需要，是造福子孙后代的大好事，是物业、业主和使用人及社会都收益的"多赢"服务项目，实现中国式现代化，"2030、2060 双碳"目标呼唤深层次的物管服务。

三、物业服务企业推行 ISO 14000 的主要目标

(一)确立超前定制绿色健康服务目标

绿色健康生活需要通过一种组织手段来实现，"绿色服务"目的是把环境管理纳入物业服务，让环保走进业主和使用人生活，使环保的重点由大气污染和生态保护向人们的生活方式转变。"绿色服务"主要是通过物管企业在提供服务过程中降低污染、节约资源，并推出能被业主和使用人接受的绿色产品及服务，将环境保护的观念融于项目的物业管理与服务之中，涉及管理与服务的各个层次、各个领域、各个方面、各个过程，要求在管理以及服务内容的设定中充分考虑环境保护、节约能源，倡导绿色消费、健康生活。另外，随着社会竞争的加剧和人们生活环境问题的进一步加深，更多的物管企业开始意识到除了对经济效益的追求以外，作为一个有着社会公众责任感的企业应该认识到在环境管理方面负有责任。对社会效益、环境效益的重视，不仅有利于降低材料和能源的消耗，提高其使用效率，有效地利用原材料和回收利用废旧物资，节省支出降低成本，获得显著的经济效益；除此以外，还可以向外界展示其企业实力和对环境保护的态度，同时，降低环境风险，树立良好的公众形象。

实施物业绿色服务，要实现 4 个主要目标。

(1)集约型的科学管理

有效地减少人力、物力的投入，实现物质资源的最大化利用，从而减低运营管理成本。

(2)废弃物排放的最小化

通过实行以预防为主的措施和全过程控制的环境管理，使管理、服务过程中的各种废弃物最大限度地减少。

(3)合理配置资源，实现优化管理

通过与相关公司资源的合作，可利用资源的再生复原，以及组织业主和使用人参加资源再利用的相关活动，使物管公司增加新的利润点；同时，社区资源与社会资源相互融合，形

成良性循环的最佳局面。

（4）推行物业管理绿色服务模式

通过绿色服务的提供，增强社区业主的环保意识，增强社区居住的人文氛围，扩大品牌深度以及扩展面。

（二）物业管理绿色服务实施操作要点

物业管理的绿色服务就是要使"绿色消费"的观念渗透到物业服务的各个层面；使环保不再是一时一事的活动，而像"春雨润物细无声"那样变成人们每日每时的行为。

1. 致力于物管企业的内部管理改造

物管企业在内部管理中应效仿自然系统内部运作的"低耗高效的循环性能，自我调节和控制的运行机制"，绿色小区或者是生态小区，必须是节能、节水型的社区，追求节能、省料、减污（无污）的综合效果，满足业主的绿色需求，同时使内部管理成本减至最低。

2. 采用新技术、新工艺，不断提高小区技术管理水平

科技创新是技术管理和物业管理可持续发展的技术与物质的支撑。科学技术的高速发展将进一步促进能源、环保、通信、安全防卫、防灾等基础设施技术的革新，导致基础设施服务的内容、配制种类、布局方法、管理模式发生相应变化，因此物业环境管理也要紧跟科技的创新。

3. 建立环境管理体系（EMS），提高企业环境管理水平

ISO 14000 环境管理系列标准是国际标准化组织继 ISO 9000 族质量管理体系的管理体系标准，可持续发展是人类在环境问题遍布全球并愈演愈烈的现实中，反思人类的发展历程后，得出的对未来生活方式和生产方式的设计和选择，而环境管理系列标准的出台是对可持续发展的主动响应，也是环境保护发展的必然。标准发布至今受到广泛认可，大有后来者居上的势头，通过制定和实施 ISO 14000 系列标准，并依靠组织性、规范化的管理活动，实现减少污染和环境保护的承诺，推行清洁生产，绿色消费，节约资源，改善环境；再通过不断的环境评价、管理评价、管理评审、体系审核（内审和外审）活动，推动环境管理体系的有效运行，推动环境质量的不断改进，实现社会的可持续发展。

4. 要做好对于绿色服务理念的宣传，深化沟通，倡导全民参与

实施物业绿色服务作为一种全新的发展目标和服务模式，将可持续发展战略落实到物业项目需要，是提高居民生活质量，促进城市经济、社会与环境协调发展的需要，也是实现"双碳"目标的一个重要组成部分。实施绿色服务要涉及管理、服务、社区活动的各个方面，需要物管人员与业主和使用人的积极参与。企业要运用绿色理念来指导管理服务，物业工程技术维护人员要不断学习新的环境技术，不断提高自己的环境知识和技能，从设计与管理方面减少或消除污染，提高生态效率；对管理服务在第一线的员工，要培育绿色服务和珍爱社区环境的意识，使环保、生态、绿色的理念深入人心。倡导绿色住宅健康服务以提高公众生活质量为目标，同社会进步相适应，特别体现了以人为本的理念。可持续发展的实施要以适宜的政策和法律为条件，强调综合决策与公众参与。作为物业日常服务应当建立全民参与机制，积极开展环保教育，动员人人参与，做好与业主和使用人的宣传沟通，特别是请他们参与物业项目的管理，这是实现物业绿色服务成败的关键。

第三节 物业服务企业 ISO 14000 环境管理体系的建立和实施

ISO 14000 环境管理体系强调的是企业与环境的关系，对物业管理行业 100 强物业服务公司来讲，积极响应可持续发展，重视环境管理是通向国际的必由之路，建立 ISO 14001 环境管理体系，是物业服务企业继 ISO 9001 质量保证体系之后，满足国际接轨需要、国家政策要求和业主、社会公众期望的又一竞争策略。

一、物业服务企业建立环境管理体系的步骤

ISO 14001 环境审核的方法与质量认证的方法较为相似，实施并通过 ISO 9001 认证的组织在建立其环境管理体系的过程中，从形式上容易接受 ISO 14001 标准的要求，另外，我国于 20 世纪 80 年代推行了环境标志与清洁生产审计，对 ISO 14001 的推广实施也有一定的促进作用。建立环境管理体系，企业应考虑如下几个方面的工作。

(1) 体系认证准备阶段

环境管理体系的建立和实施需要组织人、财、物等资源，因此，必须首先得到最高管理者(层)的明确承诺和支持，由最高管理者任命环境管理者代表，授权其负责建立和维护体系，保证此项工作的领导作用。

(2) 建立完整的组织机构

组建一个推进环境管理体系建立和维护的领导班子和工作组，在原有组织机构的基础上组建由各有关职能部门负责人组成的领导班子对此项工作进行协调和管理，此外由某个部门(如负责环保工作的部门)为主体，其他有关部门的有关人员参加，组成一个工作组，承担具体工作。明确各个部门的职责，形成一个完整的组织机构，保证该工作的顺利开展。

(3) 人员培训

对企业有关人员进行培训，包括环境意识、标准、内审员和与建立体系有关的，如初始环境评审和文件编写方法和要求等多方面的培训，使企业人员了解和有能力从事环境管理体系的建立实施与维护工作。

(4) 环境评审

环境评审是对组织环境现状的初始调查，包括正确识别企业活动、产品、服务中产生的环境因素，并判别出具有和可能具有重大影响的重要环境因素；识别组织应遵守的法律和其他要求；评审组织的现行管理体系和制度，如环境管理、质量管理、行政管理等，以及如何与 ISO 14001 标准相结合。

(5) 体系策划

在初始环境评审的基础上，对环境管理体系的建立进行策划，以确保环境管理体系的建立有明确要求。

(6) 文件编写

ISO 14001 环境管理体系要求文件化，可分为手册、程序文件、作业指导书等层次。企

业应根据 ISO 14001 标准的要求，结合自身的特点和基础编制出一套适合的体系文件，满足体系有效运行的要求。

(7) 体系试运行

体系文件完稿并正式颁布，该体系按文件的要求开始试运行。其目的是通过体系实际运行，发现文件和实际实施中存在的问题，并加以整改，使体系逐步达到适用性、有效性和充分性。

(8) 企业内部审核

根据 ISO 14001 标准的要求，企业应对体系的运行情况进行审核。由经过培训的内审员通过企业的活动、服务和产品对标准各要素的执行情况进行审核、发现问题及时纠正。

(9) 管理评审

根据标准的要求，在内审的基础上，由最高管理者组织有关人员对环境管理体系从宏观上进行评审，以把握体系的持续适用性、有效性和充分性。

至此，企业的环境管理体系完成了一轮 PDCA 循环，完成了环境管理体系的建立。按照 ISO 14001 标准建立、运行一个环境管理体系是一项涉及面广、专业性强和技能要求很高的工作。组织可根据具体情况，决定是否有必要在咨询机构的指导下进行，这样可以节省时间，避免走弯路，提高工作效率，保证环境管理体系的规范性和可操作性，以获取更多的效益。打算进行认证的组织，在委托第三方认证机构认证审核之前，可委托咨询机构进行模拟审核，及帮助企业办理认证审核的联系认证审核前的准备工作，以保证企业认证审核顺利通过。

二、环境管理体系文件的结构与注意问题

(一) 环境管理体系文件的结构

环境管理体系文件结构可分为环境管理手册、环境管理体系的程序性文件、环境管理作业指导书及有关的文件。

1. 环境管理手册

环境管理手册即阐明一个组织的环境管理方针，并描述其环境管理体系的文件。手册中应覆盖标准的全部要求，成为环境管理体系运行的总纲领、总依据。手册应体现出标准中的各项要求能够在具体的环境管理体系中实现。但手册中不一定非常详细地描述某项活动和某一部门如何满足标准要求的规定，只是要引出下一层次文件即可。

2. 环境管理程序性文件

以文件化的方式规定实施落实某项体系要求或某项活动过程的途径。如果把进行某项活动或过程所规定的途径形成文件，这些文件称为程序文件。程序中应规定活动的目的、范围、做什么、谁来做、何时何地、如何做、应使用什么材料、设备、方法和文件，如何对活动进行控制和记录，即按"5W2H"(What, Why, When, Where, Who, How, How much)的要求，规定具体的规范。环境管理标准中对程序的要求是非常严格的，许多处出现"组织应建立并保持程序"的字样，必要的程序对环境管理体系的运行和控制起着重要的作用，程序文件可引出更详细具体的环境文件。

3. 物业服务企业环境管理体系文件编写应用实例

《环境目标、指标、管理方案控制程序》

1.0 目的

为在公司范围内有效地进行环境目标、指标及管理方案的制订与实施工作，以实现对公司环境管理体系方针的承诺，特制订本程序。

2.0 适用范围

本程序适用于公司环境目标、指标、管理方案的制订与实施管理。

3.0 定义

3.1 环境——组织运行活动的外部存在，包括空气、水、土地、自然资源、植物、动物、人，以及它们之间的相互关系。

3.2 环境目标——组织依据其环境方针规定自己所要实现的总体环境目的，如可行应予以量化。

3.3 环境指标——直接来自环境目标，或为实现环境目标所需规定并满足的具体的环境表现(行为)要求，它们可适用于组织或其局部，如可行应予量化。

4.0 职责

4.1 公司总经理是环境目标、指标和管理方案的主管领导。

4.2 管理者代表负责审核公司环境目标、指标和管理方案。

4.3 公司综合管理部是环境目标、指标和管理方案的归口管理部门，负责公司环境目标、指标和管理方案的编制。

4.4 公司各部门、各管理处负责本部门、本单位环境目标、指标和管理方案的制订与实施。

4.5 公司办公室负责公司机关环境目标、指标和管理方案的制订与实施。

5.0 工作程序

5.1 目标、指标、管理方案的制订

5.1.1 公司综合管理部依据公司《重大环境因素分析及其控制计划清单》对必要的需要控制的环境因素编制公司年度《环境目标、指标和管理方案》《环境目标、指标和管理方案实施报告》，经管理者代表审核、总经理批准后，分解到各级部门、单位实施。

5.1.2 公司各部门、各管理处依据公司每年发布分解的环境目标、指标和管理方案，对必要的需要控制的环境因素编制本部门、本单位《环境目标、指标和管理方案》《环境目标、指标和管理方案实施报告》，经本部门、本单位领导审核批准后执行。

5.1.3 公司综合管理部依据公司每年发布分解的环境目标、指标和管理方案，对物资供应工作履行归口管理职责，也填写在《环境目标、指标和管理方案》《环境目标、指标和管理方案实施报告》中，经领导批准后执行。

5.1.4 制订目标、指标和管理方案的依据

(1) 公司管理体系方针。

(2) 法律法规及其他要求。

(3) 相关方的期望和要求。

(4) 技术方案的可行性，财务运行和经营要求。

(5)环境因素辨识出的重大环境因素。

5.1.5 目标、指标、管理方案的内容要求

(1)目标。

(2)指标(尽可能量化、可测量)。

(3)管理方案(实现目标的方法及资源配置,资金需求)。

(4)开始时间与完成时间。

(5)如何检查。

(6)责任部门、责任人。

5.2 目标、指标、管理方案的实施检查

5.2.1 公司各部门、各管理处负责人负责组织本部门、本单位环境目标、指标、管理方案的具体落实。公司各部门、各管理处负责人每季度对本单位、管理处的管理方案实施情况与目标、指标完成情况组织一次检查,对发现的问题要及时予以纠正,并填写《监察与测量记录》,必要时执行《纠正、预防措施控制程序》。

5.2.2 公司综合管理部每半年对公司各部门、各管理处的管理方案实施情况与目标、指标完成情况进行一次检查,对发现的问题要及时予以纠正,并填写《监察与测量记录》,必要时执行《纠正、预防措施控制程序》。

5.3 修订

当公司制订的目标、指标依据发生变化或发现目标、指标不能达到预期效果时,公司综合管理部负责对目标、指标进行修订,并重新制定相应的管理方案,经管理者代表审核,总经理批准后实施。

公司接管新的项目或提供新的服务项目时,应对有关方案进行修订。公司《环境目标、指标和管理方案》《环境目标、指标和管理方案实施报告》修订后仍执行上述程序。

6.0 相关文件

6.1 《环境因素识别与评价控制程序》

6.2 《纠正、预防措施控制程序》

6.3 《运行控制程序》

7.0 相关记录

7.1 《环境目标、指标和管理方案》

7.2 《环境目标、指标和管理方案实施报告》

7.3 《监察与测量记录》

4. 环境管理作业指导书及有关的文件

作业指导书是规定基层活动途径的操作性文件,是程序文件的具体化。

作业指导书属于程序性文件范畴,只是层次较低,内容更具体而已,并非每份程序文件都要细化为若干指导书,只有在程序文件不能满足某些活动的特定要求时,才有必要编制作业指导书。特定的要求是由于产品、服务过程、部门和岗位的不同而产生的。

此外,有关的环境管理体系文件,还包括记录、报告、表格等,即对某一特定的过程,活动或某一环境管理事务的处理和运作规定或某项强制性的指令,还有实际运行情况和提供证据的记录,如固体废弃物排放要有具体排放指标、规定、应检测的数据、填写的表格。

(二)环境管理体系文件编写应注意的问题

1. 文件编写一致性

从环境管理手册到程序性文件和支持性的环境管理作业指导书,要保持其一致性。手册的编制要覆盖标准的全部要素,而具体要素的贯彻落实应靠程序文件来支持。手册中描述了组织的环境管理方针,并做了承诺,在程序中就应体现出如何去实现其承诺的规定,而在第三层环境管理作业指导书中就应反映出其方针承诺实现的支持保证和实施的证据。避免手册中说大话,程序中模糊化,第三层文件消失了的现象出现。要避免各层文件之间的要求、内容、程度不一致等情况发生。文件应形成系统,保证上下一致,融会贯通,逐层细化,相互补充。

2. 文件编写可行性

建立环境管理体系的目的为了保障人类健康与环境不受其产品活动或服务所带来的潜在影响的危害,并为维护和改善环境质量提供帮助,向社会和相关方证实自己有能力和所取得的环境效益。建立环境管理体系不能只图华丽,而失去可行性,要适应于组织的特点,适宜于社会,相关方需要,要在采用实用的办法手段,实施有效的控制活动,以实现可达到的目标指标,证实可兑现的承诺。

3. 文件编写协调性

环境管理体系是以实施环境管理,实现环境管理方针,满足环境管理目标需要为准,配置所需要的组织结构、程序、过程和资源。一个组织为了使其体系有效,就要做到协调一致。在一个共同的方针、目标指导下,共同去实施一个大环境管理方案;要在机构部门、职责权限、过程活动之间做到协调和相容,即处理好接口关系,在组织和信息沟通方面形成一个整体。这一点是非常重要的,也是建立体系的重中之重的关键问题;实践证明,体系运行的失败,大多出现在接口处。

4. 文件编写可变性

环境管理体系文件规定了实施管理控制的"根"和"序",规定了要求,文件一旦形成就要遵守和执行;否则,就失去意义。但是文件化的目的,归根结底是为了使体系持续改进,螺旋式上升。对在运行过程中发现的与规定不适合、不完善、不合理、缺陷要及时按有关的要求去更改修正。文件是为体系运行服务的,所以文件是随体系的需要而变化的,是为体系运行的有效、体系素质的提高而建立而变化的。一个 PDCA 循环的开始就可能以体系文件的更改和补充为标志,所以文件的更改是正常的。从不断完善体系,实现持续改进的角度来讲,文件的变化又是必不可少的。但文件的更改变化是要按规定实施,避免随意性、任意性。

5. 文件编写严肃性

文件是体系运行的基础,是评价有效性的依据,文件要有权威性、严肃性。作为纲领、规范、指令,组织必须执行的法规,应由组织的最高管理者按规定发放、保管,强制执行。文件中的各项规定要措辞严谨,表达明确,语气肯定,成为约束和规范体系正常运行的准绳。

(三)物业服务企业实施 ISO 14000 标准的注意事项

如何建立与企业现行管理制度,相结合的 ISO 14001 环境管理体系标准,做一个关注环保、关注人类未来的绿色企业,适应经济与环境的可持续发展,赢得未来绿色市场的巨大商机,创建用户满意、社会认可的物业,这些是摆在进入新世纪的物业管理者面前的一个必须考虑的问题。

全方位、多渠道、多层次地传播和宣传贯彻 ISO 14001 的意义和效益，转变观念，在增强企业内部环境忧患意识和环境保护意识的同时，做到及时与业主沟通，争取让业主主动加入对自身物业的环境保护中来，并通过业主委员会建立良好的联系，得到广大业主的配合与支持，这是实现 ISO 14001 环境管理体系认证的前提条件。加强人员培训是实施环境管理体系的重要保障。推行 ISO 14000 环境质量管理系列标准一定要根据企业自身的具体情况和有关的法律、法规、规范，实行"量体裁衣"，否则再好的理论、再先进的管理模式，都只能是"事倍功半"。

选择有实力的咨询公司和科学的咨询程序。环境管理认证咨询是一项技术性极强的专业中介服务活动。因此，必须要选择一家既有专业能力，又能提供规范性服务的咨询机构，只有这样才能使咨询工作比较深入，取得实效。咨询机构不仅能够帮助企业建立宣传标准，还能协助企业建立健全组织机构，指导企业编写好质量认证体系文件，帮助其搞好试运行及内部审核、管理评审等贯标认证的各项工作。将对新污染的控制和老污染的限制治理达标与实现 ISO 14001 环境管理标准有机地结合起来，坚持管治并重、以管促治，通过自身的服务改造，消除污染，做到不排、少排、减少污染治理的投资成本，降低企业生产成本。

三、ISO 14000 环境因素的识别与评价

（一）环境因素的识别

所谓环境因素是指"组织的活动或产品或服务中能够与环境发生相互作用的要素"。环境因素贯穿 ISO 14001 中每一标准条款与要素，涉及活动、产品或服务所有范围，牵动组织的决策、策划、设计、人员配备、文件编写、资源配置、项目改造以及培训、运行、记录、改进等全部过程。建立和实施 ISO 14001 环境管理体系成败与否，关键因素之一是对环境因素的识别、确定及其环境管理方案的制订与实施。

在建立和实施环境管理体系过程中，组织首要关键的任务之一就是在环境方针提供的框架下，全面系统地识别组织内涉及活动、产品或服务中的环境因素，然后对其进行评价，从中判定出重大环境因素，并针对重大环境因素制订相应的目标指标，以及行之有效的环境管理方案，最终取得环境佳绩。

1. 环境影响与环境因素

把组织的活动，产品或服务过程中，对环境所产生的不利或者有利的，整体或局部的任何变化定义为环境影响。当然，组织所关注的是对环境所造成的不利影响，这种不利影响的结果要么是对环境产生污染，要么是使人类有限的资源耗竭或浪费。同时，把在组织的活动，产品或服务过程中，能够或可能对环境产生作用的要素称为环境因素。环境因素与环境影响之间的关系是一种因果关系。毫无疑问，无论在组织的活动，产品或服务过程中，还是日常生活中，这种可能对环境产生影响的要素无处不在，如日常抽烟产生的烟雾、烟蒂，食后的瓜皮果籽，浪费水电现象等，无论是直接地或者间接地都将对环境产生影响。

各种环境因素对环境造成冲击或影响程度也各不相同。相对地把具有或者可能具有产生重大环境影响的环境因素，包括对环境现有显著影响的和可能具有显著影响的环境因素，定义为重大环境因素。按照 ISO 14001 环境管理体系标准条款"4.3.1 环境因素"要求，组织应建立并保持一个或者多个程序，来确定其活动、产品或服务过程中能够控制，以及可以期望施加影响的环境因素，以便判定那些对有重大影响或可能具有重大影响的因素。组织应确保

在建立环境目标时，考虑这些与重大环境影响有关的因素。

环境因素与重大环境因素只具有相对的概念，没有绝对的区分。重大环境因素是从现有环境因素中评定筛选出来的。一旦某一环境因素被判定为重大环境因素，组织就应当根据环境方针提供的框架，为此制订明确的目标指标，以及相应的切实可行的环境管理方案。

2. 环境因素识别的原则

为了确保环境因素识别的充分性并提供环境管理体系的控制重要对象，环境因素识别应遵循以下原则。

（1）识别全面

环境因素识别时应充分考虑组织活动、产品或服务中能够控制及可望对其施加影响的环境因素（包括所使用产品和服务中可标识的重要环境因素）。

具体地说，应对3种状态、3种时态和7种类型的环境因素进行识别：

①3种状态　正常（如生产连续运行）；异常（如设备运行的开车、停机、检修等）和紧急状态（如潜在火灾、事故排放、意外泄露、洪水、地震等）。

②3种时态　过去（如以往遗留的环境问题；泄露事件造成的土地污染），现在（如现场活动、产品和服务的环境问题）和将来（如提供服务后可能带来的环境问题，将来潜在法律法规变化的要求，计划中的活动可能带来的环境因素）。

③7种类型　一般地，根据以上3种状态、3种时态环境因素的来源归纳为7个方面的内容，包括：废气排放；废水排放；噪声排放；固体废弃物管理；土地污染管理；原材料及自然资源的不合理使用或浪费；对周围邻里、社区的影响及其他环境问题（如商贸领域的有关环保规定，商业竞争优势，地方性环境问题等）。

（2）识别具体

环境因素识别的目的是提供环境管理体系控制的明确对象，为此识别应与随后的控制和管理需要相一致。识别的具体程度应细化至可对其进行检查验证和追溯，但也不必过分细化。

（3）明确环境影响

环境因素的控制是减少或消除其环境影响，同一个环境因素可能存在不同的环境影响，因此，识别时应明确其环境影响，包括有利的和不利的环境影响。

（4）描述准确

依据ISO 14004标准示例，环境因素通常可以描述为"环境因素（物质）或污染物的名称与某一行动或动作的组合"，即名词加动词。污染物的名称应明确到有关污染物质种类或组分。

3. 常见环境因素的识别

常见的造成环境影响的典型环境因素如下所述。

（1）污染环境的环境因素

①水环境的主要污染物质　氨、氮、有机物、挥发酚、重金属、含磷洗涤剂、石油类（各种燃料油、润滑油）等，再加上未充分利用的农药、化肥等；固体沉积物和悬浮物等；参见《中华人民共和国国家标准地面水环境质量标准》《中华人民共和国国家标准污水综合排放标准》等法律法规标准中的有关污染物及其排放标准。

②大气的主要污染物质　烟尘、二氧化硫、氧化氮、二氧化碳、酸雾、有机挥发物等。参见《中华人民共和国国家标准大气污染物综合排放标准》《中华人民共和国国家标准环境空气质量标准》《中华人民共和国国家标准汽油车怠速污染物排放标准》《锅炉大气污染物排放

标准》《工业炉窑大气污染物排放标准》等中的有关污染物及其排放标准。

③土地污染 有机物、无机物、油料(各种燃料油、润滑油)等。

④固体废弃物污染 参见有关固体废弃物污染防治法律。

⑤噪声污染 参见《中华人民共和国国家标准城市区域噪声标准》《建筑施工厂界噪声限值》《建筑施工厂界噪声标准》等。

(2) 破坏臭氧层的环境因素

制冷剂、除臭剂、头发喷雾剂、制造塑料的溶剂和泡沫发生剂等含有氯氟烃类物。"1211"灭火器以及其他含有氯化亚氮、四氯化碳、甲烷等。

(3) 造成温室效应的环境因素

温室气体包括二氧化碳、二氧化硫、水蒸气、甲烷、氮氧化物、臭氧、氯氟烃类、氟利昂等。

(4) 造成酸雨的环境因素

它包括雨、露、雾、霜、雪、雹等；包括燃料的燃烧过程，排放到大气中的二氧化碳、二氧化硫、氮氧化物等气体。

(5) 造成生态破坏的典型环境因素

①森林资源减少 木材浪费，如一次性木筷。

②生物多样性减少 稀有动物原材料的使用。

③水资源短缺 水的浪费。

(6) 造成资源危机的典型环境因素

原材料、电、油、纸张、办公用品的浪费；废品、次品。

(7) 其他环境因素。

(二) 重大环境因素的评价

组织的活动、产品或服务过程中具有或能够具有重大环境影响的环境因素即为定的重要环境因素。建立目标指标，只有现实的已确定的重要环境因素才需要；随着科学技术的进步，生产力、生活水平的提高，环境保护意识的增强，人类对环境保护的要求也越来越严格，各国的环境保护标准也将越来越严厉；同时，由于 ISO 14001 环境管理体系标准的一个最为显著的特点就是要求组织持续改进环境状况，不断地取得环境绩效。因此，所谓"重大环境因素"对于"环境因素"来说只能具有相对的概念，即重大环境因素的评价也不可能存在绝对的标准和方法。对于某个具体的组织来说，在一定时期内重大环境因素的评价方法和标准也应该是相对严格的，这有利于组织对这些相对"重大"的环境因素加强管理和重点改进。对于初始建立和实施环境管理体系的组织，自身环境状况不同而采用不同的方法，也可以多种方法并用。下面介绍以下几种简单的方法。

1. 法律法规符合性判别法

初始建立和实施环境管理体系的组织对目前组织所排放的废水、废气，固本废弃物，噪声等都要进行全面的检测与评估，以便考察与相关环保法律法规的符合性及其超标情况；为了评估与获得《污染物浓度及总量控制指标达标排放证明》也需要聘请有关环境监测部门进行相关检测；在此过程中所发现的明显违反有关法律法规标准要求或超标的项目或环境因素，一般应该首先或第一次就评价为重大环境因素都应该制订相应的环境管理方案。

2. 相关方环保抱怨(或投诉)与要求判别法

组织在进行初始环境评审过程中，将收集并发现的所有相关方对组织环境影响与形象的抱怨与评价，以及市场或客户对组织产品及其生产环境保护的要求或投诉。这些抱怨、投诉与要求无论多么尖刻与苛刻，与之相对应的环境因素都应该判定为重大环境因素，都应该制订相应的环境管理方案；因为组织制订并对外公布的环境方针，其中一个十分慎重的承诺就是必须满足相关方的环保要求。

3. 专家综合评定判别法

在重大环境因素判定过程中，组织也可以邀请有关专家组成评议组，对环境因素进行综合评议判定。专家组可以由环境管理体系咨询师、环保及其法律专家、工程师、商贸代表乃至有关环境管理体系认证机构的专家等组成。利用这些专家的知识和经验进行评估，是一种行之有效的重大环境因素评价法。

4. 环境影响重要性评价依据

通过评价因素对环境因素进行测量，然后根据计算数值大小排列或制订出重大环境因素。这种评价因素方法的依据包括对环境影响和组织经营性影响两方面评价。其中环境影响重要性评价依据应该包含以下各项。

(1) 环境影响的严重程度。
(2) 环境影响所涉及的范围与规模。
(3) 环境影响所持续的时间。
(4) 该种环境影响发生的频次或概率。
(5) 环境影响对相应法律法规冲击的程度。
(6) 相关方的要求等。

5. 经营性影响评价依据

具体实施过程中，一些组织往往还要考虑经营性影响评价，所涉及依据如下各项。

(1) 实施环境管理方案的技术难度。
(2) 实施环境管理方案组织的经济承受力。
(3) 为组织公众形象带来的正负面影响。
(4) 为组织生存带来的风险大小。
(5) 在市场竞争中竞争力的提升或获取商业机遇的程度。
(6) 对相关方利益的提升与冲击等。

以上评价依据根据具体情况和实际需要选择一项或多项进行综合评价。在实际应用中，还必须考虑有关法律、法规，环保方面的规定以及组织的自身特点，应该满足环境方针的承诺等，还应当考虑正常、异常、紧急以及过去、现在、未来等多方面实际情况。

(三) 环境因素识别评价方法实例

环境因素涉及物业环境管理活动的所有范围，贯穿了物业环境管理的整个过程，牵动了物业服务企业的服务策划、资源配置、管理决策以及培训、运行、记录、改进等全部过程，是实施物业环境管理体系成败与否的关键因素之一，决定了环境管理方案的制订与实施。因此，在建立和实施环境管理体系过程中，组织首要关键的任务之一就是在环境方针提供的框架下，全面系统地识别物管企业内涉及活动或服务中的环境因素，然后对其进行评价，从中判定出重大环境因素并针对重大环境因素制订相应的目标指标以及行之有效的环境管理方案，采取有效措施进行纠正和预防措施，最终取得环境佳绩。

物业服务企业对住宅小区可以尝试应用以下方法，对项目中污染物、废弃物及噪声排放做出识别和评价（表6-3）。

表6-3 环境因素识别评价方法实例

内容	得分
A. 法规符合性	
超标	5
接近标准	3
未超标准	1
B. 发生频次	
持续发生	5
间断发生	3
偶然发生	1
C. 影响范围	
超出社区	5
周围环境	3
场界内	1
D. 影响程度	
严重	5
一般	3
轻微	1
E. 相关方抱怨	
强烈（多次）	5
一般（2~3次）	3
基本无抱怨	1
内容	得分
F. 可节约程度	
加强管理可明显见效	5
改造设备可明显见效	3
较难节约	1

污染物、废弃物及噪声重大环境因素评价标准：当 A=5 或 B=5 或 C=5 或 D=5 或 E=5 或总分 $\sum = A+B+C+D+E \geq 15$ 时，确定为重大环境因素。

评价方法：能源、资源消耗评价标准：当 F≥3 时，确定为重大环境因素。

需要强调的是环境因素与重大环境因素只具有相对的概念，没有绝对的区分。亦即重大环境因素是从现有环境因素中评定筛选出来的。一旦某一环境因素被判定为重大环境因素，物管企业就应当根据环境方针提供的框架，为此制订明确的目标指标，以及相应的切实可行的环境管理方案（表6-4、表6-5）。

表 6-4 环境因素识别评价表

编号：　　No.

序号	活动、服务	环境因素	环境影响	时态	法规符合性 A	发生频率 B	影响范围 C	影响程度 D	相关方抱怨 E	可节约程度 F	得分	是否重大因素	处理方法	地点
1	生活水箱	水资源保护不利	水的消耗	现在	1	1	3	3	1	1	10	否	制订措施，加强现场监督检查	
2	使用库房	化学品泄漏	污染空气、影响人体健康	现在、将来	1	1	1	3	1	1	8	否	制订措施，加强现场监督检查	
3	吸烟	废气排放	污染空气、影响人体健康	现在	1	1	1	3	3	1	10	否	制订措施，加强现场监督检查	
4	供应商	供应不合格材料	废弃物污染、浪费资源	过去、现在	1	1	1	5	3	1	12	是	制订措施，加强现场监督检查	
5	员工办公	固体废物排放（电池等）	破坏土地和地下水的生态、影响人体健康	过去、现在	1	3	1	3	1	3	12	是	指定管理规定；组织培训与教育，并加强现场监督检查；保持现有措施	
6	楼层电灯	无效运行	电的消耗	现在	1	3	1	3	3	5	16	是	指定管理规定；组织培训与教育，并加强现场监督检查；保持现有措施	

填报单位：　　　　　　　　填报人：　　　　　　　　审核人：　　　　　　　　填报日期：　　年　　月　　日

注：若无环境因素的更新，则在"环境因素"栏内填写"无"。

表6-5 环境目标、指标和管理方案

编号： No.

序号	活动、服务	环境因素	环境影响	目标、指标	地点	资金	管理方案	开始时间	完成时间	责任部门	责任人
1	生活水箱	饮用水的污染	影响人体健康	水质符合国家标准			定期清洗				
2	库房	易挥发、刺激性气味物品存放	污染空气，影响人体健康	空气污染符合国家标准			物品分类码放，包装密封				
3	吸烟	废气排放	污染空气，影响人体健康	公共区域无人吸烟			贴标识，加强现场监督				
4	供应商	供应不合格材料	废弃物污染、浪费资源	已验收的产品合格率不低于95%			加强入库验证，签环境协议				
5	员工办公	固体废弃物排放（电池等）	破坏土地和地下水的生态，影响人体健康	固体废弃物逐步实现资源化、无害化，有毒有害废弃物分类不低于80%			分类存放固体废弃物，采用可降解材料				
6	楼层电灯	无效运行	电的消耗	实际用电量低于计划用电量			贴标识，加强现场监督				

填报单位：　　　　　　　　　　填报人：　　　　　　　　　　填报日期：
管理者代表审核：　　　　　　　总经理批准：　　　　　　　　批准日期：

第四节　ISO 14000 环境管理体系的应用案例

对于物业服务企业而言，应用 ISO 14000 环境管理体系的主要作用是保证企业环境因素得到管理和控制，提高环境管理的绩效。对此，长城物业集团应用 ISO 14000 主要体现在建立并实施环境管理体系，定期对环境因素进行识别、评价及控制，即针对重大环境因素识别、评估结的果制定相应的整改方案、预防措施进行控制。以期做到"有效保护环境，合理利用资源"的企业承诺。

一、长城物业集团股份有限公司简介

长城物业创立于 1987 年，是国家首批一级资质物业服务企业，深圳首批甲级资质物业服务企业，现任中国物业管理协会副会长单位。2003 年经深圳市政府批准，改组为股份有限公司，成为国内业界首家物业管理股份有限公司。2009 年 5 月更名成立长城物业集团股份有限公司，经过 37 年的发展，长城物业已成为中国规模最大的独立全业态物业服务机构。长城物业秉承"让社区变得更美好"的组织使命，以"成为美好社区共建的引领者"为愿景，恪守"值得托付=诚意链接+满意服务"的核心价值观，近十年来，集团综合实力一直稳居中国物业管理行业前十强，且市场化运营持续领跑行业，是行业前十强中唯一的独立第三方物业服务机构。长城物业设立了华东、华南、华西、华北、华中、环渤海六大区域事业部，物业服务范围覆盖全国 31 个省、自治区、直辖市的 130 余个城市、合约管理项目超过 1000 个，合约管理面积超过 2.5 亿 m^2。集团为社区提供服务的员工人数达四万余人，以"公域服务""私域服务"及"人际服务"为社区提供全域服务，通过"三精化"（专业精深化、服务精到化、经营精细化）网格管理模式，在"科技化+人性化"的创新之路上引领行业转型升级。

（一）长城物业集团经营特点

长城物业锐意革新，不断进取，长城物业为建设单位量身定制专业服务方案，快速有效地系统解决物业相关问题，同时赋予物业更多附加价值以协助建设单位取得上佳业绩；创造了物业管理同行中的诸多第一：业内第一家股份有限公司；业内率先实现物业管理办公自动化及远程管理；业内率先通过 ISO 9001、ISO 14001、OHSAS 18001 三大体系认证；业内率先实践卓越绩效模式，参与全国质量奖的评奖活动；业内率先导入平衡计分卡方法，构建企业平衡发展的运营体系；业内率先推行"阳光运作+业主自治+专业服务"阳光物业服务模式，树立行业"和谐物业关系"的典范；业内首家奥运服务商，所服务的 2008 年第 29 届北京夏季奥林匹克运动会奥运村，被国际奥委会罗格先生盛赞为"40 年来最好的奥运村"，赢得了"奥运物管"的美誉。

公司在业内率先建立 P2F 社区商业服务模式，通过一应生活（一应驿站）APP、微信公众号、微信小程序等，为住户提供一应家装、长者服务、社区新零售、资产运营、拎包入住、会员权益等服务，一切为社区生活所需，打造"服务就在家门口"的生活场景。长城物业秉承包容式整合社区资源，共创共享行业社区生态圈价值。集团下属全资子公司——深圳一应社区科技集团有限公司，2016 年获得国家高新技术企业称号。长城物业通过一应云智慧平台将物业管理和社区经营进行深度融合，让"物业管理"和"社区经营"生态化发展产生更有价值的叠加效应。一应云智慧平台嵌入了长城物业 30 余年的实证管理经验，结合新兴的互联网思维、物联网技术与社区生态运营融汇成物业服务企业转型升级的一体化解决方案。该方案具有以下优势。

1. 先进的信息管理系统

通过多年的探索，长城物业先后研制开发了适合自己管理模式的自动化远程管理系统，该系统充分融入了当代最新的"知识管理、协同办公"的第三代"办公自动化"理念，注入了长城物业30多年的管理经验，实现了信息化管理、数据实时共享、内部通讯、无纸办公和远程办公等功能。

2. 规范管理与标准化能力

具有统一、规范和稳定的体系运营能力，建立了统一的服务质量标准体系（过程质量和结果质量），制订了关键流程的规范要求，界定服务创新领域。

3. 服务策划、创新与整合能力

长城物业通过多种渠道倾听客户的声音，依照客户的需求和潜在期望策划、设计服务流程。另外，长城物业将组织原创性、独有的资源进行整合，从而创造出具有差异化竞争优势的服务产品或流程，使服务效率和效益实现最大化。

4. 成本精细化管理

通过预算管理和目标管理模式、质量——成本双否决机制、网络化零库存的供方管理物流链等成本精细控制方式，在降低成本的同时，有效保证管理服务品质。

5. 长城物业全能力模型

在长城物业，我们认为能力是指完成某项任务所要具备的知识、技能以及表现出来的行为，这种能力应当是组织创造竞争优势的源泉，是可观察、可评价、可发展、可应用的行为、知识和技能的结晶，它往往会在职员为企业创造价值中高频率、持续稳定地表现出来。

6. 战略规划

长城物业树立了"成为社区生活方式的引领者"的企业愿景，我们根据实际情况确定项目物业管理发展目标，制定年度项目物业管理方案，设计年度项目战略地图及关键绩效指标，并从学习与成长、内部运营、客户、财务四个层面测量所接管项目的绩效指标，以此实现所管物业的保值与增值。

7. 安全、整洁、完好、温馨的服务特性

在识别和理解业主的需求和期望的基础上，我们提炼出长城物业的服务特性——"安全、整洁、完好、温馨"，然后将物业服务特性应用到公司的服务规范和管理要求中去，并通过服务提供让业主感觉到我们的服务特性，以获得业主的认同。

8. 阳光物业服务模式

"阳光运作+业主自治+专业服务"——CCPM阳光服务模式，是业主自治和专业物业服务有机结合的真正阳光、规范、透明的物业服务模式。

为高档项目提供超值的延伸服务包括：为业主代保管服务装修后剩余建材；叫早服务；开展多种形式的便民活动；不定期组织业主联谊活动；定期组织社区文化活动；紧急医药箱服务；预约叫车服务；便民工具箱服务；提供房屋租赁服务；租摆服务；其他服务。

顾客满意、永无止境。凭借独到的管理理念、专业的管理运营、精细的成本管理、阳光的服务运作，CCPG为您提供基于物业全生命周期的、综合性的物业服务解决方案，并为业主提供细致周到、性价卓著的专业物业服务。整合长城物业 30 余年的专业服务经验，其具备保障物业服务的专业素质，树立了同类物业服务之典范。

(二)长城物业集团股份有限公司理念

(1)公司使命

服务业主，报效社会。

(2)公司愿景

成为社区生活方式引领者。

(3)公司价值观

①与客户关系的价值观　我们相信公司的价值源于顾客满意经营(核心价值观)。只有每时每刻用心关注顾客的需求和期望并及时行动，才能赢得顾客的认可和社会的认同，从而赢得更大的市场份额和发展空间。

②与职员关系的价值观　我们致力于建设一个使员工获得工作乐趣、实现个人梦想的工作环境(对组织要求)，同时也倡导：严守工作程序，勇于承担责任；用心做事，创新思维；少计较一时得失，以诚相待，信守承诺(对职员要求)。

③与行为关系的价值观　在管理工作中，我们强调结果和绩效，遵循"结果驱动过程"的管理准则，我们所做的一切都应不断改进，追求卓越。

(4)公司承诺

①守法经营(对政府)。

②与合作方真诚合作，共创价值(对合作方)。

③致力于为顾客提供"安全、整洁、完好、温馨"的物业管理服务(对顾客)。

④有效保护环境，合理利用资源(对社会)。

⑤保障所有职员的身心健康，协助职员实现自我价值(对职员)。

⑥促进行业的良性发展和有序竞争(对行业)。

长城物业从 2017 年开始实施一应青藤计划，致力于将陌生人社区打造城熟人社区，解决社区重大根本性问题(邻里变得陌生、社区关系淡漠、家园情怀缺失)。长城物业以"十家连心"活动为核心，构筑让社区人彼此心与心链接的新社区。目前，我们在全国建立了近 200 个一应青藤社区志愿站，并正式入驻由共青团中央指导下推出的"志愿中国"信息系统——志愿汇，有超过六万名一应青藤社区志愿者和我们一起共建美好社区。

长城物业通过一应驿站将公域服务、私域服务与人际服务融合运营，线上服务与线下服务融合运营、商业线与人际线融合运营，为社区提供全域服务，保障高品质服务的一致性和稳定性的，实现物业资产增值和社区生态价值，在社区营造"人与人的和谐、人与环境的和谐，以及社区的便捷性"，实现"服务就在家门口"的美好社区生活场景。

二、ISO 14000 在长城物业服务企业的实际应用

回首长城物业发展历程 1997 年 8 月通过英国 SGS 公正行的 ISO 9002 质量保证体系的第三方认证，2002 年 5 月通过深圳市质量认证中心(SQCC)的 ISO 14000 环境管理体系和 OHSAS 18001 职业安全卫生体系的第三方认证。自此深圳市长城物业管理股份有限公司成为通过 ISO 9002\ISO 14001\OHSAS 1800 三标体系认证的物业服务企业之一，在 ISO 9000、ISO 14000 管理体系的实践中有一套比较完备的操作流程和管理文件，在实践中也不断尝试修订相关文件，以期更符合相关管理体系的要求。

在从事物业管理行业的这40年间，在不断努力迎合市场需求的进程中，长城物业人通过不断的自我创新再造，在实践中为树立良好的品牌形象和推广公司的服务成果，在物业管理行业形成了自己独树一帜的管理和工作作风，整理出了一套与ISO 9000族、ISO 14000环境管理体系以及OHSAS 18001职业安全卫生体系紧密结合并切实可行的管理思路和方法。以下将着重就ISO 14000环境管理体系在长城物业的应用进行举例。

（一）长城物业经营中的八项管理原则

1. 长城物业经营中的八项管理原则

ISO 9000质量管理体系在长城物业应用中遵循"八项管理原则"。八项管理原则是由负责及参与ISO 9000标准开发和维护的权威国际专家通过广泛的顾客调查，最终根据顾客要求及专家们多年积累的知识、经验归纳出来的，并以此作为制订ISO 9000：2000的基本原则。这八项原则依次为：以顾客为中心；领导作用；全员参与；过程方法；管理的系统方法；持续改进；基于事实的决策方法；互利的供方关系。

2. 八项原则具体内涵

（1）以顾客为中心

在服务过程中，长城物业始终坚信"公司的价值源于顾客满意经营（核心价值观）。只有每时每刻用心关注顾客的需求和期望并及时行动，才能赢得顾客的认可和社会的认同，从而赢得更大的市场份额和发展空间"。"公司的价值源于'顾客满意经营'"，是长城物业人在长期经营管理工作中对"顾客满意"的深刻认识，并已成为长城物业人的核心价值观。为顾客提供"满意服务"甚至"惊喜服务"，以期达到"全面顾客满意"。

（2）领导作用

在领导作用方面，长城物业把企业宗旨、方向和内部环境统一起来，创造使员工能够充分实现组织目标的环境。

（3）全员参与

在开拓创新，提升服务水平的同时，长城物业不断提出：顾客满意度提升、职员职业素质提升、员工满意度提升等一个个主题年活动，发动全员的力量，举办各种形式的活动，充分发挥员工积极性，为公司的服务水平和员工的素质的提升做出自己的贡献。

（4）过程方法

长城物业依据ISO 9000族等标准建立公司运营体系，有效并有力支持管理理念的实践，质量、环境和职业健康安全方针的贯彻以及经营战略目标的实现。运营体系的过程由5个维度组成，分别是：行政资源、人力资源、流程资源、财务资源和客户资源。这5个维度几乎涵盖了整个物业管理流程，从收集市场信息，选定目标，并有针对性地对其进行评估、谈判，投标到小区管理，内外顾客关系维护。

（5）管理的系统方法

长城物业通过按照公司运营体系要求建立的文件化运营体系，以保证公司战略目标，以及质量、环境和职业健康安全目标的实现。公司运营体系文件由4个层级构成，分别是管理纲要、程序文件、作业指导书和支持性文件。

（6）持续改进

在为业主服务的过程中，始终遵循计划（P）、实施（D）、检查（C）、总结再优化（A）的循环方式(图6-2),在实践中不断检查自己的工作是否到位,做到持续改进,不断优化服务方式、方法,提高服务水平。

(7)基于事实的决策方法

"结果驱动过程"是长城物业各项管理活动的基本模型。工作结果既是工作流程的起点,也是工作流程的终点。长城物业致力于不断优化流程管理体系,强调参与工作流程的团队建设,确保各项流程输出的效能。

(8)互利的供方关系

"与合作方真诚合作,共创价值"是长城物业人一贯秉承的宗旨。

(二)ISO 14000 环境管理体系在长城物业的应用

对于物业服务企业而言,应用 ISO 14000 环境管理体系的主要作用是保证企业环境因素得到管理和控制,提高环境管理的绩效。对此,长城物业应用 ISO 14000 主要体现在建立并实施环境管理体系,定期对环境因素进行识别、评价及控制,即针对重大环境因素识别、评估结果制订相应的整改方案、预防措施进行控制。以期做到"有效保护环境,合理利用资源"的企业承诺。

1. 环境因素的定义

在公司物业管理服务的全过程中,可能导致对环境产生影响的服务过程、活动、状态及设备设施等,即为环境因素。

2. 环境因素管理的要求

长城物业规定公司各单位每年都应当识别环境因素,环境因素识别应包括物业管理的全过程,涉及相关方等各方面,每次重新识别时除原识别的内容不能减少外,还应考虑新增管理内容、客户的要求、法律法规的要求、上年度管理中的问题等。识别的范围:服务过程中的气体、水体排放、土地污染、固体废弃物处理、原材料使用、自然资源利用、危险材料(物品)贮存管理、材料供应方和承包方、噪声、电磁、放射线、卫生外观等方面。

识别出的每个环境因素都应当有管理和控制的方法,并应当在《环境因素识别评价表》中的现行控制方式中描述清楚,然后进行评价。被评价成为重大环境因素的应当制订相应的管理方案,实施控制,保证其能达到被控制在不发生危险的状态下。重大环境因素管理方案必须经过审核、批准后方可执行(表6-6)。

3. 环境因素管理程序

长城物业针对分析出的环境因素,按照公司各个层级进行分工审批,保证公司环境因素得到管理和控制,提高环境管理的绩效。具体程序如图6-3所示。

4. 对环境因素的识别

环境因素识别应考虑的问题:

气体排放应识别服务过程中气体排放包括粉尘、烟尘、碳氧化合物、碳化物、碳氢化合物、卤化合物等。

水体排放应识别服务过程中水体排放包括给排水系统、污水系统、商业排油、排污等。

土壤污染应识别服务过程中土壤污染包括油、石油产品、化学品、煤、废弃物、油漆、农药、有毒物质、一般有机物等。

第六章 物业管理中ISO 14000环境管理体系的应用

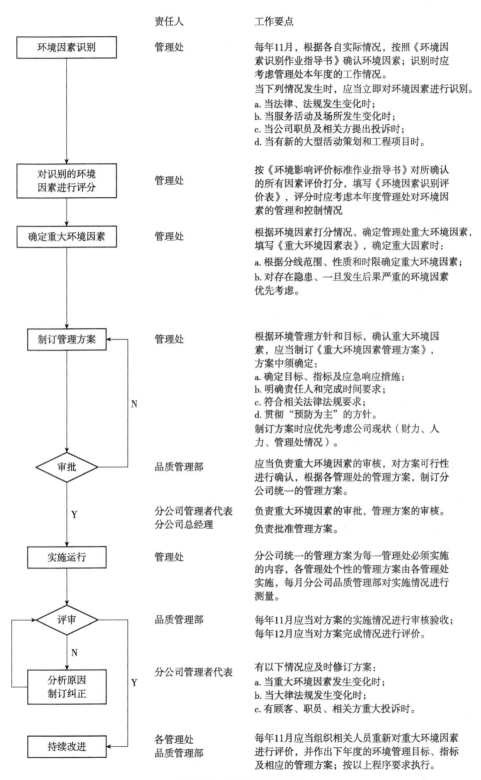

图 6-3 环境管理控制

固体废弃物处理应识别服务过程中产生的维修、保洁、园艺、办公等废弃物品,并固体废弃物的分类处理程度。

原材料使用和自然资源的利用应识别维修材料、用水、用电、用燃料(煤、油)等。

危险材料、物品的贮存和管理应识别服务过程中使用的化学用品、燃料等存放、防护措施。

服务(材料)供方的环境管理应识别供方在提供服务的过程中应承担的环境责任、对供方的环境要求等。

噪声影响方面需识别服务提供过程中的噪声源、噪声测量等。

电磁影响方面需识别服务提供过程中电磁产生源、电磁波可能造成的影响等。

卫生外观方面需识别服务提供过程中环境卫生和园艺现场的状态是否符合公司保洁和园艺管理的相关标准。

5. 对环境因素的评价

(1)识别出的所有环境因素均须进行评价

每个环境因素现行控制方式是否有效。

上年度对环境因素控制的效果。

上年度重大环境因素管理方案实施是否达到预期的目标等。

(2)评价时应考虑的环节

所识别的内容有无监测手段和记录、是否超标、是否有防治措施、有无潜在危险、会造成什么影响等。

公司在这些方面目前的工作状态如何、环境因素是否已得到有效的控制、是否在公司可控制的能力范围、是否有持续改进的趋势。

相关方包括客户、职员、服务供方、工程承接商及材料供方等。

(3)环境影响评价主要基于以下3个方面

环境影响发生的频次(A)——由高至低依次得分为4、3、2、1。

环境影响结果的重大性(B)——由高至低依次得分为4、3、2、1。

环境影响的受控状况(C)——由完全受控至完全不受控得分为1、2、3、4。

(4)环境影响评价标准

(5)环境影响评价得分计算方法

按下式计算境影响评价综合得分(D):

$$D = A \times B \times C$$

(6)综合评价结果

环境因素评价满足下列条件之一,则被确定为重大环境因素,并加以控制:

①违反环境法律法规或其他要求。

②环境影响评价综合得分($A \times B \times C$)高于6分的环境因素。

环境影响结果的重要性(B)达到4分的环境因素。

6. 对环境因素的控制

未被评价成为重大环境因素的应当按照现行的控制方式进行控制,并有相应的支持性资料如相关的质量记录、报告、测量数据等。被评价成为重大环境因素的应当制订相应的管理方案,实施控制,保证其能达到被控制在不发生危险的状态下。

表 6-6　环境影响评分标准

评分	发生频次（A）	环境影响结果的重要性（B）	环境影响的受控状况（C）
4	每日发生	1. 由于有害物质或使用量大，对环境有重大破坏； 2. 违反法律法规； 3. 严重危及人体健康	完全不受控
3	每周发生	由于有害物质或使用量大，所以存在和环境破坏相联系的重大环境影响； 有超出法定标准的可能性； 有威胁人体健康的危险性	不受控，但可以施加影响
2	每月发生	对环境或人体健康有影响； 从全公司来看，由于量多所以影响也较大； 应考虑将来使用量增加、过程变更时影响增大的可能性	受控，但并不彻底
1	每季度以上或几乎不发生	对环境或人体健康的影响不大，且使用量小	完全受到控制

重大环境因素管理方案制定应包括：重大环境因素控制的目标、指标（具体可测量数据）、控制措施、责任人、进度要求、检查人和完成情况。在制订控制措施时，如公司运营体系文件未涉及或管理方法不能达到目标和指标要求的，应制订新的管理方法，实施达到目标要求后进行标准化，即修订运营体系文件。在制订控制措施时，如使用公司运营体系文件中的要求作为控制措施的，也应当设置控制目标和指标，以便确定控制效果。重大环境因素管理方案必须经过审核、批准后方可执行（表6-7）。

思考题

一、综合分析题

1. 简述 ISO 14000 的主要内容。
2. 简述 ISO 14000 与 ISO 9000 的关系。
3. 简述物业服务企业实施 ISO 14000 的意义。
4. 简述物业服务企业推行 ISO 14000 的必然性表现方面。
5. 简述物业服务企业建立环境管理体系的步骤。
6. 简述常见的造成环境影响的典型环境因素。

表 6-7 重大环境因素管理方案

深圳市长城物业管理股份有限公司北京分公司重大环境因素管理方案

部门：云趣园管理处

序号	环境因素（现状）	目标	指标	控制方案	负责人	进度要求	检查人	完成情况
1	小区住户使用的废旧电池没有进行回收，和生活垃圾混放，对小区环境造成重大影响	提示住户不要将废旧电池和生活垃圾混放	小区门口有专门的废旧电池收集桶，80%以上的住户能够分类放入桶内	1. 管理处定期在宣传栏内分类回收的相关知识，指导住户进行科学回收 2. 各小区进入口放置废旧电池回收专用桶，做到分类 3. 专人定期清理，并联系市平市政相关部门进行回收，做到无害化处理	客户主任	每年四次（11月前完成）	管理处经理	小区业主的环保意识普遍较高，大部分自觉将废旧电池、厨余垃圾和其他生活垃圾分开放置管理处设置的分类垃圾桶内
2	消杀药品、农药的使用：对苗木、绿化组使用的消杀药品、农药无监督，不了解其对环境是否有污染，对人、畜是否有害	降低消杀药品、农药的使用造成的污染，及对人、畜的伤害	全部使用符合法规要求的药品，并达到符合环保标准。无物毒、畜事故	1. 通知消杀，在进行采购时，供方要求提供现在使用的药品清单，包含内容、成分、合法性证明 2. 使用药品前通知住户，注明用药范围、地点，并在小孩易接近的地区打药后设置明显标识 3. 根据病虫害防止作业指导书对农药的使用进行监督；根据消杀药品指导书对消杀药品的使用进行监督 4. 若使用了不合法规要求的药品，则立即将药效范围进行隔离直至药效消失为止，并禁止使用此类药品	管理处、环境公司 客户主任、环境公司 管理处、环境公司 管理处、环境公司	定期清理 每年7月 每次投放药物前一天 每次投放药物当天 投放药物当天	管理处经理 管理处经理	已按预案落实，没有出现消杀药品致人、畜中毒事故，达到预期目的

第三部分
物业环境质量评价

第七章 物业环境质量管理

第一节 物业环境质量管理概述

一、物业环境质量的理念

(一)现代城市规划发展与居住环境的变化

现代城市居住环境质量问题最早出现在工业革命结束后的英国。在英国,伴随着工业革命、城市大建工厂、农村大搞圈地运动,大量农村劳动力流入城市,恶劣的居住条件和居住环境问题成为一个重要的社会问题显现出来。具体表现在两个方面:一是由于贫民窟卫生状况的恶化引发了传染病和瘟疫,疾病向整个城市蔓延;二是火灾和治安问题随时会发生,经常成为威胁城市社会最为深刻的问题。

19世纪中叶,传染病和下水道、水井污染的相关关系逐渐明朗化,英国政府在1848年出台了《公共卫生法》(Public Health Act),从公共卫生的角度开始采取措施根治有害物质,加强疾病的预防;包括对居住过密、排水不完善、污水滞留、厕所不卫生的住宅加以确认。另外,在1851年制定了《工人阶级宿舍法》(Laboring Class Lodging Houses Act),之后,英国通过上水供给、下水道的建设和公营住房的建设,不良住宅(地区)的强制改善(包括贫民窟)等方面的努力,使城市在改善卫生方面取得了一定的成果。

人们逐渐认识到,要解决城市的卫生问题、住宅问题,需要重新分析和探讨城市以往的运作方式。在1894年的《伦敦建筑法》中,规定了道路的宽度、红线,建筑物周围的空地、建筑物的高度等。英国各城市相继出台了建筑条例,根据这些条例在大范围内形成了单调而煞风景的街区,即所谓的"法律型住宅"(by-law housing)。1909年英国制定了《住宅和城市规划等法》(Housing, Town Planning etc. Act),社会化地控制城市开发的理念得到人们的认可。据此,城市规划成为解决城市问题的重要手段。

面对不断恶化的城市问题,出现了一种否定大城市、向郊外追求新居住地的动向。首先,在远离大城市的地区试验性地建起了一部分工厂主们所倡导的理想的共同体(commune)和与工厂融为一体的居住区。这种理想城市的运动对一般的居民而言也具有一定的诱惑力,因为大城市的近郊具备了城市和农村两者的魅力,而且住宅价格更便宜,该运动发展成为所谓的"田园城市"运动。埃比尼泽·霍华德在《明天的田园城市》中论述了与市场需要相适应的新城开发的理念。这一理念的赞同者 Raymond Unwin 建立了田园城市有限开发公司,开发和运营了 Letchworth 新城(Letchworth Garden City)。接下来在伦敦郊区的 Hampstead 开发的田园住宅区在城市设计方面取得了很大的进步。Hampstead 田园住宅区的设计意图是"卫生的家庭、漂亮的住宅、舒适的街区、庄严的城市、健康的郊外",为此,它对住宅楼间距限制、交叉口处防止穿行的视线遮断措施、外墙面的位置等细部设计都进行了规定。

在美国，从 1930 年开始，私家车得到了进一步普及，随着高速道路的修建，更多中产阶级的住宅向郊区发展。在新的郊区居住区中，出现了新的居住规划方式，如人车分离的 Radburn 方式、Arthur Perry 提出的邻里单位(neighborhood unit)等。这些居住区规划的思路确保居住区内的交通安全性，并以这种安全的居住区为基础强调了社区空间的规划。

近代以来，解决居住环境的努力适于公共卫生学，但随着对传染病和结核病等疾病的成因，如居住过密和城市卫生设施缺乏、大气和水质污染等的问题，人们对判断环境优劣的方法重新进行了探讨和整理。例如，20 世纪 30 年代，美国为了评价贫民窟的居住环境，以住宅状况和地区的密集程度为基础开发了评点方式的评价方法；日本运用该方法对不良居住地区进行了调查，包括居住状况、居住者属性、健康状况、住宅卫生状况等，该调查综合了居住者的生活状况和居住环境状况进行公共卫生方面的普查。

第二次世界大战以后，城市规划的目标逐渐确立为对宜人(amenity)的居住环境追求。倡导宜人的重要性，并进一步明确其概念，宜人的内涵包括 3 个方面：一是公共卫生和污染问题层面上的宜人；二是舒适美观的生活环境所带来的宜人；三是由历史建筑和优美的自然环境所带来的宜人。在这 3 个层面中，第二和第三个方面包含的环境改善和视觉的宜人，环境的保护等问题离不开普通居民的参与和切实有效的实施程序。由上可见，伴随着近代城市规划的发展，居住环境的宜居性和被重视程度发生过许多变化。

(二)经济高速增长时期的"居住环境"质量

从 20 世纪 50 年代后期到 70 年代前期，日本的公营住宅、公库住宅、公团住宅、公社住宅等公共住宅供给体系得到了整治，支撑大量住宅供给的居住用地相继向大城市郊外推进。这些开发主要集中在一片土地上，从城市基础设施到住宅建设实施整体规划，并为此建立了相应的实施方式和法律制度。"居住环境"是以住宅开发和公共住宅的基准为指标，形成了构建安全的住宅地区和提高住宅建设效率的思想。面对居住和工业用途混杂地区的公害问题，道路、公园、下水等基础设施不完备的密集居住地区的问题和居住环境的恶化等种种问题越来越显著。为了改善居住环境，日本于 1960 年制定了《住宅地区改良法》。该法律是 1927 年制定和公布的《不良住宅地区改良法》的延伸，它围绕不良住宅的密度和道路等条件，将一定水准下的地区规划为需要清除重新建设的地区，借此提高居住环境的质量，以"健康"为核心的居住环境理论体系成为发展的重要趋势。1961 年世界卫生组织总结了满足人类基本生活要求的条件，提出了居住环境的基本理念，即"安全性""保健性""便利性"和"舒适性"*。

为了保障作为人类生活空间的城市环境，必须立足于"综合健康"(total health)的视角来寻找解决的对策。根据世界卫生组织的文献，健康的居住生活在报告书中被概括为以下几点：

①关于生活环境人们的要求是多样化的，但最基本最普遍的要求是"健康"的环境。

②健康的环境是指"有效维持人类机能和能力的环境"，同时指通过环境结构的更新和配置，能够维持和提高人类的感受性、集中性和应对性，并且能培养人类对自然环境的适应性，确保无公害的环境。

---

* 关于环境卫生的健康标准，世界卫生组织列举了以下 4 个方面(世界卫生组织居住卫生委员会第 1 回报告书)：婴儿死亡的预防、疾病残疾的预防、生活效率的确保、完备的生活舒适性。

③从人类与居住环境的关联的角度来看,以世界卫生组织宪章中提出的"健康不仅是没有疾病的消极状态,也应该是身体、精神、社交良好的积极状态"为环境质量的目标是合适的。

④以世界卫生组织的"健康的4项标准"(图7-1),即"安全性""保健性""便利性""舒适性"等理念为基础,报告书提出了"健康的居住生活环境",即"在安全中追求享受,在健康中追求舒适,并营造高效率的生活"环境。

```
● 安全性(safety):远离灾害,保护生命和财产安全
● 保健性(health):保护人类身体和精神的健康
● 便利性(convenience):在经济合理的条件下确保生活便利性
● 舒适性(amenity):充分保证环境美观,身心放松
```

图7-1 对世界卫生组织的"健康的4项标准"的解释

资料来源:日笠端,1997

参考了美国公共卫生协会居住卫生委员会1964年提出的"健康居住基本原则":

①满足防治灾害的条件(地震、水灾、雷电等自然灾害的防治;火灾、交通事故等人为灾害的防治;住宅的崩塌坠落、煤气中毒、电击、盗窃等日常事故的预防)。

②满足人类生理方面的环境条件(适当的采暖、散热方式,清洁的空气,适度的光照、照明、日照、人工照明,噪声预防,成人与儿童游乐场、运动场的确保)。

③满足生活、生理的要求(人们的肉体、精神生活,健全的家庭生活,家务劳动中疲劳的减轻,清净的邻里环境,社区、社会生活等心理健康)。

④满足预防疾病发生和防止感染的条件(安全的供水设施、有效的排水设备、食品的安全储存和烹饪、废物的安全处理、害虫的防治等狭义的环境卫生安全,特别是防止住宅过于密集、居住过于拥挤)。

⑤精神上的满足感(造型、生活艺术的条件,清凉、明快、现代化等)。

⑥经济上的满足感(满足居住生活的经济性要求)。

(三)向成熟社会演化期的"居住环境"质量

从20世纪70年代后期到80年代,日本的公害问题日益严重,以日照权问题为代表,人们的居住环境意识不断提高,改善已经形成的市区的居住环境终于进入了实质性阶段。具体的行为首先是各地居民运动不断高涨、地方政府纷纷制作了环境图集和地区诊断书等,并推动居民以自己身边的社区为单位进行环境改善活动。

在1975年住宅宅地审议会的"今后住宅政策的基本体系"的报告书中,在"第二,今后的住宅政策的基本体系"中"两项具体措施"中首次明确提出了"促进居住环境整备"的设想。在政府1980年"与新的住宅状况相应的住宅政策基本体系"的报告书中,把城市内残留的木造租赁住宅密集地区和用途混杂的劣质街区的居住环境水平低、改善滞后的问题明确提出来,并在"第二,住宅政策的基本方向"中作为"住宅政策的基本思路之一"提出,"住宅政策的目标中必须分别设定有关住宅的居住水准的目标和有关居住环境水准的目标"。据此,在第4期"住宅建设五年计划"(1981—1985)中,作为目标明确设定了"居住环境水准",由此

"居住环境"在住宅政策体系中的位置得到了真正的体现。

此后,有关学者从城市空间结构来研究居住环境的整治,即与宏观城市空间结构相结合,进一步研究微观居住环境。

从1981年开始的第4期"住宅建设五年计划"明确设立了住宅建筑模板,具体确定了居住环境的两个水准:一是"基本水准",即满足健康文明的居住生活需要的最基本的水准;二是"诱导水准",即针对整治工作设定的良好的居住环境的目标。

基本水准包括以下几个方面:对灾害性的安全性;日照、通风、采光等卫生条件;无噪声、振动、大气污染、恶臭等公害问题;已经形成的市区环境条件等。其重点是WHO的4个理念中"安全性"和"保健性"。诱导水准中增加了与周边环境的协调,各种生活设施的利用,社区、文化设施等的"便利性"和"舒适性"等方面的内容(表7-1)。

表7-1 第4期"住宅建设五年计划"的住宅水准(基本水准和诱导水准)

	基本水准	诱导水准
(1)安全性	①不存在易受自然灾害的死角; ②合理的结构、容易避难(大规模的共同住宅)	①不存在易受自然灾害的死角; ②合理的结构、容易避难(大规模的共同住宅)
(2)日照、通风、采光等	①合理的日照时间; ②合理的连接性; ③合理的排水; ④合理的用地规模	①日照4h以上; ②与6m以上的道路连接; ③合理的排水; ④确保合理的种植空地规模
(3)噪声、振动、大气污染、恶臭等	①没有专用的工业用地; ②在地区内没有公害引发的居住环境问题	①没有专用的工业用地; ②没有公害引发的居住环境问题
(4)街区环境(住宅高密度集中,以及相关地区)	①不适合居住的住宅很少; ②耐火性低的住宅比例低; ③拥有相对集中的空地; ④住宅与具有适当宽度、易于避难的道路相接	①不适合居住的住宅几乎没有; ②耐火性低的住宅比例低; ③拥有相当规模的空地和绿地; ④靠近宽度在6m以上的道路,不影响避难
(5)与周边环境相协调		住户、住宅楼符合当地气候、风土、文化等,与周边地区相协调,拥有良好的景观布局和设计等
(6)各种生活关联设施的利用		保证居民能够就近利用教育、福利、购物等各种生活关联设施
(7)社区、文化设施		保证社区和文化设施等的完备

20世纪80年代到90年代,在世界卫生组织的4项理念之外,居住标准的构成要素还包括"耐久性(环境的安定性)"、街区景观等的"美观性"、居住用地费用和居住费用等的"经济性"、居住习惯和防范性等的"社会性"因素。居住环境是否"宜于居住"的指标宜采用客观且普遍性的评价指标,但关于住宅、居住环境问题,人们的关心从安全性和保健性向便利性和舒适性等更加丰富、更有选择性,也更带有主观性的内容转变,所以在重视客观普遍的评价指标的同时,也需要重视定性的评价项目(小泉重信,1985)。

从1992年开始,与社会对扩大内需和缓和规划限制的要求相适应,日本对城市和住宅区的发展提出了新的要求。人们开始关心适合老年人和残疾人生活的居住环境、城市环境,关注二噁英等化学物质对人体、环境的影响以及对精神健康的影响,意识到地球环境问题的严重性,也开始从城市经营的角度来关注居住环境的作用。总之,人们越来越关注环境方面的新动向。

在面向21世纪的社会经济大变革中,关于居住环境的概念我们必须从新的视角重新研究。世界卫生组织提出的居住环境的4个理念,即"安全性""保健性""便利性"和"舒适性",以人类的生活行为为基础,表达了健康的居住生活。具体地说,我们应该把地球环境的"可持续性"作为一个重要因素,关注环境的可持续性,关注人们之间的关系和地区文化继承等的社会可持续性,并关注地区经济发展应该避免地区经济崩溃的经济可持续性,这种新的发展理念是构筑新的居住环境框架体系时必须增加的内容。

二、物业环境质量管理理论基础

(一)全面质量管理理论

质量管理理念与实践的发展通常划分为3个阶段:质量检验阶段、统计质量控制阶段和全面质量管理阶段;下面重点介绍与物业环境质量管理密切相关的全面质量管理理论。

1. 全面质量管理

全面质量管理(Total Quality Management,简称TQM)既是一套哲学体系又是一套指导方针,为整个组织进行质量持续改进提供了基础条件。该体系使用简单的方法,借助一系列质量改进工具与技术,系统、有计划地推动整个组织逐步向前发展。通过实施全面质量管理,组织可以不断地制订、执行质量改进计划,开发具体的改进活动,并通过对行动的检查和对问题的处理找到质量改进的最佳方案。

全面质量管理(TQM)是质量管理发展的最新阶段。它起源于美国,后来其他一些工业发达国家也开展了全面质量管理活动,并在实践中各有所长。特别是日本,在20世纪60年代以后,开展全面质量管理取得了丰硕的成果,引起世界各国的瞩目,被称为企业管理的第二次革命。美国通用电气公司总裁费根堡姆在他的著作《全面质量管理》一书中对全面质量管理概述为:"全面质量管理是为了能在最经济的水平上,并考虑到充分满足用户要求的条件下进行市场研究、设计、生产和服务,把企业内各部门的研制质量、维持质量和提高质量的活动,构成为一种有效的体系。"

全面质量管理从过去的就事论事、分散管理,转变以系统观念为指导的全面的综合治理,不仅仅强调各方面工作各自的重要性,而且更加强调各方面工作共同发挥作用时的协同作用。全面质量管理具有以下4个方面的特点:以适用性为标准、以人为本、突出改进的动态性、综合性；有以下八大原则：以顾客为中心、领导的作用、全员参与、过程方法、系统管理、持续改进、以事实为基础、互利的供方关系。

2. 物业环境全面质量管理

物业环境全面质量管理是指物业服务企业全体员工和保安部、保洁部与绿化部等部门同心协力，综合运用现代管理手段和方法，建立完善的质量体系，通过全过程的优质服务，全面地满足业主有关物业环境方面需求的管理活动。物业环境管理的全面质量管理具有以下特点：

(1) 全员性

物业环境管理质量的优劣是物业管理保安部、保洁部与绿化部等部门在各个环节工作的综合反映。每一个物业区域的环境质量管理不仅是对管理者的管理，而且还包括对业主的管理，其中每种管理角色都有明确的质量管理活动的重点内容。对领导层侧重于质量管理决策，充分调动主观积极性，组织协调与环境管理相关的各部门、各环节、各工种人员质量管理的统一活动；对基层管理者而言，要求每个员工都要严格地按标准、按规章制度进行操作，严格检查实际操作情况，完善质量监督机制；对业主来说，应充分调动其积极性和创造性，倡导"人人关心物业环境质量，参与环境质量管理"的思想，使其自觉地参与到物业环境质量管理的活动中来。

(2) 全过程

物业环境管理服务的工作全过程不仅是面对业主所进行的服务工作，还包括服务前所做的准备工作，以及服务后的一切善后工作。为此，一是必须把物业环境管理的重点从事后把关转移到事前预防上来，以注重结果变为注重因素，防患于未然；二是必须树立为业主服务的思想，物业环境管理工作的每一个环节质量，须经得业主的检验，满足业主的要求。

(3) 全变化

影响物业环境质量的因素错综复杂，既有人为的因素，也有自然的因素。而这些影响因素会随着时间和空间的变化而变化，从而导致物业环境的质量也随之变化。为了有效地控制各种影响因素，必须广泛地、灵活地运用各种现代化管理方法，如目标管理法、统计法、QC 小组质量法等，把心理学、行为科学、社会学等相关学科应用于物业环境管理的全面质量管理之中。

(二) 顾客满意管理理论

顾客满意(Customer Satisfaction，简称 CS)是指顾客对其要求已被满足的程度感受。顾客满意度指数(Customer Satisfaction Index，简称 CSI)，是对顾客要求已被满足的程度的一种量值表示。顾客满意度指数调研是实施顾客满意战略的重要推进方法，既量化体现了顾客满意，又量化反映了供方组织努力追求顾客满意的成效。顾客满意管理的指导思想是将顾客需求作为企业进行产品开发或服务设计的源头，在产品功能设计、价格设定、分销促销环节建立以及完善售后服务系统等方面以顾客需求为导向，最大限度地使顾客感到满意。其目的是提高顾客对企业的总体满意程度，营造适合企业生存发展的良好的内、外部环境。企业要及时跟踪研究顾客对产品或服务的满意程度，并以此设定改进目标，调整营销措施，在赢得顾客满意的同时树立良好的企业形象，增强竞争能力。

实施顾客满意管理时，必须坚持以下原则：

(1) 全程性原则

所谓全程就是指实施顾客满意战略不能只局限于产品的前期研究开发阶段，企业实施顾客满意管理必须贯穿于从开发决策、设计、生产、销售直至交付顾客使用及提供售后服务的全过程。

(2) 面向顾客原则

实施顾客满意战略的核心内容就是以顾客需求为导向,这需要从顾客需求结构的调查、反映顾客需求的项目指标及指标权值体系的确定和对顾客主观感受的调查等几个方面予以保证。

(3) 持续改进原则

在现代企业质量管理中实施顾客满意战略,其重要目的就在于时刻推动企业质量管理工作的改进。顾客满意本身是一个动态的概念,顾客的需求处在不断地变化和发展之中。因此,在现代企业中实施顾客满意管理不是一蹴而就的事情,必须坚持持续改进的原则,才能取得更大的、持续性的成功。

实施顾客满意战略是一项全新的管理工作,企业要顺利开展这一工作需首先做好以下3个方面的基础工作:①必须建设新的企业文化,使员工形成重视顾客需求、以顾客满意为努力目标的价值取向。②建立新的企业组织结构,赋予员工更多的权限和提供更多的工作支持。③提高员工的综合素质。

(三) 城市生态环境理论

1. 城市生态系统的特点

城市生态系统是指一定数量人口密集聚居,以工商服务产业和活动为社会活动主体,住房和非住宅用房等建筑物占城市用地50%以上,含有自然因素的人工生态系统。它相对于自然生态系统有许多不同的特点:①它是人工创造和控制为主的生态系统。②它是以密集的人类为主体的生态系统。③它是非自律的高度开放的生态系统。④它是多层次结构复杂的复合生态系统。

2. 城市环境问题对物业环境质量管理的要求

现代城市的发展给自然生态系统带来了诸多的问题,例如动植物的锐减、物质循环的失衡以及环境调节机能的降低等。这些问题的出现,给物业环境质量管理提出了要求;物业服务企业需要根据各个物业管理区域的特点,制定不同的环境管理策略:

(1) 从生态系统看

城市中人口密度增加,植物生长量比例失调,野生动物稀缺,微生物活动受限制,这导致环境自净能力降低,生态系统受破坏。作为城市"细胞"的各个物业区域,有责任去为改善城市的生态环境出一份力。物业区域的绿化应该充分结合物业区域周边的环境,对草皮、树种与花种进行统筹安排。物业环境质量管理的重心,应当放在定时监测物业管理区域内的植被是否与周边环境适应和协调,倘若出现植被死亡,应尽快调查原因,排出干扰因素,或者更换植被。

(2) 从人工物质和能源系统看

人类对城市自然环境的干预、改造力度最强大。这种干预使城市除了大气环流、大的地貌类型保持原有的自然特征外,其余的自然因素都会发生不同程度的变化。例如,人工的"土壤"(混凝土或沥青)、人工的"水系"(供水排水管网)、人工的地形(建筑物)、人工的"气候"(所谓城市"热岛效应"和风在两排高层建筑间的"狭管效应"等)。这些改变着自然界的物质循环平衡，人工物质大量在城市中积累，导致环境质量下降。针对工厂与制造企业的物业类型，物业服务企业应当配合城市环境规划，合理安排物业管理区域内的生产布局，监督企业的生产活动与三废的处理等，若出现超标的污染，应立即与工厂方面进行协调与沟通，并及时通报有关环境管理部门。

(3) 从环境资源系统看

城市人口和产业、生产和消费高度集中，经济活动中所产生的各种废弃物质向城市的天空、河流、土地排放，使城市环境所承受的污染压力特别大。环境承纳污染物，改变理化状态，降低了环境的调节机能；同时大量消耗资源的生产和消费方式，易造成资源枯竭影响系统的可持续发展。

在物业管理区域内应当禁止焚烧会向大气排放有害气体的物质，禁止乱扔垃圾以及倾倒液体废弃物，大力在物业管理区域内宣传环境保护理念。物业环境质量管理的重点应放在减少物业管理区域内的污染排放，对保洁部门做好监督和指导的工作，并且不定期地向业主与物业使用者宣传环境保护的相关理念，让国家的环保措施更快速有效地推行开来。

三、物业环境质量管理内容

物业环境质量管理的研究对于物业服务企业的发展，人们的生活质量以及城市的环境质量有着十分重要的意义；结合质量管理学和城市生态环境学，对物业环境质量管理的组织准备、质量策划与控制、质量评价等内容进行探讨。物业环境质量管理是维护城市生态环境，促进城市可持续发展的基础。物业环境是城市环境的一部分，是城市范围内某辖区的小环境，是城市的细胞，是人类生存和发展的基本环境；只有物业环境整洁、优美，形成生态街区，城市才得以持续发展。

物业环境质量管理就是指为了保证人类的生存和发展，而对物业区域内的自然环境质量和社会环境质量所进行的各项管理工作。物业服务公司要依据城市环境管理部门所制订的环境质量标准及指标体系，对物业区域内的自然环境质量和社会环境质量进行监控、测试、评价，并切实做好环境管理工作，使物业区域内的环境质量水平不断改善与提高。切实从保护人体健康和维护生态平衡出发，为获得更佳的环境效益和经济效益，在综合考虑发展经济与保护环境及人体健康等因素的基础上，做好物业区域内的环境质量管理工作。物业环境质量管理的内容包括以下几个方面(图 7-2)。

(一) 对物业环境质量进行监控

物业环境质量监控就是对物业区域内的环境质量进行监测和控制。监测就是在对环境进行调查、研究的基础上，监视、检测代表环境质量的各种指标数据的全过程，以便及时分析和处理这些数据，掌握环境质量的现状及变化发展趋势。控制就是根据监测得到的环境质量的现状及变化发展趋势，及时将信息反馈给有关部门，在超过警报指标或出现严重污染事故时发出警报和进行预报，通过有关部门采取具体措施，如减少车流量，要求排污严重的工厂改造、停产等，以控制环境质量继续恶化。环境质量监控是环境质量管理的主要环节，它包括以下3种类型的环境质量监控(表 7-2)。

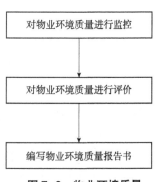

图 7-2 物业环境质量管理的内容

表 7-2　环境质量监控的 3 种类型

环境质量监控	区域环境监控	对物业区域大气的环境质量现状进行监控
		对物业区域水体的环境质量现状进行监控
		对物业区域土壤的环境质量现状进行监控
	污染源的监控	工业污染源调查
		对污染源的排放量进行控制
		监测布点与采样，制定监测制度
		定期及时处理监测数据，将信息反馈给有关管理部门和决策部门
	污染事故的监测分析	确定在各种紧急事故情况下的污染程度和范围，检查分析其原因

1. 区域环境监控

区域环境监控主要是对物业区域的大气、水体、土壤等的环境质量现状进行监控，有以下两种情况：①物业区域环境质量已经达到国家规定的某一级标准，或虽未达到标准但达到过渡性标准。根据维护和改善环境质量的要求，继续对区域环境中的有害污染物的浓度变化和发展趋势，进行常规监视性监测。②物业区域内环境质量既未达到国家标准，又无明确的环境目标，且环境质量逐年恶化。制止污染的发展，控制新污染，按期汇总报告给有关部门和决策机构，以便及时采取合理的对策。

2. 污染源的监控

目前主要对物业区域内的工业污染源进行监控，其主要内容有如下几个方面：①工业污染源调查主要是搞清企业基本情况，包括生产工艺、排污、能源、水源、原材料、污染治理、生产发展趋势等，并在调查的基础上，对重点污染源进行解剖，确定主要污染物。②根据国家污染物排放标准或由地区环境容量确定的总量控制标准，对污染源的排放量进行控制，同时根据地区环保部门的要求，确定工厂内外的一定区域内环境质量控制标准。③监测布点与采样，制订监测制度。④定期及时处理监测数据，将信息反馈给有关管理部门和决策部门，以控制污染源的状况。

3. 污染事故的监测分析

污染事故的监测分析主要是确定在各种紧急事故情况下的污染程度和范围，检查分析其原因，以便采取有效措施避免事故再次发生。

(二) 对物业环境质量进行评价

物业环境质量评价主要是对物业区域的环境质量进行回顾评价、现状评价和影响评价，是按照一定的评价标准和评价方法，对区域的环境质量状况及变化趋势进行定性与定量的描述、评定和预测。

(三) 编写物业环境质量报告书

编写物业环境质量报告书，就是在对物业区域内的环境进行监测和评价的基础上，提出对物业环境质量状况的分析以及改善环境质量的措施与对策。

第二节 物业环境质量管理程序

一、物业环境质量管理的组织准备

物业环境质量管理体系是物业环境质量的保障,目前已经有一批物业服务企业在环境管理中引入全面质量管理思想,并成功施行,在物业环境管理中施行全面质量管理,是全面质量管理的一部分内容。下面具体探讨如何在物业环境管理中推行全面质量管理思想。

在物业环境管理中实施和引用全面质量管理模式,应该基于实际运作的需求,提倡全面质量管理观念和方法,主动积极行动,充分考虑到物业服务企业实际组织架构、服务特性和运作后循上而下地建立,根据环境管理的不同环节适度、有秩序地引入。

(一)管理层倡导

公司管理层的支持,对于在物业环境管理中推行质量管理体系具有十分重要的意义。管理层要支持有关环境质量管理体系的推行,理解和参与体系推行的程序、步骤等的制订;整个管理层都需要对质量管理的全过程了解透彻,领会实施环境质量管理后将带来对整个物业服务企业的益处,在推行管理体系及方法的过程中积极推进,坚定完成任务的信心。

管理者的一言一行,对于基层员工是示范,管理层的积极倡导和参与,能创造全体员工参与完成规定任务的环境,对整个管理层的教育和引导是十分必要的,如为管理层员工召开有关环境质量管理体系的内部研讨会,聘请专业导师讲解不同质量管理方法的应用及其在世界上各范畴应用后对管理素质、服务水平、工作效率、顾客满意度的提升以及减少出错率的显著成效,可以联络安排员工前往应用环境管理体系的优秀楼盘现场参观学习。管理层积极创造环境,如供全体员工参与的人文环境,利用群体的氛围,去感染员工的个人行为,员工受群体心理影响,逐步接受良好管理体系约束,渐渐由被动参与转化为积极行动。管理层创造全体员工参与环境时要做到:

1. 带头参与

管理层首先要以身作则,参与环境质量管理体系主要和根本性文件及制订的拟定工作给予意见,拟定纲领性指引,切勿假手于人。

2. 为员工的参与扫除各种障碍,创造参与条件

管理层要清晰拟定员工参与的部分和环节,按照不同员工承担的职责分担各自任务;中层员工负责方针灌输和各项服务程序草拟,如每日清扫楼道的次数、巡逻服务内巡逻路线的制订、每日巡逻的频率/次数等。基层前线员工负责各种服务程序执行的程序实施后客户反映和服务效果的意见回馈等,将业主、物业使用人等对服务过程和结果的反映按程序汇报,使管理层获悉客户反馈意见的同时使员工享有参与的感觉。管理层应定期召开内部经验分享会,包括每日早晨例会、每周主管例会、每季员工意见会等,让员工与员工之间,基层员工与管理层之间有直接对话和沟通的机会。

3. 激励员工参与,对员工参与后做出成绩给予评价和奖励

管理层在推行环境质量管理体系时,要重视持续保持员工高度的积极参与性,利用褒奖

和物质激励方法，刺激员工主动参与。除了日常管理层主持召集外，还向全体员工发布奖励方法，如可将支持推行体系和严格执行公司程序指引作为每月"管理处服务之星"的评选标准等，可以使员工们不断主动探索各种有利于工作效率提高、服务成本降低、出错率减少等服务改善方法。

(二) 员工培训

质量管理体系是以全体员工参与为特性的，只有充分发挥全体员工参与的优势，质量管理体系才能真正取得成效。物业环境质量管理体系的运行，需要与环境质量相关的各个部门的所有员工参与，才可以确保整个服务的质量。

物业管理行业的基层员工，如保安员、清洁工、维修工、绿化工等，大多文化水平不高；物业服务公司更要侧重针对性的培训，不断强化基层员工对管理方法的全面领会，例如定期举行的保安部消防知识培训、清洁部各类清洁剂的正确使用方法培训、维修部员工的高空工作指引培训等，不断提高员工对工作方法的理解程度，使其知识和服务水平透过公司内部培训得以不断提升，才能更好地执行环境管理体系的要求。

对于中层员工，系统性的培训往往能增强其对公司的归属感；持续系统的培训能使其不断加深认识自己在管理体系中的职责，自觉地提升管理水平。如可以为中层员工设计一系列的管理培训课程如情绪控制、人格认识、培训导师等，使中层员工在掌握了此类管理技巧后，更好地实施体系的管理要求，成为基层员工的"教练"，言传身教，从而使公司形成不断学习、融洽亲密的和谐氛围。员工整体知识水平的持续稳定和逐步提升，是发挥全体员工参与优势的一个保障。

(三) 持续改善

物业管理的性质是一种长期的、连续的服务，服务对象是一个基本固定的群体，他们会不断地对物业服务企业提出新的要求。例如，智能出入门禁技术，给物业管理区域的安全保卫工作完善提供了技术支持；在尚未安装智能门禁系统的物业区域，可以升级或安装智能门禁系统，并重新制订相关的安全保卫制度，适当修改环境质量管理体系中的部分内容。

物业服务企业内部的体系在运行上，往往会因为外部环境的变迁，或者个别执行成员的变化而出现各式各样的问题，两者相结合，在实施全面质量管理时，必须着重强调"持续改善"这个核心内容。物业服务企业在制订环境质量管理体系时，必须拟订出定期改善的工作方法和制度，如可以拟订年度管理评审会议，由管理层统一对过往一年的业绩、工作表现及其他以各式管理工具编制的数据/图表，集体审核和评价过往的表现，寻找不足，发现新机遇，拟订来年目标，并制订改善方法。还需定期(如每两个月一次)内部审核，管理层自发地检查每一工作环节的程序是否得以切实执行，其他改善手段还包括：

①部门内部定期每周工作研讨及经验分享会；②跨部门的工作汇报和交流会；③部门内的工作改善小组及奖励机制；④公司总部统筹的机会与威胁分析报告(每年一次)。

透过上述定期进行的改善方法，物业服务企业由管理层做倡导，培养和创造广泛交流、相互合作和尊重个人的改善环境，为持续改善提供必要的资料和对改善成果进行测量、评定和奖励，令员工感受到公司"改善"的文化，员工的积极参与会进一步提高公司的竞争力，为公司的长期发展创造新机遇。

二、物业环境的质量策划与控制

(一)物业环境管理的质量目标

物业环境管理的实质就是要遵循社会经济发展规律和自然规律,采取有效的手段来影响和限制业主、使用人和受益人的行为,以使其活动与环境质量达到较佳的平衡,保证物业正常良好的工作、生活秩序与创造优美舒适的工作、生活环境,确保物业经济价值的实现,最终达到物业经济效益、社会效益和环境效益的统一。按照这个总目标,物业环境质量管理的具体目标,主要有以下4个方面。

第一,合理开发和利用物业区域的自然资源,维护物业区域的生态平衡,防止物业区域的自然环境和社会环境受到破坏和污染,使之更好地适合于人类劳动、生活和自然界生物的生存和发展。

要达到这一目标就必须把物业环境的管理与治理有机地结合起来,也就是合理利用资源,防止环境污染;在产生环境污染后,做好综合治理的补救性工作;这是防止环境污染和生态破坏的两个重要方面。在实际工作中,我们更应该注意以防为主,把环境管理放在首位,通过管理促进治理,为业主、使用人、受益人创造一个有利于进行生产和生活的优良环境;一个既能保证技术的合理发展,又能防止污染的健康、舒适、优美的物业环境,以达到物业的经济效益、社会效益和环境效益的统一。

第二,有效贯彻国家关于物业环境保护的政策、法规、条例、规划等,具体制订物业环境管理的方案和措施,选择切实可行的能够保护和改善物业环境的途径,正确处理好社会和经济可持续发展与环境保护的关系。

由于不同的物业区域,其环境保护的要求或标准有所不同,需要物业服务企业根据物业的不同和物业区域的不同,客观地拟定所管物业的环保标准与规范,物业服务企业还应组织有关部门定时进行物业环境监测,掌握所管物业区域的环境状况和发展趋势;有条件的还应该会同有关部门开展对所管物业区域的环境问题进行科学研究。

第三,建立物业环境的日常管理机构,做好物业环境的日常管理工作,如物业区域内的卫生保洁、绿化、治安、消防、车辆交通等方面的维护和监督工作,使物业区域内的环境经常都得到净化、美化、绿化,保证正常的工作和生活秩序。

第四,积极开展保护环境的宣传教育,引导公众参与物业环境管理,构建物业环境文化。

(二)物业环境质量管理控制

全面提高物业环境管理服务质量的水平,必须从基础工作抓起,从物业环境管理服务过程的质量责任制中的质量管理抓起,从业主对服务质量信息反馈和及时处理各种质量问题等方面抓起,加强质量管理的控制工作。

1. 物业管理服务质量教育意识培训

质量教育工作的主要任务在于不断增强企业全体职工的质量意识,并使之掌握和运用质量管理的方法和技术;要每位员工牢固树立质量第一的意识,认识到自己在提高整个物业管理服务质量提升中的责任,从而自觉提高业务管理水平和服务操作技术水平,严格遵守纪律和操作规程,不断提高自身的工作质量。同时要对客户进行售后物业管理意识的教育,如通过文化活动、宣传栏等,进行双向教育,这样才能收到良好的效果。

2. 建立和健全物业管理质量责任制

物业管理质量责任制是各部门、各岗位和员工在质量管理工作中为保证服务质量和工作质量所承担的任务、责任和权利。建立服务质量责任制可以把同质量职能有关的各项具体工作同全体员工的积极性结合起来，组织起来，形成一个严密的质量体系，更好地保证管辖区服务质量的提高。

3. 实行以人为本管理，对业主进行情感沟通

在物业管理过程中，业主和业主需有思考能力、善于判断并满足自己需要的服务，业主需要服务人员按照自己的特殊需求灵活地提供优质服务。企业管理层更应指导并鼓励服务人员根据顾客的具体要求，为业主提供制度化、个性化、多样化的服务，授予服务人员享有一定程度的特殊权利，以便服务人员采取必要的措施，满足顾客具体的特殊的需求。实施以人为本的管理原则，授予员工必要的职权，企业应该删除烦琐的、不必要的、限制员工决策权利的规章制度和操作程序，在企业的实绩考核和奖惩制度中应鼓励服务人员创造性地、主动地为业主提供优质服务。

对业主进行情感沟通中，注意从根本上确保业主的主人翁地位，完善民主参与、决策机制，为广大业主提供参政议政的渠道，关系到整个住区发展的大事要由业主大会常委会决定；加强民主管理，发挥业主大会的作用，真正使业主感到"有主可做，有事可做，有家可当"。

4. 运用顾客完全满意战略，推行优质服务

顾客完全满意（total customer satisfaction，缩写 TCS）战略，即顾客全面满意战略，运用物业服务企业顾客完全满意战略，把住户的需求（包括潜在的需求）作为物业服务企业进行服务管理的源头，在物业管理服务的功能及价格的设定、服务环节的建立以及完善的服务管理系统等方面，以便利住户的原则，最大限度使住户感到满意，实行多元化的全方位优质服务。提高业主满意度的途径有很多，如提高物业的内在质量，提高物业富有创意的其他附加值（如物业良好的环境保护意识，物业高层次的文化观，集娱乐、休闲健身于一体的会所等）。要做到主动服务、及时服务、满意服务、等偿服务、成本服务、有偿服务。

物业服务企业顾客完全满意战略在实施过程中，最重要的是树立以业主需求为中心的经营思想和理念。如调查业主的现实需求和潜在需求，分析业主的行为动机、业主的承受能力和水平，并对业主的习惯、兴趣、爱好等方面有一个清晰的理解，以便物业服务企业能在服务管理全过程中满足业主的需求。

5. 进行智慧管理，加大物业管理的科技含量

社区网络系统的普及，人们对居住、办公及经商环境的要求相应提高，智能化的居住环境也成为现代人士的选择，智能化的物业管理可提高服务效率，节省人力降低物业环境管理的营运成本，创造一个简单便捷的家居环境。物业服务企业应充分利用自动化设施，加大管理智能化的科技含量，如在保安防盗方面，利用可视对讲控制、紧急报警、电子巡逻系统、边界防卫、防灾报警系统，提供更全面、快捷稳妥服务；在物业服务方面，利用电子抄表、自动化停车管理、自动化公共照明、电子通告及广告、背景音乐及语音广播、公共设备的自动监控、自动化文档系统等，使物业服务达到更系统、更体贴、更便捷的效果；在物业管理网络信息方面，通过局域网的建设，增加上网速度，提供更多的服务与娱乐。物业服务企业实施智慧管理，可以不断提高服务质量，树立自己的品牌，赢得业主的青睐与支持，从而提高物业服务企业的社会效益。

(三)物业环境管理的质量保证

ISO 14000 环境管理系列标准是国际标准化组织(ISO)为保护全球环境，促进世界经济持续发展，制定的第一套关于组织内部环境管理体系建立、实施与审核的通用标准。主要用于组织通过经常和规范化的管理活动，实现对减少污染和环境保护的承诺和应尽义务，其目的在于指导组织建立和保持符合要求的环境体系(EMS)，再通过不断的环境评价，管理评审和体系审核(内审和外审)活动，推动体系的有效运行，促进环境质量不断改进。在物业企业管理中实施 ISO 14000 环境管理体系，是物业环境质量的有力保证。

1. 宣传与动员

成立贯标领导小组，吸纳富有管理经验的高素质人员参与。管理者提高重视，充分认识到实施 ISO 14000 的必要性，然后积极教育员工，全员参与。加强宣传与培训，强化生态环境意识，增强法制观念，制订切实可行的实施方案，认真落实到员工的实际行为。

2. 人员培训

公司应从上到下加强环境教育，普及环保法规、环境科学的基础知识，系统地对公司职能部门主管进行关于 ISO 14000 环境管理系列标准知识的培训，激励第一线员工成为变革的最积极的拥护者，为实施 ISO 14000 奠定良好的基础。

3. 结合实际，量体裁衣

推行 ISO 14000 环境管理系列标准一定要与企业自身的情况和有关法律法规相结合，选择有实力的咨询公司和科学的咨询程序，咨询机构不仅能帮助企业建立宣传标准，还会协助企业建立健全组织机构，指导企业编好质量体系文件，帮助做好试运行，包括指导内部审核，管理评审等贯标认证中的各项工作。

4. 实施与运行

为实现总体目标，明确职责，制订相关文件化的管理程序和运行标准，对活动的全过程实施有效控制。物业服务企业在 ISO 14000 的实施过程中首先明确组织机构部门职责，任命环境管理者代表负责体系的建立；对不同层次的员工实施必要的培训，明确岗位准入制，制订《人力资源培训程序》，提高全体员工识别影响环境因素的能力以及处理技能；有效地沟通和交流有关环境管理的信息，注重相关的环境问题。建立环境管理的体系文件，其中包括《环境管理手册》《程序文件》《作业文件》，各类文件严格受文件控制程序控制管理，确保重要岗位、重要部门能按文件规定执行。对重要影响环境的岗位和设备制订运行控制程序，并加以日常的设备维护保养，使各类环境因素得到有效控制。

5. 持续改进

在实施过程中，有计划有针对性地对相关活动进行监测，建立制定环境监测程序，违章纠正与预防措施程序，纠正出现偏离目标的现象。对重大环境影响活动与设备运行监督监测，对环境绩效和环境目标的完成情况进行监督，及时发现问题及时纠正并采取预防措施，防止再次发生。同时定期进行环境管理体系的内部审核，从整体上了解环境管理体系的实施情况，判断体系的有效性和对标准的符合性。建立环境管理活动做相应的记录，并对记录进行良好的管理。

管理者在平时检查的基础上,每季度对环境管理体系的适用性、充分性和有效性进行评审,提出进一步改善意见以达到持续改进的目的。根据管理评审程序实施 PDCA(策划—实施—检查—纠正改进)持续改进,以达到 ISO 14000 标准认证。

思考题

一、名词解释

物业环境全面质量管理　顾客满意管理

二、综合分析题

1. 简述世界卫生组织的"健康的 4 项标准",并对每一项标准作简单的解释。
2. 简述实施顾客满意管理时,必须坚持的原则。
3. 简述物业环境质量管理的内容。
4. 简述如何进行物业环境管理控制。

第八章 物业环境质量评价

物业环境是人类生活居住的第一环境，即区域人居环境，对人类的影响是最直接的，只有评价出物业环境质量的好坏，即对物业环境质量做出恰当的评价，才能为环境管理工作提供决策的科学依据。认清环境质量的价值，进而营造和谐的物业环境；借鉴国外的先进技术与理论，结合本国国情，实现"美丽中国"的战略目标，促进物业环境发展大为有益。本章介绍国内外物业环境质量评价现状；环境质量综合评价研究技术路线，从评价对象、评价因子、评价标准、现状监测、评价指数等方面对物业环境质量展开评价研究；以北京、天津已建成生态居住社区为调查对象，进行物业环境质量对社区居民心理需求影响分析。

第一节 物业环境质量评价概述

一、物业环境质量评价的对象

环境质量评价的对象是环境质量的价值，即环境质量与人类生存发展需要之间的关系。为了能对环境质量的价值做出正确的判断或者评价，必须要评价一个具体的环境和人类需要之间的关系。首先要了解这一环境的结构、所属区域和特点等，对环境本身进行的研究和了解，才能进一步考虑该环境是否能满足或者在多大程度上满足人类对该环境的需要。人是物业环境的主体，物业环境对人们健康和工作、生活质量有很大影响，因此，物业环境建设应以人为本，环境质量指标应能反映人们的需求。

根据马斯洛需求层次理论，人的需求分5个层次：

第一，生理需求：这是人类最基本的需求。如需要新鲜的空气、清洁的饮用水、充足的阳光，没有噪声干扰等。

第二，安全需求：包括避免传染病的发生与流行，保障人的身心健康，令人放心的社区治安等。

第三，社交需求：满足人与人之间交往的需要。

第四，尊重需求：考虑邻里之间互相尊重，敬老爱幼的需要。

第五，自我实现的需求：包括求知需求，审美需求，这是一个更高的要求。人们实现个人理想和抱负，要求环境美，能在社区发挥自己的特长，参与社区环境管理事物等。

二、物业环境质量评价基本流程

目前常用的环境评价法是环境质量综合指数评价法，其基本流程如图8-1所示。

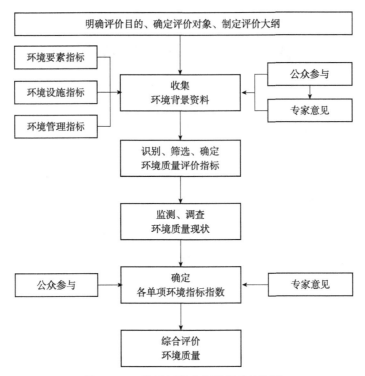

图 8-1 环境质量综合指数评价流程图

三、物业环境质量评价的基本理念和指标

(一) 安全性

确保人的生命、身体、财产、活动和机能等的安全性，形成安全感是物业环境中最为重要的条件。安全性可分为两类：一类包括防范性、交通安全性、交通之外的生活环境中的安全性等，即所谓的"日常安全性"；另一类包括对水灾、地震等自然灾害引发的灾害的安全性，以及对人类活动密集地区，由人为因素引发的火灾等各种各样的灾害的安全性，它们可以统称为"灾害的安全性"。

安全性指标是一个综合指标，大致分为体现结果的指标（如交通事故发生率、犯罪发生率等）、体现潜在危险性的指标（如在灾害防范区域内的住户数、住宅的密集程度等）、体现对策的安全设施整治的指标（如到消防队的平均距离、人行道的整治率等）、体现对策力度的行动指标（如避难训练的实施频度等）等几类。

(二) 保健性

周围的环境和住宅不能对自己的健康造成损害，能够享受健康的生活是居住环境中最为重要的条件之一。影响健康的环境因素可以分为温度、湿度、声音、光照、电磁波等"物理环境"因素；化学物质的影响等"化学环境"因素；有害生物、细菌和病毒的影响等"生物环境"因素；以及这些因素之外的其他综合的社会系统，即"社会环境"因素等。

保健性指标包括体系结果的指标（如传染病发病率、确保日照 4h 的住户率等）、有害物质浓度（大气污染、土壤污染等）、表现了治理对策的设施整治指标（如上下水管道普及率等)、反映概率的指标(如户数密度、户均居住面积等),这些都是反映保健性的综合指标。我们不仅要研究指标之间的相关关系,对于所有使用的指标的合理性需要进一步研究。

(三) 便利性

影响日常生活行为的因素很多,其中提高居住环境的便利性是一项重要的内容。居住环境的便利性所涵盖的范围很广,如停车场和自行车车棚等设施的方便程度,即"日常生活的便利性";接近经常利用的公共设施的程度,即"各种设施的便利性";接近交通设施的程度,即"交通设施的便利性";利用各种物流服务,以及利用电子信息的程度,即"社会服务的便利性"等。

表示便利性的指标包括很多类型,如接近设施的程度(与设施之间的距离)、设施的丰富程度(设施的密度、占地面积、种类等)、某些服务的利用可能性(与信息光纤接续的可能性)等。现实中,设施的服务水平存在着很大的差别,设施的丰富程度也应该包括服务水平,能否享受到相应服务只是针对一部分人,不宜用它来综合地评价便利性。

(四) 舒适性

居住环境的舒适性是使居住在其中的人们感到乐于居住,舒适的生活首先应该是安全的、卫生的,应该让人们生活在没有不快的生理感觉的住宅中。其次,以各个地区的风土人情、历史文化为背景,对多样化的住宅(建筑)构成的聚居体的环境质量进行综合评价也是非常重要的。在很大程度上,舒适性的评价涉及生活者的价值观和生活方式,涉及生活者和利用者的行为。

舒适性大致分为5个方面:一是从生理上五官能够感知的空间状态,即"关于空间性能的因素";二是关于健康的继承状态,即"关于空间构成的因素";三是绿地、水面和土壤等"关于与自然共生的因素";四是地区的自然、历史文化、街区的意象,以及人与街区的关系等"地区所蕴含的有意义的因素";五是社区的状况等"关于生活方式的因素"。从居住环境的观点来看,表示舒适性的指标主要偏向于实体环境状况的指标。舒适性的很多项目是依赖于个人的主观评价,客观评价相对较难,作为反映私密性的指标,"相邻建筑间隔"的指标,日照、通风的确保和开放空间的确保等。以舒适性指标为基础实行规划控制时,将舒适性中主观性的部分和客观性的部分分离开来是非常重要的,关于舒适性的各种各样的居住环境要素,希望今后能够构筑更加客观的指标。

(五) 可持续性

可持续性是 sustainability 的英译。1987年出版的《我们共同的未来》中,世界环境与发展委员会(WCED)提交的报告中提出了可持续性的概念。可持续性是指我们当代的发展不应对下一代的生存和发展构成威胁,后来,该概念成为讨论地球环境问题时的重要概念。

居住环境范畴内的可持续性可从以下3个概念来把握,即环境可持续性、经济可持续性和社会可持续性。环境可持续性是指在实体环境方面将来不至于引发居住环境的恶化,经济可持续性是指推进城市和地区经济的可持续发展,社会可持续性是指保护当地的社会文化和秉承历史,它们的共同特点是要求在当地生活和活动的主体对未来的社会做出贡献。

基于5项理念的居住环境的评价更多地考虑了人们在多大程度上能够享受环境,对各种居住环境项目的评价是衡量其完备水平，可持续性的评价不只是描述了一种状态，而且描述了可持续性发展的实施和努力状况，我们对居住环境指标的思路必须要做一个转变。

评价可持续性要对可持续性发展的社会努力在各个地区的实施程度等内容进行指标化。例如，为了减少废弃物资源的循环利用率、地区发展的平衡、继承地区文化的活动等都应包含于其中。我们应该注意的是，在历史文化遗产丰富的地区，人们为了保护历史文化遗产需要进行大规模的活动，但在历史文化遗产较少的地区，努力创造一些值得将来保护的遗产更为重要。可见，我们评价各个地区的做法时应该从保存现有价值和创造新价值这两个方面对活动量和取得的成绩进行评价。

对于推动可持续性的行为，政府需要通过补助或税收等方式加以调节，以使可持续性的活动在广域范围内产生的价值和对将来产生的价值内在化（将主题创造的价值返回给主体）。如征收环境税和对有利于可持续性的行为提供补助就是很好的手段。这样的政策如果能够实施，可持续性也就会形成价值，体现在不动产的价值之中。

四、物业环境质量评价因子

我们把对环境所产生的不利或者有利的、整体或局部的任何变化都定义为环境影响，把能够影响环境质量的因素叫作环境质量评价因子。物业环境质量评价因子大体可以概括为以下两个方面。

（一）内部居住环境

内部居住环境是指居住物业——住宅建筑的内部环境。影响住宅建筑内部环境的因素主要有以下几个方面：

1. 住宅标准及类型

住宅标准主要有面积标准和质量标准。面积标准一般是指平均每套或每户建筑面积和平均每人居住面积的大小；而质量标准是指设备的完善程度，如卫生设备、供水、供电、供气、供热、电视、电话等设备、设施的完善程度。住宅类型涉及住宅的高度和层高。住宅有低层、多层和高层之分。一般来说，低层或多层住宅居住的方便性优点比较突出，而高层住宅因室内容量大、室外视觉效果好，居住起来舒适性特点较突出。

2. 隔声、隔热与保温

住宅建筑的居室上下或前后左右要有良好的隔声效果，对电梯或楼梯、管道及外部噪声要有良好的防护效果。住宅建筑在夏天具有良好的隔热效果，在冬天具有良好的保温功能，这是改善居住环境的重要条件。

3. 光照、日照

居住建筑室内必须具有适宜的光照时间和强度，包括自然采光和人工照明两种情形。居住建筑室内必须能够获得适时与适量的太阳光的直接照射。日照有自然状态下的日照和受到人为因素影响下的日照两种情形。

4. 通风、风向、风力

通风一般是指自然通风。居室应具有良好的通风条件，特别是在炎热地区而没有空调的情况下，居室更应具有良好的通风条件，风向与风力也是影响居室环境的重要因素。

5. 室内小气候

住宅建筑室内要具有适宜的气温、相对湿度和空气对流速度,确保室内居住环境空气清新,温度、湿度适宜,不损害人身健康,保持居室内环境的舒适性。

6. 室内空气量和二氧化碳含量

居住建筑室内要保持足够的新鲜空气量,尽量降低对人身心健康有害的二氧化碳及其他有害、有毒的气体含量,使人们居住在一个安全、舒适的室内环境之中。

(二) 外部环境

外部环境是指居住物业所在区域内,与居民生活居住密切相关的各类公共建筑、公共设施、绿化、院落和室外场地等设施与设备的情况和条件。外部居住环境与内部居住环境的有机组合,构成了居住物业的生活居住环境。影响住宅建筑外部环境的因素主要有以下几个方面。

1. 大气环境

居住物业区域内,空气中有害气体和有害物质的浓度与气味,直接影响着居民的身心健康。因此要保持良好的室外大气环境,应消除空气中的有害、有毒气体与气味,或者最大限度地降低其浓度,确保居民人身安全和身心健康。

2. 水环境

居住物业附近或区域内,景观水的透明度,饮用水的清洁度等水环境对人体健康的威胁已不容忽视。水质污染危及居民的人身安全,因此要保证水环境的安全卫生,必须备有污水处理设备,必须定期清洗储水池,必须定期对给水管网消毒,以防病从口入。

3. 声环境和视环境

为了确保一个良好的居住环境,应尽可能降低噪声强度和住户相互间视线的干扰程度。

4. 居住密度

居住密度是指单位用地面积上居民和建筑的密集程度,通常用单位用地面积所容纳的居民人数和单位用地面积所建造的住宅建筑面积两个指标来衡量。从居住的舒适性角度考虑,居住密度以低为优。

5. 绿化、室外庭院及小品

绿化是指居住物业的室外公共绿化面积和绿化种植。绿地是社区中与人类生存发展关系最为密切的绿色空间,在改善环境质量,维持物业生态平衡,美化景观等方面起着十分重要的作用。社区绿地在构建宜居城市方面有着不可替代的重要作用,它已经成为社区文明进步、繁荣发展的重要标志。室外庭院主要是指住户独用的室外庭院和公用的生活用地。室外环境小品主要包括建筑小品、装饰型公共标志、公共小设施、公共游憩设施以及地面铺砌等。

6. 公共建筑、活动场所

居住物业的公共建筑是指为居民生活服务的各类公共建筑,包括中小学、幼儿园、托儿所、医院、电影院、商店、邮局、银行等文教、卫生、商业服务、公安、行政管理等方面的公共建筑。居住物业的公共建筑能够配套、完善,是保证居住物业具有良好外部环境的基本物质条件。居住物业的活动场所主要包括儿童游乐和成年人、老年人休息活动的场所,这些都是居民生活居住所不可缺少的组成部分。

7. 市政公共设施

市政公共设施是指居住物业的居民生活服务的设施，如道路、各种工程管线、公共交通等。一般来说，完善、便利的市政公共设施能够给居住物业提供一个良好的外部居住环境。

8. 小气候环境

应做好居住区内的气温、日照、防晒、通风或防风等状况的维护工作，确保居住区内优雅、舒适的小气候环境。

9. 安全状况

物业本身安全系数的高低是人们决定是否购买该物业的一个关键因素，比如房屋抗震系数高，就意味着遭遇地震时，此房屋的业主生存的概率大；物业园区内，门禁以及监控设备、设施的完善，可以增加居民的安全感，给居民营造一个没有后顾之忧的安全舒适的生活乐园。

10. 卫生状况

物业园区的卫生状况好，能够净化环境，给居民提供一个清洁宜人的生活环境，促进居民的身心健康。

11. 社会环境

居住区内的社会风尚、治安状况、邻里关系、居民的文化水平和艺术修养等，都会直接影响居住环境(图 8-2)。

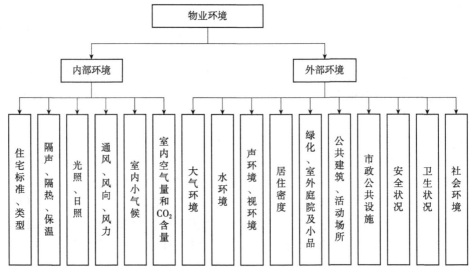

图 8-2 物业环境质量影响因素

五、物业环境质量评价方法

(一)国际上的环境性能评价方法

环境性能评价方法是综合评价建筑物和该建筑物的布局条件、设计、施工、交付及使用方法等有关环境负荷和环境性能的方法。1990 年的前半年开始在世界各国开发出了环境性能评价方法。具有代表性的有英国建筑研究所（BRE）开发的 BREEAM 方法；加拿大不列颠哥伦比亚大学（UBC）开发的 BEPAC 方法；美国绿色大楼协会（US-GBC）开发的 LEED Green Building Rating System 方法和 1998 年由加拿大天然资源省倡导的世界 14 个国家共同开发的 GBTool 方法等。这些评价方法都是以综合评价建筑物的环境性能为出发点，对地球环境、地区环境、室内环境等领域进行评价。各种评价方法均反映了各国的实际情况，虽然评价范围的构成、评价方式、评价结果的表示方法等有所不同，但是都包括地球环境、城市环境、建筑和室内环境等各种评价项目内容（表 8-1）。

表 8-1　各国的评价方法和评价项目

方法及评价内容	室内·建筑环境	近邻·城市环境	地球环境
BREEAM 英国 1991 年 1. 地球环境问题与资源利用 2. 地球环境问题 3. 室内环境问题	照明 空气质量 有害物质 氡气 室内噪声	水资源保护 交通	CO_2 排放 酸雨 臭氧层破坏 材料的再生利用
BEPAC 加拿大 1993 年 1. 臭氧层保护 2. 能源利用 3. 室内环境 4. 资源保护 5. 布局和交通	室内空气质量 室内光环境 室内声环境 建筑物外墙设计 HVAC 系统 HVAC 机器 能源管理控制系统 照明和电器设备 供热水	削减大气污染物质 建筑物和景观的保护 木材保护 基地内的水控制 合理的土地利用 建筑物设计与交通	ODP 物质的表示 系统设计和应急设备的设置 非 ODP 物质的转换 削减电力消耗 高峰电力的削减 削减建筑物的水使用量
LEED 美国 1997 年 1. 可持续性基地 2. 水消费的效率化 3. 材料资源的保护 4. 室内环境 5. 过程	室内环境性能 使用 VOC 低的材料 控制吸烟 控制化学物质源、污染物质源 二氧化碳的监视 系统控制性能 提高换气效率 热的舒适性 昼光·眺望 建筑物系统性能验证 最佳的管理运行 测量和验证	控制土地侵蚀和沉降 降低对生息地的障碍 基地选定 雨水管理 降低热岛效应 荒地的再开发 降低光公害 多种交通工具的选择 效率的绿化洒水 降低下水量的革新技术 现存建筑物的再利用 地区的材料 建设废弃物的管理	再生可能的能源 削减 CFC 绿色能源 降低水消耗 能源性能的最佳化 能源的利用效率 再生可用料的保存和收集 再生材料的保有程度 短时间可再生的材料 资源再利用 已认证木材的使用

(续)

方法及评价内容	室内·建筑环境	近邻·城市环境	地球环境
GBTool 世界14个国家1998年 1. 资源消耗 2. 环境负荷 3. 室内环境 4. 服务 5. 经济性 6. 管理 7. 城市环境	空气质量和换气 热的舒适性 阳光和照明 噪声和音响 适应性和舒适性 系统的控制性能 性能的维持管理 经济性 建设规划的制定 试运行调整 建筑物使用计划的制定	土地利用 固体物废弃 液体排放 对基地和周边的负担 基地内的景观娱乐设施 交通量最小化的措施 地区大气特征 运输环境 开发预定地的地价和短缺程度 原有建筑物的修复及再利用 合理的上水供应 需要量收支估算 公共基础设施的合理性 文化娱乐商业的利用 城市文化，历史价值	温室效应气体的排放量 破坏臭氧层物质的排放量 酸性化学物质的排放量 生命周期所需能源 水的消耗量 材料的利用

(二) 物业环境质量的客观评价方法(综合指数法)

物业环境所必需的条件是安全性(safety)、健康性(health)、方便性(efficiency)、舒适性(comfort)4个方面。但是，安全、健康、方便、舒适的概念范围及其广泛，因此进行物业环境评价时，需要根据物业类型和特性设定具体的项目。

评价物业环境质量的方法可分为利用统计数据和实际测试数据的客观评价方法，以及通过对居民环境意识的问卷调查的主观评价方法。下面先介绍评价物业环境质量的客观评价方法。

为了从安全性、健康性、方便性、舒适性4个方面客观评价物业环境，需要先确定与所设定的各个项目相适应的评价指标，然后根据统计数据或实际测量数据，将这些评价指标定量化。例如，如果将与"绿地"相适应的评价指标确定为"每人所拥有的绿地面积"时，从每个物业区域的统计数据中估算出这个指标体系的数量，就可以比较出物业小区之间的差距。各项目的评价指标需要针对该项目的性质来决定，像噪声和大气污染等已经由国家或地方自治体制订了环境标准的项目，可以通过实际测量数据与环境标准进行比较，掌握环境达标情况。

综合指数法采用环境质量综合指数进行评价，所采用的主要方法有迭加均值型、平方和方根型、向量模式、数学期望与方差模式、加权模式等，较新的评价模式还有混合加权模式、模糊数学法、层次分析法、灰色聚类法、密切值法、主成分分析法和人工神经网络法等。物业环境质量综合评价可采用2种典型模式：

1. 二步法评价模式

第一步，在对各环境因素中的不同污染因子进行单因子评价的基础上，通过综合单因素中各单因子评价结果，而得到单环境模糊矩阵。根据模糊矩阵和各因子权重进行单环境因素综合评价；第二步，综合各单环境因素综合评价结果，得到总体模糊矩阵，根据模糊矩阵和各环境因素进行城市总体环境质量综合评价。

2. 精选评价因子，一次综合

如从各环境要素中各选择最重要的几个评价因子组成评价因子集，并对各评价因子考虑合理的权重系数，建立一个综合环境质量指数计算式，就可评价物业的综合环境质量，如图8-3所示。

可采用下式计算综合环境质量指数：

$$EQI = \sum_{i=1}^{n} W_i P_i$$

式中　W_i、P_i——分别为 i 评价因子的权重和评价值。

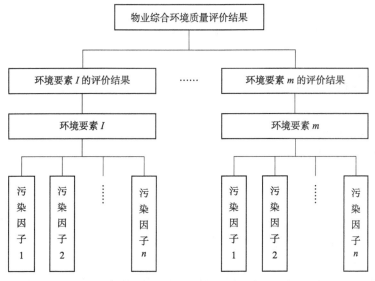

图8-3　物业综合环境质量评价结果

（三）物业环境质量的主观评价方法（调查问卷法）

评价物业环境质量的方法还可通过对业主环境质量满意度的问卷调查的主观评价方法。在物业环境质量的主观评价中，一般通过问卷调查来了解业主的环境质量满意度。采取"满意""大致满意""无所谓""有点不满意""不满意"这5种程度的选择方式，比较容易回答。例如，当问卷调查时问起："你对外面空气的清新度满意吗?"根据这5个选择回答的比率，就能掌握回答者对大气清新的满意程度。在设计问卷时，可以基于业主对物业环境关心的问题进行提问。下面是业主对物业环境的认识，见表8-2所列。

在进行物业环境评价时，可以按其目的分别使用客观评价和主观评价，或使用两种方法同时进行评价。像大气污染和二噁英这种极微量有害物质的环境污染，由于业主大多数通过五官难以感觉到它的存在，仅仅依赖于主观评价是不全面的。在这种情况下，客观评价是不可缺少的，如果在交通量多的道路沿线进行交通噪声意识问卷调查的话，就可以掌握噪声水平的实际测试数据所不能了解到的业主的各种反映。

表 8-2　业主对物业环境的认识

附属设施环境	道路建设的状况、道路的宽度、下水道的普及率、道边停车量、人行道的建设状况、垃圾站的数量、城市煤气的普及率、电线杆的分布、避难场所的有无、灭火器和消防水槽、违法停放自行车量、建筑物的老化程度、公园的分布、道路两旁树木的分布、小树林的分布、道路两旁树木的分布、小树林的分布
空气环境	车辆交通对空气的污染、通风度、夏季的潮湿度、冬季的寒冷度、废物处理带来的空气污染度、臭味、工厂的恶臭、灰尘、工厂带来的空气污染、冬季的干燥空气
声环境	交通车辆带来的噪声、飙车行为带来的噪声、日常生活带来的噪声、铁路带来的噪声、施工带来的噪声、其他噪声、工厂带来的噪声、飞机带来的噪声
光环境	夜间路灯的亮度、室内的日照、道路的日照度、公园的日照度

第二节　物业环境质量评价程序

一、物业环境评价指标选择原则

根据物业环境质量的要求与评价特点，确定物业环境质量评价选择的原则。

(1) 以人为本的原则

以影响人群健康因素评价为主，兼以舒适性评价。它是居住区环境质量的基本要求，也是居住区环境质量标准和居住区环境质量评价的基本目的。

(2) 可比性原则

一是普遍性的问题，也就是应选择适用范围较广的指标；二是评价指标应尽量定量化即以定量性指标为主，不排除选择一些可定量化的定性指标。

(3) 不相关性原则

物业环境质量标准中有许多指标是从不同的侧面反应物业环境不同方面的质量状况的，这些指标相互间接地反映类似指标的质量状况，为减少评价的工作量，从相关性指标中取其典型的指标作为评价指标。

(4) 可操作性原则

选取的指标应便于操作，易于获取评价所需数据。

(5) 综合评价原则

选取评价指标具有典型性、普遍性，应用一定的数学运算，就可全面反映评价对象的综合质量。

二、物业环境质量评价指标确立

(一) 环境资料

1. 自然环境

(1) 空气环境

在评价某一物业区域内空气质量时，考虑物业所在区域的气象特征条件的变动是很重要的、风向、风速、降水和雾天直接影响着大气的稀释扩散能力，对大气环境背景的调查是十分重要的。

(2) 水体环境

根据物业区域内环境评价标准，居住区水体是指物业区域内或流经物业区域内的河流、湖泊(包括人工湖)等，其背景资料包括水文特征，如河流的流量、水位、流速、泥沙量等资料，它们对水体的水质、水体的稀释自净能力、污染物的迁移转化规律有重要影响。

(3) 生物环境

生物对其生存环境的变化反应较为敏感，一个地区生物的状况可以反映该地区生态环境质量的优劣程度。物业区域内生物环境背景的调查，重点是物业区域内及周围地区内动、植物的种类和植被类型相应的存活、配置等。

2. 社会经济环境

(1) 社会经济环境

物业区域内的社会经济背景调查同环境质量的关系是相互依存、相互制约的。物业区域内环境质量的社会背景调查主要包括人口组成，土地构成，该物业在城市规划布局中的位置，物业类型以及物业管理组织机构等。人口是影响物业区域环境质量的重要因素之一，应调查物业区域的人口组成，如人口的数量、密度、职业、年龄构成以及文化素质、传统的宗教和文化习惯等。

(2) 环境设施现状调查

主要调查物业区域内的环境设施，包括供电、供水、排水、供热、燃气、环境卫生、绿化等设施的基本情况，设施的完好程度、运行情况及其一些重要的技术指标，如绿地覆盖率、人均占有绿地面积、供水水压等。

(3) 环境质量管理调查

主要调查物业区域内环境质量管理的组织结构、运作方式、监督检查机制等，如社区的管理机构、管理制度及管理方式，特别是物业区域内环境质量的保障与管理状况等。

(4) 环境质量现状监测与调查

调查与收集背景资料是十分重要的，是环境质量评价的基础和前提。为了补充所收集到的资料的不足，也为了对所收集到的资料进行确认，还需要进行环境质量现状的监测与分析，特别是对于污染源的资料应进行监测。

(二) 评价指标

物业环境质量指标体系建构应包括：水环境、空气环境、物理环境、园林绿化、环境建设和环境管理等几方面，体系框架如图8-4所示。细化分类物业环境质量指标由环境要素指标、环境设施指标、人文环境指标3部分组成

1. 环境要素指标

这类指标主要包括空气、水、声、光等，称要素性指标，它们是人类生存要素，是人类生存的基本条件。这些要素质量的好坏会直接影响人类的生存和身体健康。

(1) 空气环境质量评价指标

由于空气污染具有流动性或扩散性，物业区域的空气质量主要受城市空气质量的影响。从生态环境部公布的重点城市空气质量日报中，可以看出可吸入颗粒物仍然是重点城市的主要污染物和影响城市空气环境质量达到标准的主要原因。饮食业的油烟污染是一个十分普遍

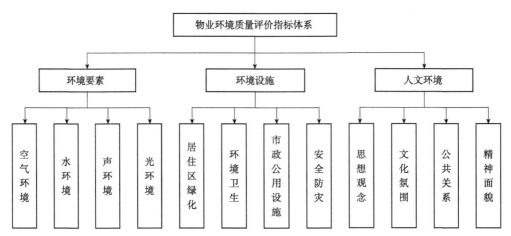

图 8-4　物业环境质量评价指标体系

的环境问题，对于空气的污染十分严重。我国《大气污染防治法》中规定："城市饮食服务业的经营者，必须采取措施，防治油烟对居民的居住环境造成污染。"在空气环境质量评价中，一般是污染评价，本文以物业居住区附近空气污染指数评价作为对象。

(2) 水环境质量评价指标

水环境包括地面水、饮用水、景观水、排水系统等，是城市水环境的重要组成部分。我国水资源人均占有量仅为世界人均水平的1/4，在面临水资源短缺的同时水污染问题已十分严重，危害大、难降解的污染物对水环境及人体健康的威胁已不容忽视。

对于饮用水状况，住房与城乡建设部发布的全国36个重点城市供水水质公报，其供水系统总体状况良好。对于非自来水饮水及其安全性，人们的健康意识增强，部分人群对公共供水水质存在疑虑，而寻求其他安全供水方式，促进了瓶装水、饮水机等饮水供应的迅速发展，分质用水如桶装水等的安全问题也日趋突出。本文以地面水或人体不接触水（景观水）水质和饮用水水质评价为对象：

①地面水或人体不接触水的评价指标　"仁者乐山，智者乐水"，自古以来居住区环境与水域水景有着密切的联系。随着人民生活水平提高，人们对居住及工作环境的要求也越来越高，居住区环境中引入水域景观已成为一种时尚，傍水而居，亲水性住宅风行。

对于水域景观的利用情况，可分为3个时期：自然景观水域及其利用和改造——指在小区附近或小区内有天然水系，即天然湖泊、池塘、河道等。小区设计规划建有水系，水景是住宅小区的一部分；人工水域景观——人造湖、人造瀑布、喷水池、水景等，它可以使建筑、绿化环境与人充分融合，人可以参与其中，体现亲水性；生态系统型水域景观——水生生物群落与它们的无机环境相互作用而形成的统一整体，如水族馆等。

②饮用水的评价指标　清洁的饮用水既是人类的生理需求，也是人类最基本的需求，保证物业区域内饮用水的清洁是一切工作的重中之重。

(3) 声环境质量评价指标

城市居民在关注生活是否方便、空气质量是否优良的同时，居住地段的铁路、公路以及城市噪声的大小，已成为购房的重要因素之一。噪声污染干扰了人们正常的工作和生活，甚至影响社会稳定，是目前城市居民最为关心、反映最为强烈的环境问题之一。在北京市，有关环境污染的投诉中，噪声扰民已占到65%。

物业居住区环境噪声标准，分别墅居住区、普通居住区两类，考虑到评价指标的普适性，选择普通居住区声环境指标为评价指标，包括白天噪声、夜间噪声。居住区白天噪声主要来源于居住区内、外的交通噪声、施工噪声、工业噪声、社会噪声；夜间噪声主要来源于社会噪声、交通噪声等。本章选择白天噪声以及夜间噪声作为评价居住区声环境质量评价的指标。

(4) 光环境质量评价指标

物业居住区光环境标准中涉及二项指标，即住宅日照和光干扰。住宅建筑日照的主要影响因素：一是所处地理纬度及气候特征；二是所处城市的规模大小。我国地域辽阔，南北方纬度差约50°，在同一日照标准时，正午影长率相差3~4倍，在高纬度的北方地区，建筑间距要比纬度低的南方地区大得多，大城市人口集中，城市用地紧张的矛盾比一般中小城市大；同一地理纬度同一日照标准，小城市可满足，中等城市不一定满足，大城市更不一定能满足。

光干扰包括几种情况：一是视线干扰，北方一些城市对视线干扰问题较注重，要求高，一般以住宅侧面间距不小于20m较为合理。而南方地区特别是广州、重庆等城市因用地紧张难以考虑视线干扰问题。二是人工光干扰，如霓虹灯或其他强光干扰。本章选择容积率作为居住区光环境质量评价指标。

2. 环境设施指标

这类指标包括：环境绿化、环境卫生、市政设施和安全防灾设施等。环境设施是人工建造的，用以改善环境，保障居民生活方便、舒适和安全的设施，要求这些设施具有较好的功能，确实能保障居住区居民享有一定的生活质量。这类指标同时对环境要素指标具有一定的技术保障作用。

(1) 物业环境绿化评价指标

物业居住区绿化标准包括绿地率、人均绿地面积、植物配置丰实度、绿地内活动设施配置及绿化的美学要求。根据我国各地物业居住区建设的实践，居住区绿地率达到一定比例就可确保居住区有良好的空间环境效果。该指标是人均绿地面积、绿地活动设施配置及绿化美学要求的前提和条件，只有绿地率达到一定要求后，才有可能创造丰富的居住区自然景观。居住区植物配置丰实度反映了居住区绿化的内容和质量，居住区植物丰实度包括了植物复层结构(乔—灌—草型、乔—灌型、乔—草型、灌—草型)和植物群落多样性等。本章选择植物配置丰实度与绿地率共同作为评价居住区环境绿化质量的指标。

(2) 环境卫生设施评价指标

物业区域环境卫生设施标准包括两大类指标，即垃圾清运质量标准和卫生设施配置标准。两类指标中有些指标是综合性的，如居住区生活垃圾清运密闭率指标，既反映了清运过程的合理性和工人的操作质量，也反映了清运设施技术上的先进水平与质量，该指标具有一定的综合性。

从居住区环境卫生功能考虑，居民生活垃圾的清运问题是直接关系到居住区环境质量的重要因素，是居住区环境卫生质量的基本保障。居住区生活垃圾是整个城市垃圾的组成部分，垃圾清运、处置或综合利用是整个城市垃圾处理系统工程链条中的一环，应确定居住区生活垃圾清运的功能性评价指标。由于垃圾在转运站集中和装车过程中，难免会撒落地面或渗出液流泄地面，使地面受到污染。

为保证居住区环境卫生质量,《城市环境卫生设施设置标准》(CJ 727—1989)和城市综合整治考核实施细则规定,居住区环境卫生设施配置指标,主要包括:

生活垃圾清运设施和设备,包括垃圾道、垃圾容器、垃圾房(间、桶)小型垃圾转运车,较大居住区还应有转运站。

居住区室外环境保洁设施,包括废物箱、清扫机具、公厕设置。废物箱设置间距在一般道路为 80~100m,居住区娱乐活动区或商业区为 50~80m。"居住区环境—居民室外活动需求调查",要求居住区设公厕的居民,占调查人数的 56%,排在 22 个调查问题的第 5 位。随着居民户外活动的人数和时间都在增加,外来人口的增加对居住区公厕设置提出了新的需求,居住区公共厕所服务半径宜小于 400m。本章选择居住区生活垃圾收运密闭率和卫生设施配置为居住区环境卫生设施评价指标。

(3)市政设施评价指标

对于生活质量的保证,在城市居民中,饮水供应是最基本的生活条件之一,除了保障供给符合卫生标准的饮水水质外,还应保障有足够的水压。对于安全性保证,居住区内道路的照明既可方便居民生活,又对夜间犯罪有一定的防范作用;消防设施是居住区重要的安全设施之一,合格的消防设施是扑灭火灾、保障居住区安全的重要保证。居住区的健身器材等公共设施是市政设施的一个重要部分。市政设施功能的评价指标选择为:供水压力合格率、污水处理率、道路亮灯率、消防设施合格率和健身器材合格率。

3. 人文环境指标

这类指标包括公共关系、思想观念、文化氛围、精神面貌等。只有和谐的社区人文环境,才能使居民的生活更加舒适。

(1)公共关系

会所是小区内的第三空间是发展公共关系的一大场所。应着力营造小区内的第三空间,会所是放松身心的精神空间。

(2)思想观念及精神面貌

社区是最基层的人民群众组织,其工作性质大到可以在园区内宣传党的各项方针政策,为居民普及法律知识;小到宣传社区自发组织的各项活动,畅谈如何搞好社区建设等。

(3)文化氛围

物业附近或物业区域内设有美术馆、音乐厅、电影院等文娱场所,可以在很大程度上丰富物业居住区内居民的业余生活,临近高校的社区就会弥漫着学术气息。

(三)物业环境质量评价指数

1. 空气污染指数

空气污染指数是根据环境空气质量标准和各项污染物对人体健康和生态环境的影响来确定污染指数的分级及相应的污染物浓度值。目前我国所用的空气指数的分级标准是:①空气污染指数(API)50 点对应的污染物浓度为国家空气质量日均值一级标准。②API100 点对应的污染物浓度为国家空气质量日均值二级标准。③API200 点对应的污染物浓度为国家空气质量日均值三级标准。④API 更高值段的分级对应于各种污染物对人体健康产生不同影响时的浓度限值,API500 点对应于对人体产生严重危害时各项污染物的浓度。

根据我国空气质量评价方法和空气质量的现状,在本评价指标体系中以 API<100 为标准值,这也是国家环保模范城市考核指标的标准值。

2. 景观水透明度及饮用水水质综合合格率

建设部《国家园林城市标准》(2022)要求景观水成无色透明状；国家园林城市的饮用水水质综合合格率应达到100%，本指标体系以该标准为标准值。

3. 居住生活区噪声

据统计，我国重点城市区域环境噪声总体平均水平为54dB(A)，达到了国家一类区标准55dB(A)。表8-3为《城市区域环境噪声标准》。

表8-3 城市区域环境噪声标准

类别	昼间(dB)	夜间(dB)
0	50	40
1	55	45
2	60	50
3	65	55
4	70	55

——0类标准适用于疗养区、高级别墅区、高级宾馆区等特别需要安静的区域。位于城郊和乡村的这一类区域按严于0类5dB执行。

——1类标准适用于以居住、文教机关为主的区域。乡村居住环境可参照执行该类标准。

——2类标准适用于居住、商业、工业混杂区。

——3类标准适用于工业区。

——4类标准适用于城市中的道路交通干线道路两侧区域，穿越城区的内河航道两侧区域。穿越城区的铁路主、次干线两侧区域的背景噪声(指不通过列车时的噪声水平)限值也执行该类标准。

要保证居住生活区的安静度。这里所说的安静可从以下两个方面来理解：外界大环境和室内小环境。

首先，房屋的地理位置很大程度上决定了居住环境是否安静。如果小区附近有铁路或港口，那么不可避免地会有火车和轮船的鸣笛声，车辆进入园区内直接入库就很好地解决了噪声问题。

其次，外界大环境的噪声污染也可以通过室内小环境的改造来进一步降低。如在楼板中设置软性隔音材料，起"缓冲气囊"作用。

最后，对于室内小环境的噪声，可以通过科学的设计来避免或降低。如同层排水就能解决马桶噪声问题。

本指标以《城市区域环境噪声标准》中的二类噪声标准(昼间<60)为标准值。

4. 容积率

在人口数量不断增加的情况下，对环境开发利用的程度也在不断加大。于是，在房地产业，为了在局部地区可以容纳更多的人口，一时间出现了各式各样的高楼大厦。容积率是指项目建筑面积与项目总占地面积的比值。其中建筑面积亦称建筑展开面积，它是指住宅建筑外墙外围线测定的各层平面面积之和。它是表示一个建筑物建筑规模大小的经济指标，包括

3项，即使用面积、辅助面积和结构面积。在实际生活中，人们常常混淆低容积率与低密度的概念。密度指的是建筑密度，它的概念是每一栋楼的底面积与小区总占地面积的比值。形象一点来说，密度是个平面概念，而容积率则是个空间概念。

一个占地面积为 S 的小区内，建有一座底面积为 S_1 的 24 层高楼。

通过计算，我们可以得知：该小区的容积率 $= 24S_1/S$

$$密度 = S_1/S$$

一个低密度的小区并不意味着低容积率，相同底面积的楼盘层数越多建筑面积越大，即容积率越大，本文认为以容积率为 2 作为标准值较为妥当。

5. 植物配置丰实度与绿化率

随着人们生活水平的提高，我国的住宅建设正在进行深刻的转变，居民对关系到生命健康和生活质量的居住环境质量越来越关注。现在越来越多地提到"绿色住宅""生态住宅""健康住宅"等名词。提倡自然环境与人工环境的协调发展，要"建造山水城市式居住区"，给人们提供温暖、凉爽又适度舒适的住房。

居住环境的绿化是"绿色住宅"的首要条件，住宅环境的绿化不是简单地种树栽草，在有限土地上提高绿化率，还包括生态平衡以及对各种自然资源的充分综合利用。本文认为以绿植摆放多样化或者绿化率为 35% 作为标准值较妥当。

6. 生活垃圾无害化处理率

2020 年制定的国家环保模范城市考核指标将生活垃圾处理率的指标定为 100%，这一指标以作为物业区域生活垃圾处理率的指标。

7. 污水处理率(%)

根据全国城镇污水处理率的现状值和促进物业区域环境建设的需要，认为物业区域污水处理率的评价标准值以大于 95% 为宜。

8. 安全系数

首先是建筑物本身的安全系数。如楼梯踏步的设计：楼梯一般由梯段、平台和栏杆扶手组成。梯段是由若干个踏步组成的倾斜构件，为了适用和安全，每个梯段的踏步数一般不应超过 18 级，也不应少于 3 级。而两个倾斜梯段之间的水平构件就是平台，起到供人行走时缓冲疲劳和转换楼梯方向的作用。楼梯的另外一个安全保护构件就是栏杆扶手，其主要作用是供行人依扶。楼梯坡度应根据建筑物的使用性质和层高来确定，一般取 23°~45°。对使用人数较少的居住建筑或某些辅助性楼梯，其坡度可适当陡些。对使用频繁，人流密集的公共建筑，其坡度宜平缓些。楼梯坡度实质上与楼梯踏步密切相关，踏步高与宽之比即可构成楼梯坡度。踏步高度与人们的步距有关，宽度应与人脚的长度相适应。扶手高度不同，成人用 900~1000mm 高，儿童用 500~600mm 高，为了安全起见，很多建筑物同时做两套扶手，如房屋的建筑架构、抗震指数、避雷装置等各种安全保护措施是否齐全等。

其次是物业区域内的安防系数。一个安全系数高的物业，应具备一套完善的小区安防管理控制系统，如图 8-5 所示。

9. 便捷度

(1)社区门诊

在日常生活中，谁都避免不了患感冒、发烧，可是一患上这种小病，就要到各大医院排

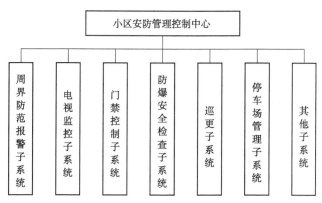

图 8-5　安防管理控制系统

队就诊,既耽误时间又浪费金钱。社区门诊就很好地解决了这个问题,对于一些日常多发病,患者足不出户就可以享受到和大医院一样的治疗,既有效地遏制了病情的恶化,又使各种医疗器材得到充分地利用并提高了办事的效率。

(2)商铺、学校、车站等公共场所

物业区域内设有学校、商铺等,或物业附近方便的交通能使住户的工作、生活更有效率。

10. 时尚活力

物业园区内房屋及公共建筑是环境的一部分,只有将建筑与周围的环境有机结合,建筑才有生命力。整洁的环境及绿化,往往使人们耳目一新,优美的建筑环境会满足人们的心理需求。流水、树木、花草的四季变化以及天空的光影,更使物业园区内建筑"凝固的音乐"成为时间环境与人们情感交融的场所。人们休闲时置身于物业建筑环境中,会对此产生愉悦和无限的美感。

在与周围环境相协调的前提下,小区楼盘设计还应有特色,有区别感。如世界瞩目的"鸟巢"体育馆就很有主题特色,全钢结构、精巧绣焊,建筑结构复杂成鸟巢形状,足以在楼群中吸引所有人的目光。

三、物业环境质量监测

物业环境质量监控就是对物业区域内的环境质量进行监测和控制。监测就是在对环境进行调查、研究的基础上,监视、检测代表环境质量的各种指标数据的全过程,以便及时分析和处理这些数据,掌握环境质量的现状及变化发展趋势。控制就是根据监测得到的环境质量的现状及变化发展趋势,及时将信息反馈给有关部门,在超过警报指标或出现严重污染事故时发出警报和进行预报,通过有关部门采取具体措施。环境质量监控是环境质量管理的主要环节,它包括以下 3 种类型的环境质量监控。

(一)区域环境监控

区域环境监控主要是对物业区域的大气、水体、土壤等的环境质量现状进行监控。

(二)污染源的监控

目前,我国对物业区域内污染源进行监控的主要内容有如下几个方面:污染源调查;确定物业内外的一定区域内环境质量控制标准；制订监测制度。

关于交通污染源及其他污染源，在物业环境管理中的作用已日趋显著，物业管理部门应加强对物业区域内的交通噪声、汽车尾气等污染源的管理，确保物业环境质量的不断提高。

(三) 污染事故的监测分析

污染事故的监测分析，主要是确定在各种紧急事故情况下的污染程度和范围，检查分析其原因，以便采取有效措施避免事故再次发生。

四、物业环境质量评价报告书

编写物业环境质量报告书，就是在对物业区域内的环境进行监测和评价的基础上，提出对物业环境质量状况的分析以及改善环境质量的措施与对策。

(一) 物业环境质量报告书的作用

物业环境质量报告书具有以下作用：

①有利于弄清物业区域的环境质量状况，为制定该地区环境质量标准和污染综合防治规划、开展环境科学技术研究提供依据。

②有利于当地政府和居民了解环境质量状况，促进建立环保目标责任制，把环境保护工作纳入各级政府的议事日程。

③环境质量报告书通过对监测评价结果的分析，可对已采取的环保对策的实施效果进行评估，并可针对现存问题提出新的、切实可行的对策和措施。

④为制定区域环保技术、环保政策提供依据。

(二) 物业环境质量评价报告书的编写原则

环境质量报告书涉及的范围很广，需要各有关部门和人员的共同协作，在编写过程中要统一认识，因此编写物业环境质量报告书时，应遵循以下原则：

①要着眼于"人类—环境"系统，从地区的整体出发，以生态理论为指导，全面分析经济、社会发展与环境质量的关系，不要局限于"三废"及噪声，还要考虑其他影响环境质量的因素。

②在对基本数据汇总和分析时，要包括自然环境特征与社会环境特征，要有较强的针对性，以便为分析环境问题提供具体依据。

③分析问题要抓住主要矛盾，对主要环境问题的危害包括经济损失、人身伤害及其产生原因等，要有确切的分析，不能似是而非，模棱两可。

④对环境质量的变化及发展趋势，要有科学的预测，并对主要环境问题提出相应对策。

(三) 物业环境质量报告书的编写框架

封面

目录

主要内容：

①项目简介。

②工程概况。

③项目环境质量评价：评价方法；评价指标确立；数据调查收集；评价结果分析。
④结论与建议。
⑤附注说明。

物业综合环境质量管理指标体系主要是从物业使用的生态适宜度或舒适度的角度而建立的，用以描述和评价物业综合环境质量的指标体系。这些指标着重反映物业的物理与化学环境质量、卫生与医疗环境质量、生产与交通环境质量、文化环境和绿化环境质量、生物环境质量、商业环境质量。

物业环境质量评价指标体系是从物业的经济环境质量、社会环境质量和自然与人工环境质量整体角度而建立的，用于综合反映物业环境质量的指标体系。其指标体系的构成见表8-4所列。

表8-4 广义的物业综合环境质量评价指标体系

物业经济环境	物业规模	土地面积 人口 人口密度
	物业经济	第三产业构成 就业人数构成 人均生产总值
物业社会环境	基础设施	道路面积 公共服务事业 给排水普及率
	绿化状况	人均绿地 人均公园面积 绿化覆盖率
物业自然环境	水环境质量	有机耗氧污染物 有毒有害污染物
	大气环境质量	二氧化硫 氮氧化物 总悬浮颗粒 降尘
物业自然环境	物业废弃物	清运率 处置处理率 综合利用率
	物业环境噪声	日间环境噪声 夜间环境噪声

案例：居住区物业的环境质量评价指标体系

对于居住区型的物业，其环境质量综合评价指标体系应包括环境要素、环境设施和环境管理3个方面，本研究从这三方面设定12个二级指标，每个二级指标下再设若干三级指标，以全面反映居住区环境质量的特点和要求。居住区环境质量综合评价指标体系框架如图8-6所示。

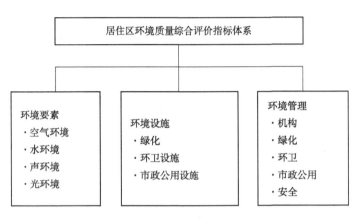

图8-6 居住区环境质量综合评价指标体系

第三节 物业环境质量对社区居民心理需求影响分析

一、调查社区介绍

研究的调查对象主要是北京市和天津市已建成并且投入使用的部分生态居住区的居民，主要涉及的调查地点包括北京市北潞园生态居住区，北京市三元里、新源里生态社区和天津市梅江生态居住区的蓝水园、芳水园、玉水园、香水园、欣水园等3个较大的生态居住区。

研究涉及的调查问卷，是在大量相关方面的文献和请教相关领域专家学者的基础上，结合和谐宜居城市建设实践编制出来的。采用的李克特式量表(Likert scale)的形式，评分的级数设置为5级，从1~5分别表示了被调查者对于题目所描述的问题的满意程度或者认可程度，其中1表示非常不满意，5表示非常满意。被调查者的基本情况，主要包括被调查者的性别、年龄、职业、受教育程度等内容。

二、研究设计

调研共发放问卷300份，收回有效问卷261份，问卷有效回收率为87%。调查问卷的题项数为35题，根据数据收集结果，被调查者包括男性127名，女性134名，其年龄等基本情况见表8-5所列。

表 8-5 调查样本的基本构成情况

变量名称		样本量	百分比
性别	男	127	48.66%
	女	134	51.34%
年龄	18 岁以下	13	4.98%
	18~28 岁	41	15.71%
	29~40 岁	111	42.53%
	41~65 岁	44	16.86%
	66 岁以上	52	19.92%
居住年限	5 年以下	78	29.89%
	5~10 年	163	62.45%
	10 年以上	20	7.66%
婚姻状况	已婚	220	84.29%
	未婚	37	14.18%
	其他	4	1.53%
职业类型	公务员	6	2.30%
	企业人员	67	25.67%
	事业单位人员	47	18.01%
	务工人员	11	4.21%
	自由职业者	18	6.90%
	学生	28	10.73%
	无业	1	0.38%
	离退休	76	29.12%
	其他	7	2.68%
受教育程度	初中及以下	39	14.94%
	高中	44	16.86%
	大专	43	16.48%
	本科及以上	135	51.72%
月收入(元)	3000 以下	44	16.86%
	3001~5000	74	28.35%
	5001~7000	88	33.72%
	7001~10 000	38	14.56%
	10 000 以上	19	7.28%

由表 8-5 可知，在职业类型方面，公务员、企业和事业单位人员占总人数的比例为 45.98%，离退休人员占总人数比例的 29.12%，职业类型的比例分布基本上与年龄分布情况相吻合。在受教育程度方面，由于北京、天津高校集中，高学历人口比例较大，在本次调查中，本科及以上学历的人数占总人数的比例为 51.72%，而初中及以下的低学历人群仅占总人数的 14.94%。在月收入方面，月收入 5001~7000 元的人最多，占总人数比例的 33.72%，总体来说，月收入 5000 以上的人群占总人数比例的 55.56%，中高收入人群占多数，这与受教育程度有很大的关系。

三、社区环境满意度调查结果分析

(一) 社区居民对社区环境总体满意度现状

根据数据收集结果，生态社区居民对目前社区环境的总体评价平均得分为 3.48 分，属于中等水平。在被调查的生态社区居民中，有 4.21% 的居民表示对目前社区的整体环境状况表示非常满意，有 49.04% 的居民对目前社区的整体环境状况比较满意，有 39.08% 的居民表示对目前社区整体环境的感觉一般，有 5.75% 的居民表示对目前的社区环境不满意，有 1.92% 的居民表示对目前社区环境非常不满意。总的来说，生态社区居民对目前社区整体的环境状况的满意度处于一般偏上的水平。

(二) 社区居民对各环境要素满意度现状

社区居民对于社区环境的总体满意度是一个综合性的概念，是居民对社区各种环境要素的综合感知，本文将影响生态社区居民环境满意度的各种因素分为居家环境满意度、自然环境满意度、光照条件满意度、声环境满意度、色彩搭配满意度、交通便利程度满意度等 14 个具体的题目，并通过 5 级量表赋值的方法让被调查者对每个题目做出较为客观的判断，具体的统计结果见表 8-6 所列。

表 8-6　生态社区环境满意度描述性统计和频率分布

题目	选项及频率分布					均值
	非常不满意	不满意	一般	满意	非常满意	
居家环境	1.53%	13.03%	29.89%	47.13%	8.43%	3.48
自然环境	1.92%	14.56%	27.20%	45.98%	10.34%	3.48
光照条件	4.21%	12.26%	26.44%	49.43%	7.66%	3.44
声音环境	3.07%	9.96%	25.67%	48.66%	12.64%	3.58
色彩搭配	1.53%	10.34%	51.34%	31.42%	5.36%	3.29
交通状况	1.92%	13.79%	27.97%	43.68%	12.64%	3.51
活动场所	10.73%	23.37%	30.65%	31.80%	3.45%	2.94
公共座椅	10.34%	28.35%	30.27%	25.29%	5.36%	2.87
购物便捷	3.45%	10.34%	37.93%	39.85%	8.43%	3.39

(续)

题目	选项及频率分布					均值
	非常不满意	不满意	一般	满意	非常满意	
休闲设施	13.03%	18.77%	35.63%	27.20%	5.36%	2.93
卫生状况	14.18%	19.92%	20.31%	38.70%	6.90%	3.04
人际关系	0.38%	3.07%	22.22%	58.62%	15.71%	3.86
治安环境	4.60%	15.71%	31.03%	43.68%	4.98%	3.29
医疗服务	2.30%	10.34%	37.93%	42.53%	6.90%	3.41

通过表8-6可知，在上述14项影响生态社区居民环境满意度的社区环境因素中，居民对社区的人际关系满意度最高，该项平均得分为3.86，有74.33%的居民对社区的人际关系感到"满意"或者"非常满意"。社区公共空间休息座椅的满意度平均得分最低，为2.87，有38.7%的居民对此感到"不满意"或者"非常不满意"。此外，被调查居民对社区交通状况和社区的清净程度这两项的满意度比较高，这两项的平均得分分别为3.58和3.51，处于一般和比较满意之间。而对于社区的休闲娱乐设施的齐全程度、社区青少年和老年人活动场所、社区的卫生状况、社区公共空间的色彩搭配以及社区的治安环境这5项满意度比较低，这5项的平均得分分别为2.93，2.94，3.04，3.29，3.29，处于不满意和一般之间。

(三) 社区居民环境心理感受现状分析

1. 居民环境心理感受各题目描述性统计

居民对社区环境的心理感受本研究从舒适度、归属感、安全感、私密性和领域感这4个大的方面入手，设计了居民环境心理感受量表，量表中每个指标下面分别下设4~5个具体的题目，一共20题，经过统计分析，量表基本情况见表8-7所列。

表8-7 居民环境心理感受描述统计和频率分布

量表内容	题目序号	频率分布					均值	标准差
		非常不满意	不满意	一般	满意	非常满意		
舒适度	1	0.38%	8.05%	38.70%	47.51%	5.36%	3.49	0.74
	2	1.92%	19.16%	51.34%	24.14%	3.45%	3.08	0.80
	3	0.00%	6.13%	39.08%	49.81%	4.98%	3.54	0.69
	4	1.15%	4.60%	45.98%	44.06%	4.21%	3.46	0.70
归属感	5	1.15%	4.21%	36.78%	52.11%	5.75%	3.57	0.72
	6	3.07%	21.46%	30.65%	39.08%	5.75%	3.23	0.95
	7	0.00%	0.77%	25.29%	65.90%	8.05%	3.81	0.57
	8	2.30%	13.79%	49.04%	29.12%	5.75%	3.22	0.84
	9	1.15%	7.66%	45.98%	40.61%	4.60%	3.40	0.75

（续）

量表内容	题目序号	频率分布					均值	标准差
		非常不满意	不满意	一般	满意	非常满意		
安全感	10	0.38%	11.49%	37.16%	45.59%	5.36%	3.44	0.78
	11	0.00%	3.83%	31.42%	59.00%	5.75%	3.67	0.64
	12	13.41%	27.59%	39.85%	17.62%	1.53%	2.66	0.97
	13	19.92%	35.63%	31.42%	11.49%	1.53%	2.39	0.98
	14	1.53%	8.05%	58.62%	29.50%	2.30%	3.23	0.69
私密性和领域感	15	0.77%	5.36%	59.00%	32.18%	2.68%	3.31	0.65
	16	1.15%	6.90%	41.38%	44.83%	5.75%	3.47	0.76
	17	1.15%	10.73%	38.31%	47.51%	2.30%	3.39	0.75
	18	2.30%	28.35%	37.93%	22.22%	9.20%	3.08	0.98
	19	1.15%	6.13%	57.47%	32.57%	2.68%	3.30	0.67
	20	1.92%	4.60%	54.79%	34.10%	4.60%	3.35	0.73

从表8-7可知，在舒适度方面，平均得分最高的是第3题，即"您在公共空间活动时的精神状态是否舒服"一题得分最高，为3.54，介于一般和舒服之间。在归属感方面，平均得分最高的是第7题，即"您与社区其他居民关系是否融洽"一题，平均得分为3.81，介于一般和符合之间。在安全感方面，平均得分最高的是第11题，即"在社区公共空间与邻里交流时，您觉得安全"一题，平均分值为3.67，介于一般和符合之间。在私密性和领域感方面，平均得分最高的是第16题，即"在社区公共空间内，您有足够的个人活动空间"一题，平均得分为3.47，介于一般和符合之间。

2. 社区居民对环境舒适度的总体评价

根据数据分析结果，在接受调查的生态社区居民中，有1.15%的居民觉得目前的社区环境让他们感到非常不舒服，4.6%的居民觉得目前的社区环境让他们感到不舒服，有45.98%的居民表示对目前社区的环境舒适度感觉一般，有44.06%的居民认为现在的社区环境让他们觉得很舒服，有4.21%的居民认为目前社区环境让他们感觉非常舒服。生态社区环境舒适度的平均得分为3.46，介于一般和舒服之间，可见目前生态社区环境设计的舒适度还不够高，现有的社区环境并不能满足社区居民对于环境舒适度的需求。

3. 生态社区居民对环境归属感的总体评价

根据数据分析结果，在被调查的生态社区居民中，有1.15%的居民认为目前的社区环境让他们感觉非常没有归属感，有7.66%认为目前的社区环境让他们感觉比较没有归属感，有45.98%的居民认为目前的社区环境让他们觉得归属感一般，有40.61%的居民认为目前的社区环境让他们比较有归属感，有4.60%的居民认为目前的社区环境让他们觉得非常有归属感。居民对现有生态社区环境归属感的平均评价为3.4分，属于一般水平。现有的生态社区环境设计还不足以提高社区居民对于社区的归属感。

4. 生态社区居民对环境安全感的总体评价

根据调查结果，在被调查的生态社区居民中，认为目前生态社区环境设计让人觉得非常不安全的占总人数的 1.53%，认为目前生态社区的环境设计让人觉得不安全的占总人数的 8.05%，认为目前生态社区环境设计让人觉得安全感一般的占总人数的 58.62%，认为目前生态社区环境让人觉得安全的占总人数的 29.50%，而认为社区环境让人觉得非常安全的仅占总人数的 2.30%。居民对生态社区环境安全感的平均评分为 3.23，属于一般水平。总的来说，有 31.8% 的居民认为目前的社区环境让其觉得比较安全，有 9.58% 的居民认为目前的社区环境让其觉得比较不安全，其余 58.62% 的居民认为安全感一般，现有的生态社区环境设计还不能满足社区居民对于安全感的需求。

5. 生态社区居民对环境私密性和领域感的总体评价

根据调查结果，在被调查的生态社区居民中，有 1.92% 的居民认为目前生态社区的环境设计让人觉得非常没有私密性和领域感，有 4.60% 的居民认为目前生态社区环境设计让人觉得没有私密性和领域感，有 54.79% 的居民感觉在目前的社区环境中私密性和领域感一般，有 34.10% 的居民认为在目前的社区环境中私密性和领域感比较好，有 4.60% 认为目前的社区环境私密性和领域感非常好。生态社区居民对环境的私密性和领域感平均评分为 3.23，属于一般水平。有 38.7% 的居民认为目前的社区环境让人比较有私密性和领域感，有 6.51% 的居民认为目前社区环境私密性和领域感比较差，54.79% 认为社区环境私密性和领域感一般，目前生态社区环境设计的私密性和领域感还不够高，不能满足社区居民对社区环境私密性和领域感的需求。

(四) 社区环境满意度与环境心理感受相关性分析

为了进一步研究生态社区目前的环境满意度和生态社区居民环境心理感受之间的关系，对生态社区居民环境满意度和环境心理感受量表各维度进行了相关分析，具体情况见表 8-8 所列。

表 8-8 生态社区居民环境满意度和环境心理感受相关分析

		总体满意度	舒适度	归属感	安全感	私密性和领域感
总体满意度	Pearson 相关性	1	0.683**	0.598**	0.542**	0.566**
	显著性(双侧)	—	0.000	0.000	0.000	0.000
	N	261	261	261	261	261

** 在 0.01 水平(双侧)上显著相关。

从表 8-8 的结果可以看出，生态社区居民环境总体满意度与环境心理感受量表中的舒适度、归属感、安全感、私密性和领域感都存在显著的正相关关系，其中，环境满意度与舒适度的相关系数达到了在 0.01 显著性水平之下的 0.683，与归属感的相关系数为 0.598，与安全感的相关系数为 0.542，与私密性和领域感的相关系数为 0.566。由此可知，生态社区居民公共空间环境的满意度与社区居民的环境心理感受之间相互有正向的影响，环境满意度越高，其环境心理感受也越好，在社区公共空间活动时的舒适度、归属感、安全感、私密性和领域感也越好，反之成立。

四、研究结论

本研究从物业环境质量出发，将人们的环境心理需求融入社区环境设计中去，为生态社区环境建设提供新的设计思路，促进生态社区建设更加全面、更加科学的发展。根据本次调查数据分析，得出如下结论：

①生态社区居民对于目前的社区环境满意度处于一般的水平，居民对社区的人际关系、交通便利程度以及社区的清净程度满意度比较高，处于一般偏上的水平，而对于社区的青少年和老年人活动场所、社区公共空间休息场所的桌椅配置以及社区的休闲娱乐设施的配置满意度比较低，处于一般偏下的水平。

②生态社区居民对目前社区环境的心理感受一般，对于心理感受的4个维度——舒适度、归属感、安全感、私密性和领域感的感受处于中等水平，其中，对于安全感的评价最低，大部分居民认为目前社区缺乏严格的安全管理系统和合理的人车分流系统。

③生态社区居民公共空间环境满意度与环境心理感受4个维度——舒适度、归属感、安全感、私密性和领域感之间存在正相关关系，社区环境满意度与居民环境心理感受之间相互影响。因此，从社区环境满意度着手，改善目前满意度较低的环境要素，可以使居民的环境心理感受更好，使居民的心理需求得到更好的满足，从而使其身心愉悦。

思考题

一、名词解释
物业环境质量监控　容积率

二、综合分析题
1. 物业环境质量评价的基本理念和指标。
2. 简述物业环境质量评价因子。
3. 在进行物业环境评价指标选择时，应遵循哪些原则？
4. 物业环境质量指标体系由哪三个部分组成？具体包括哪几个方面？
5. 物业环境质量报告书的作用有哪些？其主要内容包括哪五个方面？

第九章 人居环境质量评价分析

第一节 人居环境质量评价概述

一、人居环境质量评价的发起

20世纪70年代以后,世界范围内的城市环境、社会问题日益突出,欧美发达国家将生态规划思想引入城市及社区研究;1976年在加拿大温哥华召开的联合国人类住区会议,1978年联合国人类住区(生境)中心(简称"人居中心")成立,总部设在肯尼亚首都内罗毕,作为联合国体系内负责协调人类住区领域活动的领导机构。"人类住区"(human settlements)的词意,随着联合国人居中心组织和解决发展中国家人居环境问题的卓越行动,进一步丰富和拓宽了概念内涵。20世纪80年代,各种有关生态的论述与策略转变成实际的生态设计;90年代,出现大量有关可持续发展及设计的论述,其中许多尝试将各种生态设计的思想和方法整合成系统的理论。1996年6月在土耳其首都安卡拉召开的第二届联合国人类住区大会上,确定了《人居议程》,发表了《伊斯坦布尔宣言》;各国政府在宣言中承诺,将致力于实现"人人有适当的住房"和"城市化进程中人类住区可持续发展"的目标。

联合国设立"联合国人居环境奖",就是推动此目标的实现,是全球人居领域最高规格的奖项,每年评比一次,由联合国人居中心负责。人居中心在每年的世界人居日(每年10月的第一个星期一)期间,将在一个事先选定的城市举行该奖项的颁奖仪式。我国从1990年开始申报联合国人居环境奖,具体工作由建设部联合国人居中心北京信息办公室负责。随着我国人居事业的不断发展,人居环境领域已取得了举世瞩目的成就,并赢得了国际社会的广泛赞誉和肯定。

(一)人居环境奖的评选类型

目前国际人居环境奖主要有联合国人居环境奖,世界人居奖,迪拜奖,中国人居环境奖。

1. 联合国人居环境奖

"联合国人居环境奖"由联合国人居中心于1989年创立,用以鼓励和表彰世界各国为人类住区发展做出了杰出贡献的政府/组织、个人和项目,是全球人居领域最高规格的奖励。每年,联合国人居中心都要收到大量各国政府推荐的参加"联合国人居环境奖"评选的项目材料,被推荐的候选者可以是政府机构、组织、个人或项目,内容可涉及人类住区的各个方面,如住房、基础设施、旧城改造、可持续人类住区发展、灾后重建、住房解困等。为了确保"联合国人居环境奖"的权威性,人居中心聘请了一批资深的官员和专家组成评委会,对所有候选者的申报材料进行严格的评审和筛选,最后选出获奖者。每年的获奖数量由人居中心视情况而定,一般在10个以下。历年的获奖者均为在国际、地区或国家一级的人居领域内成就突出并有广泛影响的机构、组织、个人或项目。

2. 世界人居奖

"世界人居奖"由英国建造与社会住房基金会于 1985 年创立。该基金会是总部设在英国莱斯特郡科尔维尔的民间研究机构，一直与联合国人居中心合作密切。自 1985 年起该奖每年都在"世界人居日"全球庆典上颁发，是一个具有一定国际影响的奖项。"世界人居奖"每年评出两个项目，每个项目的奖品为奖杯一只和 10 000 英镑。围绕该奖项的竞争旨在发现可持续发展人居项目和为发展中国家提供解决住房问题切实办法的项目，并延伸到人居环境研究的相关领域，如失业、能源等；我国北京市的菊儿胡同改造项目曾于 1992 年获此奖。

3. 迪拜奖

迪拜奖的全称是"迪拜国际改善居住环境最佳范例奖"，由联合国人居署和阿联酋迪拜市政府于 1995 年设立，旨在奖励在人类居住条件的改善及可持续发展方面做出杰出贡献的项目。该奖每两年评选一次，每次评选出 10 个获奖项目。全球任何组织和机构甚至个人，只要在改善人类，尤其是贫困人口及弱势群体的居住环境方面产生了积极和显而易见的影响，并给这一领域带来持久的变化，都可以申报。到目前为止，已经有来自 140 个国家的 2100 多个项目提出申报，最终获奖的项目只有 50 个。

4. 中国人居环境奖

中国人居环境奖是我国参照联合国人居环境奖新设立的一个政府奖项，旨在鼓励和推动城市高度重视人居环境的改造与建设，在环保、生态、大气、水质、绿化、交通多方面为居民提供良好的生活和工作环境，以适应我国城市居民由小康向更高层面迈进的客观需要，并借此提升城市乃至国家的现代形象。原建设部于 2001 年设立了"中国人居环境奖"（含"中国人居环境范例奖"）。"中国人居环境奖"综合反映城镇在改善人居环境方面的总体成就。"中国人居环境范例奖"反映获奖者在改善城镇人居环境工作中某个方面取得的成就。通过"中国人居环境奖"的评选，希望引起全社会对改善人居环境的广泛关注，各地采取更加积极有力的措施，加大城市基础设施建设和城市环境改善力度，促进城乡建设事业的健康发展。

（二）我国人居环境奖评选情况

1. 联合国人居环境奖

1990 年开始，中国便与联合国人居环境奖结下不解之缘。1990 年，唐山市政府因灾后重建的巨大成就荣获联合国人居中心颁发的"人居荣誉奖"。

1992 年，深圳市住宅局获"联合国人居环境奖"。

1995 年，上海市因实施解决居住特困户项目而荣获"人居荣誉奖"。

1996 年，建设部部长侯捷荣获人居环境奖"特别荣誉奖"。这是中国首次以个人名义获奖。

1997—2023 年，中山、成都、大连、杭州、包头、威海、厦门、烟台、扬州、南宁、绍兴、日照、昆山等城市的项目或政府、市长相继荣获"联合国人居环境奖"。

2. 世界人居奖

中国北京的菊儿胡同改造项目曾于 1992 年获此奖。

3. 迪拜奖

1996 年以来，珠海、深圳、昆明、绵阳等一批城市因人居环境改善获联合国人居中心迪拜国际改善居住环境最佳范例奖或良好范例奖。

4. 中国人居环境奖

"中国人居环境奖"设立于2001年,在改善我国城乡人居环境、指导城市健康发展等方面起到了积极的作用。随着经济社会的发展和城镇化进程的加快,原《中国人居环境奖申报和评选办法》中的部分内容和指标已不适应于当前城乡建设工作。为进一步规范"中国人居环境奖"的申报和评选工作,对《中国人居环境奖申报和评选办法》进行了修订,形成《中国人居环境奖申报和评选办法》。2016年颁发《中国人居环境奖评价指标体系》,2022年进行完善修订。2022年发布《中国人居环境奖申报和评选办法》。

2007—2023年中国人居环境奖获奖城市或项目:

2007年中国人居环境奖获奖城市(项目)名单

"中国人居环境奖"获奖城市:江苏省昆山市;山东省日照市;河北省廊坊市。

"中国人居环境范例奖"获奖项目:北京市北二环城市绿化建设项目;上海市杨浦区鞍山四村旧住房改造项目;上海市宝山区炮台湾生态环境建设项目等25个项目。

2008年中国人居环境奖获奖城市(项目)名单

"中国人居环境奖"获奖城市:江苏省南京市;陕西省宝鸡市。

"中国人居环境范例奖"获奖项目:北京奥林匹克公园环境建设项目;北京市西城区金融街片区绿化建设项目;上海市金山区廊下镇中华村村庄整治项目;上海市闵行区市容环境综合建设和管理项目;天津市桥园环境综合整治项目;天津市外环线绿化带建设项目;山西省晋城市城市东、南出入口生态修复工程等31个项目。

2009年"中国人居环境奖"浙江省安吉县。"北京市什刹海历史文化保护区环境整治项目"等34个项目荣获"2009年中国人居环境范例奖"。

2010年"中国人居环境奖"宁夏回族自治区银川市、江苏省无锡市、安徽省黄山市、江苏省吴江区和山东省寿光市。获得中国人居环境范例奖的分别是:北京市通州区大运河公园建设项目、天津市大板楼节能改造工程、天津市天津大道绿化工程、天津市梅江风景区工程、上海市闵行区立体绿化建设和绿色交通项目等35个项目。

2011年中国人居环境奖:山东省潍坊市,江苏省江阴市,江苏省常熟市。

"中国人居环境范例奖"项目:北京市城乡规划社区参与实践项目;北京市房山区龙门台整村翻建试点建设项目;天津市意式和德式风情区历史风貌建筑保护项目;上海市世博会新能源公交车示范应用项目;上海市普陀区苏州河(普陀段)两岸人居环境改善项目;重庆市绿色轨道交通建设项目等37个项目。

2023年中国人居环境奖:住建部决定授予河北省秦皇岛市、湖北省宜昌市、广西壮族自治区桂林市等3个城市中国人居环境奖,授予天津市中新天津生态城南部片区绿色生态城区建设项目等36个项目中国人居环境范例奖。其中,重庆有6个项目入围,数量居全国第一。

二、人居环境质量评价的内涵

目前,无论是发达国家还是发展中国家,在人居领域都面临着一些同样的问题:拥挤、提供基本服务的经费不足、缺少适当的住房、基础设施每况愈下等等;全世界有40%~50%的城市居民居住在贫民窟中;整个人类住区(城镇和乡村)有10多亿人缺少住房或居住条件十分恶劣,至少有1亿人无家可归,有6亿人生活在各种危害健康和生命的境况中。人居环境奖的评选是为了表彰在改善城乡环境质量,提高城镇总体功能,创造良好的人居环境方面做出突出成绩并取得显著效果的城市、村镇、组织和个人，积极推广各地在坚持可持续发展，加强环境综合整治，改善人居环境方面创造的有效经验和做法。联合国人居委员会正式成立于1977年10月12日，是联合国系统内专门负责推动全球人类住区发展的机构。联合国人居委员会设58个理事国，每届任期4年。名额按地区分配，其中：非洲国家16席、亚洲国家13席、东欧国家6席、拉丁美洲国家10席、西欧国家及其他国家13席。人居委员会现每两年召开一次大会，对全球人居领域的重大问题进行讨论和决策。多年来，人居委员会一直与我国保持着良好合作关系。应我国政府的要求，人居委员会于1988年12月31日正式接纳我国为理事国至今。

(一)人居环境质量评价的概念

人居环境，顾名思义，是人类聚居生活的地方，是与人类生存活动密切相关的地表空间。它是人类在大自然中赖以生存的空间，是人类利用自然、改造自然的主要场所，是一个综合的大系统。尤其是在人口高度集中和过快城镇化的大背景下，人们正越来越渴望能够有个优秀的人居住区，来享受生活的快乐。人居环境质量是人居环境系统客观存在的一种本质属性，是对特定条件下人居环境系统状态的整体表示。

人居环境质量评价，就是对一定条件下的人居环境素质优劣作定量与定性的评述。它是对人居环境质量的一种刻画、描述和度量，是一种"尺度"和"标准"，有利于确保人居环境质量保持在人类生存和发展所必需的范围之内。通过建立城市人居环境质量评价指标体系，有利于提高人们对城市人居环境质量变化的辨识能力，为城市的城建规划、土地评估及房地产开发等提供科学的依据，进而调整人类社会的行为，使人居环境质量在人类社会行为的作用下朝着更加有利于人类社会生存发展需要的方向变化。

(二)人居环境评价标准

各评价标准主要来自不同的评价体系，我国已经出台了一系列的评定优秀人居住区的标准。从定量定性的标准上去衡量了一个优秀人居住区的标准。

1. 中国人居环境评选标准(2022)

从生态宜居、健康舒适、安全韧性、交通便捷、风貌特色、整洁有序、多元包容、创新活力8个方面，40项指标进行导向指标、底线指标详细划分，详见《中国人居环境奖申报与评选管理办法》(见附件1)，2022年《中国人居环境评选标准》(见附件2)。

2. 中国人居环境奖(范例)评选

根据九类主题分别在以下各方面进行评选：①生态宜居：城市水环境、生活垃圾资源化利用、公园绿地系统、绿色建筑。②健康舒适：完整居住社区，城市社区服务设施(便民、养老、卫生)，体育休闲活动场地，老旧小区改造。③安全韧性：城市内涝治理，海绵城市，城市生命线安全。④交通便捷：城市慢行交通系统，绿色出行，公共交通。⑤风貌特色：国家历史文化名城保护，城市历史文化街区、历史地段保护与复兴，历史建筑保护与利用。⑥整洁有序：城市生活垃圾分类，城市街道净化，城市治理。⑦多元包容：无障碍设施建设，住房保障(住有所居)，适老化。⑧创新活力：智慧城市，城市基础设施智能化，智慧社区。⑨宜居村镇：美丽宜居村镇建设，农村和村庄建设现代化，农村生活垃圾收运处置体系建设，传统村落保护利用和乡村风貌提升。详见《中国人居环境奖(范例)评选主题及内容》(见附件3)。

三、人居环境理论研究

国际上对于人居环境质量评价的研究开始于"家庭环境"和"邻里环境",到 20 世纪 70 年代扩展至社区范围,引入满意度的概念。但到目前为止,各国关于评价指标的编制方法并未达成共识,针对人居环境质量评价指标体系的研究成果尚未见诸文献之中。我国对于人居环境的研究还是一个全新和前沿的课题。自 20 世纪 90 年代以来,国内的一些学者从不同方面对人居环境的指标体系进行了一定的研究,研究人居环境及优秀人居环境的评估体系,首先要弄清楚的就是人居环境究竟是什么,它的理论基础和依据是什么。人居环境的理论经过几十年的发展已经初具形态,下面概述人居环境理论的定义以及发展。

(一)国内外人居环境理论研究

1. 国内人居环境理论研究

我国城市人居环境研究最早开始于建筑城市规划学界,此后,社会学,生态学,环境科学和地理科学相继介入,目前出现了若干有代表性的城市人居环境理论:

(1) 吴良镛的城市人居环境理论

清华大学吴良镛教授是我国人居环境的开山鼻祖,首次提出建立我国人居环境科学,并对包括城市在内的各个层次人居环境进行了全面的综合性研究。他认为,城市人居环境建设的目的在于满足城市居民聚集的要求。因此城市人居环境在组成上可概括为 5 个系统:自然,人类,社会,居住和支撑系统。其中,人类系统和自然系统构成人居环境的主体的两个基本系统,居住和支撑系统则是组成人类聚集要求的基本条件。他还提出了关于城市人居环境建设的理论原则,无论在城市人居环境研究理论上还是研究方法上都为原来的研究奠定了基础。

(2) 王如松等人对人居环境的研究

中国科学院生态环境研究中心王如松教授从生态角度对城市人居环境进行了一系列卓有成效的研究。他认为,城市的核心是人,发展的动力和阻力也是人。正确处理好人与土地(包括地表水、土、气、生物和人工建设)的生态系统是人居生态的核心任务。在此理论上,他分析了城市人居环境问题产生的生态学实质,并提出我国人居环境急需的 4 类生态转型:从物理空间需求转向生活需求转型;从污染治理需求转向生理和心理健康需求转型;从城市绿化需求转向生态服务功能需求转型;从面向形象的城市美化转向面向过程的居民身心健康和城市可持续发展的转型。

(3) 宁越敏等人对城市人居环境的研究

华东师范大学宁越敏对城市人居环境系统的内部进行了研究。认为城市人居环境系统是由人居硬环境和软环境构成,硬环境是核心的载体,而软环境的可居性是硬环境的价值取向。同时,他还对人居环境的硬环境和软环境在城市中的具体代表内容和所起的作用进行了分析,提出了大城市人居环境优化的一些建议。

(4) 李雪铭等人对城市人居环境的研究

辽宁师范大学李雪铭着重地理的角度对人居环境进行了研究。他从人居环境的演变入手,认为"人类在环境中生存,人居现象实质上是联系人的最基本的联络点"。因此,从人的关系角度看城市人居环境更需处理好 4 种关系:人与人之间的社会关系,人与资源之间的经济关系,人与场所之间的空间关系,人与自然之间的生态关系。

(5) 吴志强等人关于人居环境理论的研究

同济大学吴志强从聚落、城市化和可持续发展这 3 个角度进行分析。他认为聚落是人居环境的物质载体和体现。城市化是人居环境诸如政治、经济、社会等问题产生的主要根源，也是解决问题的关键；而可持续发展则是人居环境理论的终极目标，并横向、纵向多层次多角度的将人居环境评价体系进行了划分。

(6) 李丽萍关于人居环境的研究

中国人民大学李丽萍着重从城市的总体规划着手对城市人居环境进行了研究。她认为城市人居环境是以人为中心，由自然实体、社会实体和建筑共同构成的城市环境，它既是第二、第三产业的布局场所，更是城市居民的生活空间，其质量的好坏不仅关系到城市的可持续发展，更影响到城市居民的生活质量，并将城市人居环境分为生态环境、居住生活环境、基础设施环境、社会交往环境和可持续发展环境 5 个方向。同时她还采用综合分析方法探讨了城市人居环境建设的途径和方法。

如今人居环境理论得到了长足的发展，取得了较大的成绩。对于我国快速推进的城市化进程来说，人居环境的研究尚待进一步深化。

2. 国外人居环境理论研究

在城市人居环境理论研究方面，国外先后出现了 3 种人居环境发展观点。

(1) 以物质空间规划为可信的城市人居环境发展观

这种人居环境发展观流行于 19 世纪末到 20 世纪中期。由于工业革命在西方主要发达国家相继完成，西方城市普遍面临着人口高度密集所带来的环境恶化问题。不少城市研究者从城市物质空间规划的角度对城市人居环境作了研究，霍华德的"花园城市"理论等都是这一时期人居环境研究的代表性理论。

(2) 以人为本的城市人居环境发展观

第二次世界大战以后，许多国家普遍面临战后重建的问题，此时城市物质空间规划的理论已经比较成熟，但这种理论在人类行为、情感、环境方面存在的缺陷日益明显。因此许多学者和相关组织认为，城市的形态必须从生活的结构中发展起来，并且提出在城市重建过程中要以人为本的出发点。这一时期 CLAM 第 10 小组提出了以人为本的人际关系结合思想。在这一发展的影响下，希腊学者道萨迪亚斯提出了人类聚居学的概念，标志着人居环境科学在西方的形成。

(3) 以可持续为核心的城市人居环境发展观

20 世纪 80 年代以来，可持续发展的思想深入人心，成为新时代指导全球的纲领性思想。人居环境建设作为城市发展的主要组成部门也必然走上了可持续发展道路。1992 年联合国环境与发展大会通过《21 世纪议程》中专门设有"人类住区"的章节，指出"人类住区工作的总目标是改善人类住区的社会、经济和环境质量以及所有人，尤其是城市和乡村贫民的生活和工作环境"。

(二) 中国人居环境理论框架

20 世纪 90 年代初期，我国著名学者吴良镛院士、周干峙院士和林志群院士针对当时建筑业的形势和问题，在人居环境理论先驱，希腊学者道萨迪亚斯的"人类聚居学"的基础上，1993 年前后，我国环境理论专家针对快速城市化带来的问题，创造性地提出中国人居环境科学理论，第一次提出要建立"人居环境科学"。"人居环境"观念深入人心，清华大学成立了"人居环境研究中心",吴良镛院士撰写了《人居环境科学导论》,并建立了人居环境学的学术框架,认为人居环境学涉及领域广泛,需要审慎地考虑,提出分系统分层次的研究方法,将其分为居住系统、支持系统、人类系统、社会系统和自然系统5大系统,每个大系统中可分解为若干子系统,为人居环境学的发展奠定了理论基础,从政治、社会、文化、技术等方面考察人类居住区,寻求发展和发展规律,努力创造符合人类理想的聚居环境的研究成为建筑与城市规划学科的前沿。

人居环境理论的核心思想是:融贯综合看待和处理人居环境问题。所谓"融贯"就是先从中国建设的实际出发,以问题为中心,主动地从所涉及的主要的相关学科中吸取智慧,有意识地寻找城乡人居环境发展的新范式,不断地推进学科的发展。所谓"综合",就是强调把包括自然、人类、社会、建筑、支撑系统在内的人类聚居作为一个整体,从生态、文化、社会、技术等各个方面,对人类聚居进行系统的综合的研究,这一思想渗透了"天人合一"的东方智慧。

其中,"五大前提,五大系统,五大层次,五大原则"构成了人居环境科学的理论框架。

1. 五个基本前提

①人居环境的核心是"人",人居环境科学以满足"人类居住需要"为目的。②大自然是人居环境的基础。人类的生产活动以及人居环境建设活动都离不开更为广阔的自然背景。③人居环境是人类活动与自然之间发生的联系和作用。人居环境建设本身就是人与自然相互联系和作用的一种形式,理想的人居环境是人与自然的和谐统一。④人居环境内容涵盖丰富。人在人类聚居地中进行各种各样的社会活动,努力创造宜人的居住地(住区),进一步形成更大规模、更复杂的城市人居环境支撑网络。⑤人创造人居环境,人居环境又对人的行为产生深远影响。

2. 五大系统

人居环境包括自然系统、人类系统、社会系统、居住系统、支撑系统五大系统。①自然系统,是聚居产生并发挥其功能的基础,是人类安身立命之所,侧重于人居环境有关的自然系统的机制、运行原理及理论和实践分析。②人类系统,侧重于对物质的需求与人的生理、心理、行为等有关的机制及原理、理论的分析。③社会系统,强调人居环境是"人与人"共处的居住环境,人居环境在地域结构和空间结构上要适应"人与人"的关系特点,最终的目标是促进整个社会的和谐幸福。④居住系统,强调住房不能仅当作是一种实用商品来看待,必须要把它看成促进社会发展的一种强有力的工具。⑤支撑系统,主要指人类住区的基础设施,包括公共服务体系、交通系统以及通信系统和物质规划等。它对其他系统和层次的影响巨大,包括建筑业的发展与形式的改变等。

3. 五大层次

根据中国存在的实际问题和人居环境研究的实际情况,初步将人居环境科学研究范围简化为全球、国家(或区域)、城市、社区(邻里)、建筑等五大层次。不同层次的人居环境单元研究目标、范围和内容是不同的。

(1)全球

在研究人居环境的过程中,我们必须着眼于全球的环境与发展,特别要把眼光放在直接影响全球的共同的重大问题上;经济全球化是不以人的意志为转移的客观的历史潮流;国际大都市的发展也着眼于全球。

(2)国家(或区域)

国家对环境的考虑、强调生态、保护绿地和控制都市发展用地等制定规划政策。集中在土地再造系统、城市发展控制以及人口分布这三个主要问题上；中国幅员辽阔，各地具体的自然条件千差万别。对人居环境发展有着明显的不平衡性，在东部沿海地区，以中心城市为核心的城市化进程，在欠发达地区，限于条件，还是要以城市为核心的城市化。

(3) 城市

优先土地利用与生态环境的保护；确保能源、交通、通信等基础设施的支撑系统；重视各类住区及公共建筑群的组织，要充分注重的整体城市规划建设；改善密集的城市的环境质量，使之成为生态、健康、安全城市；继承城市文化情节，创新城市环境建筑艺术。

(4) 社区(邻里)

这里指城市与建筑之间一个重要的中间层，社区人居环境建设广义为：就城市结构系统言，可包括居住区、片区、街道；就社会组织言，可释义为社区、邻里；就城乡关系言，可指小城镇、村镇等。

(5) 建筑

建筑既包括物质内容，也包含有精神的内容，反映了人类文明的进步；特大城市和城市地区的建筑发展现象，涉及人类对环境建设有重大要求；建筑的发展是建立在人类生产力和技术发展的基础上的。应全面地看待建筑在国家发展、社会的进步、科学的发展与广大人民的生活环境的提高以及与文化艺术发展的关系。

4. 五大原则

通过对全球和中国若干问题的广泛思考，对21世纪中国人居环境问题应当有一个清晰的共识：①正视生态的困境，增强生态意识；②人居环境建设与经济发展良性互动；③发展科学技术，推动经济发展和社会繁荣；④关怀广大人民群众，重视社会发展整体利益；⑤强调科学的追求与艺术的创造相结合。

第二节 人居环境质量评价研究

一、人居环境质量评价研究基础

自20世纪90年代以来，国内的一些学者从不同方面对人居环境的指标体系进行了一定的研究，我国城市人居环境质量评价的研究基础主要有：

(一) 李云鸣等的城市人居环境评价指标体系

城市人居环境是自然环境与人类社会经济活动过程相互交织并与各种地域结合而成的地域综合体。为此，李云鸣等根据地域层次划分，以城市人居环境的住宅、邻里、社区绿化、社区空间、社区服务、风景名胜保护、生态环境、服务应急能力8个评价方面为基础，充分考虑到评价指标选择的代表性、不可替代性和多层次性，选择了29项指标构成一个相对完整的城市人居环境评价指标体系。

(二) 刘颂、刘滨谊的城市人居环境可持续发展评价指标体系

该指标体系采用层次分析法，构建了一个三层次的评价指标体系。最高综合指标为人居环境可持续发展指数，用以评价城市人居环境可持续发展程度。向下逐层分解为体现该项指标的亚指标，直至为最低层的单项评价指标(三级指标)。

(三)宁越敏、查志强的大都市人居环境评价指标体系

一般而言,城市人居环境包含两方面的内容,即人居硬环境和人居软环境。考虑到人居软环境指标的选取较为困难,且具有相当的不确定性,仅将人居硬环境的内容纳入评价的指标体系。为此,宁越敏等选取了居住条件、生态环境质量和基础设施与公共服务设施3大类评价指标,19个单项指标,构成城市人居环境评价指标体系。

(四)陈浮等城市人居环境满意度评价指标体系

传统人居环境评价以定量化为先决条件,所选指标均要求可以进行定量计算。虽然硬件设施可以定量化,但是信息交流、归属感和人际关系等心理感受却无法定量,因此无法全面反映城市人居环境质量。所以,公众反馈信息是评价人居环境的最佳途径。

陈浮等从城市居民本身出发,评价居民对一切为居民使用、服务的各种设施和心理感受的总和,既包括住宅质量、基础设施、公共设施、交通状况等硬件设施,又包括住区和谐、安全和归属感、社会秩序、人际关系等心理感受。他从安全、舒适、和谐、方便等原则出发,选择建筑质量等5个准则,房型设计等56个因素作为调查与评价因子,建立了城市人居环境满意度评估的基本框架,运用社会调查统计法对城区代表居住地域进行综合评价。

(五)李雪铭等城市住区环境质量评价指标体系

李雪铭等根据居民的需求,按照需求层次划分,从物质需要到精神需要,选择了住宅质量、生态环境、整体规划、公共服务、住区智能化和住区文化等六个一级准则,户型设计、层高开间、人均居住面积等50个单项指标,为方便城市人居环境质量评价的需要,构建了一个相对完整的城市住区环境质量评价指标体系。

(六)叶长盛、董玉祥的人居环境可持续发展评价指标体系

叶长盛等在探讨了人居环境与可持续发展关系的基础上,选取了居住条件、城市生态环境、公共服务基础设施和可持续性4大类评价指标,24个单项指标,构建了广州市人居环境可持续发展评价指标体系,对广州市人居环境可持续发展现状及其与经济发展之间的关系进行了定量评价。

二、人居环境质量评价指标

(一)建立人居环境系统指标体系的基本原则

国内外有关人居环境指标评价体系的研究可谓百家争鸣,基于不同的地域和国情,具体构造的指标不尽相同,这也是理论在实践中具体应用的体现。但在构造指标的过程中,有一些基本原则却是必须共同遵循的,否则构造指标体系的科学性就不能得到保证。城市人居环境系统评价指标体系的构造不是随意选取多项指标进行简单的组合如何科学地选取指标变量来构造指标体系,使其不仅能够反映现象的绝大部分信息,同时又能减少不必要的信息收集成本是城市人居环境系统指标体系建立的核心原则。同时,正确的构造指标体系也是进行后续数量分析的前提条件。应该遵循以下6个基本原则:全面性原则;可操作性原则;可比性原则;层次性原则;稳定性原则;动态性原则。

(二)人居环境评价体系

城市和建筑环境质量评价更多的是在功能性方面下功夫,评标工作往往围绕功能性问题上,真正意义上的落实人居环境可持续发展的具体内容,对于普遍都能认同的功能问题需要

专家的主观评价,而对于无法主观判断的技术科学问题,则运用高科技方法让计算机仿真解答,无论何等难以理解的物理环境形态在计算机仿真面前都会清晰地获得准确的动态答案,这样才是真正意义上的做到了科学评价。因此,我国21世纪的人居环境的评价体系毫无疑问地要从低级的主观评价发展为科学完整的客观评价。当前所认知的内容主要有:

1. 功能性评价

主要是对城市、城市小区、建筑围绕人的使用功能、心理感受、视觉感受以及与之相关的艺术、文化、历史、传统、流派乃经济性、可操作性等加以评价。这部分的评价应该由规划、建筑专家凭借专业经验和职业修养来进行主观评价即可。这也是目前我们评价工作的实际现状。

2. 技术性评价

包括对城市、小区、建筑的物理环境质量的评价内容,在科学技术和经济能力不发达时期物理环境评价会受到限制,目前可以利用计算机仿真手段得以实现,即事前的技术评价已成了可能的现实。物理环境技术仿真能够做到以下几项常规的项目。

(1) 城市小区空间物理环境质量的仿真预测

①城市小区噪声环境质量仿真评价,特别是临街城市小区的噪声环境分析,城市小区内庭院的噪声环境分析等。②城市小区冬季日照环境质量仿真评价,模拟分析冬季城市小区的地段日照水平状况。③城市小区温度环境质量及热岛强度仿真评价,模拟分析城市小区开发前后的热岛变化状况。④城市小区湿度环境质量仿真评价,模拟分析城市小区开发前后的环境湿度变化状况。⑤城市小区风环境质量仿真评价,模拟分析城市小区开发前后的风环境变化状况。⑥城市小区负氧离子浓度水平的仿真评价:模拟分析城市小区开发前后的负氧离子变化状况。

(2) 建筑空间物理环境质量的仿真预测

①建筑通风环境质量评价:模拟分析高大空间建筑如体育馆、机场、展馆、剧院以及住宅室内的风环境质量状况。②空调能耗评价:模拟分析高大空间建筑如体育馆、机场、展馆、剧院以及住宅的空调耗电量。③建筑室内温度环境质量评价:模拟分析高大空间建筑如体育馆、机场、展馆、剧院以及住宅室内空间的温度分布变化状态。④建筑室内舒适(PMV)环境质量评价:模拟分析高大空间建筑如体育馆、机场、展馆、剧院以及住宅的内人体舒适度指标的分布状态。⑤建筑室内CO_2浓度状态评价:模拟分析高大空间建筑如体育馆、机场、展馆、剧院以及住宅室内空间的CO_2浓度的分布状态。⑥建筑室内日照质量评价:模拟分析冬季住宅内的日照质量。⑦建筑室内声学质量评价:模拟分析高大空间建筑如体育馆、机场、展馆、剧院以及住宅室内空间的声学性能状态。

(三) 人居环境评价体系的具体指标

居住小区视为居民提供舒适、安全、便捷的居住环境为目的,并形成共同的价值趋向和小群体文化特征,拥有共同的利益为连接纽带而形成的地域复合系统(王波,2001),主要包括自然生态环境和人文生态环境两个方面。自然生态因素包括环境质量,绿化现状2类,涉及空气环境、声环境、绿化覆盖率等8个指标;人文生态因子归结为:小区规划建设,健康及安全,区位条件,物业管理4类17个指标。

1. 自然生态环境

自然生态环境在商品住宅发展初期不受重视,但随着经济发展居民收入水平的提高,生态环境也得到了高度重视。当今房地产开发商往往将自然生态环境作为其楼盘的卖点。自然生态环境因素中主要考察住宅小区户外环境，包含环境质量和绿化情况2类8个指标。

(1)环境指标

①空气质量 空气污染指数是一种评价空气质量的数量尺度方法，是将常规监测的几种污染物(一般包括SO_2：二氧化硫，NO_2：二氧化氮，PM1：可吸入颗粒物)浓度简化为单一的概念性指数数值形式，并用分级表示空气污染程度和空气质量状况，该指标反映了城市生态环境状况，空气质量应符合《环境空气质量标准》(GB 3095—1996)环境空气质量功能区的分类和标准分级的二类区所执行的二类标准(国家环境保护总局，2000)。

②声环境 居住区声环境指数应符合《城市区域环境噪声标准》(GB 3096—93)所规定的一类或二类标准，以一类标准为宜(国家环境保护总局，1994)，白天(7：00—下午21：00)，A声级为46~50dB；夜晚(21：00—凌晨7：00)A声级为41~45dB。

③水环境 根据《住宅性能评定技术标准》(GB 50362—2005)规定要求，人工水体严禁使用自来水，硬底人工水体的近岸2.0m范围内的水深，不得大于0.7m，达不到此要求的应设护栏。无护栏的园桥、汀步附近2.0m范围以内的水深不得大于0.5m。根据可操作性需要，本文对小区水环境水质做了一些主观的界定分级。

(2)绿化现状

作为商品住宅小区室外环境最重要的组成部分，越来越受到人们的重视，小区绿化水平高，不但能够美化住宅小区的景观环境，提升整个小区品质，也能带来巨大的生态效益和经济效益。它主要包括绿地覆盖率、人均公共绿地面积、绿地层次多样性和物种多样性及生长情况几个指标。

①绿地覆盖率 即小区绿化覆盖面积占小区面积的比率，即小区内全部绿化种植垂直投影面积与小区面积的比率。住建部《关于印发〈城市绿化规划建设指标的规定〉的通知》建城提出：城市建成区绿化覆盖率40%以上；绿地率35%以上。

②人均公共绿地面积 即小区每个居民所拥有的小区公共绿地面积，人均公共绿地面积是反映小区园林绿化水平和生态环境质量等的一项重要指标。根据居住人口规模分别达到：组团不少于0.5m²/人，小区(含组团)不少于1m²/人，居住区(含小区与组团)不少于1.5m²/人，并应根据居住区规划组织结构类型统一安排、灵活使用，旧区改造可酌情降低，但不得低于相应指标的50%。

③绿地层次多样性 充分利用建筑散地、停车位、墙面(包括挡土墙)、平台、屋顶和阳台等部位进行绿化，形成乔—草型、灌—草型、乔—灌—草型、藤本型等人工植物群落类型三种及三种以上结构，植物配置多层次。

④物种多样性 根据(GB 50362—2005)《住宅性能评定技术标准》配置种类多样，观赏花卉种类丰富，色彩搭配生动，四季植物景观变化有序。

⑤养护管理情况 根据(GB 50362—2005)《住宅性能评定技术标准》，要求植物长势良好，没有病虫害和人为破坏，成活率98%以上。

2. 人文生态环境

人文生态是除了自然环境外，其他所有具有社会性质的环境因素。主要包括小区规划建设、健康与安全、区位条件以及物业管理4个方面17个指标。

(1)小区规划建设

住宅小区是一个社会的缩影，它的规划与建设水平，反映着人民在生活上和文化上的追求,关系到城市的面貌,是物质文明和精神文明发展的重要标志。小区规划建设主要包括城市景观相容性、内部景观建设、户型设计、建筑容积率、人均住宅面积5个指标。

①小区景观相容性　建筑样式应当严格遵循创作形式美的一般规律和建筑设计的构图原理,应与周边建筑风格相统一,要能够和具体环境和谐融为一体,尤其是在具有历史意义和重要标示的地段,应当特别注重景观相容性。

②建筑容积率　也称建筑面积毛密度,根据《城市居住区规划设计规范》(GBJ 137—1990),是用总建筑面积(万 m^2)与居住区用地(万 m^2)的比值表示。

③人均住宅面积　小区住户每人拥有住房面积。随着1998年商品房的开发,我国居民居住环境得到了很大的改善,2006年相关报道,我国城镇居民人均住宅面积逾 $26m^2$,已居世界前茅。

④户型设计　户型设计应针对当地气候特点和居住习惯,并尽可能地节约空间,提高空间利用率,满足居民正常生活起居为原则。

⑤小区景观建设　小区景观,既有功能要求,又具有点缀、装饰和美化作用的、从属于某一建筑空间环境的小体量建筑、指示性标志物和游憩观赏设施的统称。小区景观建设要突出小区特色,并兼顾到老人和儿童的需要。

(2)小区健康及安全

随着人民生活水平的提高,人们对生活品质的要求也越来越高,不再仅仅要求一个可以居住的房子,更加强调居住环境的舒适性和健康性,本文主要采纳影响居民生理及心理健康的一些因素,包括住宅内部采光通风隔音效果,体育锻炼设施,和邻里关系和小区防火抗灾能力4个指标。

①采光效果应能够满足住宅设计规范有关要求　每套住宅至少应有一个居住空间能获得日照;卧室、起居室(厅)、厨房应有外窗;通风效果应符合下列规定(周俭,1999)。居住空间应能保证足够的通风;没有外窗的厕所必须设置通风装置;住宅建筑设置通风系统时必须控制有害气味的流通和微生物、病菌等有害污染物的累积。隔音效果:住宅建筑应在平面布置和建筑构造上采取措施,保证室内安静。根据《住宅建筑规范》(GB50368—2005)要求,卧室、书房与起居室关窗状态下的允许噪声级不应大于50dB;楼板计权标准化撞击声声压级不应大于75dB;应采取构造措施提高楼板的撞击声隔声性能;楼板的空气声计权隔声量不应小于40dB,分户墙的空气声计权隔声量不应小于40dB,外窗的空气声计权隔声量不应小于25dB,户门的空气声计权隔声量不应小于30dB。

②体育锻炼设施　结合绿地与环境配置、设置露天体育健身活动场地,活动场地兼顾趣味、益智、强身、健体、安全合理等原则统筹布置。

③邻里关系　中国人很重视人际关系,在中国人的交际圈中,邻里关系的重要性仅次于家庭血缘关系(黄晓莺,1994)。但由于工作环境与居住方式的差异,让邻居逐渐成为老死不相往来的陌生人,关系淡漠,邻里关系的缺失已经越来越引起人们的关注。

④防火抗灾能力　按照《建筑设计防火规范》(GBJ 16—87)2001版和《高层建筑设计防火规范》(GB 50045—95)2001版进行住宅单体建筑的消防设计。从防火分区、疏散口设置及疏散楼梯、前室及消防电梯、防排烟设计等几个方面满足规范要求。

(3)区位条件

小区区位成为购房者选房最重要的因素之一,它的便利程度对房价及生活成本起到决定性影响，一般来说，在城市中心的住宅价格比其他地区价格要高出很多，日常生活的便利性也会增强很多，本文选取了交通、购物、去大型公园，就医、子女上学入托等5个指标作为研究对象。

(4) 小区管理及安全指标

住宅小区管理也成为居民选购住房的重要影响因素，不同的小区级别，不同的物业需求，采取不同的物业管理服务等级[《普通住宅小区物业管理服务等级标准(试行)》, 2004]。它的好坏直接关系到入住后居民对住宅品质高低的感受，主要包括小区治安、小区卫生和日常事务管理3个指标。

三、人居环境质量评价方法

(一) 指数与综合指数法

这种评价模式就是将某一评价参数的实测结果与评价标准进行对比，反映出该污染物的超标情况，即采用下列模式：

$$P_1 = C_1/S_1 \tag{9-1}$$

式中　P_1——某污染物的单因子评价指数；

　　　C_1——某污染物的实测浓度；

　　　S_1——某污染物的评价标准。

(二) 特尔斐法

特尔斐(Delphi)是美国著名咨询机构兰德公司于20世纪50年代初发明的。其基本步骤为：确定评价主题→编制评价事件一览表→选择专家→环境预测阶段→环境价值判断过程→结果的处理和表达。该方法的关键是组织具有学科代表性的权威专家对评价指标进行测定，以及对测定结果采用统计方法进行定量处理。

(三) 模糊综合评价法

这种评价方法的基本流程为：明确评价目的、确定评价对象、制订评价大纲→收集背景资料→确定评价指标→监测环境质量现状→确定环境指标权数→综合评价环境质量。采用模糊集合理论可提高评价结果的可靠性。该方法的关键是求模糊评判矩阵，它的最大特点是用隶属度来划分生态环境质量分级的界线，可用于生态环境质量的分级，划分生态环境质量的优劣；突出生态环境质量较差的区域，并对重点区域予以治理。

(四) 层次分析法

采用层次分析法(AHP)对人居环境评价指标体系准则层、因素层指标进行重要程度分析，把复杂问题的各种因素按照一定的顺序划分成相互联系的有序层次，分析系统中各因素之间关系，建立系统的递阶层次结构；在同一层次中，各元素两两之间的相对重要性可以根据客观情况或主观经验做出判断，并以定量表示，然后用数学方法确定该层元素对于该层准则的权重，进而计算全部元素对总目标的合成权重，为最终方案的选择提供依据。

用层次分析法进行指标权重的计算时，主要有以下几个基本步骤：

1. 建立指标的递阶层次结构

层次大体上可分为3类。

①最高层　这一层次中只有一个元素，它是分析问题的预定目标或理想结果，也称目标层。

②中间层　这一层次包括为实现目标所涉及的中间环节，它可以由若干个层次组成，包括所需考虑的准则、子准则，也称准则层。

③最低层　表示为实现目标可供选择的各种措施、决策方案等，也称为因素层或方案层。

递阶层次结构必须建立在决策者对所面临问题有全面深入的认识基础上，综合分析各元素间的相互关系，以确保建立一个合理的层次结构。

2. 构造两两比较判断矩阵

指标层次结构建立以后，上下层次指标间的隶属关系就被确定了，对同一层次指标进行两两比较，其比较结果以 T. L. Saaty 的 1~9 标度法表示，见表 9-1 所列。

表 9-1　AHP 法的标度原则

标度 t_{ij}	定　义
1	i 指标比 j 指标相同重要
3	i 指标比 j 指标稍微重要
5	i 指标比 j 指标明显重要
7	i 指标比 j 指标强烈重要
9	i 指标比 j 指标极端重要
2，4，6，8	为以上两个判断之间的中间状态的对应值
倒数	若 i 指标与 j 指标比较的标度值为 b_{ij}，则 j 指标与 i 指标比较的标度值为 $b_{ji}=1/b_{ij}$，显然 $b_{ii}=1$

假设 A 层中的元素 B 与下一层次中的元素 B_1，B_2，$\cdots$，B_n 有关系，若要分析 B 层次各元素间对 B 而言的相对重要性，可以构造表 9-2 形式的判断矩阵 B。

表 9-2　判断矩阵 B

B	B_1	B_2	$\cdots$	B_n
B_1	b_{11}	b_{12}	$\cdots$	b_{1n}
B_2	b_{21}	b_{22}	$\cdots$	b_{2n}
$\cdots$	$\cdots$	$\cdots$	$\cdots$	$\cdots$
B_n	b_{n1}	b_{n2}	$\cdots$	b_{nn}

3. 单一准则下指标相对权重的计算

采取几何平均值法计算指标的权重，并对其进行一致性检验。具体计算方法为：

第一步，计算判断矩阵中每一行元素的乘积 M_i：

$$M_i = \prod_{j=1}^{n} b_{ij} \quad (i=1, 2, \cdots, n)$$

第二步，计算 M_i 的 n 次方根 $\overline{W}_i$：

$$\overline{W}_i = \sqrt[n]{M_i} \quad (i=1, 2, \cdots, n)$$

第三步，对 $\overline{W}_i$ 进行归一化处理，即可得到权重向量 W_i：

$$W_i = \frac{\overline{W}_i}{\sum_{i=1}^{n} \overline{W}_i} \quad (i=1, 2, \cdots, n)$$

第四步，计算判断矩阵的最大特征根 $\lambda_{\max}$

$$\lambda_{\max} = \frac{1}{n}\sum_{i=1}^{n}\frac{(BW)_i}{W_i} \tag{9-2}$$

式中　B——判断矩阵；
　　　W——权重列向量；
　　　W_i——权重向量的第 i 个分量；
　　　n——矩阵阶数。

第五步，进行一致性检验，要求 $CI \leqslant 0.1$，这里

$$CI = \frac{\lambda_{\max} - n}{n - 1} \tag{9-3}$$

当 $n \geqslant 3$ 时，为消除 CI 所受阶数的影响，还需引入判断矩阵的平均随机一致性指标 RI，取 $CR = CI/RI$，对所构造的判断矩阵进行一致性检验，一般认为 $CR < 0.1$ 时，判断矩阵有可接受的一致性，否则，需对判断矩阵进行修正（表9-3）。

表 9-3　随机一致性系数 RI 值

矩阵阶数	1	2	3	4	5	6	7	8	9	10	11
RI	0	0	0.58	0.90	1.12	1.24	1.32	1.41	1.45	1.49	1.51

4. 计算各层元素对目标层的合成权重

综合权重向量是方案层、因素层相对于总目标层的权重向量，其计算公式为：

$$W = \sum_{i=1}^{n} WB_j \cdot WC_{ij} \tag{9-4}$$

式中　WB_j——B_j 相对于 A 的重要性权重值；
　　　WB_j——C_{ij} 相对于 B_j 的重要性权重值。

第三节　人居环境评价案例分析

一、规模住区人居环境评价

近年来，世界一些发达国家相继推出了各自不同的建筑环境评估体系。如美国绿色建筑协会制定的《绿色建筑评估体系》，英国建筑研究中心制定的 BREEM《生态建筑环境评估》，15个国家在加拿大商定的《绿色建筑挑战 2000》，日本环保省的 CASBEE《建筑环境效益综合评估》，各国生态建筑评估标准关注的一些共同点：①减少二氧化碳排放（从建筑材料生产和回收再用，从节约化石能源消耗量）；②减少（或禁止）可能破坏臭氧层的化学物的使用；③减少资源（尤其是能源、水资源、土地资源）的耗用；④材料回收和再利用，垃圾的收集和再生利用，污水处理和回用；⑤创造健康舒适的居住环境，重点在室内空气质量、自然通风、自然采光和建筑隔声。因地制宜地采用地方性材料和技术以降低成本已成为发展趋势。我国建设部住宅产业化促进中心于 2001 年 5 月 27 日正式颁布的《绿色生态住宅小区建设要点与技术导则》；2001 年 9 月底全国工商联住宅产业商会公布的《中国生态住宅技术评估手册》，2002 年、2003 年二次修改再版。2003 年中国房地产及住宅研究会（CCHS）推出《中国

人居环境与新城镇发展推进工程》。2004年编制《中国人居环境和新城镇发展推进工程技术大纲》，2005年建设部立项《城镇规模住区人居环境评估指标体系研究》，历时3年科研成果于2008年3月正式推出；这项评估体系研究成果是建立在我国人居环境理论的发展和实践之上，对于今后我国人居环境的发展具有积极意义。

（一）规模住区研究简介

"规模住区"是我国的房地产业在历经了20多年的快速发展之后，在城市核心区、近郊区和广大的新城镇中出现的大规模房地产开发形式。规模住区主要指城镇成片开发、建设的居住新区。一般是开发项目规模较大，具备一定城市功能或配套公共服务设施的完整生活住区。一般条件下规模住区由多个独立城市街坊（居住组团）或2~3个以上开放式生活单元构成。它是我国住宅建设和房地产开发进入一个追求居住环境、讲求居住生活品质、提高建设质量水平的新的人居环境时代的重要产物。

规模住区建设主张形成开放的城市社区，和中心城市有互补的联系。人们生活其间，方便、安全，有较为充足的就业岗位、较为完善的市政公用设施；规模住区和城市有互补的联系，是城市重要的组成部分；规模住区在规划设计上强调综合考虑居住与生活、工作、购物、文化、教育、休闲等多种要素，是和谐的新的生活方式的空间载体。规模住区人居环境试点项目的开发宗旨是：通过住区开发人居硬环境建设，创造一个舒适健康的、和谐宜人的社区人居软环境的建设。通过精明增长方式，达到最大化合理利用资源能源、保护生态、减少污染、传承文化；通过城市化精细设计，提高城市机能配套水平，创建现代居住生活新模式，为城市创造价值。从城市人居环境角度出发的指标体系，考虑了整个城市对居民居住环境的影响，规模住区介乎城市和居住小区之间的规模，本身具备城市的功能，因此，规模住区人居环境指标体系既包含了城镇居住组团（街坊）和小区的配套指标要求，还要满足城市机能要求。

（二）建立规模住区评价指标体系的原则

规模住区评价指标体系是住区环境建设的向导，对城市住区的环境建设具有极其重要的现实意义；科学的城镇规模住区评价指标体系应该基于生态学原理，体现和评价住区环境符合生态学原理和要求的程度，对已建城市规模住区的环境状况进行评价，同时可以为新建住区的环境规划设计、建设施工提供参照和指导、为住宅建设项目环境的审批、检查监督提供依据，本科学建立指导思想：①评价指标体系的设计应以居民活动为主线，兼顾住区规划、建筑设计、自然系统、与周边交流系统各要素协同发展的思路，构建指标体系设计的框架。②指标体系的设计应充分体现生态住区舒适、健康、环保、防污、高效、节能、保持生态平衡等特征。③设计的指标应灵敏度高，综合功能强，既有持续性指标、协调性指标、监测预警指标，同时包含住区生态化管理指标，指标的选择应注意因子的综合性、代表性、层次性、合理性和现实性。根据以上指导性思想，在影响因素设计中遵循以下原则：

①导向性原则　规模住区评价指标体系的设计，目的在于引导城市住区建设，走向人与自然和谐、可持续发展的目标，因而因素及其权重应体现与总目标相一致的引导性，以引导城市住区未来发展方向。

②整体性原则　各项因素在其相互配合中，要比较全面、准确、系统地反映生态住区建设的整体情况，既要反映住区生态系统结构特点，又能反映局部、单项功能情况，同时包含全局、长远、综合发展的状况。

③独立性原则　各因素之间必须相互独立，不应存在包含和交叉关系。

④可比性原则 因素设计可进行不同条件下住区生态系统的对比，能充分反映住区各层次子系统，各要素间的差异，对比因素之间具有相同计算方法和计算范围，以反映不同被对象的共同属性的差异。

⑤灵敏性原则 指标设计应反映实际工作的现实情况和需要，方便管理操作，概念明确，数据资料易得，计算方法简便，并能反映住区发展趋势，具有应变能力。

(三)建立规模住区评价模型

1. 建立规模住区评价模型技术路线(图 9-1)

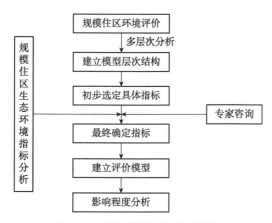

图 9-1 评价模型确定程序框图

2. 建立规模住区评价模型框架

规模住区评价模型总目标层 A 下设 9 个准则层 B 指标，51 个因素层 C 指标；形成目标层、准则层和因素层 3 层的层次结构。目标层为规模住区环境总目标；准则层包括住区生态规划，住区节能设计，住区生态绿地系统，住区水循环系统，住区废弃物处理，居民生活基础设施，住区与周边沟通设施，住区网络智能化，住区生态化管理 9 个方面；因素层为 51 个影响因素指标；建立了定性与定量相结合，多因素，多层次综合排序的评价指标权重体系，系统构成具体如图 9-2 所示。

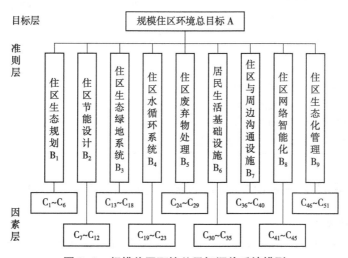

图 9-2 规模住区环境总目标评价系统模型

3. 评价指标体系(表9-4)

表9-4 规模住区环境评价指标体系

总目标层A	准则层B	因素层 代号	因素层 指标	准则层B	因素层 代号	因素层 指标
A 规模住区环境目标	住区生态规划 B_1	C1	规划布局	住区居民生活基础设施 B_6	C30	市政公用设施
		C2	道路设置		C31	消防安全设施
		C3	居住区微环境		C32	日常生活必需服务设施
		C4	地方化住宅风格		C33	卫生医疗
		C5	公共休闲空间		C34	便民服务设施
		C6	公共基础设施配置		C35	文化教育设施
	住区节能设计 B_2	C7	建筑节能设备	住区与周边沟通设施 B_7	C36	交通枢纽设施
		C8	绿色建材		C37	住区与周边交通通畅度
		C9	建筑主体结构节能设计		C38	物流中心,商贸集散地
		C10	建筑施工节能		C39	文化交流中心,文化广场
		C11	常规能源优化利用		C40	住区系统与周边地区融合关系
		C12	可再生能源利用			
	住区生态绿地系统 B_3	C13	住区绿地面积	住区网络智能化 B_8	C41	安全防范系统
		C14	住区绿化植物配置		C42	信息通信系统
		C15	绿化与住区建筑和谐		C43	住区网络综合布线系统
		C16	绿化适应业主心理需求		C44	设备监控系统
		C17	绿化管理措施及时		C45	物业管理信息系统
		C18	绿化景观生态效果			
	住区水循环系统 B_4	C19	住区用水规划	住区生态化管理 B_9	C46	住区规范的物业管理
		C20	中水利用		C47	完善的社区组织
		C21	给、排水系统设计		C48	社区制度规范化
		C22	节水器具与设施		C49	节能专门机构
		C23	雨水收集利用		C50	组织科普活动常规化
					C51	生态文明教育
	住区废弃物处理 B_5	C24	固体废弃物收集	因素层C1~C51释义省略		
		C25	废弃物处理技术			
		C26	生活垃圾分类收集			
		C27	生活垃圾清运及处理			
		C28	居民主动参与回收意识			
		C29	住区废弃物处理激励机制			

二、北京规模住区——回龙观文化居住区环境质量评价分析

(一)入选原因分析

选择研究区为北京市回龙观文化居住区。回龙观文化居住区是亚洲第一大住宅小区、全国规模最大的经济适用房项目,位于北京市区北部,昌平区南部,毗邻八达岭高速路和城市

轻轨，南距德胜门 15km，西距上地信息产业基地 1km，东距北苑集团 2km；北部规划有 11.59km² 的隔离绿地，是市区外围绿化带的重要组成部分。居住区的规划建设用地面积 11.27km²，形状呈东西长 6.2km，南北宽 2km 的长方形，规划总建筑面积 850 万 m²，居住人口约 23 万人，拟建设成为一个集居住、商业服务、文化娱乐、休闲为一体的新城。学校、医院、购物、餐饮、文化娱乐场所等配套设施已建成或在建设中；根据北京市政府确定的原则，回龙观文化居住区作为北京市一个重点经济适用房建设项目，是北京城市住区发展中的重要工程，住宅全部为多层。

回龙观文化居住区经济适用房项目由北京天鸿集团负责开发建设，规划住宅总建筑面积约计 500 万 m²，分期分批建成，工程从 1999 年 4 月开工，到目前已分为一期到六期进行认购、办理入住。回龙观一期住宅荣获"99 年度北京市级优质工程"，2000 年"首届北京十大明星楼盘金奖"（表 9-5）。

表 9-5 回龙观文化居住区项目

项目分期	住宅数量(套)	入住时间	建筑面积(万 m²)	户型
一期	6460 套	2000/5	80	多层
二期	6700 套	2003/5	80	多层
三期	7100 套	2004/5	81	多层
四期	1200 套	2003/7（认购）	16	一梯两户多层
五期	3314 套	2005/6	38	多层
六期	6460 套	2005/7~10	80	多层

1. 回龙观文化居住区总体规划

回龙观地名源于当地的一个村庄——回龙观村。这个名字可追溯到明代，源自明代皇帝十三陵谒陵。相传此地原有一处道观，名为玄福观，是皇帝谒陵后回京途中小歇之处，便被叫作回龙观，城铁回龙观站东面铁路北面有一棵受保护的老槐树，是北店村南庙的遗物，树上还挂有一尊清代的铁钟。

北京市政府实施经济适用房建设后，天鸿集团开始投资开发建设回龙观文化居住区。经过几年的建设，小区一期、二期乃至现在的六期的建成，使此地发生了翻天覆地的变化，昔日的农田已是高楼林立，同时修建十里长街，连接霍营，现在的回龙观居住区主干道回龙观东大街是在十里长街基础上修建的，回龙观文化居住区位于十里长街以南，一期：风雅园一区至三区、云趣园一区至三区；二期：龙禧苑一区、五区、龙锦苑四区、六区、龙腾苑三区、六区；三期：龙腾苑二区、龙跃苑一区二区；四期：龙禧苑二区；五期：龙博苑一区至三区；六期：龙跃苑三区、四区、龙锦苑一区、二区、五区。

(1) 道路系统

每个地块的主入口都设在东西两侧，通过小区主干道—宅前路—入户通道三级系统将人流引入住宅楼。其中，小区主干道为车行道，道路两侧设机动车停车场。宅前路平时为步行路，紧急情况下可供车行，以满足搬家、救护、消防的需要。小区内道路交通采用人车分流的方式，通过在小区南北两侧开设人行出入口，避免人车之间的相互干扰，增加了小区的私密性及安全性。区内机动车停车采用地面停车方式，停车率达到 50%；自行车按每户 1.5 辆设置停车位。

（2）总体规划

居住区的服务对象主要为科技、卫生、文教人员，根据他们年龄结构较为年轻且知识水平较高的特点，在设计中除了达到环境优美、交通方便、生活舒适、配套齐全的基本要求外，还提升了一个层次，将科技人员"放眼未来、关心世界、表现个性"的思想文化内涵反映和体现到设计中。具体表现为，在住宅的布局上，通过朝向及户型的不同组合，使区内每栋住宅都不完全一致，都有各自独立的个性。同时，个性又充分的融入周围环境中，达到一种整体和谐的效果；同时突出每个组团的个性，适应了新一代对个性的追求。

（3）景观环境

每个地块均设主题花园，每个花园都以赞美大自然为主题。其中南北贯通的花园构成了小区步行绿廊，亦是区内居民休闲的主要场所。通过这些花园，居民可方便地到达区内各个角落，小区的绿化率在30%以上，人均绿化大于$2m^2$。

（4）节能设计

回龙观文化居住区住宅项目是北京市最早采用分户供暖住宅区，建筑设计、建材使用提倡绿色环保、节约的理念。

2. 各项配套设施

回龙观区域发展主流的观点是，单纯的居住功能开发必然带来"卧城"现象，大型居住区必须补建城市功能，首先是商业、其次是商务。天鸿集团邀请四家专业策划公司对回龙观区域剩下的数十万平方米土地进行配套公建一级策划，提出"同核新城"方案，重点强调配套建设高档次的商业和娱乐功能，以及商务办公公寓与写字楼建设。目前各项配套设施情况如下：

（1）文化教育

回龙观地区现有北京农学院、华北电力大学、八一技校等6所大专院校。回龙观地区工委、办事处投入了大量资金进行本地区基础教育教学设施的改造。目前全镇共有中学一所，小学7所。学校具备先进的教学设施、办学条件，为全面提高基础教育的教学水平和教学质量提供先决条件，为地区可持续发展提供人才基础。做好基础教育，实行中小学校长例会制度，切实提高教育管理水平。开展好社区学校工作，发展多元化的教育格局，满足不同群众的文化教育需求，加强成人教育工作，建立了成人教育网络，各村、企业、社区都有成人教育学校。

（2）医药卫生

回龙观镇医院位于昌平区回龙观镇政府东200m，占地面积1.2万m^2，是一家一级甲等综合性医院；1996年该院顺利通过市级爱婴医院评审，2000年正式成为北京妇产医院分院，被指定为北京市基本医疗保险定点医院；积水潭医院在此地建立了分院。

（3）社区服务

社区服务站包括：龙华园社区、龙乡园社区、回龙观社区、北京人家小区、西三旗社区等8个社区服务站。各设区服务站均可为周边居民提供门诊看病、家庭病床、化验、输液及电话咨询等业务。

（4）居民委员会

2003年4月回龙观成立了居委会，2004年年底成立了回龙观办事处，下设风雅园社区居委会、龙腾苑社区居委会、龙禧苑社区居委会,区域的管理体系已经成型,区域的行政管理与服务逐步走向正规化、成熟化。

(5)市政及交通工程

市政工程依据建设部对住宅项目相关规范严格执行,多条公交线路与周边相连,城市轻轨交通线直通城区及昌平区,京藏高速与住区道路紧密相通。

(6)生活服务设施

回龙观文化居住区作为北京市一个重点经济适用房建设项目,建设成为一个集居住、商业服务、文化娱乐、休闲为一体的新城。学校、医院、购物、餐饮、银行、邮局、文化娱乐场所等配套设施已建成。

(二)回龙观文化居住区环境目标评价

本研究对回龙观文化居住区的环境评价指标进行综合分析,结合层次分析法权重指标调查问卷及专家打分系统,运用模糊数学方法计算出相应评价值。

1. 模糊综合评价方法

模糊综合评价方法(姜启源,1993;刘成武等,1999)包括6个基本步骤:

(1)确定被评价对象的因素论域 $U=(u_1, u_2, \cdots, u_p)$,这一步实际上是确定评价指标体系。

(2)确定评语等级集 $V=(v_1, v_2, \cdots v_n)$。评语等级集 V 由非常认可、比较认可、感觉一般、不认可4个等级组成,确定标准隶属度集,$J=(J_1, J_2, \cdots, J_m)$,$J=\{5(非常认可),4(比较认可),3(感觉一般),2(不认可)\}$。

(3)在被评价对象的因素论域 U 与评语等级集 V 之间进行单因素评价,建立模糊关系矩阵,即

$$R = \begin{bmatrix} r_{11} & r_{12} & \cdots & r_{1n} \\ r_{21} & r_{22} & \cdots & r_{2n} \\ \vdots & \vdots & \vdots & \vdots \\ r_{m1} & r_{m2} & \cdots & r_{mn} \end{bmatrix} = r_{ij}$$

矩阵 R 中的元素 r_{ij} 表示因素论域 U 中第 i 个因素 u_i 对立于评语等级集 V 中第 j 个等级 V_j 的隶属度。这样,对被评价对象第 i 个方面的评价是通过 m 个 $r_{ij}(j=1, 2, \cdots, m)$ 来实现的。

一般要采用隶属函数法确定 r_{ij},根据专业知识和被评价对象的数据资料特点,选取各指标的隶属函数模型,估计出该模型中的有关参数后,代入统计数据求得 r_{ij};对于定性指标采用模糊统计法。

(4)确定评价因素的权重向量 $A=(a_1, a_2, \cdots, a_p)$,一般可用层次分析法和专家打分法获得。

(5)选择合成算子,将 A 与 R 合成得到 B,基本模型为 $B=A \circ R$;"O"代表合成算子。

$$B = AR = \begin{bmatrix} a_1 & a_2 & \cdots & a_m \end{bmatrix} \begin{bmatrix} r_{11} & r_{12} & \cdots & r_{1n} \\ r_{21} & r_{22} & \cdots & r_{2n} \\ \vdots & \vdots & \vdots & \vdots \\ r_{m1} & r_{m2} & \cdots & r_{mn} \end{bmatrix} = \begin{bmatrix} b_1 & b_2 & \cdots & b_n \end{bmatrix}$$

(6)对模糊综合评价结果 B 进行分析。模糊综合评价结果 B 是一个模糊向量,不是一个点值,这个向量较为准确地刻画了被评价对象本身的模糊情况。由于模糊综合评价结果 B 是一个向量,不能直接用于被评价对象的排序比较。因此还需作进一步处理。利用评价向量 B 的分量形成权数,对各个评语等级的得分进行加权平均得到总评分。设 $B=(b_1, b_2, \cdots, b_m)$,$G$ 为总评分值。则

$$G = \frac{\sum_{i=1}^{m} b_i J_i}{\sum_{i=1}^{m} b_i} \tag{9-5}$$

2. 规模住区环境综合评价指标的计算

由于在本案例中,指标体系包括目标层和二级指标层,属于多级模糊综合评价问题。采用问卷调查,专家、社区管理者、物业管理者打分相结合的方法,发放问卷600份,收回547份,有效问卷536份,对各指标因素进行综合评价。我们可以根据城市规模住区环境评价指标体系划分二级模型,下面就以住区生态规划为例,计算住区生态规划、住区节能设计、住区生态绿地系统、住区水循环系统等9个准则层评价向量,评价指标和权重;并对回龙观文化居住区环境评价指标进行综合评价值计算(表9-6)。

表 9-6　住区生态规划评价指标和权重表

二级指标	权重	三级指标	权重	非常认可	比较认可	感觉一般	不认可
住区生态规划 B1	0.0211	规划布局	0.4497	10.5	36.74	41.23	11.53
		道路设置	0.2125	8.21	31.26	37.29	23.24
		居住区微环境	0.1445	15.32	32.43	45.41	6.84
		地方化住宅风格	0.0618	20.93	38.21	30.39	10.47
		公共休闲空间	0.0396	8.67	30.52	32.43	28.38
		公共基础设施配置	0.0919	18.43	32.94	35.76	12.87

(1)住区生态规划指标综合评价

由表9-6数据,根据各自的权重得出一级综合评价:

$A_1 = [0.4497 \quad 0.2125 \quad 0.1445 \quad 0.0618 \quad 0.0396 \quad 0.0919]$

$$R_1 = \begin{bmatrix} 0.1050 & 0.3674 & 0.4123 & 0.1153 \\ 0.0821 & 0.3126 & 0.3729 & 0.2324 \\ 0.1532 & 0.3243 & 0.4541 & 0.0684 \\ 0.2093 & 0.3821 & 0.3039 & 0.1047 \\ 0.0867 & 0.3052 & 0.3243 & 0.2838 \\ 0.1843 & 0.3294 & 0.3576 & 0.1287 \end{bmatrix}$$

$B_1 = A_1 * R_1$

$B_1 = [0.1201 \quad 0.3445 \quad 0.3948 \quad 0.1407]$

按照最大隶属度原则，住区生态规划评价为：非常认可的人数比例占12.01%，比较认可占34.45%，感觉一般占39.48%，有14.07%不认可，因此总体属于感觉一般(以下指标计算步骤与本指标相同)。

(2) 住区节能设计指标综合评价

最大值为0.3568，住区节能设计评价总体属于比较认可的范围。

(3) 住区生态绿地系统指标综合评价

最大值为0.4093，住区生态绿地系统总体属于感觉一般的范围。

(4) 住区水循环系统指标综合评价

最大值为0.3823，说明住区水循环系统总体属于感觉一般的范围。

(5) 住区废弃物处理指标综合评价

最大值为0.3684，表明住区废弃物处理评价属于感觉一般范围。

(6) 住区居民生活基础设施指标综合评价

最大值为0.3595，表明住区居民生活基础设施评价属于感觉一般的范围。

(7) 住区与周边沟通设施指标综合评价

最大值0.3423，表明住区与周边交流总体感觉一般的范围。

(8) 住区网络智能化指标综合评价

最大值0.3927，表明住区网络智能化总体感觉一般的范围。

(9) 住区生态化管理指标综合评价

最大值为0.3557，表明住区生态化管理总体为感觉一般的范围。

3. 回龙观文化居住区环境评价指标综合评价值计算

通过对研究区各层次指标权重计算，结合专家打分系统的确定评价等级为非常认可(5分)，比较认可(4分)，感觉一般(3分)，不认可(2分)的人数比重，得出各因素层指标对准则层的评价值，根据此评价值，运用模糊综合评价方法，计算出规模住区环境总目标综合评价值。

准则层对目标层权重矩阵为：

$A = [0.0211 \quad 0.0385 \quad 0.2244 \quad 0.1157 \quad 0.0838 \quad 0.0355 \quad 0.1729 \quad 0.0563 \quad 0.2518]$

各因素层指标对准则层的评价值矩阵为：

$$R = \begin{bmatrix} 0.1201 & 0.3445 & 0.3948 & 0.1407 \\ 0.2575 & 0.3568 & 0.3258 & 0.0600 \\ 0.1592 & 0.3180 & 0.4093 & 0.1135 \\ 0.1967 & 0.2607 & 0.3823 & 0.0853 \\ 0.1439 & 0.2093 & 0.3684 & 0.2784 \\ 0.2037 & 0.3396 & 0.3595 & 0.0974 \\ 0.1740 & 0.3221 & 0.3423 & 0.1616 \\ 0.1681 & 0.2413 & 0.3927 & 0.1978 \\ 0.1844 & 0.2934 & 0.3557 & 0.1666 \end{bmatrix}$$

$B = A * R$

$B = [0.1762 \quad 0.2953 \quad 0.3714 \quad 0.1484]$

$J = [5 \quad 4 \quad 3 \quad 2]$

评价等级：大于或等于5为非常认可，(4-5)为比较认可，(3-4)为感觉一般，(2-3)为不认可。

$$G = \frac{\sum_{i=1}^{m} b_j j_i}{\sum_{i=1}^{m} b_i} = \frac{5 \times 0.1762 + 4 \times 0.2953 + 3 \times 0.3714 + 2 \times 0.1484}{0.1762 + 0.2953 + 0.3714 + 0.1484} = 3.504 \quad (9-6)$$

环境总目标评价值 G 约为 3.504。

4. 回龙观文化居住区环境总目标综合评价结果分析

结果分析值为 3.504($3<G<4$)，可以得出回龙观文化居住区环境总目标综合评价属于感觉一般的范围。在调查中发现，对居住区生态环境比较认可的人数比例为 29.53%，感觉一般的人数比例占 37.14%，非常认可和不认可的人数比例分别占 17.62% 和 14.84%。对影响回龙观居住区环境相对权重较高的住区生态绿地系统，整体感觉一般的人数比例为 40.93%，比较认可的人数比例为 31.80%；在绿地评价中住区绿地面积非常认可和比较认可的人数比例占 62.98%，在绿化植物配置和适应居民心理需求方面，感觉一般的人数比例较高分别是 49.65% 和 51.86%，反映出经济适用房居住区在绿地营建中植物种类较少，乔木 26 种，灌木 6 种，花卉主要为灌木和小乔木 13 种，草木花卉很少，草坪草以冷季型为主，绿地管理较粗放。

在住区节能设计方面，比较认可和感觉一般的人数比例分别为 35.68% 和 32.58%，比较认可的人数比例最高。由于住区没有中水利用系统，评价值取值为 0；住区水循环系统比较认可和感觉一般的人数比例分别是 26.07% 和 38.23%。居民生活设施满意程度调查中比较认可的人数比例为 33.96%，感觉一般的人数比例为 35.95%，居民对医疗保健，文化教育设施，便民服务满意程度最低，不认可的人数比例分别是 34.49%，27.69%，22.23%。住区废弃物处理不认可人数比例较其他准则层指标较高占 27.84%，反映出居住区在资源回收利用方面还需要进一步建设与完善。

住区与周边地区沟通设施比较认可和感觉一般的人数比例较大，分别是 32.21% 和 34.23%。在物流方面和文化交流领域满意度较低，不认可的人数比例分别为 42.71% 和 58.07%。住区网络智能建设方面感觉一般的人数比例最大为 39.27%，比较认可人数比例为 24.13%。住区生态化管理方面，物业管理与社区组织制度规范化比较认可人数比例较高，分别为 36.68% 和 31.53%；住区环境保护教育指导满意程度最低，不认可人数比例为 50.48%；说明对居民环保方面引导工作有待加强。

根据对回龙观文化居住区环境总目标评价，结合问卷调查可以得出研究区在住区生态环境建设中，尤其在住区生活服务设施，住区资源循环利用方面有很大的发展空间，住区文化设施需要进一步改善。

三、典型社区人居环境评价设计分析

伴随我国城市化稳定加速发展，一方面极大地提高了居民的生活水平，人们更加青睐于健康舒适的人居环境；另一方面，快速的城市化带来了一系列日益严重的城市问题，居民的生态环境意识越来越强，对健康舒适的人居环境越来越向往，改善人居环境的愿望越来越迫切。党的二十大报告强调，坚决治理污染，让人居环境更优美，实现真正意义上的"居者有其屋"。近年来，幸福感、幸福指数在国内引起了广泛关注，专家学者对主观幸福感进行了不同程度的研究，也是人们常常提起和思考的一个话题。国外在关于幸福感影响因素的研究中，对环境质量因素的研究包括气候、噪音和空气质量。Wilson 的研究发现，高质量的自然环境能够提高幸福感；Welsch 研究不同国家的平均幸福感和平均空气污染之间存在负相关。Rehdanz 和 Maddison 研究发现环境质量和幸福感之间的显著相关。国内的幸福感研究更多关注宏观因素的影响，如经济发展水平、城乡差异，或者是个体角度如自尊和人格、生活事件、教养方式、社会支持等。本研究是北京市社区居民对社区环境的主观感受、对住房的满意程度以及主观幸福感的现状，通过自陈的社区环境量表、住房满意度量表和 Diener 编制的主观幸福感量表，利用相关的统计分析方法，探讨社区环境对主观幸福感的影响路径，得出社区环境、社区居民住房满意度和主观幸福感三者之间的关系。

（一）研究设计和数据来源

1. 假设推演

（1）社区环境对住房满意度的影响

本文假设社区环境通过影响住房满意度从而对居民幸福感产生影响。

社区景观绿化状况良好，说明社区及周边景观优美、绿化养护到位，对周边的配套设施等住房条件感到满意，对社区的绿化情况等物业服务感到满意。

H1-1：景观绿化对住房条件有正向影响。

H1-2：景观绿化对物业管理有正向影响。

社区环境安全状况良好，说明社区居民对社区的空气、噪声、车辆停放、社区车行等状况给予正面评价，对社区的地理位置、配套设施等住房条件感到满意，对社区的治安状况、车辆管理、卫生状况等物业管理情况感到满意。

H2-1：环境安全对住房条件有正向影响。

H2-2：环境安全对物业管理有正向影响。

社区周边的配套设施齐全，能够为社区居民的日常生活提供便利，居民对住房的地理位置和配套设施等住房条件感到满意，对公共设施维护等物业管理情况感到满意。

H3-1：配套设施对住房条件有正向影响。

H3-2：配套设施对物业管理有正向影响。

良好的人际关系说明社区居民友好交流频繁，一方面，社区健身娱乐设施分布合理，且物业服务企业对其维护到位；另一方面，房屋质量过硬，居民从对社区硬环境的关注转移到社区软环境，居民与物业服务企业关系良好，对物业服务感到满意，这些使社区居民愿意走出家门多交流。

H4-1：邻里关系对住房条件有正向影响

H4-2：邻里关系对物业管理有正向影响。

社区居民互动适度且有效，说明社区的健身娱乐设施分布合理，利于开展社区活动，对物业服务感到满意，社区居民愿意多参加活动，支持社区居委会或物业服务企业的工作。

H5-1：社区互动对住房条件有正向影响。

H5-2：社区互动对物业管理有正向影响。

(2)社区环境对主观幸福感的影响

社区环境能够满足人们基本的、普遍需要，如购物需要、出行需要、交往需要等，进而让人们感到幸福。本文假设主观感受的社区环境质量对主观幸福感有直接作用。

景观绿化能够满足人们对宜居的、优美的生活环境的需要，进而让人们感到幸福。

H6：景观绿化对主观幸福感有直接的正向影响。

环境安全能够满足人们对环境的安全需要、自身及家人健康状况的需要等，进而让人们感到幸福。

H7：环境安全对主观幸福感有直接的正向影响。

配套设施能够满足人们对出行、购物、上学、娱乐健身、医疗等方面的需要，进而让人们感到幸福。

H8：配套设施对主观幸福感有直接的正向影响。

邻里关系是常见的人际关系，而人际关系的好坏会直接影响主观幸福感的高低，所以邻里关系会影响主观幸福感。

H9：邻里关系对主观幸福感有直接的正向影响。

社区互动也属于人际关系的范畴，而人际关系的好坏会直接影响主观幸福感的高低，所以社区互动会影响主观幸福感。

H10：社区互动对主观幸福感有直接的正向影响。

(3)住房满意度对主观幸福感的影响

住房条件是人们对住房质量、面积、结构等方面的住房需求的一种反应，本文假设住房条件会影响主观幸福感。

H11-1：住房条件对主观幸福感有正向影响作用。

物业管理是人们对所居住小区的物业服务质量的一种主观评价，是对物业总体服务、小区卫生状况、治安状况、车辆管理等方面需求的一种反应，本文假设物业管理会影响主观幸福感。

H11-2：物业管理对主观幸福感有正向影响作用。

2. 研究设计

本次选取影响社区环境的5个重要因素：景观绿化、环境安全、配套设施、邻里关系、社区互动；影响住房满意度的2个重要因素：住房条件和物业管理，以期构建社区环境对主观幸福感的影响路径；生活满意度是影响主观幸福感的重要因素之一。潜变量景观绿化通过公共绿地、植物多样、养护得当、景观优美、休息场所进行观测；环境安全通过空气清新、没有噪声、卫生整洁、车行不扰、道路规划、车辆停放、没有积水进行观测；配套设施通过健身设施、出行方便、购物方便、看病方便、上学方便进行观测；邻里关系通过邻居交流、邻居关系、邻里信任、获得帮助进程观测；社区互动通过经常组织活动、活动适合居民、经常参加活动进行观测；住房条件通过住房地理位置、周边配套设施、住房面积、房屋质量、户型结构进行观测；物业管理通过物业综合服务、治安状况、卫生状况、公共设施维护情况、车辆管理情况进行观测；主观幸福感通过生活接近理想、生活条件好、感到生活满意、得到重要东西、肯定今后生活进行观测。

3. 数据来源

本次选取北京市城六区的10个社区的社区居民为调查对象，主要采取现场讲解指导、社区居民现场填写并现场回收的方式填答问卷，共发放500份问卷并全部回收，剔除不合格的问卷后，回收有效问卷为457份，问卷有效率为91.40%。调查样本基本情况为①性别：男204人，女253人。②年龄：18~24岁31人，25~34岁144人，35~44岁109人，45~54岁66人，55岁及以上107人。③婚姻状况：已婚375人，未婚68人，其他14人。④受教育程度：初中及以下61人，高中(含中专、职高73人，大专78人，本科162人，研究生及以上83。⑤职业：公务员12人，企业人员120人，事业单位人员101，务工人员30人，自由职业者48人，学生7人，无业16人，离退休97人，其他26人。⑥个人月收入：1500元以下40人，1501~3000元93人，3001~4500元118人，4501~6000元85人，6000元以上121人。⑦居住时间：1年以下52人，1~3年80人，3~5年150人，5年及以上175人。

(二)数据分析和讨论

1. 信度检验

为了确保数据的有效性，本文对数据进行了信度、效度检验。采用SPSS18.0进行信度分析，各分量表及总量表的信度分析结果见表9-7所列，3个分量表的基于标准项的Cronbach's α系数在0.877~0.935之间，均大于0.8，因此量表具有较好的可靠性。整体量表的基于标准项的Cronbach's α系数为0.957，大于0.9，通过信度检验，说明本文的整体量表的信度是可靠的。

表9-7 量表的可靠性统计量

量表	Cronbach's α	基于标准项的Cronbach's α	项目数
社区环境	0.935	0.935	24
住房满意度	0.907	0.907	10
主观幸福感	0.873	0.877	5
整体	0.956	0.957	39

在SPSS中，通常用KMO(取样适当性量数)和Bartlett检验来测量量表的信度。KMO是用来比较变量间相关系数的大小的。如果KMO接近1，则相关性很强，表示适合做因子分子；如果KMO低于最小可接受值0.5，则表示不适合做因子分子。本文采用探索性因子分析方法来验证，应用Bartlett球形检验，并观测KMO值，结果见表9-8所列，3个分量表及总体量表在0.85~0.95之间，通过了巴特利特球形检验($p<0.000$)。

表9-8 KMO测度和巴特利特球形检验结果

项目		检验值			
		社区环境	住房满意度	主观幸福感	整体
Kaiser-Meyer-Olkin的抽样适当性检验值		0.922	0.905	0.859	0.943
巴特利特球形检验	近似卡方	6581.971	2668.010	1131.841	11 612.526
	自由度	276	45	10	741
	显著性水平	0.000	0.000	0.000	0.000

2. 效度检验

效度分析包含收敛效度检验和区别效度检验。收敛效度检验是指同一潜变量不同条目间的相关程度，可以通过考察因子载荷的显著性和潜变量的平均提炼方差（Average Variance Extracted，AVE）这两项指标进行判断。利用 Amos20.0 计算社区环境、住房满意度、主观幸福感量表各变量的因子载荷，进而对各潜变量的平均提炼方差进行检验所有变量的标准因子载荷均大于最低接受值 0.5，说明可以较好地反映各个变量；组合信度（Composite reliability，CR）大于临界值 0.7；除了配套设施各指标的 AVE 值（0.462）稍微低于 0.5，其他各潜变量的 AVE 值均大于最低接受值 0.5，检验结果表明各分量表的收敛效度较好。

除上述的收敛效度外，研究中的各个潜变量还应表现出较高的区别效度。区别效度检验是用以检验一个构念与另一构念的差异程度。根据 Fornell 和 Larcker（1981）的研究结论，各个构念 AVE 的平方根应大于该构念与其他构念的相关系数，也就是说，各个构念之间存在着内涵和实证方面的差异。用 SPSS18.0 计算出社区环境、住房满意度量表各潜变量的相关系数，整理后见表9-9、表9-10 所列。计算结果表明，对角线上的数字大于对角线下该潜变量与其他潜变量的相关系数，从而景观绿化、环境安全、配套设施、邻里关系、社区互动之间存在本质差异，住房条件和物业管理之间存在本质差异。另外，各个潜变量之间的相关系数均低于 0.80，说明各变量间的相关水平是合宜的。以上结果表明测量模型的区别效度得到支持。

表 9-9 社区环境量表的相关系数矩阵与平均提炼方差（AVE）的平方根

潜变量	景观绿化	环境安全	配套设施	邻里关系	社区互动
景观绿化	0.817				
环境安全	0.711**	0.709			
配套设施	0.458**	0.519**	0.680		
邻里关系	0.496**	0.499**	0.468**	0.787	
社区互动	0.450**	0.476**	0.426**	0.561**	0.819
AVE	0.667	0.503	0.462	0.619	0.671

注：* 表示 $P<0.05$，** 表示 $P<0.01$；对角线上的数字为 AVE 的平方根，对角线下方是各潜变量的相关系数。

表 9-10 住房满意度量表的相关系数矩阵与平均提炼方差（AVE）的平方根

潜变量	住房条件	物业管理
住房条件	0.728	
物业管理	0.613**	0.777
AVE	0.530	0.604

注：* 表示 $P<0.05$，** 表示 $P<0.01$；对角线上的数字为 AVE 的平方根，对角线下方是各潜变量的相关系数。

（三）路径分析

1. 模型的检验

根据本文提出问题和研究假设，本文利用 Amos20.0 软件进行路径分析，以探讨社区环境对主观幸福感的影响机理，探索社区环境、住房满意度和主观幸福感之间的关系。各路径的路径系数及显著性结果见表9-11 所列。

表 9-11 模型的路径系数及显著性

编号	假设路径	标准化路径系数	显著性
H1-1	景观绿化→住房条件	0.216	***
H1-2	景观绿化→物业管理	0.320	***
H2-1	环境安全→住房条件	0.231	***
H2-2	环境安全→物业管理	0.486	***
H3-1	配套设施→住房条件	0.292	***
H3-2	配套设施→物业管理	0.086	*
H4-1	邻里关系→住房条件	0.196	***
H4-2	邻里关系→物业管理	0.055	不显著
H5-1	社区互动→住房条件	0.180	***
H5-2	社区互动→物业管理	0.122	**
H6	景观绿化→主观幸福感	0.088	*
H7	环境安全→主观幸福感	0.109	**
H8	配套设施→主观幸福感	0.085	*
H9	邻里关系→主观幸福感	0.245	***
H10	社区互动→主观幸福感	0.142	***
H11-1	住房条件→主观幸福感	0.389	***
H11-2	物业管理→主观幸福感	0.206	***

说明：测量结果中，用 P 值来判断路径系数是否显著。当 P 处于 0~0.001 范围内，则路径系数显著性很高，记***；P 处于 0.0010~0.01 范围内，则路径系数显著性较高，记**；P 处于 0.010~0.05 范围内，则路径系数显著性较弱，记*；P 大于 0.01，则路径系数不计。

根据表 9-11 的结果，景观绿化对住房条件、物业管理的标准化路径系数分别是 0.216 和 0.320，说明景观绿化对住房满意度存在正向的显著影响，对物业管理的影响略高于住房条件。环境安全对住房条件、物业管理的标准化路径系数分别是 0.231 和 0.486，说明环境安全对住房满意度存在正向的显著影响，对物业管理的影响略高于住房条件。配套设施对住房条件、物业管理的标准化路径系数分别是 0.292 和 0.086，对住房条件、物业管理的正向影响递减，对物业管理的影响较弱。邻里关系对住房条件、物业管理的标准化路径系数分别是 0.196 和 0.055，对住房条件存在正向的显著影响，对物业管理的影响不显著。社区互动对住房条件、物业管理的标准化路径系数分别是 0.180 和 0.122，对住房条件、物业管理的正向影响递减，对住房条件的影响显著，对物业管理的影响比较显著。景观绿化对主观幸福感的标准路径系数是 0.088，影响较弱。环境安全对主观幸福感的标准路径系数是 0.109，影响比较显著。配套设施对主观幸福感的标准路径系数是 0.085，影响较弱。邻里关系对主观幸福感的标准路径系数是 0.245，影响显著。社区互动对主观幸福感的标准路径系数是 0.142，影响显著。住房条件对主观幸福感的标准路径系数是 0.389，影响显著；物业管理对幸福感的标准路径系数是 0.206，影响显著，说明住房满意度对主观幸福感存在显著的正向影响。

2. 模型的修正

根据表9-11的结果，剔除不显著的影响因素，修正关系模型，重新进行验证，最终得到社区环境、住房满意度和主观幸福感之间的作用路径和影响程度，如图9-3所示。这12条路径系数的显著性检验均达到0.05的显著水平。

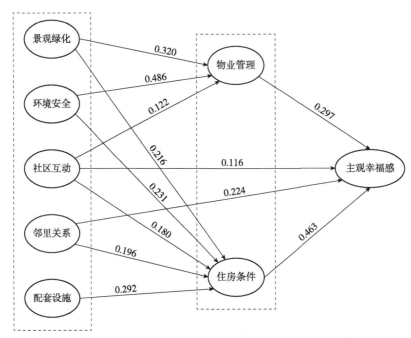

图9-3 社区环境、住房满意度、主观幸福感三者之间的关系

（四）评价结果分析

1. 假设检验结果

根据图9-3，在本文17个假设中，有5个假设检验不通过，有12个假设检验通过，假设检验结果见表9-12所列。

表9-12 假设检验结果

编号	研究假设	假设检验结果
H1-1	景观绿化对住房条件有正向影响	支持
H1-2	景观绿化对物业管理有正向影响	支持
H2-1	环境安全对住房条件有正向影响	支持
H2-2	环境安全对物业管理有正向影响	支持
H3-1	配套设施对住房条件有正向影响	支持
H3-2	配套设施对物业管理有正向影响	不支持
H4-1	邻里关系对住房条件有正向影响	支持
H4-2	邻里关系对物业管理有正向影响	不支持
H5-1	社区互动对住房条件有正向影响	支持
H5-2	社区互动对物业管理有正向影响	支持

(续)

编号	研究假设	假设检验结果
H6	景观绿化对主观幸福感有直接的正向影响	不支持
H7	环境安全对主观幸福感有直接的正向影响	不支持
H8	配套设施对主观幸福感有直接的正向影响	不支持
H9	邻里关系对主观幸福感有直接的正向影响	支持
H10	社区互动对主观幸福感有直接的正向影响	支持
H11-1	住房条件对主观幸福感有正向影响	支持
H11-2	物业管理对主观幸福感有正向影响	支持

2. 讨论

由图9-3可知，在直接影响住房条件的5个社区环境因素中，配套设施的影响最大（路径系数是0.292），其次是环境安全和景观绿化（路径系数分别是0.231和0.216）的影响程度相当，排在后面的是邻里关系和社区互动（路径系数分别是0.196和0.180），这结果符合居住需求理论，满足了生活环境需求（配套设施、环境安全）、生态环境需求（景观绿化）和心理需求（邻里关系、社区互动），从而影响住房满意度。居民在购房时，先考虑社区的地理位置和周边的配套设施是否便于出行、购物、健身和娱乐等，然后考虑社区内部的规划是否合理，社区治安状况如何，小区景观绿化情况等，最后考虑社区文化氛围、社区和谐状况等，谁都不希望生活在一个充满争吵和邻里冲突的社区。

在直接影响物业管理的3个社区环境因素中，影响程度从大到小依次是环境安全（0.486）、景观绿化（0.320）和社区互动（0.122）。社区的秩序维护、安全状况、卫生整洁离不开物业服务企业的保安保洁，社区的景观绿化需要园林工人的修剪和养护，举办社区活动需要物业服务企业牵头组织等，所以这3个因素在不同程度上决定了物业服务企业的服务水平，从而影响住房满意度。

在直接影响主观幸福感的4个因素中，住房满意度的两个维度（物业管理和住房条件）都对主观幸福感产生显著影响，这结果也符合前人的研究，即某个具体的生活领域会影响人们的主观幸福感，其中住房条件的影响程度（0.463）高于物业管理的影响程度（0.297），因为住房条件更能体现住房作为家庭的最大财富，从而影响家庭成员的主观幸福感；社区环境中，仅有社区互动和邻里关系这两个因素对主观幸福感产生显著影响，这两个维度属于人际关系的范畴，也符合前人对主观幸福感影响因素的研究，其中邻里关系的影响程度（0.224）略高于社区互动的影响程度（0.116），因为邻里关系良好，彼此比较熟悉，才会乐意一起参加社区活动。本文的研究结果支持自下而上模型，即主观幸福感受社区环境的影响。

社区环境中的景观绿化、环境安全通过住房满意度中的住房条件和物业管理对主观幸福感产生显著影响，住房满意度起到了中介作用，这是因为景观绿化、环境安全状况与前期的住房选址、规划和后期的物业管理息息相关，居民认为社区景观优美、卫生状况良好，对住房感到满意，进而感到幸福感；社区环境中的社区互动直接对主观幸福感产生显著影响，并且通过住房满意度中的物业管理和住房条件对主观幸福感产生显著影响，住房满意度起到了中介作用，这是因为社区内有足够的场地和设施举办丰富多彩的活动，社区居民积极参与，通过活动可以增进社区居民的了解，改善邻里关系，对物业服务企业提供的服务感到满意，对住房条件感到满意，自然而然觉得自己目前的生活条件是不错的，主观幸福感相应地提高；社区环境中的邻里关系直接对主观幸福感有正向影响，并且在住房满意度中的住房条件因素的中介作用下，间接地对主观幸福感产生显著影响，这是因为，一方面社区居民的邻里关系良好，社区和谐，居民的社交需要得到了满足，人际关系会影响主观幸福感，而邻里关系属于人际关系的一种，所以邻里关系对主观幸福感有直接作用；另一方面，住房条件的改善，使得社区居民从对房子的关注转移到了对周围环境和人的关注，愿意走出来和邻居交流，所以，邻里关系通过住房条件间接影响居民主观幸福感；在住房满意度中的住房条件的中介作用下，社区环境中的配套设施因素对主观幸福感产生间接的显著影响，如出行方便、购物方便，说明住房的地理位置处在交通比较便利的地方，周围的配套设施比较完善，对住房感到满意，觉得自己的生活条件得到了改善，进而提升主观幸福感。根据上述分析，社区环境部分因素直接对主观幸福感产生显著影响，并且通过住房满意度对主观幸福感产生显著影响，然而部分因素只通过住房满意度对主观幸福感产生显著影响。

3. 结论

在直接影响住房条件的 5 个社区环境因素中，影响程度从大到小依次是配套设施（0.292）、环境安全（0.231）、景观绿化（0.216）、邻里关系（0.196）、社区互动（0.180）。在直接影响物业管理的 3 个社区环境因素中，影响程度从大到小依次是环境安全（0.486）、景观绿化（0.320）和社区互动（0.122）。在直接影响主观幸福感的 4 个因素中，住房条件的影响程度（0.463）高于物业管理（0.297），邻里关系的影响程度（0.224）高于社区互动（0.116）。

社区环境在一定程度上通过住房满意度对主观幸福感产生显著影响，这三者的路径分析如下：第一，社区环境中景观绿化、环境安全通过住房满意度中的住房条件和物业管理对主观幸福感产生显著影响，住房满意度起到中介作用。第二，社区环境中的社区互动直接对主观幸福感产生显著影响，并且通过住房满意度中的物业管理和住房条件对主观幸福感产生显著影响，住房满意度起到了中介作用。第三，社区环境中的邻里关系直接对主观幸福感有正向影响，并通过住房满意度中的住房条件对主观幸福感产生间接的显著正向影响，住房条件起到了中介作用。第四，社区环境中的配套设施通过住房满意度的住房条件对主观幸福感产生间接的显著正向影响，住房条件起到了中介作用。经过样本数据的分析和关系模型修正，最终得到了三者的作用路径。

思考题

一、名词解释
人居环境　规模住区　人居环境质量评价

二、填空题
1. 联合国设立的_____，是全球人居领域最高规格的奖项，每年评比一次，由联合国人居中心负责。

2. 目前，国际人居环境奖的类型有_____、_____、_____、_____。

3. 清华大学_____教授是我国人居环境的开山鼻祖，首次，提出建立我国人居环境科学，并对包括城市在内的各个层次人居环境进行了全面的综合性研究。

三、综合分析题

1. 简述人居环境质量评价的理论依据。
2. 简述人居环境科学的理论框架。
3. 建立人居环境系统指标体系应遵循的基本原则。
4. 简述人居环境质量评价的评价方法。
5. 在评价因素的选择上，城镇住区人居环境评估指标体系遵循的原则。

参考文献

杨士弘,2003. 城市生态环境学[M]. 北京:科学出版社.
理查德·瑞吉斯特,2002. 生态城市——建设与自然平衡的人居环境[M]. 北京:社会科学文献出版社.
宁艳杰,2013. 物业管理环境[M]. 北京:中国林业出版社.
张天琪,2018. 物业管理环境[M]. 北京:中国人民大学出版社.
朱曙东,2007. 人居环境——向理想进攻[M]. 广州:广东经济出版社.
陈秉钊,2003. 可持续发展中国人居环境[M]. 北京:科学出版社.
郑芷青,宋建阳,2005. 物业环境管理[M]. 广州:华南理工大学出版社.
戴璐,2004. 物业环境管理[M]. 武汉:华中科技大学出版社.
邢占军,2002. 测量幸福——主观幸福感测量研究[M]. 上海:华东师范大学出版社.
张勇,1999. 环境科学思想史[J]. 环境导报(3):7-9.
宁艳杰,蒋盛兰,王巍,2018. 基于广义虚拟经济视角的生态社区居民环境心理需求研究[J]. 广义虚拟经济研究(1):30-38.
段景辉,陈建宝,2009. 中国城乡居民生活满意度的统计调查分析[J]. 统计与信息论坛,24(4):79-84.
曹大宇,2011. 环境质量与居民生活满意度的实证分析[J]. 统计与决策(21):84-87.
李佳,2012. 城市生态化水平与居民幸福感关联度研究[D]. 天津:天津理工大学.
訾非,杨智辉,张帆,等,2012. 中国10城市环境满意度和生活满意度调查报告[J]. 北京林业大学学报(社会科学版),11(4):1-7.
阮敬,2014. 北京市城镇居民社会经济生活满意状况的实证分析[J]. 统计与决策(7):87-90.
严华鸣,施建刚,2014. 大城市郊区居民生活舒适状况调查——以上海市为例[J]. 城市问题(8):90-94.
龚益鸣,2003. 现代质量管理学[M]. 北京:清华大学出版社.
苏宝炜,李薇薇,1996. 物业管理企业建立和实施ISO 14001:2004环境管理体系应用实例[M]. 北京:机械工业出版社.
马林聪,田武,周立勋,等,2001. 质量、环境兼容管理体系[M]. 北京:中国标准出版社.
清华大学建筑设计研究院,2002. 住区-地产策划[M]. 北京:中国建筑工业出版社.
陈叶秀,宁艳杰,2015. 社区环境对居民主观幸福感的影响[J]. 城市问题(5):60-65.
李涛,史宇鹏,陈斌开,2011. 住房与幸福:幸福经济学视角下的中国城镇居民住房问题[J]. 经济研究(9):69-82,160.
尚金城,2005. 环境规划与管理[M]. 北京:科学出版社.
李敏,1999. 城市绿地系统与人居环境规划[M]. 北京:中国建筑工业出版社.
孙伟增,郑思齐,2013. 住房与幸福感:从住房价值、产权类型和入市时间视角的分析[J]. 经济问题探索(3):1-9.
林江,周少君,魏万青,2012. 城市房价、住房产权与主观幸福感[J]. 财贸经济(5):114-120.
毛小平,2013. 住房产权、社会和谐与居民幸福感研究[J]. 统计与决策(3):88-91.
夏波,2014. 房屋产权、房价与城镇居民幸福感——基于CGSS(2005)和CEIC(2005)的实证分析[D]. 成都:西南财经大学.
高红莉,张东,许传新,2014. 住房与城市居民主观幸福实证研究[J]. 调研世界(11):18-24.

韩璨璨, 2011. 城市中低收入居民的住房环境、住房满意度与主观幸福感的关系研究[D]. 长沙: 湖南师范大学.

刘常海, 张明顺, 1998. 环境管理[M]. 北京: 中国环境科学出版社.

李镜, 吴桂玲, 2005. ISO 14000 环境管理体系要求解析与应用[M]. 北京: 中国标准出版社.

王建香, 王建萍, 2001. 环境因素在物业管理中的作用[J]. 电力学报(4): 274-276.

刘亚军, 2007. 论物业管理过程中的环境问题与环境保护[J]. 住宅与房地产(7): 48-50.

张勇, 1999. 环境科学思想史[J]. 环境导报(3): 7-9.

赵为民, 2007. 论物业环境建设对现代物业管理的影响[J]. 科技创新导报(32): 185.

李薇薇, 苏宝炜, 2007. 物业应走出环境管理误区[J]. 北京房地产(3): 48-50.

董晓峰, 侯典安, 2007. 2007 人居环境年报[R]. 兰州: 兰州大学出版社. 10-12.

侯爱敏, 袁中金, 居易, 2003. 城市人居环境建设的发展趋势[J]. 苏州科技学院学报(2).

住宅建筑规范编制组, 2006. 住宅建筑规范实施指南[M]. 北京: 中国建筑工业出版社.

建筑艺术工作室, 2001. 住宅小区环境设计[M]. 北京: 中国水利水电出版社.

日本集合住宅区研究会, 2005. 最新住区设计[M]. 北京: 中国建筑工业出版社.

格拉罕, 陶尔, 2007. 城市住宅设计[M]. 江苏: 江苏科学技术出版社.

桂振华, 2000. 浅论在物业管理企业中推行 ISO 14000[J]. 中国环境管理(1): 24-25.

周林, 2000. 物业管理国际标准与质量认证[M]. 南京: 东南大学出版社.

苏宝炜, 李薇薇, 2006. 关注身边居住环境, 倡导物管健康服务[J]. 现代物业(28).

王家德, 陈建孟, 2005. 当代环境管理体系建构[M]. 北京: 中国环境科学出版社.

张作祥, 2011. 物业管理实务[M]. 北京: 清华大学出版社.

张智, 2003. 居住区环境质量评价方法及管理系统研究[D]. 北京: 中国人民大学.

田刚, 2002. 环境影响评价典型实例[M]. 北京: 化学工业出版社.

张桂芳, 梅楚涵, 宁艳杰, 2012. 北京高校人居环境质量及其影响因素的实证研究[J]. 中国人口资源与环境(S1): 73-77.

许毅, 胡少华, 2005. 精神卫生: 我国公共卫生事业面临的严峻挑战[J]. 中华预防医学杂志, 39(4): 228.

钟文娟, 2008. 基于社区精神卫生服务的社区居民心理预警模型的研究[D]. 武汉: 华中科技大学.

王萌, 2000. 居住区环境设计与居民的心理健康浅析[J]. 江苏林业科技(9): 125-126.

赵清, 2013. 生态社区理论研究综述[J]. 生态经济(7): 29-32.

李王鸣, 叶信岳, 孙于, 1999. 城市人居环境评价——以杭州市为例[J]. 经济地理(2): 38-43.

宁艳杰, 陈叶秀, 贾薇, 2019, 广义虚拟经济下社区环境对居民主观幸福感的影响研究[J]. 广义虚拟经济研究(3): 24-33.

Welsch H, 2006. Environment and happiness: valuation of air pollution using life satisfaction data[J]. Ecological Economics, 64: 801-813.

Rehdanz K, Maddison D, 2008. Local environmental quality and life-satisfaction in Germany[J]. Ecological Economics, 64: 787-797.

McCullough L B, Wilson N L, Teasdale T A, et al., 1993. R. Mapping personal, familial, and professional values in long-term care decisions[J]. The Gerontologist, 33(3): 324-332.

Ferrer-i-Carbonell A, Gowdy J M, 2005. Environmental degradation and happiness[J]. Ecological Economics, 60(3): 509-516.

Honold J, Beyer R, Lakes, T, et al., 2012. Multiple environmental burdens and neighborhood-related health of city residents[J]. Journal of Environmental Psychology, 32(4): 305-317.

van Praag, Baarsma, 2005. Using happiness surveys to value intangibles: The case of airport noise[J]. Economic Journal, 115(500): 224-246.

附 录

中国人居环境奖申报与评选管理办法

为进一步加强对人居环境建设工作的指导，规范中国人居环境奖的申报与评选管理，制定本办法。

一、总则

（一）本办法适用于中国人居环境奖的申报、评选、动态管理及复查等工作。

中国人居环境奖包括中国人居环境奖（综合）、中国人居环境奖（范例）两类。"中国人居环境奖（综合）"授予在改善人居环境方面取得突出成就的城市（含直辖市的区）。"中国人居环境奖（范例）"授予在改善人居环境相关领域具有重要示范价值的项目。

（二）中国人居环境奖申报评选管理遵循自愿申报、分类评选、动态管理和复查的原则。

（三）住房和城乡建设部负责中国人居环境奖申报评选管理工作。

二、申报主体

中国人居环境奖（综合）的申报主体是城市（含直辖市的区）人民政府。

中国人居环境奖（范例）的申报主体是城市（含直辖市的区）和县人民政府。

三、评选区域范围

中国人居环境奖（综合）评选区域范围为城市建成区。

中国人居环境奖（范例）评选区域范围为城市（县城、镇）建成区或者村庄。

四、申报条件

申报城市（县）近 2 年内（申报当年及前一年自然年内，下同）未发生重大安全、污染、破坏生态环境、破坏历史文化资源等事件，未发生严重违背城市发展规律的破坏性"建设"行为，未被省级以上人民政府或住房和城乡建设主管部门通报批评，且符合下列要求。

（一）中国人居环境奖（综合）

1. 符合《中国人居环境奖评选标准》（附件 1）要求。
2. 获得国家园林城市、国家节水型城市、全国无障碍建设城市命名。
3. 编制人居环境相关规划并组织实施。
4. 已经建立较为完整的城市基础设施档案。
5. 已建设城市运行管理服务平台。
6. 已获中国人居环境奖（范例）的，在申报中国人居环境奖（综合）时，可予特色加分，同等条件下优先考虑。

（二）中国人居环境奖（范例）

1. 在生态宜居、健康舒适、安全韧性、交通便捷、风貌特色、整洁有序、多元包容、创新活力和宜居乡村等方面具有重要示范价值的人居环境建设项目（详见附件 2）。

2. 已获国家园林城市、国家节水型城市、无障碍建设城市、历史文化名城名镇名村等相关奖项的示范项目，同等条件下优先考虑。

五、申报程序和评选时间

（一）中国人居环境奖评选每 2 年开展一次，偶数年为申报年，奇数年为评选年。

（二）申报中国人居环境奖（综合），申报主体为省（自治区）所辖城市人民政府的，城市人民政府应组织相关部门，对照《中国人居环境奖评选标准》进行自评，自评达标后向省（自治区）住房和城乡建设主管部门提出申请。省（自治区）住房和城乡建设主管部门进行初审，提出初审意见，对初审总分达到80分（含）以上的，由省（自治区）住房和城乡建设主管部门于申报年的12月31日前将申报材料报送住房和城乡建设部。申报主体为直辖市的区人民政府的，由市级住房和城乡建设主管部门负责进行初审，并于申报年的12月31日前将达到要求的区人民政府申报材料报送住房和城乡建设部。直辖市作为申报主体的，自评达标后由直辖市人民政府于申报年的12月31日前将申报材料报送住房和城乡建设部。

（三）申报中国人居环境奖（范例），申报主体为省（自治区）所辖城市（县）人民政府的，市（县）人民政府应对照评选主题认真研究，充分挖掘城乡规划建设管理、历史文化保护等方面促进城乡人居环境改善的好项目、好案例，并向省（自治区）住房和城乡建设主管部门提出申请；省（自治区）住房和城乡建设部门应立足城乡规划建设管理各环节、各行业，会同相关部门进行初审，择优推荐，原则上，每个类别可以推荐1项，由省（自治区）住房和城乡建设主管部门于申报年的12月31日前将申报材料报送住房和城乡建设部。申报主体为直辖市的区人民政府的，由项目所属行业的市级行业主管部门负责进行初审，涉及多个行业的项目由市级住房和城乡建设主管部门会同相关部门负责进行初审，初审部门要综合考虑，择优推荐，原则上，每个部门就同一类别限推1项，并于申报年的12月31日前将申报材料报送住房和城乡建设部。

（四）住房和城乡建设部受理省级住房和城乡建设主管部门和直辖市人民政府报送的申报材料，并于评选年的12月31日前完成评选工作。

六、申报材料

通过省级初审的申报主体，采用线上线下相结合的方式提交申报材料。申报材料要真实准确、简明扼要，各项指标支撑材料的出处及统计口径明确，有关资料和表格填写规范。

（一）中国人居环境奖（综合）

1. 城市概况，包括评选区域范围示意地图。
2. 创建工作组织与实施方案、创建工作总结、申报内容介绍（3000字左右）。
3. 体现申报基本条件要求的资料。
4. 城市自体检报告（应包括中国人居环境奖评选标准各项指标）。
5. 中国人居环境奖自评结果及有关依据资料。
6. 创建工作影像（5分钟内）或图片资料。
7. 其他能够体现所申报奖项工作成效和特色的资料。
8. 不少于4个能够体现本地人居环境特色的示范项目，项目应分属于生态宜居、健康舒适、安全韧性、交通便捷、风貌特色、整洁有序、多元包容、创新活力等8个类别中的不同类别。

（二）中国人居环境奖（范例）

1. 项目概况，包括所申报奖项创建及评选区域范围示意地图。
2. 创建工作组织与实施方案、创建工作总结、申报内容介绍（3000字左右）。
3. 体现申报基本条件要求的资料。
4. 创建工作影像资料（5分钟内）或图片资料。
5. 其他能够体现所申报奖项工作成效和特色的资料。

七、评选组织管理

（一）住房和城乡建设部负责组建评选专家组（以下简称专家组），其成员从住房和城乡建设部城市奖项评选专家委员会中选取。专家组负责申报材料预审、现场考评及综合评议等具体工作。

参与申报地方所在省、自治区、直辖市组织的省级初审工作，或为申报地方提供技术指导的专家，原则上不得参与住房和城乡建设部组织的对该申报地方的评选工作。

（二）申报主体在申报材料或评选过程中有弄虚作假行为的，取消当年申报资格。

八、评选程序

（一）申报材料预审

专家组负责申报材料预审，形成预审意见。

（二）第三方评价

住房和城乡建设部组织第三方机构，结合城市体检，对人居环境建设情况进行第三方评价。第三方评价结果作为评选的重要参考。

（三）社会满意度调查

住房和城乡建设部组织第三方机构，了解当地居民对申报城市人居环境建设工作的满意度。社会满意度调查结果作为评选的重要参考。

（四）现场考评

根据预审意见、第三方评价和社会满意度调查结果，由专家组提出中国人居环境奖（综合和范例）现场考评建议名单，报住房和城乡建设部审核。对通过审核的申报主体，由专家组进行现场考评。申报主体至少应在专家组抵达前两天，在当地不少于两个主要媒体上向社会公布专家组工作时间、联系电话等相关信息，便于评选组听取各方面的意见、建议，并接受当地居民报名参与现场考评。现场考评主要程序如下：

1. 听取申报主体的创建工作汇报。
2. 查阅申报材料及有关的原始资料。
3. 现场随机抽查与所申报奖项有关的人居环境示范项目的建设和工作措施落实情况，其中申报中国人居环境奖（综合奖）的示范项目必查。
4. 当地居民参与现场考评，并将其意见作为现场考评意见的重要参考。
5. 专家组成员在独立提出评选意见和评分结果的基础上，经集体讨论，形成现场考评意见。
6. 专家组就现场考评中发现的问题及建议进行现场反馈。
7. 专家组将现场考评意见书面报住房和城乡建设部。

（五）综合评议

住房和城乡建设部组织综合评议，并形成综合评议意见，评议确定中国人居环境奖建议名单。

（六）公示及命名

综合评议通过的公示名单在住房和城乡建设部门户网站进行公示，公示期为10个工作日。公示无异议的，由住房和城乡建设部正式命名。

九、动态管理及复查工作

中国人居环境奖（综合）命名有效期为5年。

（一）获中国人居环境奖（综合）城市人民政府应于有效期满前一年向省级住房和城乡建设主管部门提出复查申请，并提交自评报告。未申请复查的，称号不再保留。复查按照现行的评选办法和评选标准开展。

（二）省级住房和城乡建设主管部门于有效期满前半年完成对本行政区域内的获中国人居环境奖（综合）城市复查，并将复查报告（附电子版）报送住房和城乡建设部。获中国人居环境奖（综合）直辖市人民政府于有效期满前半年将复查材料报送住房和城乡建设部。

（三）住房和城乡建设部受理省级（含直辖市）复查材料，于有效期满前组织完成对复查材料的抽查，视情况直接组织对地方进行复查。复查程序参照评选程序。

（四）复查通过的城市，继续保留其获奖称号；未通过复查且在一年内整改不到位的，撤销其获奖称号。保留称号期间发生重大安全、污染、破坏生态环境、破坏历史文化资源等事件，发生严重违背城市发展规律的破坏性"建设"行为的，给予警告直至撤销获奖称号。被撤销中国人居环境奖的城市，不得参加下一申报年度申报评选。发现省级住房和城乡建设主管部门复查过程中存在弄虚作假行为的，暂停受理该省（自治区、直辖市）下一申报年度中国人居环境奖申报。

（五）建立"中国人居环境奖"预备名单制度。各省级住房和城乡建设主管部门可将当地准备申报中国人居环境奖(综合)的城市和中国人居环境奖(范例)的项目，报住房和城乡建设部备案，作为预备目录清单。住房和城乡建设部将加强指导，提高申报的质量和示范性。申报中国人居环境奖优先从预备目录清单中推选。

十、附则

（一）本办法由住房和城乡建设部负责解释。

（二）《住房城乡建设部关于印发中国人居环境奖评价指标体系和中国人居环境范例奖评选主题的通知》(建城〔2016〕92号)同时废止。

附件：1. 中国人居环境奖评选标准
   2. 中国人居环境奖(范例)评选主题及内容
   3. 相关网站

附件1 中国人居环境奖评选标准

序号	目标	指标	指标释义	指标类型	具体要求	评分标准
1	一、生态宜居	区域开发强度（%）	市辖区建成区面积占市辖区总面积的百分比	导向指标	超、特大城市≤30%；其他城市≤20%	2分 每超1%，扣0.1分，扣完为止
2		人口密度（万人/km²）	人口密度是指市辖区建成区内每平方公里的人口数量	导向指标	≤1.5万人/km²	2分 每超0.1万人/km²，扣0.1分，扣完为止
3		新建住宅建筑高度不超过80m的占比（%）	当年市辖区建成区内新建住宅建筑中高度不超过80m的住宅建筑占新建住宅物屋面面层到室外地坪的高度	底线指标	100%	4分 达到标准得4分，达不到0分
4		单位国内生产总值二氧化碳排放强度下降比例（%）	当年城市单位国内生产总值二氧化碳排放量最近三年年均降速	导向指标	年降速≥3.6%	4分 达到标准得4分，每低0.1%，扣0.2分，扣完为止
5		城市环境噪声达标区覆盖率（%）	市辖区建成区内环境噪声达标区面积，占建成区总面积的百分比	导向指标	100%	2分 每低1%，扣0.1分，扣完为止
6		新建建筑中绿色建筑占比（%）	市辖区建成区内按照绿色建筑相关标准当年新建的建筑面积，占全部新建建筑总面积的百分比	导向指标	100%	2分 每低1%，扣0.02分，扣完为止

(续)

序号	目标	指标	指标释义	指标类型	具体要求	评分标准
7	一、生态宜居	城市绿道服务半径覆盖率(%)	城市绿道1km半径（步行15分钟或骑行5分钟）覆盖的市辖区建成区居住用地面积，占市辖区建成区总居住用地面积的百分比	导向指标	≥70%	2分 每低1%，扣0.04分，扣完为止
8		城市公园绿化活动场地服务半径覆盖率(%)	公园绿化活动场地服务半径覆盖的居住用地面积(km²)占居住用地总面积(km²)的百分比。（5000m²及以上公园绿化活动场地按500m服务半径测算；400~5000m²的公园绿化活动场地按300m服务半径测算）	导向指标	≥90%	3分 每低1%，扣0.04分，扣完为止
9		空气质量优良天数比率(%)	全年环境空气质量优良天数占全年总天数的百分比	底线指标	≥87.5%	4分 达到标准得4分，达不到标准得0分
10		地表水达到或好于Ⅲ类水体比例(%)	市辖区建成区内纳入国家、省、市地表水考核断面中，达到或好于Ⅲ类水环境质量的断面数量，占考核断面数量的百分比	底线指标	≥85%	4分 达到标准得4分，达不到标准得0分
11		城市生活垃圾资源化利用率(%)	市辖区建成区内城市生活垃圾中物质回收利用和能源转化利用的总量占生活垃圾产生总量的百分比	导向指标	≥60%	2分 每低1%，扣0.03分，扣完为止

(续)

序号	目标	指标	指标释义	指标类型	具体要求	评分标准
12		新建住宅建筑密度(%)	市辖区建成区内新建住宅建筑基底面积与所在居住用地面积的比例	底线指标	≤30%	4分 达到标准得4分,达不到得0分
13		完整居住社区覆盖率(%)	市辖区建成区内达到《完整居住社区建设标准(试行)》的居住社区数量,占居住社区总数的百分比	导向指标	≥50%	2分 每低1%,扣0.04分,扣完为止
14		社区便民商业服务设施覆盖率(%)	市辖区建成区内15分钟步行距离内有便民超市、便利店、快递点等公共服务设施的社区数占建成区社区总数的百分比	导向指标	≥60%	2分 每低1%,扣0.03分,扣完为止
15	二、健康舒适	社区老年服务站覆盖率(%)	市辖区建成区内建有社区老年服务站的社区数,占社区总数的百分比	导向指标	≥50%	2分 每低1%,扣0.04分,扣完为止
16		普惠性幼儿园覆盖率(%)	市辖区建成区内公办幼儿园提供学位数和普惠性民办幼儿园在园幼儿数,占在园幼儿总数的百分比	导向指标	≥80%	2分 每低1%,扣0.03分,扣完为止
17		社区卫生服务中心门诊分担率(%)	市辖区建成区内社区卫生服务机构门诊量,占总门诊量的百分比	导向指标	≥23%	2分 每低1%,扣0.1分,扣完为止
18		人均体育场地面积(m²/人)	市辖区建成区内常住人口人均拥有的体育场地面积	导向指标	≥2.5m²	2分 每低0.1m²,扣0.08分,扣完为止
19		特殊困难老年人家庭适老化改造率(%)	实施改造的特殊困难贫困老年人家数量占计划改造的贫困老年人家总数的比例	底线指标	100%	4分 达到要求得4分,达不到得0分

(续)

序号	目标	指标	指标释义	指标类型	具体要求	评分标准
20		城市易涝积水点消除率	历史上严重影响生产生活秩序的易涝积水点全面消除	导向指标	100%	2分 每低1%，扣0.05分，扣完为止
21		城市可渗透地面面积比例(%)	市辖区建成区内具有渗透能力的地表（含水域）面积，占建成区面积的比例	导向指标	黑龙江省、吉林省、辽宁省、西藏自治区、新疆维吾尔自治区、新疆生产建设兵团不低于40%，其他省（直辖市、自治区）不低于45%	3分 每低1%，扣0.05分，扣完为止
三、安全韧性						
22		人均避难场所面积(m²/人)	市辖区建成区内应急避难场所面积与常住人口的比例	底线指标	≥1.5m²/人	4分 达到标准得4分，达不到0分
23		城市道路交通事故万车死亡率(人/万车)	市辖区每年因道路交通事故死亡的人数与市辖区机动车保有量的比例	导向指标	≤2人/万车	2分 每低0.1%，扣0.1分，扣完为止
24		城市标准消防站及小型普通消防站覆盖率(%)	市辖区建成区内标准消防站（7km²责任区/5分钟可达）及小型普通消防站（4km²责任区）覆盖的建设用地面积，占建成区面积的百分比	导向指标	100%	2分 每低1%，扣0.02分，扣完为止

(续)

序号	目标	指标	指标释义	指标类型	具体要求	评分标准
25	四、交通便捷	建成区高峰期平均机动车速度(km/h)	市辖区建成区内高峰期各类道路上各类机动车的平均行驶速度	导向指标	主干路：≥20km/h	2分 每低1km/h，扣0.1分，扣完为止
26		平均单程通勤时间（分钟）	市辖区内常住人口单程通勤所花费的平均时间	导向指标	超大城市≤45分钟 特大城市≤40分钟 大城市≤35分钟 中小城市≤32分钟	2分 每超1分钟扣0.1分，扣完为止
27		城市道路网密度（km/km²）	市辖区建成区组团内城市道路长度与组团面积的比例	导向指标	≥8km/km²	2分 每低1km/km²，扣0.25分，扣完为止
28		绿色出行比例(%)	市辖区建成区内采用慢道、公交、步行、骑行等方式的出行量，占城市总出行量的比例	导向指标	≥70%	2分 每低1%，扣0.02分，扣完为止
29		通勤距离小于5km的人口比例(%)	市辖区内常住人口中通勤距离小于5km的人口数量，占全部通勤人口数量的百分比	导向指标	超大城市≥48% 特大城市≥50% 大城市≥55% 中小城市≥60%	2分 每低1%，扣0.04分，扣完为止

(续)

序号	目标	指标	指标释义	指标类型	具体要求	评分标准
30	五、风貌特色	城市历史文化街区保护修缮率（%）	市辖区内近5年开展保护修缮项目的历史文化街区数量，占历史文化街区总数的百分比	导向指标	≥60%	2分 每低1%，扣0.03分 扣完为止
31		城市历史建筑空置率（%）	市辖区内历史建筑空置数量占城市人民政府公布的历史建筑总数的比例	导向指标	≤5%	2分 每超1%，扣0.04分 扣完为止
32		万人城市文化建筑面积（m²）	市辖区内文化建筑（包括剧院、图书馆、博物馆、少年宫、文化馆、科普馆等）总面积与市辖区常住人口的比例	导向指标	≥2000	2分 每低40m²扣0.1分 扣完为止
33		城市居民小区生活垃圾分类覆盖率（%）	城市建成区内开展生活垃圾分类的小区占小区总数的比例	导向指标	≥80%	2分 每低1%，扣0.04分 扣完为止
34		城市生活污水集中收集率（%）	市辖区建成区内通过集中式和分散式污水处理设施收集的生活污水量占生活污染物排放总量的比例	底线指标	≥70%	4分 达到标准得4分，达不到0分
35	六、整洁有序	实施专业化物业管理的住宅小区占比（%）	市辖区建成区内实施专业化物业管理的住宅小区数量，占建成区内住宅小区总数的百分比	导向指标	≥60%	2分 每低1%扣0.03分 扣完为止
36		城市街道立杆、空中线路规整性（%）	城市新区、各类园区（电线电缆等）规整的城市街道数量占建成区区域内主干道、次干道、支路总量的百分比	导向指标	≥90%	2分 每低1%扣0.15分 扣完为止

(续)

序号	目标	指标	指标释义	指标类型	具体要求	评分标准
37	七、多元包容	道路无障碍设施设置率(%)	市辖区建成区内主干道、次干道、支路的无障碍设施设置率(%)	底线指标	100%	4分 达到标准得4分，达不到0分
38		城市居民最低生活保障标准占人均消费支出比例(%)	城市最低生活保障标准(×12)，占上年度城市居民人均消费支出的百分比	导向指标	≥30%	2分 每低1%扣0.06分，扣完为止
39		新市民（青年）保障性租赁住房覆盖率(%)	市辖区正在享受保障性租赁住房的新市民、青年人数量，占应当享受保障性租赁住房的新市民、青年人总数量的百分比	导向指标	≥15%	2分 每低1%扣0.15分，扣完为止
40	八、创新活力	全社会科技研发支出占国内生产总值比重(%)	当年全市全社会实际用于基础研究、应用研究和试验发展的经费支出，占国内生产总值的百分比	导向指标	≥2.5%	2分 每低0.1%扣0.1分，扣完为止

附件2 中国人居环境奖(范例)评选主题及内容

第一类　生态宜居

主题1　城市水环境

主题2　生活垃圾资源化利用

主题3　公园绿地系统

主题4　绿色建筑

第二类　健康舒适

主题1　完整居住社区

主题2　城市社区服务设施(便民、养老、卫生)

主题3　体育休闲活动场地

主题4　老旧小区改造

第三类　安全韧性

主题1　城市内涝治理

主题2　海绵城市

主题3　城市生命线安全

第四类　交通便捷

主题1　城市慢行交通系统

主题2　绿色出行

主题3　公共交通

第五类　风貌特色

主题1　国家历史文化名城保护

主题2　城市历史文化街区、历史地段保护与复兴

主题3　历史建筑保护与利用

第六类　整洁有序

主题1　城市生活垃圾分类

主题2　城市街道净化

主题3　城市治理

第七类　多元包容

主题1　无障碍设施建设

主题2　住房保障(住有所居)

主题3　适老化

第八类　创新活力

主题1　智慧城市

主题2　城市基础设施智能化

主题3　智慧社区

第九类　宜居村镇

主题1　美丽宜居村镇建设

主题 2　农村和村庄建设现代化

主题 3　农村生活垃圾收运处置体系建设

主题 4　传统村落保护利用和乡村风貌提升

注：中国人居环境奖（范例）采用专家评价的方法，按百分制，由专家从申报材料质量、项目成效、综合创新和示范价值等方面对申报中国人居环境奖（范例）的项目进行评定，择优选取。

附件3　相关网站

中华人民共和国住房和城乡建设部 https://www.mohurd.gov.cn